Contratando sem Licitação

Contratando sem Licitação

CONTRAÇÃO DIRETA POR DISPENSA OU INEXIGIBILIDADE

2016

Sidney Bittencourt

CONTRATANDO SEM LICITAÇÃO

CONTRAÇÃO DIRETA POR DISPENSA OU INEXIGIBILIDADE

Autor: Sidney Bittencourt
Diagramação: Almedina
Design de Capa: FBA.

ISBN: 978-858-49-3144-6

Dados Internacionais de Catalogação na Publicação (CIP)
(Câmara Brasileira do Livro, SP, Brasil)

Bittencourt, Sidney
Contratando sem licitação: contratação direta por dispensa ou inexigibilidade / Sidney Bittencourt. -- São Paulo: Almedina, 2016.
Bibliografia.

ISBN 978-85-8493-144-6

1. Contratos administrativos - Legislação - Brasil 2. Licitação pública - Legislação - Brasil Título.

16-05714 CDU-351.712.2(81)

Índices para catálogo sistemático:

1. Brasil : Licitações e contratações públicas : Direito administrativo 351.712.2(81)

Este livro segue as regras do novo Acordo Ortográfico da Língua Portuguesa (1990).

Setembro, 2016

Editora: Almedina Brasil
Rua José Maria Lisboa, 860, Conj.131 e 132, Jardim Paulista | 01423-001 São Paulo | Brasil
editora@almedina.com.br
www.almedina.com.br

No Brasil não existe o projeto executivo. Você entra em uma licitação e o projeto executivo é cotado por estudo básico. Você tem diferenças de valor que podem ficar entre 20% e 50%. É tudo aleatório. E o que cabe no aleatório? Tudo aquilo que a consciência das pessoas ditar. E, nesse caso, a má consciência pode vir do cliente – o governo – ou do contratado.

OTÁVIO AZEVEDO
Presidente da empreiteira Andrade Gutierrez
(em entrevista publicada pelo Jornal Valor, em agosto de 2013, quando questionado sobre a acusação de haver muita corrupção e superfatúramento na atividade das empreiteiras)

Por mais que se diga que o segredo é a alma do negócio, quem contrata com o Poder Público não pode ter segredos.

Luiz Fux
Ministro do Supremo Tribunal Federal – STF

À memória do mestre José Cretella Júnior, um dos maiores professores e doutrinadores do Direito Administrativo brasileiro.

NOTA DO AUTOR

Com pouco mais de 20 anos de vida, a famosa Lei nº 8.666/1993 (a Lei de Licitações e Contratações Públicas brasileira) encontra-se no epicentro do maior escândalo de corrupção do país, já que todas as denúncias ou indícios de enriquecimento ilícito de dirigentes de estatais ou funcionários públicos envolvem toda a sorte de golpes, tramóias e falcatruas nos contratos públicos celebrados, notadamente para a execução de obras ou prestação de serviços.

Rumorosos casos de corrupção, de grande proporção, vêm assolando o solo brasileiro. Os nomes das operações são bastante conhecidos: "Sanguessuga", "Máfia dos fiscais", "Anões do orçamento", "Vampiros da Saúde", "Mensalão", entre outros, culminando – até o momento que escrevíamos estas linhas – com a famosa "Lava-Jato", que, inicialmente sangrando os cofres da maior e mais famosa empresa estatal nacional, a Petrobras, já alcança, com a descoberta de fraudes na Eletronuclear, o âmbito da Eletrobras, companhia que congrega um grupo de 15 estatais responsáveis por grande parte da energia consumida no país.

O escândalo de corrupção alcançado pela "Operação Lava-Jato" já se constitui no maior de todos os tempos no Brasil. Até o momento, calcula-se que pelo menos 7 bilhões de reais foram desviados por diretores nomeados por indicação política na estatal, valendo-se de propinas cobradas de grandes empreiteiras.

Como as tramóias envolvem invariavelmente contratos públicos, até então contratos considerados legais, muitos já depositam a culpa na conta da pobre Lei de Licitações.

Destarte, diante da expectativa de o governo lançar um novo programa de concessões, já surgiram, como se era de esperar, os defensores de grande reforma da lei. Na Câmara dos Deputados, inclusive, voltou-se a discutir a sua revisão, tema que persiste, num vai e vem constante, por anos e anos.

Curiosamente, em face dos casos de corrupção, defendem-se alterações na lei licitatória no sentido de torná-la mais rigorosa, diversamente do alegado anteriormente, quando se sustentava a necessidade de torná-la mais branda, dado que, nascida em tempos difíceis, ela estaria repleta de determinações muito severas, que emperravam a máquina administrativa.

O grande risco, como sublinhou Antonio Pedro Pellegrino[1], é de que o momento de turbulência que o país atravessa resulte num discurso burocratizante, como se engessar a já engessada Administração Pública brasileira fosse a solução para todos os nossos problemas.

Sem entrarmos no mérito da questão, é certo que um dos mecanismos utilizados para esse verdadeiro assalto aos cofres públicos é o uso indevido das contratações diretas, as famosas dispensas ou inexigibilidades de licitação.

No ápice das fraudes, encontra-se a questão do superfaturamento, a famigerada cobrança de preços superiores aos praticados pelo mercado. Na grande maioria das vezes, as negociatas estão acompanhadas de dispensa de licitação, geralmente resultante de um acordo prévio entre os "interessados".

Vide que grande parte do dinheiro surrupiado na Petrobras teve origem nos contratos celebrados com afastamento licitatório. Das 140 obras investigadas por indícios de desvio de recursos públicos, 40 advieram de dispensa de licitação. Logo, 28% das obras investigadas não tiveram qualquer tipo de competição licitatória.

Ainda como parte das ações desencadeadas na Operação Lava-jato (18ª fase), a Polícia Federal cumpriu mandado de busca e apreensão numa agência de publicidade e tecnologia da informação em São Carlos (SP), objetivando coletar provas relativas à prática de crimes de corrupção, lavagem de dinheiro e pagamento de propinas pelas empresas a agentes públicos ou a partidos políticos, sob a suspeição da assinatura de contratos sem licitação com o Ministério do Planejamento.

[1] Pelegrino, Antonio Pedro. Pingos nos is, O Globo, 30.7.2015.

Na sequência, a operação denominada "Fair Play", na qual a Polícia Federal investigou fraudes licitatórias nas obras da Arena Pernambuco, construída para a Copa do Mundo de futebol, onde, segundo a PF, a empreiteira envolvida recebeu autorização para elaborar, sem licitação, o projeto básico da obra, tendo omitido informações, não apresentado justificativa para os custos adotados e exigidos atestados técnicos exorbitantes e com prazos exíguos de análise para as demais concorrentes, reduzindo as chances de outras empresas participarem do certame.

Outro exemplo – pinçado entre tantos que povoam as manchetes diárias dos noticiários brasileiros – foi a denominada "Operação Iraxim", que visou o combate de fraude em licitações e corrupção na cidade de Jandira (SP), especificamente com o objetivo de desarticular um grupo criminoso envolvido em desvios de recursos federais destinados à merenda escolar no município.

O inquérito policial, que teve início em agosto de 2012, investigou dispensas de licitações com suspeitas de superfaturamento de preços. De acordo com as investigações da Polícia Federal, constatou-se que as dispensas licitatórias consignavam apenas uma estratégia para a contratação direcionada de determinadas empresas e o superfaturamento, que, em alguns casos, chegou a 200%. Em apenas quatro contratos – que somavam R$ 5 milhões – descobriu-se desvio de mais de R$ 2,5 milhões.

Como é cediço, as dispensas de licitação são realizadas em largo espectro, abrangendo compras, obras ou serviços com valores muito baixos ou casos específicos, como, por exemplo, urgência ou calamidade pública, abarcando até mesmo aquisições específicas para as Forças Armadas, no caso de comprometimento da segurança nacional.

Também se verificam, com enorme constância, *malfeitos* no uso de inexigibilidade de licitação, forma que, como registra a lei, só poderia ser utilizada na inviabilidade total de competição. Nesses casos, que envolvem diversas situações, tais como notória especialização e exclusividade, não raro as contratações ocorrem com valores elevadíssimos, bem acima dos praticados no mercado.

Nesse panorama, evidencia-se a necessidade da busca da separação de joio e trigo, de modo que as pessoas de bem (agentes públicos probos e particulares com honestidade de propósito) tenham segurança jurídica para efetuar a contratação direta, com dispensa ou inexigibilidade de licitação, estritamente nos termos autorizados pela lei.

Da mesma maneira, é importante o aclaramento das regras que tratam do tema, de modo que advogados, consultores, fiscalizadores, membros das advocacias públicas, auditores internos e externos, entre outros que militam no âmbito das contratações públicas, bem como integrantes do Poder Judiciário, tenham em mãos uma fonte segura para consulta e tomada de decisão.

Nesse cenário, o objetivo deste trabalho é traçar uma análise segura e pormenorizada de todos os dispositivos legais que tratam da matéria, demonstrando amiúde caminhos e procedimentos.

PREFÁCIO

O convite a mim gentilmente endereçado pelo Professor Sidney Bittencourt para prefaciar esta obra honrou-me duplamente. Em primeiro lugar, pela própria distinção da tarefa de apresentar este trabalho, mais um resultado da profícua produção acadêmica do autor, marcada pela admirável constância de publicações sobre os temas mais atuais e palpitantes do Direito Administrativo. Também porque não se poderia deixar de registrar o afeto com que o Professor Sidney costumeiramente se refere à memória de nosso saudoso amigo comum. O Professor Carlos Pinto Coelho Motta sempre lhe nutriu especial amizade e apreciação.

Nesta obra sobre as contratações diretas o autor mantém sua tradição na análise sistemática e objetiva dos dispositivos legais de regência dos institutos da dispensa e da inexigibilidade de licitações.

O tema é especialmente oportuno num momento em que se avultam os debates em torno da eficiência das contratações do Poder Público, mesmo aquelas processadas via regular proceder licitatório. Neste ambiente, as contratações diretas ocupam espaço de destaque entre os temas tortuosos da pauta.

Ao passo em que crescem a cada dia suas hipóteses legais, o gestor vê-se frequentemente compelido a evitar e se acautelar no uso da contratação direta, como se ilegal ou imoral fosse. Por razões que muitas vezes tangenciam a mera juridicidade, a cultura do receio hoje instaurada na Administração Pública tem restringido a legítima aplicação destas ferramentas legais postas à disposição do gestor, pelo constituinte, na tutela da boa contratação.

A contratação direta tem a mesma raiz constitucional da licitação, encontrando-se ambos os institutos acomodados lado a lado no artigo 37, XXI da Constituição da República, com regulamentação prosseguida pela Lei nº 8.666, de 21 de junho de 1993. Ao fixar essa identidade de fundamento constitucional, o constituinte expressou sua vontade, na linha da equiparação normativa.

A despeito disso, na prática, há uma tendência de verticalização entre o que se considera a *regra*, e sua *exceção*, com o posicionamento dos institutos em patamares morais aparentemente dissonantes, e com consequente marginalização da contratação direta. A explicação para tanto estará, por vezes, nos renitentes defeitos de fato detectados pelos órgãos de controle nas respectivas justificativas. Por outras vezes, observa-se que no desempenho de sua nobre função no controle da legalidade, não será incomum vislumbrar certo desbordamento da atuação destes órgãos, ao buscar as razões do ato em terrenos genuinamente reservados ao gestor.

Nesta obra, com a costumeira proficiência, o autor formula reflexões críticas sobre a dispensa e a inexigibilidade de licitação, sob a ótica da lei e de sua interpretação teleológica, e lança luzes para a superação destas questões, inerentes às vicissitudes da dialética e da condição humana.

Em suas análises, o autor aponta as técnicas condicionantes da correta aplicação destas formas autônomas de contratar, na condição de ferramentas lícitas e úteis, senão absolutamente necessárias à Administração Pública gerencial.

Os estudiosos, advogados, gestores, e todos os profissionais em geral, que lidam quotidianamente com as contratações do Poder Público, encontrarão na leitura deste livro respostas que não poderão lhes faltar no esforço de rompimento de preconceitos e do bom uso das contratações diretas.

ALÉCIA PAOLUCCI NOGUEIRA BICALHO
Mestre em Direito – Administrativista – Advogada
Sócia fundadora de Pinto Coelho Motta & Bicalho Advogados Associados
Diretora Secretária do IMDA – Instituto Mineiro de Direito Administrativo
Articulista dos *Diários Associados – Coluna "Opinião", dos Jornais Correio Braziliense e Estado de Minas*
Autora do livro "RDC – Comentários ao Regime Diferenciado de Contratações", entre outros

SUMÁRIO

Introdução

No Brasil, a licitação foi guindada ao patamar constitucional pela Constituição Federal (CF) de 1998, quando, no art. 37, XXI, previu que a Administração Pública direta e indireta de quaisquer dos Poderes da União, dos Estados, do Distrito Federal e dos Municípios, deveria utilizar, obrigatoriamente, nas contratações de obras, serviços, compras e alienações, o processo de licitação pública, assegurando igualdade de condições a todos os concorrentes, ressalvados as hipóteses especificadas em legislação.[2] [3]

Além disso, a CF ainda estabeleceu, no art. 22, XXVII, a competência privativa da União para legislar sobre normas gerais de licitação e contratação, em todas as modalidades, para as administrações públicas diretas,

[2] CF – Art. 37. A administração pública direta e indireta de qualquer dos Poderes da União, dos Estados, do Distrito Federal e dos Municípios obedecerá aos princípios de legalidade, impessoalidade, moralidade, publicidade e eficiência e, também, ao seguinte: (Redação dada pela Emenda Constitucional nº 19, de 1998)

XXI – ressalvados os casos especificados na legislação, as obras, serviços, compras e alienações serão contratados mediante processo de licitação pública que assegure igualdade de condições a todos os concorrentes, com cláusulas que estabeleçam obrigações de pagamento, mantidas as condições efetivas da proposta, nos termos da lei, o qual somente permitirá as exigências de qualificação técnica e econômica indispensáveis à garantia do cumprimento das obrigações.

[3] Registre-se que, para os casos de concessão ou permissão de serviços públicos, a CF também obriga a elaboração de licitação (art. 175).

CF – Art. 175. Incumbe ao Poder Público, na forma da lei, diretamente ou sob regime de concessão ou permissão, sempre através de licitação, a prestação de serviços públicos.

autárquicas e fundacionais de todos os entes federativos, nos termos do art. 37, XXI supramencionado, e, para as empresas públicas e sociedades de economia mista, nos termos do art. 173, § 1º, III, com texto reformulado pela Emenda Constitucional nº 19/98, o qual prescreve que a lei estabelecerá o estatuto jurídico da empresa pública, da sociedade de economia mista e de suas subsidiárias que explorem atividade econômica de produção ou comercialização de bens ou de prestação de serviços, dispondo sobre licitação e contratação de obras, serviços, compras e alienações, observados os princípios da Administração Pública.

Atente-se que o preceito constitucional confere à União competência para editar apenas normas gerais, significando que, nas matérias que elenca, não permite a União fixar mais do que certos princípios, normas uniformes e diretrizes.

Sobre a matéria, preleciona Alice Maria Gonzalez Borges, em seu minucioso *Normas gerais no estatuto de licitações e contratos administrativos*:

> [...] normas gerais hão de ser as que instrumentalizam princípios constitucionais, quanto a aspectos cuja regulamentação seja essencial à atuação integral do preceito que as fundamenta; deverão ser regras que assegurem sua aplicação uniforme, na disciplina de situações heterogêneas, apenas no *quantum satis* necessário à plena realização da norma fundamental.[4]

Nesse contexto, verifica-se que há matérias onde a União é competente para estabelecer os princípios, prescrevendo as normas gerais, ficando os demais entes federativos encarregados de ditar os dispositivos complementares e supletivos. O que significa dizer que a União não pode exceder-se no exercício de suas atribuições, adentrando em pormenores e prescrevendo de forma completa sobre a matéria, porquanto, se assim agisse, estaria anulando a competência dos Estados.

Destarte, o conceito de normas gerais caracteriza-se pela existência de dois condicionamentos, um de caráter horizontal, e outro vertical: pelo primeiro, elas deverão ser idênticas para todas as unidades federativas envolvidas, e a todas abranger; pelo segundo, deverão cingir-se às generalidades, sem descer a especificações e detalhamentos.

[4] Borges, Alice Maria Gonzalez. Normas gerais no estatuto de licitações e contratos administrativos, São Paulo, Revista dos Tribunais, 1994.p. 42-43.

A Licitação e o Contrato Administrativo

A partir de 10.09.1964, por intermédio da Lei nº 4.401, que estabelecia normas para a licitação de serviços e obras e aquisição de materiais no serviço público da União, o vocábulo *licitação* passou a significar no direito público pátrio o procedimento administrativo prévio que a Administração Pública se obriga a estabelecer quando deseja adquirir ou contratar algum objeto, substituindo a então consagrada "concorrência pública". Nesse pé, derivada do latim *licitatione* (venda por lances), a expressão em português passou a definir o "ato ou efeito de licitar, oferta de lanços".[5] [6]

[5] Ferreira. Aurélio Buarque de Holanda. Novo dicionário da língua portuguesa. Curitiba: Positivo.

[6] A evolução histórica da "licitação", em termos lefigerantes, é a seguir descrita:

- Lei de 29 de agosto de 1828, que já estipulava o oferecimento de obras aos empresários por vias de editais;
- Lei nº 2.221, de 1909, que insere no ordenamento os princípios da Administração Pública que vigoram até hoje, e consequentemente da contratação;
- Código de Contabilidade Pública da União de 1922, baixado na forma do Decreto Legislativo nº 4.536 e regulamentado pelo Decreto nº 15.783/22;
- Decreto nº 41.019/57 (Código das Águas), menciona a Concorrência Pública;
- Lei nº 4.401/64, que estabeleceu normas para a licitação de serviços e obras e aquisição de materiais no Serviço Público da União, criando as modalidades concorrência pública e concorrência administrativa, bem como as dispensas licitatórias;
- Em 1965, o instituto da Concorrência Pública ganha status constitucional por meio da EC nº 15 à Carta de 46. Na mesma época foi editada a Lei nº 4.717/65 tratando do instituto;

- Decreto-Lei nº 200/67, que trata de forma pouco abrangente o assunto, trazendo pela primeira vez o termo licitação como gênero de procedimento administrativo prévio, tendo como espécies (modalidades): a concorrência, a tomada de preços, o convite e o leilão. Além das Licitações Públicas, também já trata dos contratos administrativos;
- Decreto-Lei nº 2.300/86, que reestrutura o procedimento licitatório e adentra na normatização dos contratos administrativos;
- Lei nº 8.666/93, o Estatuto das Licitações e Contratos brasileiro;
- Em 2000, surgiu o pregão como modalidade licitatória por intermédio de Medida Provisória (MP nº 2.026/00);
- Lei nº 10.520/02, que institui definitivamente a modalidade de licitação pregão (conversão da MP nº 2.182-18);
- Lei Complementar nº 123/06, que estabelece o novo Estatuto das Microempresas e Empresas de Pequeno Porte, determinando, nos arts. 42 a 49, tratamento diferenciado para essas empresas nas licitações públicas;
- Lei nº 11.488/2008, que incluiu as cooperativas no elenco de beneficiários de tratamento diferenciado;
- Lei nº 12.232/2010, que dispõe sobre as normas gerais para licitação e contratação pela Administração de serviços de publicidade prestados por intermédio de agências de propaganda;
- Lei nº 12.462/2011, que institui o Regime Diferenciado de Contratações Públicas (RDC), aplicável exclusivamente às licitações e contratos necessários à realização dos Jogos Olímpicos e Paraolímpicos de 2016; da Copa das Confederações e da Copa do Mundo Fifa 2014; de obras de infraestrutura e de contratação de serviços para os aeroportos das capitais dos Estados da Federação distantes até 350 km (trezentos e cinquenta quilômetros) das cidades sedes dos megaeventos anteriormente definidos; depois estendido para outros objetos: ações integrantes do Programa de Aceleração do Crescimento (PAC) (Lei nº 12.688/2012); obras e serviços de engenharia no âmbito do Sistema Único de Saúde (SUS) (Lei nº 12.745/2012); obras e serviços de engenharia no âmbito dos sistemas públicos de ensino (Lei nº 12.722/2012); obras e serviços no âmbito do Programa Nacional de Dragagem Portuária e Hidroviária (PND II) e subsidiariamente às licitações de concessão de porto organizado e de arrendamento de instalação portuária (Lei nº 12.815/2013); modernização, construção, ampliação ou reforma de aeródromos públicos (Lei nº 12.833/2013); contratações pela Companhia Nacional de Abastecimento (CONAB), de todas as ações concernentes à reforma, modernização, ampliação ou construção de unidades armazenadoras próprias, destinadas às atividades de guarda e conservação de produtos agropecuários em ambiente natural (Lei nº 12.873/2013); obras e serviços de engenharia para construção, ampliação e reforma de estabelecimentos penais e unidades de atendimento socioeducativo (Lei 12.980/2014); contratações destinadas à execução de ações de prevenção em áreas de risco de desastres e de resposta e de recuperação em áreas atingidas por desastres (art. 15-A da Lei 12.340/2010, com texto incluído pela Lei nº 12.983/2014) e, ainda, a adoção em favor da Secretaria de Aviação Civil (art. 63-A da Lei do RDC, incluído pela Lei nº 12.833/2013) e em atendimento à Secretaria de Políticas para a Mulher (Lei nº 12.865/2013);

O fundamento da licitação é encontrado, como ensina Eros Grau,[7] no princípio republicano, decorrendo dele não só a abolição de quaisquer privilégios, como a garantia formal da igualdade de oportunidade de acesso a todos. Daí a afirmação de que a seleção do contratado pela Administração deva ser realizada em função da melhor escolha ou da escolha do melhor contratado.

Advindo da licitação, há, em geral, a celebração do contrato administrativo, que, em linhas gerais, é o acordo que a Administração Pública estabelece com o particular para consecução dos objetivos de interesse público, nas condições desejadas pela própria Administração.[8]

Por conseguinte, a licitação consigna o procedimento que, de regra, antecedente o contrato administrativo, bem como aos demais contratos celebrados pela Administração.

Nesse viés, verifica-se que a CF adotou a presunção de que a licitação prévia determinará uma contratação melhor.

Por outro lado, constata-se que essa presunção não é absoluta, haja vista que a Carta Magna indicou a possibilidade de ressalvas – ou seja, de situações nas quais a Administração não estabeleceria a prévia licitação –, as quais estariam relacionadas em lei.

Nesse contexto, veio à tona a Lei nº 8.666, de 21.06.93, que, regulamentando o art. 37, XXI, da CF, instituiu normas para licitações e contratos da Administração Pública, dispondo que o certame licitatório constitui um precedente indispensável dos contratos públicos, destinando-se a melhor escolha entre proponentes de ajustes para a execução de obras, serviços, compras ou de alienações do Poder Público, materializando um instrumental para o atendimento dos princípios da moralidade administrativa e de tratamento isonômico dos eventuais contratantes com o Poder Público.

Destarte, salvo exceções, não poderá haver contratação administrativa sem a realização do procedimento prévio de seleção do contratado.

– Lei nº 12.690/2012, que estabelece que as cooperativas de trabalho não poderão ser impedidas de participar de procedimentos de licitação pública; e

– Lei nº 13.303/2016, que dispõe sobre o estatuto jurídico da empresa pública, da sociedade de economia mista e de suas subsidiárias, no âmbito da União, dos Estados, do Distrito Federal e dos Municípios (Lei de Responsabilidade das Estatais – LRE).

[7] Grau, Eros Roberto. Licitação e contrato administrativo (Estudos sobre a interpretação da lei). São Paulo: Malheiros, 1995, p. 15

[8] Sobre os Contratos da Administração, sugere-se a leitura do nosso "Contratos da Administração Pública", Leme: JHMizuno, 2015.

E isso é o que dispõe o art. 2º da Lei:

> Art. 2º. As obras, serviços, inclusive de publicidade, compras, alienações, concessões, permissões e locações da Administração Pública, quando contratadas com terceiros, serão necessariamente precedidas de licitação, ressalvadas as hipóteses previstas nesta Lei.

Nessa conjuntura, o diploma legal, entre outras regras sobre a matéria, assentou as formas de exceção visando à *contratação direta*, isto é, as maneiras em que o Poder Público não está obrigado a licitar para contratar (os denominados *afastamentos licitatórios*), consignadas nos arts. 17, 24 e 25. Evidencia-se que, nos termos constitucionais, os afastamentos licitatórios consignam restrição à regra, só adotados, por conseguinte, em situações nas quais a competição licitatória seja impossível ou, ainda que possível, assentem circunstâncias comprovadamente contrárias ao interesse público.

Vide que o legislador da Lei nº 8.666/1993 fez questão de criminalizar os casos em que a Administração, por intermédio de agente responsável, deixa de licitar, dispensando ou inexigindo a licitação fora das hipóteses que a lei prevê ou abster-se de observar as formalidades apropriadas, alcançando, inclusive, aquele que, tendo comprovadamente concorrido para a consumação da ilegalidade, beneficiou-se da dispensa ou inexigibilidade ilegal para celebrar contrato com a Administração.

> Dos Crimes e das Penas
>
> Art. 89. Dispensar ou inexigir licitação fora das hipóteses previstas em lei, ou deixar de observar as formalidades pertinentes à dispensa ou à inexigibilidade:
>
> Pena – detenção, de 3 (três) a 5 (cinco) anos, e multa.
>
> Parágrafo único. Na mesma pena incorre aquele que, tendo comprovadamente concorrido para a consumação da ilegalidade, beneficiou-se da dispensa ou inexigibilidade ilegal, para celebrar contrato com o Poder Público.

Entrementes, apesar dessa reserva, têm-se, infelizmente, notícias da existência de órgãos que mais contratam por intermédio de afastamentos licitatórios do que por meio de licitação, o que evidencia uma total inversão de valores, com a exceção superando a regra.

Ao tratar da questão, em palestra proferida, em 2004, no Tribunal de Contas do Município de São Paulo – TCMSP, Ivan Barbosa Rigolin já expressara o seu desassossego com essa prática:

> (...) nos foi perguntado se esta, inexigibilidade ou dispensa, era a exceção, já que ao que se sabe a regra legal nas aquisições públicas é a da licitação. Aquela regra constitucional (...) é a da obrigatória licitação, prevista no art. 37, inc. XXI, da Constituição Federal, que todos conhecem e que obriga a licitação para obras, compras, serviços e alienações pela Administração, sempre que a lei não a excluir. Assim, salvo nos expressos casos de exclusão de licitação, de explícito afastamento da licitação, a regra, todos sabem, é a da licitação compulsória. Quando, entretanto, a imprensa nos dá conta de que a União gasta cerca de 60% dos recursos destinados a pagar seus contratos, em contratos sem licitação, com licitação dispensada, dispensável ou inexigível, (...) caímos em dúvida essencial e crucial, sobre se licitar despesas públicas é a regra ou é a exceção. E não nos acorre resposta alguma.[9]

Os gráficos a seguir, com levantamentos realizados pelo Ministério do Planejamento em 2012, demonstram o demasiado uso da exceção no âmbito federal.

MINISTÉRIO DO PLANEJAMENTO

Secretaria de Logística e Tecnologia da Informação – SLTI

Valor das compras públicas, segundo o tipo de processo – Órgãos SISG

Modalidade	Valor de Compra[1]					
	2008	2009	2010	2011	2012	2013[2]
Concorrência	9.167.855.840,53	14.546.704.831,43	12.393.154.773,52	6.377.263.000,50	12.678.890.659,73	5.140.841.080,08
Concorrência Internacional	146.359.305,34	1.053.839.103,41	1.032.577.330,98	85.951.777,18	140.937.239,77	12.378.228,84
Concurso	372.625,43	1.151.347,51	2.974.844,09	901.562,48	2.581.625,00	3.357.349,09
Convite	163.181.777,33	73.198.638,70	49.330.037,37	32.885.611,90	22.409.868,60	14.808.398,04
Dispensa de Licitação	15.134.384.857,80	8.725.194.787,66	11.676.471.129,88	7.646.697.849,80	13.802.507.425,32	9.442.357.296,24
Inexigibilidade de Licitação	3.210.978.280,03	5.824.096.648,18	7.731.978.598,76	11.513.800.634,23	10.672.115.922,26	11.738.434.680,30
Pregão Eletrônico	21.277.510.721,75	22.026.596.987,24	28.656.588.714,71	24.646.715.336,42	33.639.555.907,00	40.963.356.588,24
Pregão Presencial	2.802.208.233,56	3.117.945.219,90	1.313.059.935,34	1.017.601.729,99	1.152.980.671,26	726.223.535,31
Tomada de Preços	745.677.499,84	696.300.483,06	557.320.756,89	462.949.601,53	507.064.775,89	394.789.405,35
Total	**52.648.529.141,60**	**56.065.028.047,08**	**63.413.456.121,54**	**51.784.767.104,03**	**72.619.044.094,83**	**68.436.546.561,49**

[1] Valores corrigidos pelo IPCA Dessazonalizado.
[2] janeiro a dezembro.
Fonte: Comprasnet.
Elaboração: SLTI/MP.

[9] Disponível em http://www.tcm.sp.gov.br/legislacao/doutrina/14a18_06_04/ivan_barbosa1.htm

MINISTÉRIO DO PLANEJAMENTO

Secretaria de Logística e Tecnologia da Informação – SLTI

Quantidade de compras públicas, segundo o tipo de processo – Órgãos SISG

Modalidade	Processos de Compra					
	2008	2009	2010	2011	2012	2013[1]
Concorrência	771	1.319	934	1.086	1.314	1.062
Concorrência Internacional	50	44	105	51	40	40
Concurso	8	16	16	11	16	11
Convite	4.957	1.499	961	621	452	318
Dispensa de Licitação	246.635	235.566	211.029	186.301	169.875	158.765
Inexigibilidade de Licitação	14.048	15.838	16.677	19.742	23.783	24.759
Pregão Eletrônico	30.865	33.700	33.696	32.357	34.747	36.956
Pregão Presencial	1.297	1.083	657	334	268	184
Tomada de Preços	1.641	1.636	1.334	1.170	1.307	1.073
Total	**300.272**	**290.701**	**265.409**	**241.673**	**231.802**	**223.168**

[1] janeiro a dezembro.
Fonte: Comprasnet.
Elaboração: SLTI/MP.

MINISTÉRIO DO PLANEJAMENTO

Secretaria de Logística e Tecnologia da Informação – SLTI

Crescimento acumulado da quantidade de processos e valor das compras públicas por modalidade: comparação 2012 x 2008 – Órgãos SISG

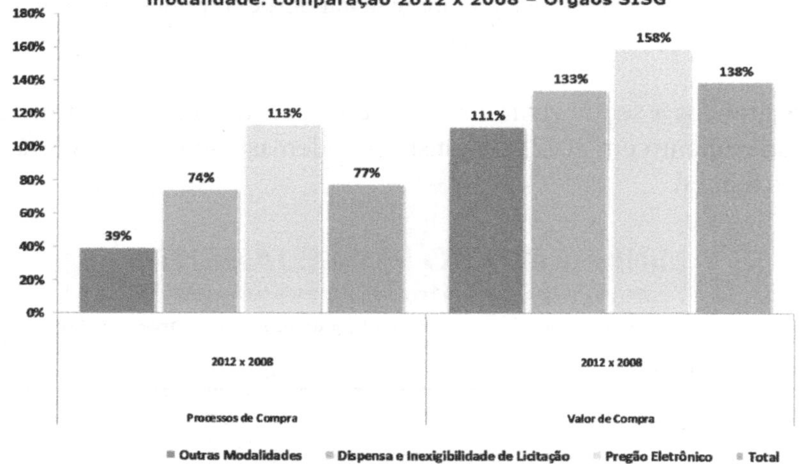

[1] Janeiro a dezembro.
Fonte: Comprasnet.
Elaboração: SLTI/MP.

Impende ainda arrolar que o dever de licitar, determinado pela CF, também decorre do Princípio da Indisponibilidade dos Interesses Públicos. Como a Administração representa os interesses da coletividade, não pode dispor livremente do interesse público, devendo atuar segundo os limites legais estabelecidos. De forma direta, como não é "proprietária" da coisa pública, e sim gestora de bens e interesses públicos, esses, que estão sob sua tutela, não estão disponíveis para uso ao bel-prazer do agente público responsável.

Assim, a necessidade de licitação prévia para as contratações é exigência que não só atende à legalidade, mas, também, o interesse público.

Essa é a lição do saudoso Diógenes Gasparini, ao sustentar que, em função do Princípio da Indisponibilidade dos Interesses Públicos, os bens, direitos, interesses e serviços públicos não se acham à livre disposição dos órgãos públicos, a quem apenas cabe curá-los, ou do agente público, mero gestor da coisa pública.

> Aqueles e este não são senhores ou seus donos, cabendo-lhes por isso tão só o dever de guardá-los e aprimorá-los para a finalidade a que estão vinculados. O detentor dessa disponibilidade é o Estado. Por essa razão, há necessidade de lei para alienar bens, para outorgar concessão de serviço público, para transigir, para renunciar, para confessar, para revelar a prescrição e para tantas outras atividades a cargos dos órgãos e agentes da Administração Pública.[10]

Nessa mesma linha, José dos Santos Carvalho Filho, ao testificar que os bens e interesses públicos não pertencem à Administração nem a seus agentes, cabendo-lhes apenas geri-los, conservá-los e por eles velar em prol da coletividade, esta sim a verdadeira titular dos direitos e interesses públicos.

Tratando especificamente das licitações, Carvalho Filho assenta:

> (...) os contratos administrativos reclamam, como regra, que se realize licitação para encontrar quem possa executar obras e serviços de modo mais vantajoso para a Administração. O princípio parte, afinal, da premissa de que todos os cuidados exigidos para os bens e interesses públicos trazem benefícios para a própria coletividade.[11]

[10] Gasparini, Diógenes. Direito Administrativo. 11ª edição. Editora Saraiva. São Paulo, 2006. p. 18.

[11] Carvalho Filho, José dos Santos. Manual de Direito Administrativo. 15 ed. Rio de Janeiro: Lumen Juris. 2006. p. 26.

Maria Sylvia Zannela Di Pietro também trata pontualmente da questão:

> A própria licitação constitui um principio a que se vincula a Administração Pública. Ela é uma decorrência do Principio da Indisponibilidade do Interesse Público e que se constitui em uma restrição à liberdade administrativa na escolha do contratante; a Administração terá que escolher aquele cuja proposta melhor atenda ao interesse público.[12]

Evidencia-se, portanto, que a supremacia do interesse público – e sua indisponibilidade – alicerça a exigência de licitação para contratações da Administração Pública.

No entanto, não se pode negar a existência de situações nas quais a instauração de competição licitatória restaria totalmente impossível ou, ainda que possível, frustraria o interesse público almejado.

Nessas hipóteses, a Administração está autorizada a adotar outros procedimentos, nos quais as formalidades deverão ser substituídas por outras, advindo daí as contratações diretas sem licitação.

Insta registrar uma novidade importante: em 30 de junho de 2016, foi sancionada a Lei nº 13.303, estabelecendo o estatuto jurídico das empresas públicas, sociedades de economia mista e suas subsidiárias. Já denominada "Lei de Responsabilidade das Estatais", esse nova norma surge em meio à enorme crise que envolve algumas estatais, totalmente implicadas na conhecida Operação Lava-Jato, que investiga a maior trama de corrupção e lavagem de dinheiro que o Brasil já teve. Nesse cenário, a intenção do novo diploma é, em síntese, aprimorar a governança dessas entidades.

Elogiada por alguns, criticada por outros, a Lei de nº 13.303/2016 traz em seu bojo um grande número de dispositivos que versam sobre licitações. Cerca de dois terços dizem respeito ao tema, muitos, inclusive, sobrepondo-se de forma perigosa à Lei nº 8.666/1993 e ao chamado Regime Diferenciado de Contratação (RDC), instituído pela Lei nº 12.462/2011. Desses dispositivos, há também os que tratam de dispensas ou inexigibilidades licitatórias especificamente para esses entes.

Sobre o tema, cabe anotar que a Lei nº 13.303/2016 revogou o art. 67 da Lei nº 9.478/1997, que estabelecia a elaboração de procedimentos simplificados nas licitações da Petrobrás, que estavam regulamentados pelo Decreto nº 2.745/1998.

[12] Di Pietro. Maria Sylvia Zanella. Direito Administrativo, 15 ed, São Paulo: Atlas, 2003, p. 294.

Objetivos e Princípios Licitatórios

Como já explicitado, a obrigatoriedade da Administração licitar para adquirir produtos e/ou contratar obras ou serviços, visando o bom funcionamento da máquina pública, é exigência insculpida na CF, que tem como regramento básico a Lei nº 8.666/1993.

Essa, por sua vez, congrega valores mínimos a serem observados nas licitações em seu art. 3º, anunciando que essa competição pública destina-se a garantir a observância do princípio constitucional da isonomia, a seleção da proposta mais vantajosa para a Administração e a promoção do desenvolvimento nacional sustentável, devendo ser processada e julgada em estrita conformidade com os princípios básicos da legalidade, da impessoalidade, da moralidade, da igualdade, da publicidade, da probidade administrativa, da vinculação ao instrumento convocatório, do julgamento objetivo e dos que lhes são correlatos.

À vista disso, segundo o *caput* deste art. 3º, são objetivos da licitação:

a) propiciar oportunidades iguais a todos que desejarem contratar com a Administração Pública, desde que, comprovadamente, possuam qualificação – de ordem jurídica, técnica, econômico-financeira e fiscal – para realizar o objeto pretendido pela Administração;
b) selecionar a proposta mais vantajosa para a Administração Pública; e
c) promover o desenvolvimento nacional sustentável.

Registre-se, como professaram Ivan Barbosa Rigolin e Marco Tullio Bottino – em análise eminentemente prática da matéria –, que nem sempre a licitação deságua numa contratação efetivamente mais vantajosa[13]; todavia, conforme pondera Adílson de Abreu Dallari, alguma desvantagem econômica pode ser inevitável e, nesse sentido, deve ser tolerada, não podendo ocorrer, em virtude da realização do procedimento licitatório, o sacrifício de outros valores e princípios consagrados pela ordem jurídica, especialmente o princípio da eficiência.[14]

3.1. O desenvolvimento nacional sustentável

Inicialmente, dois eram os objetivos da licitação: propiciar tratamento igualitário e impessoal a todos os interessados em celebrar contratos com a Administração Pública e selecionar a proposta mais vantajosa. Entretanto, em face de alteração determinada pela Lei nº 12.349/2010, foi inserido no elenco de propósitos a promoção do desenvolvimento nacional sustentável.[15]

Essa nova faceta no âmbito das licitações implica na edição de normas que visem à implementação das chamadas *licitações sustentáveis*,[16] advindo daí *contratos administrativos com cláusulas de sustentabilidade.*

3.1.1. As licitações sustentáveis

Em síntese, as licitações sustentáveis são certames que exigirão das futuras contratadas o atendimento de critérios ambientais, sociais e econômicos,

[13] Rigolin, Ivan Barbosa; Bottino, Marco Tullio, Manual Prático das Licitações, 5 ed, São Paulo: Saraiva, 2005.

[14] Dallari, Adilson Abreu. Aspectos Jurídicos da Licitação. 7ª ed., São Paulo: Saraiva. 2007. p. 41.

[15] O desenvolvimento sustentável é tônica atual no mundo. Vide que, entre 20 a 22 de junho de 2012, transcorreu, na cidade do Rio de Janeiro, a Conferência das Nações Unidas sobre Direito Sustentável (conhecida como Rio+20), marcando o 20º aniversário da Conferência das Nações Unidas sobre Meio Ambiente e Desenvolvimento (UNCED), que ocorreu na mesma cidade em 1992, e o 10º aniversário da Cúpula Mundial sobre Desenvolvimento Sustentável (WSSD), ocorrida em Johanesburgo em 2002, objetivando assegurar um comprometimento político renovado para o desenvolvimento sustentável, avaliar o progresso feito até então, as lacunas ainda existentes na implementação dos resultados dos principais encontros sobre desenvolvimento sustentável, bem como abordar os novos desafios emergentes.

[16] Também chamadas de compras públicas sustentáveis, compras verdes, licitações positivas, compras ambientalmente amigáveis e ecoaquisições.

tendo como fim o desenvolvimento da sociedade em seu sentido amplo e a preservação de um meio ambiente equilibrado. Baseiam-se na premissa de que o comprador público deve adotar a licitação não só como ferramenta da compra do melhor produto/serviço pelo menor preço, mas, também, para fazer valer a obrigação constitucional do Poder Público garantir um meio ambiente equilibrado (art. 225 da CF).[17] [18]

Sobre a adoção de boas práticas licitatórias de otimização de recursos/redução de desperdícios/menor poluição, é apropriada a avaliação de Vania Pereira da Silva:

> Tal obrigação indica a necessidade de criar uma nova consciência coletiva, no que tange à sustentabilidade, adotando-se meios de instrução dos agentes públicos e de introdução do novo conceito, que surge desde a simples adoção de posturas ecologicamente aceitáveis até a definição do objeto da licitação. Observa-se que para a efetiva implementação das ações [...] necessita-se de elaboração de novas normas internas que regulamentem, por exemplo, a utilização racional da água e da energia, [...] e aquisição de lâmpadas de maior eficiência e de processo produtivo sustentável, procedimentos de descarte dos materiais eletrônicos de pequena dimensão, implementação da reciclagem, dentre outros. Além disso, disponibilizar os meios para que a empresa contratada possa executar a seleção do lixo coletado, treinar os agentes públicos para que gerenciem os contratos celebrados, desde a simples execução do

[17] Sobre a matéria, sugerimos a leitura do nosso Licitações Sustentáveis – O Uso do Poder de Compra do Estado Fomentando o Desenvolvimento Nacional Sustentável, Ed. Del Rey.

[18] Ivan Barbosa Rigolin preocupa-se, com razão, com a volatilidade da expressão: "Tomara que as autoridades mantenham a cabeça no lugar e não dêem asas à criatividade de eleger alguma proposta, acaso em desacordo com o respectivo critério de julgamento revisto no edital, que no momento lhes pareça mais favorável ao desenvolvimento nacional [...]. Esta lei de licitações contempla quatro critérios de julgamento, dos quais o do menor preço é praticamente a regra geral, e quase todas as licitações no Brasil são por menor preço. Muito bem, então como se poderia conciliar a meta de perseguição ao desenvolvimento nacional numa licitação de menor preço? Acaso poderia uma proposta que não fosse a de menor preço, também por acaso julgada pela comissão julgadora mais apta a propiciar o desenvolvimento nacional do que a de menor preço, ser declarada vencedora nesse certame? É evidente que não, e desse modo resta a pergunta: onde entra em cena, num caso assim, o desenvolvimento nacional? Que papel representa?" (Rigolin. Lei das licitações é novamente alterada: a MP nº 495, de 19.07.10. Fórum de Contratação e Gestão Pública – FCGP, ano 9, n. 104).

objeto propriamente dito, até o acompanhamento das ações finais de descarte de materiais.[19]

Ressalta-se que, antecipando-se à autorização legal, o governo federal já havia editado a Instrução Normativa SLTI/MPOG nº 01, de 19 de janeiro de 2010, que dispunha sobre os critérios de sustentabilidade ambiental na aquisição de bens, contratação de serviços ou obras pela Administração Pública Federal direta, autárquica e fundacional.[20]

Para comemorar o Dia Mundial do Meio Ambiente, celebrado no dia 5 de junho de 2012, a presidente Dilma Roussef editou uma série de medidas para desenvolver políticas de sustentabilidade no Brasil.[21] Entre elas, o Decreto nº 7.746/2012, que consolida e amplia o Programa de Contra-

[19] Silva, Vania Pereira da. O dinamismo das normas administrativas nas contratações públicas: impedâncias na implementação de novos procedimentos. Revista Obras Civis, ano 2, n. 2, p. 60.

[20] São muitos os desafios para a implementação da licitação sustentável no Brasil. Um deles é o convencimento dos tomadores de decisão da importância e dos impactos positivos que essas ações podem trazer. A adoção de políticas públicas e normas também se colocam como questão fundamental para a criação de um ambiente propício para tais ações (Betiol. Licitações sustentáveis: o poder de compra do governo em prol da sustentabilidade).

[21] Agostinho Vieira, especialista em questões ambientais, critica as medidas: "Pode ser um embrulho e não um pacote. [...]. As nove medidas ambientais anunciadas pela presidente Dilma [...] nada mais eram que projetos antigos desengavetados às vésperas da Rio+20. Fernando Collor, antes da Eco-92 homologou a terra indígena yanomami. Lula anunciou metas voluntárias de redução de emissões na COP-15. A estratégia não é original. O marketing é que ficou pior. A rádio corredor falava ou torcia por ações mais espetaculares. Uma grande reserva em Abrolhos, um ambicioso programa de educação ambiental, metas setoriais de redução de CO2 e até um inovador Conselho de Desenvolvimento Sustentável. Nada. Em lugar disso, Dilma enviou ao Congresso mensagem sobre o Protocolo de Nagoya, que trata de recursos genéticos e deveria estar lá desde 2010. Já as esperadas medidas para acabar com os lixões no Brasil até 2014 não foram à festa. Enquanto isso, dez entidades e especialistas ligados ao meio ambiente, a pedido da coluna, avaliavam os 18 primeiros meses do governo do ponto de vista ambiental. [...]. Dos dez ouvidos, sete chegaram a dar notas, de zero a dez. Mas mesmo entre os que não puseram números, fica claro o desapontamento. Representantes de três ONGs, de diferentes matizes, dois responsáveis por entidades empresariais, três cientistas respeitados, um economista e um teólogo. Um grupo equilibrado que, na média, deu nota 4,3 para o desempenho ambiental do governo. Entre as críticas, falta de uma política ambiental clara, falta de integração entre os ministérios, falta de ligação entre discurso e prática, falta de compromisso com o desenvolvimento sustentável. Com tantas faltas, não há muito que discutir. A falta de ousadia no Dia do Meio Ambiente só confirmou a justiça da nota vermelha" (O embrulho é verde, mas a nota é vermelha: economia verde. O Globo).

tações Sustentáveis do Ministério do Planejamento, Orçamento e Gestão (MPOG).

Pela regulamentação, os órgãos e entidades da Administração federal direta, autárquica e fundacional poderão adquirir bens e contratar serviços e obras considerando critérios e práticas de sustentabilidade, que deverão estar justificados e estabelecidos no edital licitatório.

Assim, os órgãos públicos federais deverão seguir diretrizes de sustentabilidade determinadas pelo decreto: menor impacto sobre recursos naturais como flora, fauna, ar, solo e água; preferência para materiais, tecnologias e matérias-primas de origem local; maior eficiência na utilização de recursos naturais como água e energia; maior geração de empregos, preferencialmente com mão de obra local; maior vida útil e menor custo de manutenção do bem e da obra; uso de inovações que reduzam a pressão sobre recursos naturais; e origem ambientalmente regular dos recursos naturais utilizados nos bens, serviços e obras.[22] [23]

A nosso ver, é de curial importância que os governadores e prefeitos se espelhem nessa iniciativa do governo federal, e implantem também as licitações sustentáveis nas suas esferas de atuação.[24]

[22] Desde o início do Programa de Contratações Sustentáveis, realizado há aproximadamente dois anos, a Administração Pública federal já investiu mais de R$34 milhões no setor. Somente no primeiro trimestre de 2012, foram adquiridos cerca de R$12 milhões em produtos e serviços que promovem a sustentabilidade. Dados levantados no Portal de Compras do Governo federal revelam que, até 2014, foram realizadas 2.291 licitações utilizando esses critérios, todas através de pregão.

[23] Para implementar os critérios, práticas e ações de sustentabilidade no âmbito da Administração Federal, o Decreto nº 7.746/2012 cria a Comissão Interministerial de Sustentabilidade na Administração Pública (CISAP), a ser formada por representantes do MPOG e também dos seguintes ministérios: Casa Civil; Meio Ambiente; Minas e Energia; Ciência Tecnologia e Inovação; Fazenda; Desenvolvimento, Indústria e Comércio; e Controladoria-Geral da União. A Secretária de Logística e Tecnologia da Informação (SLTI) presidirá a CISAP e será responsável por expedir normas complementares sobre critérios e práticas de sustentabilidade.

[24] O Estado do Rio de Janeiro, na mesma trilha ambiental, editou o Decreto nº 43.629, de 5.06.2012 (DO de 6.6.2012), que dispõe sobre os critérios de sustentabilidade ambiental na aquisição de bens, contratação de serviços e obras pela Administração Pública estadual direta e indireta. O decreto estabelece o critério de sustentabilidade ambiental como um dos fatores que passarão a contar pontos na contratação de empresas que fornecerem serviços, bens ou realizam obras para o Estado. O texto elenca oito critérios principais que passaram a ser levados em conta em processos de contratação: economia no consumo de água e energia; minimização da geração de resíduos e destinação final ambientalmente adequada dos que

Não por acaso que o arquiteto e urbanista Jaime Lerner,[25] consultor da ONU em questões de urbanismo e ex-prefeito da cidade de Curitiba – única cidade da América Latina selecionada pelo estudo Centros de Sustentabilidade Global 2020, do Instituto Ethisphere, de Nova York, na lista das dez mais sustentáveis do mundo –, defendeu que os governos devem enfrentar com destemor essa necessidade:

> Os prefeitos precisam ter coragem e inteligência para decidir que tipo de investimentos querem atrair para seus Municípios, porque a verdade é que, se a qualidade de vida cresce, os investimentos chegam.[26]

Mas não é nada fácil convencer os governantes nesse sentido.

Luciana Betiol, pesquisadora do Centro de Estudos em Sustentabilidade da FGV, comentou sobre essa dificuldade:

> São muitos os desafios para a implementação da licitação sustentável no Brasil. Um deles é o convencimento dos tomadores de decisão da importância e dos impactos positivos que essas ações podem trazer. A adoção de políticas públicas e normas também se coloca como questão fundamental para a criação de um ambiente propício para tais ações. Já há pareceres jurídicos relevantes que apontam para a legalidade da implementação de práticas de compras públicas sustentáveis. É preciso agora que os agentes públicos ajam, efetivando as compras e contratações com base em critérios de sustentabilidade.[27]

forem gerados; racionalização do uso de matérias-primas; redução da emissão de poluentes; adoção de tecnologias menos agressivas ao meio ambiente; implementação de medidas que reduzam as emissões de gases de efeito estufa; utilização de produtos de baixa toxicidade; e uso de produtos com a origem ambiental sustentável comprovada. Caso não haja prejuízo para a eficiência no fornecimento, o decreto também estabelece como critérios positivos nas licitações que até 25% dos funcionários contratados sejam pessoas residentes no local do serviço, e que parte dos insumos seja comprada no local de execução do projeto, ou seja, no próprio município ou Região Metropolitana.

[25] Conhecido como "pioneiro do verde".

[26] Lerner, Jaime. Usar menos o carro e separar o lixo caseiro. O Globo, Rio de Janeiro, 06 jun. 2012. Entrevista concedida a Gilberto Scofield.

[27] Betiol, Luciana. Licitações sustentáveis: o poder de compra do governo em prol da sustentabilidade. Revista Construção, n. 131.

3.2. Os princípios licitatórios

Quase sempre relegado a plano secundário pelos responsáveis pela elaboração dos editais e desenvolvimento da licitação, o art. 3º da Lei nº 8.666/1993, que enumera os princípios licitatórios, é, sem dúvida, um dos mais importantes do diploma, devendo receber um destaque especial, porquanto dá ênfase a parâmetros éticos e morais, estabelecendo os objetivos da norma.

Como leciona Lívia Maria Zago, além de se constituírem num rumo seguro e na própria bússola de interpretação do Direito, os princípios possuem também o mote de suprir as lacunas e as imperfeições da lei. [28]

Não raro, o exame da validade dos atos praticados durante uma licitação passa pela apreciação à luz destes princípios.

3.2.1. A questão da proposta mais vantajosa na prática

Embora o texto se refira à seleção da "proposta mais vantajosa", verifica-se que, na verdade, o legislador optou pela "proposta de menor preço", conforme se pode inferir da leitura do art. 45, §1º, inc. I, da mesma lei,[29] que, categoricamente, impõe, de regra, que o julgamento das propostas será objetivo, devendo a comissão de licitação ou o responsável pelo convite realizá-lo geralmente adotando o tipo menor preço, apontando que tal ocorrerá quando o critério de seleção da proposta mais vantajosa para a Administração determinar que será vencedor o licitante que apresentar a proposta de acordo com as especificações do edital ou convite e ofertar o menor preço.

É bem verdade que o preço nem sempre é fator preponderante para a aceitação da proposta mais barata. Todavia, diante do texto desse inciso I, não resta dúvida da ocorrência de um retrocesso em relação à norma pretérita (Decreto-Lei nº 2.300/1986), pois, pela redação do dispositivo, o

[28] Zago, Lívia Maria Armentano K. Princípios, aplicabilidade, modalidade. In: Medauar, Odete (Org.). Licitações e contratos administrativos: coletânea de estudos. São Paulo: NDJ, 1998, p. 2.

[29] Art. 45. O julgamento das propostas será objetivo, devendo a Comissão de licitação ou o responsável pelo convite realizá-lo em conformidade com os tipos de licitação, os critérios previamente estabelecidos no ato convocatório e de acordo com os fatores exclusivamente nele referidos, de maneira a possibilitar sua aferição pelos licitantes e pelos órgãos de controle. § lo Para os efeitos deste artigo, constituem tipos de licitação, exceto na modalidade concurso: I – a de menor preço – quando o critério de seleção da proposta mais vantajosa para a Administração determinar que será vencedor o licitante que apresentar a proposta de acordo com as especificações do edital ou convite e ofertar o menor preço.

"preço mais barato" voltou a ser absoluto,[30] a não ser que se opte por licitações dos tipos "melhor técnica" ou "técnica e preço", nas quais, apesar de peça fundamental, o preço juntar-se-á a outros fatores de avaliação técnica.

Essa circunstância tem demonizado a Lei nº 8.666/1993, dado que, em face dessa suposta necessidade da Administração contratar o mais barato, tratam-na como uma legislação leniente, que permite – e até obriga – a contratação de bens ou serviços de má qualidade.

Enganam-se, todavia, os seus detratores, porquanto, numa apreciação sistemática, bem como na avaliação mais acurada do dispositivo em comento, ver-se-á que há uma condição em seu texto que põe por terra essa equivocada interpretação.

Como registramos, a regra licitatória do menor preço determina que seja considerado vencedor da competição o licitante que apresentar a proposta de acordo com as especificações do edital ou convite e ofertar o menor preço.

O ponto central da questão é encontrado, portanto, na especificação do objeto pretendido. A sua pormenorização é determinante para o atendimento do desejado pela Administração. É de fundamental importância que o objeto seja bem descrito, de modo afastar qualquer margem de dúvida por parte dos licitantes ou dos responsáveis pela aquisição.

Como assevera Paulo César Silva de Carvalho – que bem observou essa peculiaridade legal – tal detalhe serve para desconsiderar de vez a premissa de que se compra mal quando a mesma é realizada pelo menor preço. Na verdade se compra mal quando se especifica mal. O Poder Público deve sim, sempre que possível, priorizar o menor preço, porém o menor preço dentro das especificações exigidas.[31]

Anote-se que há em todo o corpo da Lei nº 8.666 determinações quanto à necessidade do estabelecimento das especificações no instrumento convocatório do certame. Exemplos: na definição dos componentes do projeto básico, a alínea "c" do inc. IX do art. 6º registra a obrigatoriedade da identificação dos tipos de serviços a executar e de materiais e equipamentos

[30] Carlos Pinto Coelho Motta, comentando o assunto, acrescenta que "a opção pelo menor preço já foi critério absoluto na vigência do art. 743 do Código de Contabilidade da União, de 1922" (Eficácia nas licitações e contratos. Belo Horizonte: Del Rey, 62).

[31] Carvalho, Paulo César Silva de. O governo compra mal porque compra pelo menor preço?. O Pregoeiro, ano 5, Curitiba: Negócios Públicos. p. 12.

a incorporar à obra, bem como as *especificações* que assegurem os melhores resultados para o empreendimento; no art. 15, voltado para compras, há, no inc. I do §7º, a imposição de observação da *especificação completa* do bem a ser adquirido.

Insta consignar, entretanto, que as especificações deverão limitar-se ao indispensável para o bom atendimento das necessidades da Administração, de vez que a própria Lei, ao determinar a sua obrigatoriedade, acrescenta que não será possível, nesse ofício, frustrar o caráter competitivo (art.6º, inc. IX, alínea "c" *in fine*),[32] havendo, inclusive, vedação a especificações exclusivas (§5º do art. 7º).[33]

Nesse diapasão, conclui Paulo César Silva de Carvalho:

> O menor preço não é o vilão das compras públicas, mas sim a falta de planejamento e implantação de uma política eficiente de compras e contratações. Acontece que maus gestores utilizam o argumento do menor preço para justificar seus atos danosos ao Poder Público, demonstrando até mesmo um desconhecimento legal, haja vista que a Lei nº 8.666/1993 traz a previsão de aquisição na melhor proposta para Administração Pública e não necessariamente no menor preço.[34]

3.2.2. O elenco de princípios licitatórios

A enumeração dos princípios licitatórios vincula-se diretamente ao art. 37 da CF.[35]

[32] Lei nº 8.666/93 - Art. 6º [...] IX [...] c) identificação dos tipos de serviços a executar e de materiais e equipamentos a incorporar à obra, bem como suas especificações que assegurem os melhores resultados para o empreendimento, sem frustrar o caráter competitivo para a sua execução;

[33] Lei nº 8.666/93 - Art.7º [...] §5º É vedada a realização de licitação cujo objeto inclua bens e serviços sem similaridade ou de marcas, características e especificações exclusivas, salvo nos casos em que for tecnicamente justificável, ou ainda quando o fornecimento de tais materiais e serviços for feito sob o regime de administração contratada, previsto e discriminado no ato convocatório.

[34] Carvalho. O governo compra mal porque compra pelo menor preço?. O Pregoeiro, ano 5, p. 14.

[35] CF - Art. 37. A administração pública direta e indireta de qualquer dos Poderes da União, dos Estados, do Distrito Federal e dos Municípios obedecerá aos princípios de legalidade, impessoalidade, moralidade, publicidade e eficiência e, também, ao seguinte: [...] (Redação dada pela Emenda Constitucional nº 19, de 1998)

Destarte, consoante o ditame constitucional, a Lei nº 8.666/1993 exige que seja preservada a igualdade entre todos nas licitações, as quais serão processadas e julgadas em conformidade com diversos princípios.

3.2.2.1. Princípio da legalidade

Que visa verificar a conformação de toda licitação com as normas legais vigentes.

Máxima em Direito, que resume com precisão a atuação da Administração Pública no seguimento do "Princípio da Legalidade", é a distinção que é feita entre os universos do Direito Público e do Direito Privado: no primeiro se pode fazer tão somente o que a lei permite; no segundo, o que a lei não proíbe.

Dessa forma, distingue Eros Grau:

> Se pretendermos, portanto, relacionar o princípio da legalidade ao regime de Direito Público, forçoso seria referirmo-lo, rigorosamente, como princípio da legalidade sob conteúdo de comprometimento positivo.[36] [37]

3.2.2.2. Princípio da impessoalidade

Que veda os "apadrinhamentos", aproximando-se do "Princípio da Igualdade", porquanto impõe que o procedimento licitatório seja destinado a todos os interessados, obstaculizando o desenvolvimento de qualquer tipo de favorecimento pessoal.

Respondendo à indagação quanto à adoção da impessoalidade no âmbito da Administração Pública, José Maria Madeira assentiu:

> Justamente a característica de não pertencer a uma pessoa em particular, ou seja, aquilo que não pode se aplicado, especialmente, a pessoas determinadas; é uma característica genérica da coisa que não pertence à pessoa alguma, é isso que a atividade da Administração Pública deve fazer, destinar-se a todos os administrados, à sociedade em geral, sem determinação ou discri-

[36] Grau. A ordem econômica na Constituição de 1988: interpretação e crítica, p. 147.

[37] TCU. Acórdão 5.276/2009. Segunda Câmara – Abstenha de realizar licitações nas quais haja quaisquer relações entre os participantes e aqueles que detenham o poder de decisão no processo licitatório, ou qualquer outra situação em que se verifique prejuízo ao atendimento dos princípios da igualdade e da moralidade administrativa.

minação de qualquer natureza, até mesmo por força do princípio da isonomia, não cabendo sua atividade, portanto, beneficiar esta ou aquela pessoa ou empresa.[38]

3.2.2.3. Princípio da moralidade

Que se confunde com o "Princípio da Probidade Administrativa", elencado posteriormente, obrigando o óbvio: licitador e licitantes devem observar uma conduta honesta e honrada, sendo-lhes exigido não só o atendimento à lei, como também ao interesse público, diretamente ligado ao interesse da coletividade.

A moralidade administrativa, portanto, consigna o pressuposto da validade de todo ato da Administração Pública.

Não se trata, todavia, da moral comum, mas da moralidade jurídica, entendida como o conjunto de regras de conduta.

Em hipótese alguma a conduta adotada pela Administração poderá violentar valores fundamentais consagrados pelo sistema jurídico.

A moralidade administrativa deve andar de mãos dadas com a legalidade. Destarte, mesmo uma conduta compatível com a lei, mas imoral, também será inválida. *Vide* que o Superior Tribunal de Justiça (STJ) já reconheceu a invalidade de um acordo em função de este ter sido consumado atentando à moralidade administrativa.[39]

Sobre a questão, a assertiva de Alzemeri de Britto e Perpétua Valadão:

> O princípio da moralidade (...) também exige que haja uma consequência administrativa pelo descumprimento e ilegalidades perpetradas na celebração ou execução dos convênios pelas entidades. Basta que se imagine a situação de entidade que reiteradamente infrinja suas obrigações como conveniada e o Estado porte-se como mero expectador, suportando prejuízos e limitando-se a rescindi-lo ou anulá-lo.[40]

[38] Madeira, José Maria Pinheiro. Administração Pública. 11. ed. Rio de Janeiro: Elsevier; Campus Jurídico, 2010. t. II. 11, ed., v. 1, p. 123.

[39] REsp nº 14.868-0/RJ, Relator Min. Antônio de Pádua Ribeiro, em 09.10.97.

[40] Britto, Alzemeri Martins Ribeiro de; Valadão, Perpétua Leal Ivo. Sanções penais e administrativas em sede de convênios com entidades privadas. Disponível em <http://direito-e-justica.blogspot.com.br/2009/06/sancoes-penais-e-administrativas-em.html>.

3.2.2.4. Princípio da igualdade (ou da isonomia)

Insculpido no art. 5º da CF,[41] assegura iguais oportunidades a todos os possíveis interessados na licitação.[42]

Sobre o princípio, ressalta-se que o Supremo Tribunal Federal – STF já deliberou no sentido de que a lei pode distinguir situações, sem violação do princípio da igualdade, a fim de conferir um tratamento diverso do que atribui a outro. Para que possa conferi-lo, contudo, sem que tal violação se manifeste, é necessário que a discriminação guarde compatibilidade com o conteúdo do princípio.

Tem-se, pois, nessa contextura, o verdadeiro sentido de Justiça, consoante lições do grande Rui Barbosa: "A regra da igualdade não consiste senão em aquinhoar desigualmente aos desiguais, na medida em que se desigualam".[43]

Sobre o princípio no plano das licitações, a palavra abalizada de Raul Armando Mendes:

> A Lei nº 8.666/1993 veda cláusulas no edital que possam desigualar os licitantes, favorecendo uns e prejudicando outros, dando azo a uma forma insidiosa de desvio de poder, embora corrigível pela própria Administração ou pela via judicial pertinente.[44]

3.2.2.5. Princípio da publicidade

Que, além de princípio geral de Direito Administrativo, é condição de eficácia da própria licitação (art. 21 da Lei nº 8.666), do contrato (art. 61, parágrafo único, da mesma lei), dos direitos dos envolvidos no certame e do seu amplo controle por parte do povo.

Cintra do Amaral, apoiado nos ensinamentos de Colaço Antunes, enfatiza que a publicidade, no âmbito da Administração Pública, inclui-se em uma noção mais ampla, que é a da transparência:

[41] Constituição Federal, art. 5º: "Todos são iguais perante a lei, sem distinção de qualquer natureza, garantindo-se aos brasileiros e aos estrangeiros residentes no País a inviolabilidade do direito à vida, à liberdade, à igualdade, à segurança e à propriedade (...)".

[42] TCU. Acórdão nº 925/2009, Plenário: "Não pode prosperar a licitação eivada de procedimentos anômalos não devidamente justificados no processo e que fazem malograr a prevalência de princípios básicos da licitação pública, tais como o da isonomia e o da publicidade".

[43] Barbosa, Ruy. Oração aos moços. São Paulo: Edipro.

[44] Mendes. Comentários ao estatuto das licitações e contratos administrativos: com apontamentos sobre a Lei paulista nº 6.544/89. 2. ed. atual. e aum., p. 9.

A Administração Pública brasileira tem o dever de não apenas respeitar o princípio da publicidade, inscrito no art. 37 da Constituição, mas de ser transparente. É ingênua, porém, a afirmação de que a Administração deve ser uma "casa de vidro" totalmente translúcida. Nenhuma Administração, em nenhum país, corresponde a essa imagem. O que nos cabe é exigir que a relativa opacidade de seus atos respeite os limites impostos pela Constituição e pelas leis, em estrita obediência à estrutura escalonada das normas jurídicas.[45]

No horizonte licitatório, o princípio obriga a divulgação plena de todos os atos da licitação, possibilitando um amplo controle por parte da sociedade, constituindo elemento de eficácia e moralidade.

O preceito inicial é que todo ato administrativo deve ser público, porque pública é a Administração que o realiza. A publicidade dos atos licitatórios e dos acordos administrativos, além de assegurar os seus efeitos externos, propicia o conhecimento e o controle pelos interessados diretos e pela sociedade.

3.2.2.6. Princípio da probidade administrativa[46]

Que sinaliza – numa apreciação do sentido da palavra, oriunda do latim – a boa atuação do administrador público.

Apesar de confundir-se bastante com a ideia de moralidade, distingue-se pela não prática de atos que implicarão no prejuízo da Administração, em face da má qualidade gerencial, ao contrário da moralidade, que se situa no campo ético e, em casos extremos, no da honestidade.[47] [48]

[45] Amaral. Antônio Carlos Cintra do. O princípio da publicidade no direito administrativo. Disponível em <http://www.direitodoestado.com/revista/REDE-23-JULHO-2010-ANTONIO-CARLOS-CINTRA.pdf>

[46] Os atos de improbidade administrativa são sancionáveis por meio da Lei nº 8.429, de 2.6.1992, que surgiu como um real instrumento em defesa da moralidade do setor público.

[47] "Podemos dizer que todo ato contrário à moralidade administrativa é ato configurador de improbidade. Porém, nem todo ato de improbidade administrativa representa violação à moralidade administrativa" (Fernandes. Improbidade administrativa. Revista do Tribunal de Contas da União, v. 28, n. 73, p. 30).

[48] O §4º do art. 37 da Constituição Federal dispõe que os atos de improbidade administrativa demandarão a suspensão dos direitos políticos, a perda da função pública, a indisponibilidade dos bens e o ressarcimento ao erário, na forma e gradação previstas em lei, sem prejuízo da ação penal cabível. Registre-se que atos de improbidade administrativa são sancionáveis por

Quanto à diferenciação dos conceitos, anote-se a lição de Marcelo Figueiredo:

> O princípio da moralidade administrativa é de alcance maior, é conceito mais genérico, a determinar, a todos os "poderes" e funções do Estado, atuação conforme o padrão jurídico da moral, da boa-fé, da lealdade, da honestidade. Já a probidade, que alhures denominamos "moralidade administrativa qualificada", volta-se a particular aspecto da moralidade administrativa. Parece-nos que a probidade está *exclusivamente vinculada ao aspecto da conduta (do ilícito) do administrador*. Assim, em termos gerais, diríamos que viola a probidade o agente público que em suas ordinárias tarefas e deveres (em seu agir) atrita os denominados "tipos" legais.[49]

3.2.2.7. Princípio da vinculação ao instrumento convocatório

Que impede a criação, depois de iniciado o procedimento licitatório, de critérios diferenciados daqueles estabelecidos no ato convocatório, evitando surpresas para os licitantes, que podem formular suas propostas com inteiro conhecimento do que deles pretende a Administração.

3.2.2.8. Princípio do julgamento objetivo

Que abarca a fase final do procedimento licitatório: o julgamento. Tal princípio atrela a Administração aos critérios de aferição previamente definidos no ato convocatório, com o objetivo de evitar que o julgamento seja realizado segundo critérios desconhecidos dos licitantes.[50]

Em memorável palestra no Tribunal de Contas do Município de São Paulo – TCM/SP, Diogenes Gasparini resume com simplicidade e precisão os contornos do "critério objetivo" em licitações:

intermédio da Lei nº 8.429, de 2.6.1992, que surgiu no ordenamento jurídico brasileiro como um real mecanismo de defesa da moralidade do setor público.

[49] Figueiredo, Marcelo. Probidade administrativa. 4. ed. São Paulo: Malheiros, 2000.

[50] Vide que, além de mencionar o Princípio do Julgamento Objetivo no art. 3º, a Lei nº 8.666/1993 o reafirma no art. 45: Art. 45. O julgamento das propostas será objetivo, devendo a Comissão de licitação ou o responsável pelo convite realizá-lo em conformidade com os tipos de licitação, os critérios previamente estabelecidos no ato convocatório e de acordo com os fatores exclusivamente nele referidos, de maneira a possibilitar sua aferição pelos licitantes e pelos órgãos de controle.

Critério objetivo é aquele que por si só define uma situação É aquele que independe de qualquer argumento para confirmá-lo. Basta o confronto das várias propostas para selecionarmos a vencedora, sem precisar justificar absolutamente nada.[51]

3.2.3. Princípios correlatos

Além dos princípios elencados no art. 3º, outros tantos estão salpicados em diversos dispositivos da Lei nº 8.666/1993, todos permeados da intenção de dotar o procedimento licitatório da clareza e da transparência só existentes nos países amplamente democráticos e livres, nos quais os princípios possuem papel de grande significância, primordial para a manutenção da ordem jurídica. São os chamados princípios correlatos.

3.2.3.1. Princípio da competitividade

Princípio correlato ao da igualdade, uma vez que todos os interessados em contratar com a Administração devem competir em igualdade de condições. Nesse viés, a lei registra que é vedado aos agentes públicos admitir, prever, incluir ou tolerar, nos atos de convocação, cláusulas ou condições que comprometam, restrinjam ou frustrem o seu caráter competitivo.[52]

> Art. 3º (...) § 1º É vedado aos agentes públicos:
>
> I – admitir, prever, incluir ou tolerar, nos atos de convocação, cláusulas ou condições que comprometam, restrinjam ou frustrem o seu caráter competitivo, inclusive nos casos de sociedades cooperativas, e estabeleçam preferências ou distinções em razão da naturalidade, da sede ou domicílio dos licitantes ou de qualquer outra circunstância impertinente ou irrelevante para o específico objeto do contrato, ressalvado o disposto nos §§ 5º a 12 deste artigo e no art. 3º da Lei nº 8.248, de 23 de outubro de 1991; [53]

[51] Gasparini. Princípios e normas gerais. In: SEMINÁRIO DE DIREITO ADMINISTRATIVO.

[52] TCU. Acórdão 2.579/2009. Plenário – E vedado aos agentes públicos incluir nos atos de convocação condições que comprometam, restrinjam ou frustrem o caráter competitivo e estabeleçam preferências ou distinções impertinentes em relação aos interessados.
TCU. Acórdão 1.227/2009. Plenário – Abstenha de incluir clausulas em edital que venham a impor ônus desnecessários aos licitantes, [...] por implicar restrição ao caráter competitivo do certame, em violação ao art. 3º, caput, da Lei nº 8.666/1993.

[53] Redação dada pela Lei nº 12.349/2010.

3.2.3.2. Princípio do sigilo na apresentação das propostas

Que impede o desatendimento ao princípio da igualdade, não permitindo que um licitante tome ciência da proposta dos demais, o que demandaria posição de vantagem na competição.

> Art. 3º (...) § 3º A licitação não será sigilosa, sendo públicos e acessíveis ao público os atos de seu procedimento, salvo quanto ao conteúdo das propostas, até a respectiva abertura.

Vide que a lei, inclusive, tipifica com crime licitatório o devassamento desse sigilo:

> Dos Crimes e das Penas
> Art. 94. Devassar o sigilo de proposta apresentada em procedimento licitatório, ou proporcionar a terceiro o ensejo de devassá-lo:
> Pena – detenção, de 2 (dois) a 3 (três) anos, e multa.[54]

[54] Sobre o crime, escrevemos no Livro Licitação Passo a Passo, 7ª ed. – Ed. Fórum: "O dispositivo amplia (e, portanto, no caso, revoga) o art. 326 do Código Penal, que tratava do sigilo de proposta em concorrência pública. Agora, com texto mais abrangente e condizente com a realidade, a lei 8.666 considera conduta criminosa o ato de devassar o sigilo da proposta apresentada em qualquer procedimento licitatório (ou proporcionar a terceiro a oportunidade de devassá-lo), incluindo-se neste rol, inclusive, a nova modalidade de licitação, o pregão, instituída pela Medida Provisória nº 2.026/2000, hoje Lei nº 10.520/ 2002.
Devassar, na hipótese, diz respeito a violar o envelope onde está contida a proposta comercial, de alguma forma, de modo que seja possível o conhecimento do valor proposto antes do momento estabelecido pelo instrumento convocatório para sua abertura, em ato público. Outra maneira que, da mesma forma, tipificaria o crime de devassa, seria inteirar-se do valor mediante qualquer tipo de informação segura.
O sujeito ativo do delito não está bem definido. De certo, é o agente público, em princípio, que detém a responsabilidade da guarda dos documentos, podendo, todavia, ser qualquer pessoa que, interessada ou envolvida com o certame, tome conhecimento da proposta alheia indevidamente. O terceiro, citado ao final do dispositivo, mais parece caracterizado como coautor.
A consumação do crime ocorre com o devassamento da proposta ou com a facilitação desse devassamento. Todavia, como bem apreciou Costa Júnior, independe o aperfeiçoamento do delito de qualquer dano à Administração: 'Ao contrário, poderá suceder que o concorrente, ao inteirar-se, pela devassa, da proposta, oferte preço mais baixo, em benefício do Estado. Nem será necessária à consumação que o particular venha a conhecer os termos da proposta, devas-

3.2.3.3. Princípio do procedimento formal

Pressupõe um rito administrativo formalizado, conforme dispõe o parágrafo único do art. 4º da Lei nº 8.666, que informa que o procedimento licitatório caracteriza ato administrativo formal, seja ele praticado em qualquer esfera da Administração Pública.[55]

3.2.3.4. Princípio da adjudicação compulsória ao vencedor da licitação

Significa que, vencida a licitação, a Administração não poderá atribuir o objeto pretendido (adjudicar) a outro que não o vencedor da competição.[56]

Vide que o art. 50 da lei prescreve que a Administração não pode celebrar contrato com preterição da ordem de classificação, sob pena de nulidade da licitação:

> Art. 50. A Administração não poderá celebrar o contrato com preterição da ordem de classificação das propostas ou com terceiros estranhos ao procedimento licitatório, sob pena de nulidade.

3.2.3.5. Princípio da padronização

Que deve ser aplicado por força do determinado no art. 15, I, da Lei nº 8.666, sempre que possível, nas compras efetuadas pela Administração Pública, bem como nas contratações de obras e serviços, por força do preconizado no art. 11.

Objetiva evitar aquisições de bens ou contratações de obras ou serviços com diferenças nos componentes, na qualidade, na produtividade e na durabilidade, com implicações diretas e imediatas no estoque, na

sada pelo funcionário. Em sendo várias as propostas apresentadas (e é o caso mais comum), não se faz necessário ao aperfeiçoamento do delito que o agente devasse a totalidade das propostas. Basta a violação de uma única delas, para a consumação do crime. Finalmente, não se faz mister, para a consumação, que o conteúdo da proposta, do qual venha o agente público a tomar conhecimento, seja por ele divulgado.' (Direito penal das licitações: comentários aos arts. 89 a 99 da Lei nº 8.666, de 21.06.1993, p. 43-44).

[55] Assente-se que o princípio do procedimento formal não significa que a Administração deva ser formalista ao extremo, a ponto de fazer exigências inúteis ou desnecessárias à licitação.

[56] O vencedor adquire direito à adjudicação e não à contratação, pois, mesmo após adjudicar, a Administração, em nome do interesse público, poderá, justificadamente, revogar ou anular a licitação.

manutenção, na assistência técnica, no controle e na atividade administrativa.

> Art. 15. As compras, sempre que possível, deverão: I – atender ao princípio da padronização, que imponha compatibilidade de especificações técnicas e de desempenho, observadas, quando for o caso, as condições de manutenção, assistência técnica e garantia oferecidas;
>
> Art. 11. As obras e serviços destinados aos mesmos fins terão projetos padronizados por tipos, categorias ou classes, exceto quando o projeto-padrão não atender às condições peculiares do local ou às exigências específicas do empreendimento.

3.2.4. Princípios implícitos

Além dos princípios básicos e correlatos, aplicam-se também às licitações os denominados princípios implícitos, que, mesmo não mencionados expressamente na Lei nº 8.666, são entendidos como presentes nos procedimentos licitatórios, dado que, de uma forma ou de outra, devem ser adotados pela Administração nos seus mais diversos atos.

3.2.4.1. Princípio da eficiência

Que impõe à Administração o exercício de suas atribuições de forma imparcial, transparente, eficaz e sem burocracia, sempre na busca da qualidade.

Consoante as lições de Hely Lopes Meirelles, o dever da eficiência é o que impõe a todo agente público realizar suas atribuições com presteza, perfeição e rendimento funcional.

> É o mais moderno princípio da função administrativa, que já não se contenta em ser desempenhada apenas com legalidade, exigindo resultados positivos para serviço público e satisfatório atendimento das necessidades da comunidade e de seus membros.[57]

[57] Meirelles, Hely Lopes. Direito Administrativo Brasileiro. 10 ed. São Paulo: Malheiros, 1999, p. 60.

Cabe assentar que, com o advento da Emenda Constitucional nº 19/1998, a eficiência passou a integrar o elenco de princípios norteadores da atividade administrativa.

> CF – Art. 37. A administração pública direta e indireta de qualquer dos Poderes da União, dos Estados, do Distrito Federal e dos Municípios obedecerá aos princípios de legalidade, impessoalidade, moralidade, publicidade e eficiência e, também, ao seguinte: (...).

Sobre a matéria, anotou Nilma Claudia de Souza Bastos:

> O princípio da eficiência foi incorporado pelo constituinte reformador em 1998, por intermédio da Emenda nº 19/98, ao texto da Constituição da República. Esse procedimento de explicitação do princípio não nos autoriza a tratá-lo como princípio novo. Na verdade, trata-se de princípio já consagrado no Direito Administrativo brasileiro, seja pela doutrina, seja pela jurisprudência e, principalmente, pelo Estado Democrático de Direito na sua organização administrativa, sob pena de responsabilidade civil do mesmo. Não obstante as questões políticas e econômicas que contigenciaram o país e estimularam a sustentação da tese de uma reforma administrativa operada por emenda constitucional, fato é que o princípio alcançou seu espaço, de forma explícita, na Constituição, a fim de se dar maior objetividade aos argumentos que nele se sustentassem.[58]

Não obstante, argumenta, com lucidez, Celso Antônio Bandeira de Mello:

> Contudo, é juridicamente tão fluido e de tão difícil controle ao lume do Direito, que mais parece um simples adorno agregado ao art. 37 ou o extravasamento de uma aspiração dos que burilam no texto. De toda sorte, o fato é que tal princípio não pode ser concebido (...) senão na intimidade do princí-

[58] Bastos, Nilma Claudia de Souza. O princípio da eficiência na organização da administração pública, in A Reconstrução do Direito – Estudos em Homenagem a Sergio Cavalieri Filho, Coordenação de Cleyson de Moraes Mello e Guilherme Sandoval Góes, Juiz de Fora: Editar, 2011.

pio da legalidade, pois jamais uma suposta busca de eficiência justificaria postergação daquele que é o dever administrativo por excelência.[59]

Antonio Carlos Cintra do Amaral, por sua vez, constata um lógico e necessário liame entre o princípio da eficiência e o da legalidade:

> (...) não vejo oposição entre os princípios da eficiência e da legalidade. A pessoa privada, que age dentro da chamada *"autonomia da vontade"*, não está desobrigada de cumprir a lei. Muito menos a Administração Pública, que deve agir em conformidade com a lei. Adotando a distinção efetuada por André Gonçalves Pereira[60], entre licitude e legalidade, posso dizer que a atuação das pessoas privadas deve ser eficiente e lícita, enquanto a atuação do agente administrativo deve ser eficiente e legal. Em outras palavras: dizer-se que a Administração está autorizada a praticar atos ilegais, desde que isso contribua para aumentar sua eficiência, é no mínimo tão absurdo quanto dizer-se que uma empresa privada pode praticar atos ilícitos, desde que isso contribua para aumentar sua eficiência.[61]

3.2.4.2. Princípio da razoabilidade/proporcionalidade

Que, em síntese, determina que o administrador público obriga-se a sempre optar pela solução adequada, ou seja, a mais razoável entre as que se lhe apresentam.

A necessidade da Administração, baseada no elemento proporcionalidade, deve ser entendida no sentido de que a medida a ser adotada não pode exceder os limites indispensáveis à conservação do fim legítimo que se almeja.[62]

> Superior Tribunal de Justiça – STJ, MS nº 5.869/DF, julgado em 11.09.2002: "A interpretação dos termos do edital de licitação não pode conduzir a atos que acabem por malferir a própria finalidade do procedimento licitatório, restringindo o número de concorrentes e prejudicando a escolha da melhor

[59] Mello, Celso Antônio Bandeira de. Curso de direito administrativo. 12. ed., p. 92.

[60] Pereira, Andre Gonçalves. Erro e Ilegalidade no Acto Administrativo. Lisboa: Ática, 1962.

[61] Amaral, Antônio Carlos Cintra do. O Princípio da Eficiência no Direito Administrativo. Disponível em http://www.celc.com.br/comentarios/198.html

[62] Disponível em: <http://professorbacchelli.spaceblog.com.br/180891/Os-Principios-de--Direito-Administrativo/>.

proposta. O ato coator foi desproporcional e desarrazoado, mormente tendo em conta que não houve falta de assinatura, pura e simples, mas assinaturas e rubricas fora do local preestabelecido, o que não é suficiente para invalidar a proposta, evidenciando claro excesso de formalismo".

3.2.4.3. Princípio da motivação

Que determina que a autoridade administrativa obriga-se a apresentar as razões que a levaram a tomar uma decisão. O princípio da motivação, como pondera Clóvis Celso Velasco Boechat, deve ser considerado um dos mais importantes, uma vez que, sem ele, inexistirá o devido processo legal, dado que a fundamentação surge como meio interpretativo da decisão para a viabilização do controle da legalidade dos atos da Administração.[63]

É cediço que Hely Lopes Meirelles sustentava que o ato discricionário, editado sob os limites da lei, conferiria ao administrador público uma margem de liberdade para fazer um juízo de conveniência e oportunidade, o que demandaria a desnecessidade de motivação. No entanto, o entendimento majoritário – no qual nos encaixamos – perfaz-se no sentido de que, mesmo no ato discricionário, há a condicionante da motivação, de modo que se tenha ciência de qual o caminho a ser adotado pelo administrador.

3.2.5. Princípios advindos da criação da modalidade licitatória Pregão

Com o advento da modalidade licitatória *pregão* (regida pela Lei nº 10.520/2002), que possui características próprias bastante peculiares, o art. 4º do Regulamento aprovado pelo Decreto nº 3.555/2000, que regulamenta, na esfera federal, o pregão presencial, além de repetir os princípios licitatórios prescritos no art. 3º da Lei nº 8.666, condiciona a modalidade a outros específicos (muitos também encontrados em dispositivos da lei de licitações como princípios correlatos ou implícitos).[64]

[63] Boechat. Em parecer emitido em 2007.

[64] Regulamento aprovado pelo Decreto nº 3.555/2000 – Art. 4º A licitação na modalidade de pregão é juridicamente condicionada aos princípios básicos da legalidade, da impessoalidade, da moralidade, da igualdade, da publicidade, da probidade administrativa, da vinculação ao instrumento convocatório, do julgamento objetivo, bem assim aos princípios correlatos da celeridade, finalidade, razoabilidade, proporcionalidade, competitividade, justo preço, seletividade e comparação objetiva das propostas.

O elenco é extenso: celeridade, finalidade, razoabilidade, proporcionalidade, competitividade, justo preço, seletividade e comparação objetiva das propostas.

Debruçaremo-nos sobre aqueles que não foram apreciados anteriormente.

3.2.5.1. Princípio da celeridade

Que busca dar agilidade ao procedimento licitatório. Trata-se de princípio norteador da licitação na modalidade pregão, pois objetiva simplificar procedimentos, afastando ao máximo o rigor excessivo e as formalidades desnecessárias. No pregão, sempre que possível, as decisões deverão ser tomadas no momento da sessão.

3.2.5.2. Princípio da finalidade

Configura princípio máximo no âmbito do Direito Administrativo, voltado para a regra de interpretação teleológica da norma. Conforme dispôs Bandeira de Mello, o princípio impõe ao administrador público, no manejo das competências postas a seu encargo, atuação com rigorosa obediência à finalidade, isto é, cumprindo-lhe não apenas cingir-se à finalidade própria de todas as leis, que constitui o interesse público, mas também à finalidade específica abrigada na lei a que esteja dando execução.[65]

É necessário, portanto, que o agente público responsável examine, à luz das circunstâncias do caso concreto, se o contrato a ser celebrado realmente atende ao interesse público almejado pela previsão normativa genérica.

Sobre a adoção do princípio, alerta, com proficiência, Giovana Harue Tavarnaro:

> Deve-se ressaltar que o que explica, justifica e confere sentido a uma norma é precisamente a finalidade a que se destina. A partir dela é que se compreende a racionalidade que lhe presidiu a edição. Logo, é na finalidade da lei que reside o critério norteador de sua correta aplicação, pois é em nome de um dado objetivo que se confere competência aos agentes da Administração.[66]

[65] Bandeira de Mello, Celso Antonio. Curso de direito administrativo, 5. ed., p. 255.

[66] Tavarnaro, Giovana Harue Jojima Princípios do processo administrativo. Disponível em http://www.buscalegis.ufsc.br/revistas/files/anexos/19470-19471-1-PB.htm

Averbe-se que o Princípio da Finalidade tem intrínseca relação com o Princípio do Interesse Público, que também há de ser observado nas licitações.

3.2.5.3. Princípio do justo preço

Determina o atrelamento da Administração Pública, com a instauração do pregão, à busca de preço que possa ser quitado com recursos disponíveis, mas que não esteja em descompasso com aqueles praticados no mercado.

3.2.5.4. Princípio da seletividade

Implica na constante perseguição da seleção da proposta mais adequada, indicando a necessidade de enormes cuidados com a seleção da proposta, que terá conexão direta com a qualidade do objeto contratado.

3.2.5.5. Princípio da comparação objetiva das propostas

Que, por estar voltado para a busca da proposta mais vantajosa, veda a adoção de qualquer tipo de fator não constante no edital licitatório na avaliação da proposta oferecida pelo licitante, impedindo a utilização de critérios subjetivos e imperfeitos. O princípio garante que o pregoeiro julgará de acordo com o previsto no instrumento convocatório, confrontando a proposta com as especificações e outros elementos nele contidos. Assentimos plenamente com Joel de Menezes Niebuhr, quando assevera que os princípios do pregão (justo preço, finalidade, seletividade e celeridade) remetem ao mais abrangente: o da eficiência.[67]

Registre-se a crítica de Benedicto de Tolosa Filho quanto à inserção de alguns institutos na categoria de princípios:

> O texto merece reparo quando classifica como princípios a celeridade, a razoabilidade, a finalidade e a proporcionalidade.
>
> A razoabilidade, a finalidade e a proporcionalidade pertencem à categoria de "requisitos do ato administrativo", também de cumprimento obrigatório, enquanto a celeridade pode ser alcançada através do princípio da eficiência,

[67] Niebuhr, Joel de Menezes. Pregão Presencial e Eletrônico. 4ª ed. Curitiba: Zênite, 2004, p. 39.

desde que não atropele os demais princípios encartados no *caput* do art. 37 da Constituição Federal e não fira o direito de ampla defesa, igualmente de natureza constitucional.[68]

3.3. Os Princípios da Lei nº 12.462, de 5 de agosto de 2011 – Regime Diferenciado de Licitações – RDC[69]

O art. 3º da Lei nº 12.462/2011, que versa sobre o Regime Diferenciado de Licitações – RDC (direcionado para contratações específicas, conforme já explicitado), elenca os princípios a serem observados nas licitações e contratações realizadas por intermédio desse regime especial: legalidade, impessoalidade, moralidade, igualdade, publicidade, eficiência, probidade administrativa, economicidade, desenvolvimento nacional sustentável, vinculação ao instrumento convocatório e julgamento objetivo.

O dispositivo é passível de crítica, por ser desnecessário, dado que os princípios licitatórios já estão enunciados na Lei Geral de Licitações (Lei nº 8.666/1993), com exceção dos da economicidade, do desenvolvimento sustentável e da eficiência.

Ivan Barbosa Rigolin, com o bom humor que lhe é característico, trata da questão:

> O art. 3º é outro inútil exercício de repetição tanto do art. 37 da Constituição quanto do art. 3º da Lei nº 8.666/1993, e dá a impressão que o autor da nova lei precisava dar corpo ao texto, não importava como. É tão inovador ou original quanto, na culinária do brasileiro, combinar arroz com feijão, e tão necessário quanto um prendedor de gravata.[70]

Vejamos os ainda os princípios não explicitados:

- **Princípio da economicidade** (também denominado Princípio da Otimização da Ação Estatal) – demanda que, ao tratar do dinheiro

[68] Tolosa Filho, Benedicto. Capacitação de Pregoeiro, Edição do Autor, 2015, p. 45.

[69] Sobre o RDC, sugerimos a leitura de nosso "Licitação através do Regime Diferenciado de Contratações Públicas – RDC" (2ª ed., Fórum, 2015) e o excepcional "RDC – Comentários ao Regime Diferenciado de Contratações – Lei 12.462/2011 – Decreto 7.581/2011 (2ª ed., Fórum, 2014), de Alécia Paolucci Nogueira Bicalho e Carlos Pinto Coelho Motta.

[70] Rigolin. RDC: Regime Diferenciado de Contratações Públicas. Fórum de Contratação e Gestão Pública – FCGP, ano 10, n. 117.

público nas contratações que adotem o RDC, o agente público comprometer-se-á totalmente com a busca da solução economicamente adequada na gestão da *res publica* (coisa do povo).

- **Princípio do desenvolvimento nacional sustentável** – elevado, na Lei do RDC, ao patamar de princípio (na Lei nº 8.666/1993 é relacionado como objetivo), implica, consoante o já explanado, na implementação das chamadas licitações sustentáveis, dele decorrendo os contratos administrativos com cláusulas de sustentabilidade.

A Contratação Direta
– Licitação Dispensada, Dispensável e Inexigível

Como afiançado, ainda que a supremacia do interesse público alicerce a exigência de licitação para contratações da Administração Pública, é inegável que há situações nas quais a competição licitatória se mostrará impossível ou, ainda que factível, se estabelecida, certamente frustrante ao interesse público almejado.

Nessas hipóteses, a lei autoriza a adoção de procedimento diferenciado, com alterações de formalidades, advindo daí as contratações diretas sem licitação, através de dispensas ou inexigibilidades.

Distinguimos três formas de contratação direta na Lei nº 8.666/1993:

a) a licitação dispensada, tratada no art. 17;
b) a licitação dispensável, aludida no art. 24; e
c) a licitação inexigível, versada no art. 25.

A grande maioria dos autores segue essa partição – embora existam alguns que considerem apenas a existência do duo dispensa e inexigibilidade.

Como cada hipótese deriva de situações diversas, não há como reconhecer que, em termos práticos, a qualificação tripartite é benéfica.

Na licitação dispensada (art. 17), intimamente ligada à alienação de bens públicos, a Administração Pública figura, de regra, como "vendedora", enquanto que, na licitação dispensável (art. 24), em posição oposta, atua como "compradora", isto é, na qualidade de "contratante" (adquirindo bens ou contratando a prestação de serviços ou a execução de obras). Na licitação inexigível (art. 25), o Poder Público também intenta contratar, assumindo, nesse mister, posição idêntica à prevista na licitação dispensável.

Noutro quadrante, nos casos de licitação dispensável, mesmo sendo possível a competição licitatória, a lei autoriza a sua não realização, segundo critério de oportunidade e conveniência. Já nas hipóteses de licitação dispensada, a lei rejeita a realização do certame, não havendo margem para a discricionariedade da Administração.

Maria Sylvia Zanella Di Pietro, como nós, sustenta:

> Existem, contudo, casos de dispensa que escapam à discricionariedade administrativa, por estarem determinado por lei; é o que decorre do art. 17, incs. I e II, da Lei nº 8.666/1993, que dispensa a licitação quando se tratar de alienação de bens imóveis (...). [71]

Com o mesmo raciocínio, a inteligência de Joel Menezes Niebuhr:

> É solar a diferença de sentido entre algo que se declara *dispensado* e outro que se declara *dispensável. Dispensada* significa que a licitação pública já foi efetivamente afastada pelo legislador, em virtude do que a competência do agente administrativo é vinculada, cabendo-lhe, diante de uma das figuras contratuais enunciadas, apenas reconhecer a dispensa. A discricionariedade do agente administrativo, nesses casos, resume-se na avaliação da oportunidade e conveniência de realizar uma das espécies de contrato qualificadas, efetivamente, como de licitação *dispensada.* (...). Já o *dispensável* denota que a dispensa ainda não foi ultimada, depende da avaliação do agente administrativo, que, diante de uma das hipóteses prescritas nos incisos do artigo 24, deve analisar se a licitação realmente produz ou não gravame ao interesse público, retratando competência discricionária.[72]

[71] Di Pietro, Maria Sylvia Zanella. Direito Administrativo, 26ª ed. São Paulo: Atlas, 2013, p. 394.

[72] Niebuhr, Joel de Menezes. Dispensa e Inexigibilidade de Licitação Pública, Belo Horizonte: Fórum, 2008, p. 372.

Também nesse diapasão, a palavra de Américo Servídio:

> O vocábulo *dispensa* tem sido empregado, efetivamente, para significar tanto o que é *dispensado*, como aquilo que é *passível de dispensa*. No primeiro caso, não há juízo da autoridade com relação à dispensa que é *ex vi legis*. Em contraposição, no segundo caso, é exigível a licitação até que seja ultimada a dispensa por ato da autoridade, sendo que, enquanto isso não ocorrer ou for omissa a manifestação, a exigência prevalecerá.[73]

Da mesma maneira, a lição abalizada de Hely Lopes Meirelles:

> Esses casos encontram justificativa na natureza dos negócios, que têm destinatários certos (...). Por isso, a lei já considera *dispensada* a licitação, podendo a Administração realizar tais negócios por contratação direta com o interessado.[74]

O elenco de administrativistas que acolhe a opção tripartite é formidável. Além dos insignes mestres supracitados, lista-se ainda, entre outros: Marcos Juruena Villela Souto[75], Jessé Torres Pereira Junior[76], Carlos Pinto Coelho Motta[77], Flávio Amaral Garcia[78], Jorge Ulisses Jacoby Fernandes[79], Ronny Charles[80], Roberto Ribeiro Bazilli[81], João Carlos Mariense Escobar[82],

[73] Servídio, Américo. Dispensa de Licitação Pública, São Paulo: Revista dos Tribunais. 1979, p. 72.

[74] Meirelles, Hely Lopes. Licitação e Contrato Administrativo, 11ª ed., atualizada por Eurico de Andrade Azevedo e Célia Marisa Prendes, São Paulo: Malheiros, 1996, p. 88.

[75] Licitações & Contratos Administrativos – Comentários, 2 ed., Rio de Janeiro: Esplanada, 1994.

[76] Comentários à Lei de Licitações e Contratações da Administração Pública, 7 ed., Rio de Janeiro: Renovar, 2007.

[77] Eficácia nas Licitações e Contratos, 10 ed, Belo Horizonte: Del Rey, 2005.

[78] Licitações & Contratos Administrativos, 3 ed., Rio de Janeiro: Lumen Juris, 2010.

[79] Contratação Direta sem Licitação, 7 ed., Belo Horizonte: Fórum, 2008.

[80] Leis de Licitações Públicas Comentadas, 6 ed, Salvador: Juspodvm, 2104.

[81] Licitação à Luz do Direito Positivo, São Paulo: Malheiros, 1999.

[82] Licitação: Teoria e Prática, 2 ed., Porto Alegre: Livraria do Advogado, 1994.

Ivo Ferreira de Oliveira[83], Maurício Balesdent Barreira[84], Lucas Rocha Furtado[85], Alessandro Dantas Coutinho[86], Benjamin Zymler[87], Marinês Restelatto Dotti[88], Luciano Ferraz[89], Maria Adelaide de Campos França[90] e Flavia Daniel Vianna[91].

Em idêntica trilha, a posição plenária da Corte de Contas federal, que, ao apreciar a matéria, fez constar, no Acórdão nº 2837/2008, que, na licitação dispensada, diversamente do que ocorre nos casos de licitação dispensável, não cabe ao administrador a decisão de licitar ou não, pois é a própria lei que determina a contratação direta.[92]

Outro elemento comprovador da real existência da diferenciação entre a licitação dispensada e a dispensável é encontrado no próprio texto legal. Há, na Lei nº 8.666/93, dispositivo que, objetivando o controle das contratações diretas, determina, perseguindo a eficácia do ato, a comunicação do enquadramento, no prazo máximo de três dias, à autoridade superior, para ratificação e publicação na imprensa oficial, como a seguir:

> Art. 26. As dispensas previstas nos §§ 2º e 4º do art. 17 e no inciso III e seguintes do art. 24, as situações de inexigibilidade referidas no art. 25, neces-

[83] Licitação: Formalismo ou Competição?, Rio de Janeiro: Temas & Ideias, 2002.

[84] Licitações e Contratações Municipais, Vol. 1 – Doutrina, Rotinas e Modelos. Rio de Janeiro: IBAM, 1996.

[85] Curso de Licitações e Contratos Administrativos, 5 ed., Belo Horizonte: Fórum, 2013.

[86] Manual de Licitações e Contratos Administrativos, 2 ed., Rio de Janeiro: Ferreira, 2007.

[87] A visão dos Tribunais de Contas sobre tópicos de licitações públicas. Boletim Fórum Contratação e Gestão Pública – FCGP, Belo Horizonte, ano 5, n. 59, nov. 2006.

[88] Contratação emergencial e desídia administrativa. Boletim Fórum de Contratação e Gestão Pública – FCGP, Belo Horizonte, ano 6, n. 64, abr. 2007.

[89] Licitações: estudos e práticas, 2 ed, Rio de Janeiro: Esplanada, 2002.

[90] Comentários à Lei de Licitações e Contratos da Administração Pública, 5 ed., São Paulo: Saraiva, 2008.

[91] Princípios da licitação – Contratação direta. Curso online sobre licitações. Vianna & Consultores.

[92] Em sentido contrário, Marçal Justen Filho: "(...) os casos de dispensa de licitação do art. 17 não apresentam natureza jurídica distinta daquela contemplada no art. 24 da mesma Lei nº 8.666. Não existem duas 'espécies' de dispensa de licitação (...). Quanto a isso, reputa-se irrelevante a distinção terminológica na redação dos arts. 17 e 24. De fato, o art. 17 utiliza a fórmula 'licitação dispensada', enquanto o art. 24 contempla "licitação dispensável'. Ambas as soluções são juridicamente equivalentes, comportando tratamento jurídico similar." (Comentários à Lei de Licitações e Contratos Administrativos, 12 ed.. São Paulo: Dialética, p. 214).

sariamente justificadas, e o retardamento previsto no final do parágrafo único do art. 8º desta Lei deverão ser comunicados, dentro de 3 (três) dias, à autoridade superior, para ratificação e publicação na imprensa oficial, no prazo de 5 (cinco) dias, como condição para a eficácia dos atos.

Parágrafo único. O processo de dispensa, de inexigibilidade ou de retardamento, previsto neste artigo, será instruído, no que couber, com os seguintes elementos:

I – caracterização da situação emergencial ou calamitosa que justifique a dispensa, quando for o caso;

II – razão da escolha do fornecedor ou executante;

III – justificativa do preço.

IV – documento de aprovação dos projetos de pesquisa aos quais os bens serão alocados.

Verifica-se que o preceptivo, nas hipóteses de licitação dispensada (art. 17), não determina o cumprimento das formalidades, o que demonstra simplificação procedimental (sendo obrigatório o atendimento tão somente nas situações reguladas nos §§ 2º e 4º do art. 17)[93], enquanto que, no caso de licitação dispensável (art. 24), com exceção das hipóteses previstas nos incs. I e II do art. 24, que tratam de dispensa em função do baixo valor da contratação, exige a observância às formalidades instituídas no dispositivo.

Em síntese, por tudo que foi exposto, conclui-se que:

a) Licitação dispensada é a que a lei determina que se faça a contratação direta, sem a realização de licitação;

[93] Wellington Cabral Saraiva sugere, no entanto, que o agente público responsável adote o procedimento também nesses casos: "Embora não o exija expressamente a lei, convém que o administrador aplique a esses casos o art. 26 da Lei de Licitações, justificando e submetendo ao superior hierárquico, para ratificação e posterior publicação, o ato que decidiu pela dispensa de licitação, com o que observará o princípio constitucional da publicidade e permitirá melhor controle de seus atos. Mesmo quando não impositivo o procedimento do art. 26, de qualquer modo, deverá o administrador, pelo menos, motivar a dispensa, à luz dos fatos e do direito." (Licitação dispensada e licitação dispensável, Boletim de Licitações e Contrato – BLC – Novembro/97, p. 546).

b) Licitação dispensável é a que a lei autoriza a contratação direta, sem a realização de licitação; e
c) Licitação inexigível é a que a realização de licitação é inviável.

Insta anotar que, no que diz respeito às empresas públicas e sociedades de economia mista, veio à tona em 2016 a chamada Lei de Responsabilidade das Estatais (Lei nº 13.303), que dispôs, nos arts. 29 e 30, sobre procedimentos para a dispensa e inexigibilidade específicos, pouco discrepando dos indicados na Lei nº 8.666/1993.

A Licitação Dispensada

Art. 17 da Lei nº 8.666/1993

O art. 17, que versa sobre a alienação de bens e direitos da Administração, disciplina dois objetos normativos: os requisitos para alienação de bens e as situações de dispensa de licitação.

Segundo o dispositivo, a alienação de bens da Administração Pública subordina-se, preliminarmente, a existência de *interesse público*, devidamente justificado, bem como à *avaliação prévia.*

Alienação é termo jurídico, de caráter genérico, pelo qual se designa todo e qualquer ato que tenha o efeito de transferir o domínio de alguma coisa para outra pessoa, a título oneroso ou gratuito, ocorrendo de forma voluntária ou compulsória. Exemplo típico de alienação onerosa é a compra e venda; de gratuita, é a doação; de voluntária, a dação em pagamento; e de compulsória, a arrematação.

A transferência de um bem alienado ocorre por meio de contrato, isto é, por intermédio de negócio jurídico bilateral que expresse a transmissão do bem a outra pessoa.

Cabe assentar, perlustrando-se todo o texto do supracitado dispositivo, que a expressão "alienação" não é utilizada na completa acepção do termo, uma vez que, além da alienação efetiva, também é adotada, no sentido técnico-jurídico, para permear outros institutos de permissão de uso e fruição de bens da Administração.

Seção VI
Das Alienações

Art. 17. A alienação de bens da Administração Pública, subordinada à existência de interesse público devidamente justificado, será precedida de avaliação e obedecerá às seguintes normas:

I – quando imóveis, dependerá de autorização legislativa para órgãos da administração direta e entidades autárquicas e fundacionais, e, para todos, inclusive as entidades paraestatais, dependerá de avaliação prévia e de licitação na modalidade de concorrência, dispensada esta nos seguintes casos:

a) dação em pagamento;

b) doação, permitida exclusivamente para outro órgão ou entidade da administração pública, de qualquer esfera de governo, ressalvado o disposto nas alíneas *f*, *h* e *i*; (Redação dada pela Lei nº 11.952, de 2009)

c) permuta, por outro imóvel que atenda aos requisitos constantes do inciso X do art. 24 desta Lei;

d) investidura;

e) venda a outro órgão ou entidade da administração pública, de qualquer esfera de governo;

f) alienação gratuita ou onerosa, aforamento, concessão de direito real de uso, locação ou permissão de uso de bens imóveis residenciais construídos, destinados ou efetivamente utilizados no âmbito de programas habitacionais ou de regularização fundiária de interesse social desenvolvidos por órgãos ou entidades da administração pública;

g) procedimentos de legitimação de posse de que trata o art. 29 da Lei nº 6.383, de 7 de dezembro de 1976, mediante iniciativa e deliberação dos órgãos da Administração Pública em cuja competência legal inclua-se tal atribuição;

h) alienação gratuita ou onerosa, aforamento, concessão de direito real de uso, locação ou permissão de uso de bens imóveis de uso comercial de âmbito local com área de até 250 m^2 (duzentos e cinqüenta metros quadrados) e inseridos no âmbito de programas de regularização fundiária de interesse social desenvolvidos por órgãos ou entidades da administração pública;

i) alienação e concessão de direito real de uso, gratuita ou onerosa, de terras públicas rurais da União na Amazônia Legal onde incidam ocupações até o limite de 15 (quinze) módulos fiscais ou 1.500ha (mil e quinhentos hectares), para fins de regularização fundiária, atendidos os requisitos legais;

II – quando móveis, dependerá de avaliação prévia e de licitação, dispensada esta nos seguintes casos:

a) doação, permitida exclusivamente para fins e uso de interesse social, após avaliação de sua oportunidade e conveniência sócio-econômica, relativamente à escolha de outra forma de alienação;

b) permuta, permitida exclusivamente entre órgãos ou entidades da Administração Pública;

c) venda de ações, que poderão ser negociadas em bolsa, observada a legislação específica;

d) venda de títulos, na forma da legislação pertinente;

e) venda de bens produzidos ou comercializados por órgãos ou entidades da Administração Pública, em virtude de suas finalidades;

f) venda de materiais e equipamentos para outros órgãos ou entidades da Administração Pública, sem utilização previsível por quem deles dispõe.

§ 1º Os imóveis doados com base na alínea "b" do inciso I deste artigo, cessadas as razões que justificaram a sua doação, reverterão ao patrimônio da pessoa jurídica doadora, vedada a sua alienação pelo beneficiário.

§ 2º A Administração também poderá conceder título de propriedade ou de direito real de uso de imóveis, dispensada licitação, quando o uso destinar-se:

I – a outro órgão ou entidade da Administração Pública, qualquer que seja a localização do imóvel;

II – a pessoa natural que, nos termos da lei, regulamento ou ato normativo do órgão competente, haja implementado os requisitos mínimos de cultura, ocupação mansa e pacífica e exploração direta sobre área rural situada na Amazônia Legal, superior a 1 (um) módulo fiscal e limitada a 15 (quinze) módulos fiscais, desde que não exceda 1.500ha (mil e quinhentos hectares);

§ 2º-A. As hipóteses do inciso II do § 2º ficam dispensadas de autorização legislativa, porém submetem-se aos seguintes condicionamentos:

I – aplicação exclusivamente às áreas em que a detenção por particular seja comprovadamente anterior a 1º de dezembro de 2004

II – submissão aos demais requisitos e impedimentos do regime legal e administrativo da destinação e da regularização fundiária de terras públicas;

III – vedação de concessões para hipóteses de exploração não-contempladas na lei agrária, nas leis de destinação de terras públicas, ou nas normas legais ou administrativas de zoneamento ecológico-econômico; e

IV – previsão de rescisão automática da concessão, dispensada notificação, em caso de declaração de utilidade, ou necessidade pública ou interesse social.

§ 2º-B. A hipótese do inciso II do § 2º deste artigo:

I – só se aplica a imóvel situado em zona rural, não sujeito a vedação, impedimento ou inconveniente a sua exploração mediante atividades agropecuárias;

II – fica limitada a áreas de até quinze módulos fiscais, desde que não exceda mil e quinhentos hectares, vedada a dispensa de licitação para áreas superiores a esse limite;

III – pode ser cumulada com o quantitativo de área decorrente da figura prevista na alínea g do inciso I do caput deste artigo, até o limite previsto no inciso II deste parágrafo.

IV – (VETADO)

§ 3º Entende-se por investidura, para os fins desta lei:

I – a alienação aos proprietários de imóveis lindeiros de área remanescente ou resultante de obra pública, área esta que se tornar inaproveitável isoladamente, por preço nunca inferior ao da avaliação e desde que esse não ultrapasse a 50% (cinqüenta por cento) do valor constante da alínea “a” do inciso II do art. 23 desta lei;

II – a alienação, aos legítimos possuidores diretos ou, na falta destes, ao Poder Público, de imóveis para fins residenciais construídos em núcleos urbanos anexos a usinas hidrelétricas, desde que considerados dispensáveis na fase de operação dessas unidades e não integrem a categoria de bens reversíveis ao final da concessão.

§ 4º A doação com encargo será licitada e de seu instrumento constarão, obrigatoriamente os encargos, o prazo de seu cumprimento e cláusula de reversão, sob pena de nulidade do ato, sendo dispensada a licitação no caso de interesse público devidamente justificado;

§ 5º Na hipótese do parágrafo anterior, caso o donatário necessite oferecer o imóvel em garantia de financiamento, a cláusula de reversão e demais obrigações serão garantidas por hipoteca em segundo grau em favor do doador.

§ 6º Para a venda de bens móveis avaliados, isolada ou globalmente, em quantia não superior ao limite previsto no art. 23, inciso II, alínea “b” desta Lei, a Administração poderá permitir o leilão.

§ 7º (VETADO).

5.1. A alienação de bens da Administração Pública

As leis administrativas geralmente indicam expressamente as alienações que dependem de licitação e as que são dispensadas desse prévio procedimento. Em regra, toda alienação de bens da Administração se sujeita ao certame competitivo, sendo afastada essa formalidade, em algumas hipóteses, em função do objeto ou das pessoas a que se destina.

5.2. Bens públicos

No que tange à propriedade, os bens são classificados como particulares e públicos. Compõem os bens públicos os que se submetem ao domínio do Estado. Os bens públicos são as coisas materiais ou imateriais pertencentes ou não às pessoas jurídicas de Direito Público e as pertencentes a terceiros, quando vinculadas à prestação de serviço público.

São bens públicos aqueles que estejam sob domínio nacional, pertencentes às pessoas jurídicas de direito público interno – inclusas as associações públicas[94] –, sendo todos os demais bens particulares, independentemente da pessoa a que pertencerem, conforme dispõe o art. 98 do Código Civil – CC (Lei nº 10.406/2002).

O art. 99 do CC subdivide os bens públicos em três classes:

a) de uso comum do povo, tais como os rios, os mares, as praças e as ruas;
b) de uso especial, que são os utilizados pela Administração Pública para exercer suas atividades, tais como os edifícios onde estão instaladas repartições públicas; e
c) dominicais (no Código Civil optou-se por essa expressão, em detrimento de "dominiais"[95]) que constituem o patrimônio da União, dos Estados ou dos Municípios como objeto de direito pessoal ou real de cada um, tais como os terrenos de marinha, as terras devolutas, os automóveis utilizados pelos agentes públicos etc. São bens patrimoniais da Administração Pública, sem nenhuma finalidade pública, submetendo-se, assim, a regime idêntico ao dos bens particulares.

[94] Consoante alteração imposta ao inc. IV do art. 41 do CC pela Lei nº 11.107/05, que dispõe sobre normas gerais de contratação de consórcios públicos, que passou a ter a seguinte redação: Art. 41. São pessoas jurídicas de direito público interno:
I – a União;
II – os Estados, o Distrito Federal e os Territórios;
III – os Municípios;
IV – as autarquias, inclusive as associações públicas;
V – as demais entidades de caráter público criadas por lei.

[95] Ambas derivam do latim dominium (propriedade) e designam os bens sobre os quais incidam o domínio.

5.2.1. A alienação de bens públicos

Em linhas gerais, o art. 100 do CC prevê a inalienabilidade dos bens públicos.[96] Nesse passo, esclarece que os bens públicos não podem sair do domínio da Administração enquanto destinados ao uso comum do povo ou em face de fins administrativos específicos, isto é, sempre que guardarem *afetação pública.*

Essa proibição de alienação só vigora, por conseguinte, enquanto o bem público estiver *afetado,* isto é, durante o tempo que estiver destinado ao uso comum do povo ou ao uso especial por parte da Administração Pública direta, que poderá ocorrer de modo explícito ou implícito.

Entre os meios de afetação explícita encontram-se a lei, o ato administrativo e o registro do projeto de loteamento (arts. 17 e 22 da Lei nº 6.766/1979, que dispõe sobre o Parcelamento do Solo Urbano[97]). Implicitamente, dá-se a afetação quando o Poder Público passa a utilizar um bem para certa finalidade sem manifestação formal, caracterizando, dessa maneira, uma conduta que demonstra o uso do bem (por exemplo: uma casa doada onde foi instalada uma biblioteca pública infantil).[98]

Ocorrendo a *desafetação,* isto é, mudança de destinação (que poderá advir de manifestação explícita, como no caso de autorização legislativa para a venda de bem de uso especial, onde conste a desafetação do bem dominical, ou se decorrer de conduta da Administração, como na hipó-

[96] Art. 100. Os bens públicos de uso comum do povo e os de uso especial são inalienáveis, enquanto conservarem a sua qualificação, na forma que a lei determinar.

[97] Art. 17. Os espaços livres de uso comum, as vias e praças, as áreas destinadas a edifícios públicos e outros equipamentos urbanos, constantes do projeto e do memorial descritivo, não poderão ter sua destinação alterada pelo loteador, desde a aprovação do loteamento, salvo as hipóteses de caducidade da licença ou desistência do loteador, sendo, neste caso, observadas as exigências do art. 23 desta Lei.

Art. 22. Desde a data de registro do loteamento, passam a integrar o domínio do Município as vias e praças, os espaços livres e as áreas destinadas a edifícios públicos e outros equipamentos urbanos, constantes do projeto e do memorial descritivo.

Parágrafo único. Na hipótese de parcelamento do solo implantado e não registrado, o Município poderá requerer, por meio da apresentação de planta de parcelamento elaborada pelo loteador ou aprovada pelo Município e de declaração de que o parcelamento se encontra implantado, o registro das áreas destinadas a uso público, que passarão dessa forma a integrar o seu domínio. (Incluído pela Lei nº 12.424/2011)

[98] Medauar, Odete. Direito Administrativo Moderno; 15 ed., São Paulo: Revista dos Tribunais, 2011, p. 260.

tese de operação urbanística que torna inviável o uso de uma rua próxima como via de circulação[99]), o bem público poderá ser alienado, obedecido o regramento previsto no art. 17 da Lei nº 8.666/1993.

> Somente os bens desafetados, fática ou juridicamente, podem ser alienados. A alienação é o gênero que engloba todas as formas de disposição extrema do domínio, transferindo um bem, definitivamente ou por um lapso de tempo, a terceiros, neste caso com a sujeição a termo ou condição (domínio resolúvel).[100]

> Pela desafetação, os bens de uso comum e os bens de uso especial são subtraídos à dominialidade pública, mudando de classe, passando a uma carga mínima de inalienabilidade, visto ficarem suscetíveis de integrar uma outra classe, a dos bens patrimoniais.[101]

A Lei nº 8.666/1993 formula regras para a administração direta e indireta[102]. O emprego da expressão "bens da Administração Pública", no art. 17, em substituição a "bens da União e suas autarquias", como constava na legislação pretérita, corrige imperfeição terminológica inadmissível numa norma geral (válida para a União, os Estados, os Municípios, o Distrito Federal e as respectivas entidades da administração indireta).

Impende assentar que o texto deste art. 17 não é dos melhores, uma vez que, elaborado sem a aplicação da técnica adequada, mistura institutos, consubstanciando ocorrências jurídicas distintas, versando ao mesmo tempo sobre regras concernentes à alienação de bens públicos, prescrevendo exigências (*caput* do art. 17 e textos iniciais dos incisos I e II), e sobre preceitos que consignam os pressupostos das hipóteses de dispensa do certame licitatório para a alienação desses bens (alíneas dos incisos).

Infelizmente, apesar das boas intenções, as imperfeições do texto original só se agravaram com as contínuas alterações a que foi submetido.

[99] Medauar, Odete. Direito Administrativo Moderno; 15 ed., São Paulo: Revista dos Tribunais, 2011, p. 260.

[100] Moreira Neto, Diogo de Figueiredo. Curso de Direito Administrativo: parte introdutória, parte geral e parte especial; 14 ed., Rio de Janeiro: Forense, 2006, p. 347.

[101] Cretella Júnior, José. Das Licitações Públicas, Rio de Janeiro: Forense, 1993, p. 159.

[102] Diversamente do que constava no antigo Estatuto licitatório – o Decreto-Lei nº 2.300/1986 – que dispunha apenas sobre a alienação de bens da União e de suas autarquias.

Por conseguinte, a tarefa de decifrá-lo demanda um esforço tão grande do intérprete que suscitou com que Marçal Justen Filho, desassossegado, registrasse a dificuldade de tal propósito, que consistia num trabalho nada fácil, em vista dos limites e defeitos redacionais[103].

Como é cediço, para o cumprimento de sua destinação política, o Estado necessita, dentre outros meios, de dispor de seus bens, tal como os particulares dispõem de seu patrimônio. Desse modo, ainda que, em princípio, os bens públicos estejam dotados de inalienabilidade, significando dizer que o titular da Administração não poderá dispor deles ao seu alvedrio, evidencia-se que essa regra não é absoluta, pois, é claro, haverá momentos e necessidades que demandarão a alienação. Nessas hipóteses, a Administração terá o dever jurídico de promovê-la.

Raul de Mello Franco Júnior trata da questão com objetividade:

> Não adoto posições maniqueístas sobre as transferências patrimoniais do setor público para o setor privado. Qualquer concepção radical quanto a isso conduz a consequências absurdas. Há casos em que alienar não é só uma possibilidade, é uma imposição em prol do interesse público, da criação de oportunidades e renda. E erra por omissão o Administrador que deixa de fazê-lo. Em outras, porém, usa-se do patrimônio público de maneira afoita, impensada, para atender a interesses privados de especuladores ou aventureiros. Há males nos dois extremos. Tanto para dispor, como para reter, o Administrador precisa estar bem preparado, saber o que faz, onde investe, como gasta, a quem beneficia e por que o faz. É o que, de forma geral, se denomina gestão responsável.[104]

Sobre o assunto, sublinhando a necessidade da gestão eficiente dos bens públicos, Ronny Charles ressalta, com a acuidade de sempre, que o princípio da eficiência inadmite que o gestor, por inércia administrativa – diante de uma realidade em que uma considerável parcela de bens públicos apresente situação de inexistência de fruição econômica por parte dos proprietários do imóvel, apenas acumulando gastos com conservação e

[103] Justen Filho, Marçal. Comentários à Lei de Licitações e Contratos Administrativos, São Paulo: Dialética, 12 ed, p. 214.

[104] Disponível em <http://www.cartaforense.com.br/conteudo/entrevistas/alienacao-de--bens-publicos/11506>

sendo objeto de depredação ou invasões, que beneficiam particulares em detrimento da coletividade – abdique de tomar providências no sentido de garantir fruição econômica ao bem.

Cite-se o caso dos imóveis pertencentes ao INSS, em que o Tribunal de Contas da União tem orientado acerca da necessidade de que a gestão administrativa busque medidas que garantam fruição econômica dos milhares de imóveis pertencentes àquela autarquia, seja pela alienação, seja por outra medida que resguarde o interesse público. A inércia administrativa diante de tal situação, de forma alguma, atende ao interesse público, ao contrário, demonstra desídia e incompetência gerencial.[105]

✓ **Exigências referentes à alienação de bens públicos:**

Art. 17. A alienação de bens da Administração Pública, subordinada à existência de interesse público devidamente justificado, será precedida de avaliação e obedecerá às seguintes normas:

I – quando imóveis, dependerá de autorização legislativa para órgãos da administração direta e entidades autárquicas e fundacionais, e, para todos, inclusive as entidades paraestatais, dependerá de avaliação prévia e de licitação na modalidade de concorrência, (...)

II – quando móveis, dependerá de avaliação prévia e de licitação, (...)

✓ **Disciplinamentos concernentes à dispensa de licitação para a alienação de bens públicos:**

Art. 17. (...)

I – **quando imóveis** (...) dispensada esta nos seguintes casos:

a) dação em pagamento;

b) doação, permitida exclusivamente para outro órgão ou entidade da administração pública, de qualquer esfera de governo, ressalvado o disposto nas alíneas *f*, *h* e *i*; [106]

c) permuta, por outro imóvel que atenda aos requisitos constantes do inciso X do art. 24 desta Lei;

[105] Charles, Ronny. Leis de licitações públicas comentadas, 6ª ed., Salvador: Juspodivm, 2014, p. 197.

[106] Redação dada pela Lei nº 11.952/2009.

d) investidura;

e) venda a outro órgão ou entidade da administração pública, de qualquer esfera de governo;[107]

f) alienação gratuita ou onerosa, aforamento, concessão de direito real de uso, locação ou permissão de uso de bens imóveis residenciais construídos, destinados ou efetivamente utilizados no âmbito de programas habitacionais ou de regularização fundiária de interesse social desenvolvidos por órgãos ou entidades da administração pública; [108]

g) procedimentos de legitimação de posse de que trata o art. 29 da Lei nº 6.383, de 7 de dezembro de 1976, mediante iniciativa e deliberação dos órgãos da Administração Pública em cuja competência legal inclua-se tal atribuição; [109]

h) alienação gratuita ou onerosa, aforamento, concessão de direito real de uso, locação ou permissão de uso de bens imóveis de uso comercial de âmbito local com área de até 250 m^2 (duzentos e cinqüenta metros quadrados) e inseridos no âmbito de programas de regularização fundiária de interesse social desenvolvidos por órgãos ou entidades da administração pública; [110]

i) alienação e concessão de direito real de uso, gratuita ou onerosa, de terras públicas rurais da União na Amazônia Legal onde incidam ocupações até o limite de 15 (quinze) módulos fiscais ou 1.500ha (mil e quinhentos hectares), para fins de regularização fundiária, atendidos os requisitos legais; [111]

II – **quando móveis** (...) dispensada esta nos seguintes casos:

a) doação, permitida exclusivamente para fins e uso de interesse social, após avaliação de sua oportunidade e conveniência sócio-econômica, relativamente à escolha de outra forma de alienação;

b) permuta, permitida exclusivamente entre órgãos ou entidades da Administração Pública;

c) venda de ações, que poderão ser negociadas em bolsa, observada a legislação específica;

d) venda de títulos, na forma da legislação pertinente;

[107] Incluída pela Lei nº 8.883/1994.

[108] Redação dada pela Lei nº 11.481/ 2007.

[109] Incluído pela Lei nº 11.196/ 2005.

[110] Incluído pela Lei nº 11.481/2007.

[111] Incluído pela Lei nº 11.952/2009.

e) venda de bens produzidos ou comercializados por órgãos ou entidades da Administração Pública, em virtude de suas finalidades;

f) venda de materiais e equipamentos para outros órgãos ou entidades da Administração Pública, sem utilização previsível por quem deles dispõe.

5.2.1.1. Alienação de bens públicos imóveis

Bens imóveis são aqueles insuscetíveis de remoção, sem que se lhes mude a natureza. Neste conceito, consoante o prescrito no art. 79 CC, há o solo e tudo quanto se lhe incorporar natural ou artificialmente. Também são considerados imóveis, para os efeitos legais, os direitos reais sobre imóveis e as ações que os asseguram; e o direito à sucessão aberta (art. 80 CC). O CC ainda anota que não perdem o caráter de imóveis as edificações que, separadas do solo, mas conservando a sua unidade, forem removidas para outro local; e os materiais provisoriamente separados de um prédio, para nele se reempregarem (art. 81).

O art. 17 da Lei nº 8.666/1993 prescreve limites formais para a alienação de bens públicos imóveis.

Ao estabelecer os procedimentos para a licitação visando à alienação desses bens – que, segundo a Lei nº 8.666, só poderá ocorrer na modalidade *concorrência*[112] [113] ou por meio de sua dispensa, em hipóteses específicas, como se verá posteriormente –, a subordina:

a) no caso de órgãos da administração direta e entidades autárquicas e fundacionais dotadas de personalidade jurídica de Direito Público, a existência de *interesse público*, devidamente justificado, *avaliação prévia* e *autorização legislativa*.

b) na hipótese de entidades paraestatais (empresas públicas e sociedades de economia mista[114]), a *avaliação prévia*.

[112] A Lei nº 9.636/1998 estabeleceu que, no caso de alienação por venda de imóveis da União, poderá ser também adotado o leilão. .

[113] Como não poderia deixar de ser, o inc. IV, do§ 1º, do art. 45 da Lei nº 8.666/1993 prevê como tipo de licitação adequado à alienação de bens o de "maior lance ou oferta".

Art. 45. (...) § lo Para os efeitos deste artigo, constituem tipos de licitação, exceto na modalidade concurso: (...) IV – a de maior lance ou oferta – nos casos de alienação de bens (...).

[114] As definições de empresa pública e sociedade de economia mista constam nos incs. II e III, do art. 5º, do Decreto-lei nº 200/1967, com redações dadas pelo Decreto-lei 900/1969. Neles verifica-se que o traço distintivo se encontra no fato de a empresa pública ter como

> Art. 17. A alienação de bens da Administração Pública, subordinada à existência de interesse público devidamente justificado, será precedida de avaliação e obedecerá às seguintes normas:
> I – quando imóveis, dependerá de autorização legislativa para órgãos da administração direta e entidades autárquicas e fundacionais, e, para todos, inclusive as entidades paraestatais, dependerá de avaliação prévia e de licitação na modalidade de concorrência, (...)

O tratamento diferenciado tem explicação: os bens das pessoas administrativas privadas (empresas públicas e sociedades de economia mista) devem ser caracterizados como bens privados, ainda que em certos casos a extinção dessas entidades possa acarretar o retorno dos bens ao patrimônio da pessoa de direito público de onde se haviam originado.

Nessa linha, a acepção de Marcos Juruena Villela Souto:

> Os bens que integram o patrimônio de empresas públicas ou de economia mista, quer sejam prestadoras de serviços públicos, quer exploradoras de atividades econômicas, compreendidos tanto os empregados no serviço público como os patrimoniais disponíveis, são privados, que obedecem, salvo peculiaridades (de controle) ao regime jurídico de Direito Privado. São assim considerados porque, apesar da sua destinação ser ainda de interesse público, a sua administração é efetuada por uma entidade de direito privado,

único acionista a União, enquanto que, na sociedade de economia mista, apenas a maioria do capital votante a ela pertence ou a entidades da administração indireta:
"Art. 5º Para os fins desta lei, considera-se: (...)
II – Empresa Pública – a entidade dotada de personalidade jurídica de direito privado, com patrimônio próprio e capital exclusivo da União, criado por lei para a exploração de atividade econômica que o Governo seja levado a exercer por força de contingência ou de conveniência administrativa podendo revestir-se de qualquer das formas admitidas em direito.
III – Sociedade de Economia Mista – a entidade dotada de personalidade jurídica de direito privado, criada por lei para a exploração de atividade econômica, sob a forma de sociedade anônima, cujas ações com direito a voto pertençam em sua maioria à União ou a entidade da Administração Indireta.
Verifica-se que o traço distintivo encontra-se no fato de a empresa pública ter como único acionista a União, enquanto que a sociedade de economia mista apenas a maioria do capital votante a ela pertence ou a entidades da administração indireta.
Convém ressaltar que tais disposições são aplicáveis tão somente em nível federal.

que irá utilizá-los de acordo com a lei instituidora e o estatuto regedor da instituição.[115]

Assinale-se, entrementes, que esse disciplinamento sofreu alterações no caso de imóveis sob domínio da União, em face do preconizado na Lei nº 9.636/1998[116], que estabelece limites materiais à alienação ao determinar a precedência de *ato de autorização expedido pelo Presidente da República*, baseado em parecer da Secretaria do Patrimônio da União – SPU, quanto à oportunidade e conveniência.

Além disso, disciplina que a alienação de bens imóveis da União só poderá ocorrer quando não houver: (a) interesse público, econômico ou social em manter o imóvel no domínio da mesma; e (b) inconveniência quanto à preservação ambiental e à defesa nacional, no desaparecimento do vínculo de propriedade.[117]

> Art. 23. A alienação de bens imóveis da União dependerá de autorização, mediante ato do Presidente da República, e será sempre precedida de parecer da SPU quanto à sua oportunidade e conveniência.
>
> § 1º A alienação ocorrerá quando não houver interesse público, econômico ou social em manter o imóvel no domínio da União, nem inconveniência quanto à preservação ambiental e à defesa nacional, no desaparecimento do vínculo de propriedade.
>
> § 2º A competência para autorizar a alienação poderá ser delegada ao Ministro de Estado da Fazenda, permitida a subdelegação.

Tal imposição de análise prévia acerca do interesse em manter o bem no domínio da União está sendo acatada, por exemplo, na alienação (por venda) de vários imóveis que a presidente Dilma Rousselff está pretendendo realizar, no momento que escrevíamos estas linhas (26.8.2015) (a maioria situados em ótimos locais do Rio de Janeiro, como nos famosos bairros

[115] Souto, Marcos Juruena Villela. Direito Administrativo da Economia, 3 ed, Rio de Janeiro: Lumen Juris, 2003, p. 109.

[116] Que dispõe sobre a regularização, administração, aforamento e alienação de bens imóveis de domínio da União, regulamentada pelo Decreto nº 3.725/2001.

[117] O Decreto-lei 9.760/46, ainda em vigor, também disciplina a conduta : Art. 184. A alienação ocorrerá quando não houver interesse econômico em manter o imóvel no domínio da União, nem inconveniente, quanto à defesa nacional, no desaparecimento do vinculo da propriedade.

cariocas de Ipanema, Barra da Tijuca, Alto da Boa Vista etc.), com o objetivo de reforçar o caixa da Administração federal, que, como se sabe, anda tão combalido nos últimos tempos. Segundo matéria do jornal O Globo, publicar-se-á uma portaria no DOU, com texto que trará uma autorização para que o governo se desfaça dos ativos por meio de licitação, num total que chegam a R$ 94 milhões. Ainda consoante a notícia, de acordo com o Ministério do Planejamento, os imóveis a serem alienados foram considerados inservíveis para o uso público, estando fechados e desocupados, sem manifestação de interesse pelos demais órgãos da Administração.[118]

Anote-se, ainda, alteração imposta pela a Lei nº 11.481/2007, que, de certa forma, suprimiu, no que concerne à alienação por intermédio de doação, os limites impostos pelo art. 23 § 1º da Lei nº 9.636/1998:

> Art. 31. Mediante ato do Poder Executivo e a seu critério, poderá ser autorizada a doação de bens imóveis de domínio da União, observado o disposto no art. 23 desta Lei, a:
>
> I – Estados, Distrito Federal, Municípios, fundações públicas e autarquias públicas federais, estaduais e municipais;
>
> II – empresas públicas federais, estaduais e municipais;
>
> III – fundos públicos e fundos privados dos quais a União seja cotista, nas transferências destinadas à realização de programas de provisão habitacional ou de regularização fundiária de interesse social;
>
> IV – sociedades de economia mista voltadas à execução de programas de provisão habitacional ou de regularização fundiária de interesse social; ou
>
> V – beneficiários, pessoas físicas ou jurídicas, de programas de provisão habitacional ou de regularização fundiária de interesse social desenvolvidos por órgãos ou entidades da administração pública, para cuja execução seja efetivada a doação.

No que concerne ao uso da modalidade concorrência, cabe ressaltar que, adequando a complexidade da forma licitatória ao fim visado, a lei restringiu a fase da habilitação à simples comprovação do recolhimento da quantia correspondente a 5% da avaliação (art. 18)[119], assegurando, dessa

[118] No Rio, a fina flor dos imóveis que serão vendidos pela União. O Globo. 26.8.2015, matéria de Martha Beck.

[119] Art. 18. Na concorrência para a venda de bens imóveis, a fase de habilitação limitar-se-á à comprovação do recolhimento de quantia correspondente a 5% (cinco por cento) da avaliação.

forma, ampla possibilidade de participação e, ao mesmo tempo, simplicidade ao procedimento.

Cabe assinalar, também, que, como já observado em nota de rodapé, a Lei nº 9.636/1998, no caso de alienação por venda de imóveis da União, previu também a adoção do leilão.

> Art. 24. A venda de bens imóveis da União será feita mediante concorrência ou leilão público, observadas as seguintes condições:
> I – na venda por leilão público, a publicação do edital observará as mesmas disposições legais aplicáveis à concorrência pública.

Sobre bens imóveis da União, devem ser consultados ainda: o antigo, mas em vigor, Decreto-lei nº 9.760/1946, que dispõe especificamente sobre esses bens, que, inclusive, são expressamente mencionados no art. 121 da Lei nº 8.666/1993[120]; o Decreto-lei nº 25/1937, que dispõe sobre o patrimônio histórico e artístico nacional; e a Lei nº 5.972/1973, que versa sobre o registro da propriedade de bens imóveis discriminados administrativamente ou possuídos pela União.

Nesse contexto, insta também registrar que a Lei de Responsabilidade Fiscal – LRF (Lei Complementar nº 101/2000) prevê limite para o uso do resultado financeiro auferido com a alienação de um bem imóvel público, impedindo, ao vetar a utilização para o financiamento de despesas correntes, o livre uso pela Administração, salvo se houver destinação por lei aos regimes da previdência social dos servidores públicos.

> Art. 44. É vedada a aplicação da receita de capital derivada da alienação de bens e direitos que integram o patrimônio público para o financiamento de despesa corrente, salvo se destinada por lei aos regimes de previdência social, geral e próprio dos servidores públicos.

Avaliando o significado da regra da LRF, Jessé Torres observa que, se a Administração entender de alienar bem de seu patrimônio, deverá esclarecer, nos autos do processo administrativo pertinente, que não aplicará

[120] Art. 121. (...) Parágrafo único. Os contratos relativos a imóveis do patrimônio da União continuam a reger-se pelas disposições do Decreto-lei no 9.760, de 5 de setembro de 1946, com suas alterações (...).

os recursos que captar com esta alienação para pagar despesas correntes, sublinhando que não se admite como opção administrativa alienar bens para pagar contas, salvo se esses recursos ou esses bens forem destinados à previdência social.

Consigne-se que o uso da expressão "patrimônio público" na LRF dá margem a questões interessantes, como discorre o jurista:

> A Lei da Ação Popular (Lei nº 4.717/1965), no seu art. 1º, adota definição bastante ampla para patrimônio público: "Consideram-se patrimônio público (...) os bens e direitos de valor econômico, artístico, estético, histórico ou turístico". Quando se refere aos atos lesivos, refere-se ao patrimônio da União, do Distrito Federal, dos Estados, dos Municípios, de entidades autárquicas, de sociedades de economia mista, de sociedades mútuas de seguro nas quais a União represente os segurados ausentes, de empresas públicas, de serviços sociais autônomos, de instituições e fundações para cuja criação e custeio o tesouro concorra com menos de 50% do patrimônio. Tudo isso é patrimônio público. Mas será esse o conteúdo da expressão "patrimônio público" utilizada no artigo 44 da LRF? Parece que não. Quando a Lei da Ação popular define o patrimônio público, deixa claro que assim o faz para os fins de sua própria aplicação. Então, só quando se tratar de ato lesivo, que deva ser invalidado pelo cidadão na via da ação popular, é que a expressão patrimônio público se apresenta com conceito dessa amplitude. Na LRF, há artigo definidor de sua abrangência. O art. 1º da Lei Complementar nº 101, em seu parágrafo 3º, define que nas referências à União, ao Distrito Federal, aos Estados e Municípios estão compreendidos o Poder Executivo, o Poder Legislativo, neste abrangidos os Tribunais de Contas, o Poder Judiciário e o Ministério Público, e as respectivas Administrações Diretas, Fundos, Autarquias, Fundações e Empresas Estatais dependentes. O art. 2º define como empresas estatais dependentes aquelas controladas, que recebam do ente controlador recursos financeiros para pagamento de despesas com o pessoal ou de custeio em geral ou de capital. Haverá um sem-número de empresas públicas e de economia mista que, porque prescindem do Tesouro para o pagamento de despesas do seu pessoal e custeio, não estão incluídas na definição de empresa estatal dependente. Logo, não estão sujeitas às regras da LRF.[121]

[121] Pereira Junior, Jessé Torres. Comentários à Lei de licitações e contratações da Administração Pública, 7 ed., Rio de Janeiro: Renovar, 2007, p. 222.

Por fim, impende chamar atenção para mais um fator imprescindível, mas não mencionado na legislação: a necessária escritura pública.

A consumação da alienação ocorre com a lavratura e registro do competente contrato de transferência dominial. O instrumento é a escritura pública, conforme o caso, de compra e venda, dação em pagamento, doação ou permuta.

Desta sorte, como leciona Diogenes Gasparini, de posse da minuta desse documento, a Administração ajustará com o comprador a data e o serviço notarial para a sua lavratura. Como custas e emolumentos serão pagos pelo comprador, poderá ser escolhido qualquer serviço notarial. Tal não será se a obrigação for da Administração alienante, que precisará escolher, mediante licitação, o serviço notarial, pois as partes podem dispor de modo diverso, como lhes permite o art. 490 CC[122]. No caso de permuta essas despesas caberão às partes em porções iguais, salvo ajuste diverso, conforme prevê o art. 533, inc. I, CC[123]. Tratando-se de doação, caberão ao donatário. Na dação em pagamento, essas despesas serão do devedor, ou seja, o Poder Público, salvo acordo.[124]

5.2.1.1.1. Interesse público

Em qualquer situação, a Administração deve visar primeiramente o interesse público. Logo, todo ato de gestão administrativa deve mirá-lo, sob pena de anulação por via administrativa ou judicial.

Ao longo do tempo, o real alcance do interesse público tem sido debatido entre administrativistas, notadamente quanto a sua sempre aviventada prevalência sobre o interesse particular (o propalado Princípio da Supremacia do Interesse Público).

Sustentamos essa supremacia, tal como, entre outros, Bandeira de Mello, Carvalho Filho e Alice Gonzales Borges, respeitando as correntes

[122] Art. 490. Salvo cláusula em contrário, ficarão as despesas de escritura e registro a cargo do comprador, e a cargo do vendedor as da tradição.

[123] Art. 533. Aplicam-se à troca as disposições referentes à compra e venda, com as seguintes modificações:
I – salvo disposição em contrário, cada um dos contratantes pagará por metade as despesas com o instrumento da troca.

[124] Gasparini, Diogenes. Alienação de bens públicos: procedimento. Informativo de Licitações e Contratos – ILC, Curitiba: Zênite, nº 308, abril/2004.

doutrinárias progressivas que nutrem uma pretensa visão mais evoluída, desenvolvendo uma releitura do conceito de interesse público e da supremacia a ele inerente.

Sobre o tema, Celso Antônio Bandeira de Mello anota que essa supremacia consigna verdadeiro axioma reconhecível no Direito Público, o qual proclama a superioridade do interesse da coletividade – firmando a prevalência sobre o do particular – como condição, até mesmo, da sobrevivência e asseguramento do interesse individual.[125]

Na mesma trilha, José dos Santos Carvalho Filho afirma que o destinatário da atividade administrativa não é o indivíduo em si, mas, sim, o grupo social num todo. Na existência de conflito entre o interesse público e o interesse privado, há de prevalecer o público, uma vez que o indivíduo tem que ser olhado como integrante da sociedade, não podendo os seus direitos, em regra, serem equiparados aos direitos sociais.[126]

É de se alertar, entrementes, como previne Fernando Rodrigues Martins, que tal não significa uma autorização para o despotismo, o cesarismo ou a preponderância de interesses pessoais egoísticos (não alicerçados em direitos fundamentais) no âmbito do Poder Público, "porque ainda resplandecem princípios de redobrada força normativa, como a moralidade e a impessoalidade, que axiologicamente espantam essa práxis".[127]

Especificamente sobre a aplicação do interesse público na alienação de imóveis públicos, registre-se a abalizada opinião de Antônio Marcelo da Silva, que realça que o interesse público não se relaciona unicamente com a conveniência da Administração em se desfazer do bem, pois há de orientar toda a operação, inclusive a escolha do adquirente, à destinação que pretenda dar ao objeto da alienação.

> Observe-se que o interesse público deve ser *devidamente justificado*, isto é, a alienação só pode ser autorizada, em princípio, mediante um processo, no qual fique demonstrada sua conveniência.[128]

[125] Bandeira de Mello, Celso Antonio. Curso de direito administrativo. São Paulo: Malheiros, 1996.

[126] Carvalho Filho, José dos Santos. Manual de direito administrativo. Rio de Janeiro: Lumen Juris, 2001, p. 18-19.

[127] Martins, Fernando Rodrigues. Controle do Patrimônio Público. 5 ed. São Paulo: Revista dos Tribunais, 2013, p. 145.

[128] Silva, Antônio Marcelo. Contratações Administrativas. São Paulo: Revista dos Tribunais, 1971. p. 47.

5.2.1.1.2. Avaliação prévia

O segundo imperativo para a alienação de bem público é a sua prévia avaliação, que, acentue-se, jamais deverá ser encarada como uma mera indicação de valor, porquanto pressupõe trabalho sério e preciso – com o uso de mecanismos técnicos adequados – circunscrevendo aferição de valor que deverá traduzir a grandeza econômico-financeira do bem.

A avaliação visa delimitar o valor do bem imóvel frente ao seu mercado específico, razão pela qual deve resultar de trabalho técnico desenvolvido por profissionais da área de engenharia, uma vez que caracteriza atividade típica da Engenharia de Avaliações, adotando metodologia de acordo com as normas técnicas da ABNT.[129]

Nesse contexto, o TCU, em auditoria nessa seara, diagnosticou irregularidade em avaliação realizada por corretores de imóveis:

> As avaliações prévias dos valores de locação constantes no processo não são válidas, pois são avaliações singelas, que não se prestam a comprovar a compatibilidade do preço do imóvel com os valores de mercado, pois não atendem aos requisitos na NBR 14653 (norma da ABNT que trata da elaboração de avaliação imobiliária), tendo sido feitas por corretores de imóveis, inclusive sendo um dos laudos da própria empresa intermediadora da locação, possuindo dessa forma interesse direto na transação. Portanto, os laudos de avaliação não foram executados por profissionais da Engenharia ou Arquitetura, que são os que possuem atribuição exclusiva para sua elaboração, conforme Leis 5.194/1966 e 12.378/2010 e Resoluções CONFEA 218 e 345 (Acórdão nº 4468/2012 – Segunda Câmara).

Nessa perspectiva, Ronny Charles ressalta que, se o particular pode se dar ao luxo de permitir, em transações do cotidiano, realizar avaliações de maneira informal e empírica, é evidente que, nas grandes negociações e no

[129] Resolução 345/90 do CONFEA: (...) Art. 2º Compreende-se como a atribuição privativa dos Engenheiros em suas diversas especialidades, dos Arquitetos, dos Engenheiros Agrônomos, dos Geólogos, dos Geógrafos e dos Meteorologistas, as vistorias, perícias, avaliações e arbitramentos relativos a bens móveis e imóveis, suas partes integrantes e pertences, máquinas e instalações industriais, obras e serviços de utilidade pública, recursos naturais e bens e direitos que, de qualquer forma, para a sua existência ou utilização, sejam atribuições destas profissões. Art. 3º. Serão nulas de pleno direito as perícias e avaliações e demais procedimentos indicados no Art. 2º, quando efetivados por pessoas físicas ou jurídicas não registradas nos CREAs.

manuseio e alienação de bens públicos, nas quais a indisponibilidade do interesse público exige certos cuidados, far-se-á necessária a obediência a ritos formais de estipulação de valor, resguardando a melhor apreciação do bem, em função do objetivo que se visa a atingir.

Reafirmando que, em regra, tais avaliações são executadas por técnicos (engenheiros ou arquitetos), que, ao realizarem tal tarefa, agem de acordo com diversas perspectivas e métodos (o tipo de bem, o objetivo a que se destina ou mesmo os aspectos econômicos relacionados podem influenciar o resultado das aferições), comenta, com propriedade:

> Sendo a avaliação um suporte técnico indispensável na tomada de decisões de alienação de bens públicos, sabendo-se ainda que a escolha do método pode interferir na estipulação do valor, entendemos que o objetivo obrigatório de buscar-se a proposta mais vantajosa para a Administração (conforme estabelece o *caput* do art. 3º da Lei nº 8.666) exige que o gestor escolha, em regra, o método de avaliação que importará na melhor quantificação do valor do bem. Esse pensamento derivada intelecção dos princípios da impessoalidade e da indisponibilidade do interesse público, dos quais resulta que os bens públicos não pertencem aos gerentes nem mesmo à Administração, restando a estes a incumbência de gestão adequada e conservação eficiente de tais bens, em prol da coletividade.[130]

Destarte – como a avaliação de valor ocorre para que a Administração possa ter um parâmetro para realizar a alienação – se, no certame de alienação, o valor ofertado for inferior ao nela obtido, ele não deverá ser aceito pela Administração.

É o que observou o TCU em decisão específica:

> ACÓRDÃO nº 757/2010 – 2ª Câmara
>
> 9.6. determinar à Financiadora de Estudos e Projetos – FINEP que:
>
> 9.6.1. adote providências visando à observância dos preceitos da Lei 8.666/1993 por ocasião da realização de leilões, quais sejam: observância do prazo mínimo para divulgação do edital (art. 21, § 2º, inciso III), avaliação prévia dos bens a serem leiloados (art. 21, § 1º c/c art. 17, inciso II, e art. 53, § 1), onde o montante apresentado pela avaliação será o valor mínimo para

[130] Charles, Ronny. Leis de licitações públicas comentadas, 6ª ed., Salvador: Juspodivm, 2014, p. 199.

a arrematação e definição no edital do prazo para pagamento dos bens arrematados (art. 53, § 2º).

A avaliação, a princípio, deverá advir de trabalho de agentes públicos especializados, mas, é claro, também poderá ser produzida por terceiros qualificados, contratados pela Administração com esse objetivo.

Sobre o tema, o TCU tem sinalizado para a inadmissão de laudos de avaliação contratados por terceiros (o que, ressalta-se, difere da contratação de terceiros para a realização da tarefa):

> ACÓRDÃO nº 456/2005 – 1ª Câmara
> Os Ministros do Tribunal de Contas da União, reunidos em sessão da Primeira Câmara, em 22/3/2005, ACORDAM, por unanimidade (...) 1. Determinar à (...) que: 1.1. não acolha, nos processos de alienação de imóveis, laudos de avaliação contratados por terceiros, devendo somente efetuar a venda quando baseada em laudo de avaliação confeccionado por engenheiros de seu quadro de pessoal ou por avaliadores contratados diretamente pela Companhia, preferencialmente pela CEF ou Banco do Brasil (...). Relator: Ministro-substituto Marcos Bemquerer Costa.

5.2.1.1.3. Autorização legislativa

Como anotamos, o dispositivo condiciona a alienação de imóveis da Administração direta e de entidades autárquicas e fundacionais dotadas de personalidade jurídica de Direito Público à autorização legislativa – que deverá ser específica, indicando o bem a ser alienado.

Assim, a existência de lei para a alienação de imóveis públicos é condição *sine qua non*. Sua ausência, em consequência, determinará a nulidade de pleno direito.

Assente-se que a alienação de bem público realizada sem prévia autorização legislativa não convalesce com o tempo. Logo, caso o negócio jurídico tenha se configurado, o bem deverá retornar ao *status quo*, uma vez que a exigência se dá "justamente para 'desafetar' o bem público da destinação pública que anteriormente lhe tocava, tornando-o alienável, transformando-o em bem patrimonial disponível".[131]

[131] Martins, Fernando Rodrigues. Controle do Patrimônio Público. 5 ed. São Paulo: Revista dos Tribunais, 2013, p. 115.

> Civil – Alienação de bem público – Prescrição. 1. Não prescreve a ação para obter declaração de nulidade de venda de bem público, sem autorização legislativa, posto que a inalienabilidade dos bens públicos impede a sua perda e a aquisição por outrem pelo decurso de tempo. (STJ, Resp 1 11831/PB, rel. Min. Dias Trindade)

Não obstante, cabe ressaltar, como obtemperou Marçal Justen[132], que há situações nas quais o bem, embora integrante do domínio público, sujeitar-se-á a regime jurídico peculiar e diferenciado, conforme já decidiu, inclusive, o Superior Tribunal de Justiça (STJ).

> Direito Processual Civil e Administrativo. Bem Público. Ação de Extinção de Condomínio. Fração Pertencente a Município. Possibilidade. Prévia Autorização Legislativa. Prescindibilidade.
>
> 1. É direito potestativo do condômino de bem imóvel indivisível promover a extinção do condomínio mediante alienação judicial da coisa (CC/16, art. 632; CC/2002, art. 1.322; CPC, art. 1.117, II).
>
> Tal direito não fica comprometido com a aquisição, por arrecadação de herança jacente, de parte ideal do imóvel por pessoa jurídica de direito público.
>
> 2. Os bens públicos dominicais podem ser alienados "nos casos e na forma que a lei prescrever" (CC de 1916, art. 66, III e 67; CC de 2002, art. 101). Mesmo sendo pessoa jurídica de direito público a proprietária de fração ideal do bem imóvel indivisível, é legítima a sua alienação pela forma da extinção de condomínio, por provocação de outro condômino. Nesse caso, a autorização legislativa para a alienação da fração ideal pertencente ao domínio público é dispensável, porque inerente ao regime da propriedade condominial.
>
> 3. Recurso especial a que se nega provimento. (REsp nº 655.787/MG. 1ª T., rel. Min. Teori Zavascki, j. em 09.08.2005).

Por outro lado, como já enfocado, consoante a interpretação dada ao preconizado no art. 17, I, a alienação de bens das entidades paraestatais (empresas públicas e sociedades de economia mista) dispensa a exigência de lei.

[132] Justen Filho, Marçal. Comentários à Lei de Licitações e Contratos Administrativos, São Paulo: Dialética, 12 ed, p. 221.

Nesse diapasão, Jorge Ulisses Jacoby:

> Os bens das entidades paraestatais dispensam a exigência de lei para a sua alienação, na literal interpretação do art. 17, I. Nesse sentido, quando no exercício da função de Procurador-Geral do Ministério Público junto ao TCDF sustentamos que: "A autorização legislativa não é exigível das empresas públicas, como é o caso da TERRACAP e CAESB, como se extrai do art. 17, I, da Lei de Licitações, que a exige apenas dos órgãos da administração direta e entidades autárquicas e fundacionais".[133]

5.2.1.2. Contestação às regras previstas no art. 17 da Lei nº 8.666/1993

Por envolverem questões referentes à autonomia das unidades federativas, as regras do art. 17 em comento foram, desde a primeira hora, contestadas por Estados e Municípios, em face de flagrante violação à autonomia dos entes federativos.

Em consonância com esses reclamos, Ivan Barbosa Rigolin e Marco Tullio Bottino:

> Adveio, entretanto, a Lei nº 8.666/1993, e num momento da mais crassa, absoluta e imperdoável ignorância dos rudimentos da separação constitucional das competências legislativas, declara normas gerais de licitação aquelas regras, constantes, sobretudo, do art. 17. Esta inconstitucionalidade gritante e a nosso ver degradante ao autor da lei, com a qual não se podem conformar os dirigentes municipais e estaduais, e que não pode ser mantida no Direito brasileiro.[134]

Nesse contexto, a Ação Direta de Inconstitucionalidade (ADIn nº 927-3/RS), promovida pelo Governo Estadual do Rio Grande do Sul, é exemplo concreto desse inconformismo.

Nesse caso, em decisão cautelar, o Supremo Tribunal Federal (STF) rejeitou diversos questionamentos do governo do Rio Grande do Sul que

[133] Fernandes, Jorge Ulisses Jacoby. Alienação de bens imóveis municipais para programa habitacional. Disponível em http://www.webartigos.com/artigos/jacoby-advogados-alienacao--de-bens-imoveis-municipais-para-programa-habitacional/121011/

[134] Rigolin, Ivan Barbosa; Bottino, Marco Tullio. Manual prático das licitações: Lei nº 8.666/93. 5. ed., São Paulo: Saraiva: p. 291.

intencionavam a declaração de invalidade de vários dispositivos da lei. Todavia, algumas disposições do preceptivo foram ressalvadas, não tendo sido acolhido, entretanto, o pleito de suspensão absoluta da aplicação do art. 17 da Lei nº 8.666. Em deliberação arrevesada, consignou a ementa:

> EMENTA: CONSTITUCIONAL. LICITAÇÃO. CONTRATAÇÃO ADMINISTRATIVA. Lei n. 8.666, de 21.06.93. I. – Interpretação conforme dada ao art. 17, I, "b" (doação de bem imóvel) e art. 17, II, "b" (permuta de bem móvel), para esclarecer que a vedação tem aplicação no âmbito da União Federal, apenas. Idêntico entendimento em relação ao art. 17, I, "c" e par. 1 do art. 17. Vencido o Relator, nesta parte. II. – Cautelar deferida, em parte.

Verifica-se, mesmo pecando pela falta de clareza, que a decisão concluiu no sentido de que as vedações para alienação de bens imóveis, impostas pela Lei nº 8.666/1993, são aplicáveis tão somente à União.

5.2.2. Dispensa de licitação para a alienação de bens imóveis

Como frisado, além de disciplinar as regras para a alienação de imóveis públicos, o art. 17 da Lei nº 8.666/1993 relaciona exaustivamente as situações cuja licitação restará dispensada, a saber:

- Dação em pagamento (artigos 356 a 359 CC);
- Doação (art. 538 CC), permitida exclusivamente para outro órgão ou entidade da administração pública, de qualquer esfera de governo (ressalvado o disposto nas em *f*, *h* e *i* abaixo);
- Permuta (art. 533 CC);
- Investidura;
- Venda a outro órgão ou entidade da Administração Pública, de qualquer esfera do governo;
- Alienação gratuita ou onerosa, aforamento, concessão de direito real de uso, locação ou permissão de uso de bens imóveis residenciais construídos, destinados ou efetivamente utilizados no âmbito de programas habitacionais ou de regularização fundiária de interesse social desenvolvidos por órgãos ou entidades da Administração Pública;
- Procedimentos de legitimação de posse de que trata o art. 29 da Lei nº 6.383/1976, mediante iniciativa e deliberação dos órgãos da

Administração Pública em cuja competência legal inclua-se tal atribuição;

- Alienação gratuita ou onerosa, aforamento, concessão de direito real de uso, locação ou permissão de uso de bens imóveis de uso comercial de âmbito local com área de até 250 m^2 (duzentos e cinquenta metros quadrados) e inseridos no âmbito de programas de regularização fundiária de interesse social desenvolvidos por órgãos ou entidades da Administração Pública;
- Alienação e concessão de direito real de uso, gratuita ou onerosa, de terras públicas rurais da União na Amazônia Legal onde incidam ocupações até o limite de 15 (quinze) módulos fiscais ou 1.500ha (mil e quinhentos hectares), para fins de regularização fundiária, atendidos os requisitos legais; e
- Concessão de título de propriedade ou de direito real de uso quando a utilização do imóvel destinar-se: (a) a outro órgão ou entidade da Administração Pública, qualquer que seja a localização do imóvel; ou (b) a pessoa natural que, nos termos da lei, regulamento ou ato normativo do órgão competente, haja implementado os requisitos mínimos de cultura, ocupação mansa e pacífica e exploração direta sobre área rural situada na Amazônia Legal, superior a 1 [um] módulo fiscal e limitada a 15 [quinze] módulos fiscais, desde que não exceda 1.500ha [mil e quinhentos hectares].

5.2.2.1. Dispensa para Alienação de Imóveis por intermédio de dação em pagamento

A primeira situação elencada no art. 17, na qual a licitação restará dispensada, é a *dação em pagamento* (alínea a do inc. I).

> Art. 17 (...)
>
> I – quando imóveis, dependerá de autorização legislativa para órgãos da administração direta e entidades autárquicas e fundacionais, e, para todos, inclusive as entidades paraestatais, dependerá de avaliação prévia e de licitação na modalidade de concorrência, **dispensada** esta nos seguintes casos:
>
> a) dação em pagamento.

A *dação em pagamento* consigna uma forma de quitação de dívida que ocorre quando o credor consente em receber prestação diversa da que lhe é devida.

O instituto está previsto no art. 356 e seguintes do Código Civil, *in verbis:*

> CAPÍTULO V
> Da Dação em Pagamento
> Art. 356. O credor pode consentir em receber prestação diversa da que lhe é devida.
> Art. 357. Determinado o preço da coisa dada em pagamento, as relações entre as partes regular-se-ão pelas normas do contrato de compra e venda.
> Art. 358. Se for título de crédito a coisa dada em pagamento, a transferência importará em cessão.
> Art. 359. Se o credor for evicto da coisa recebida em pagamento, restabelecer-se-á a obrigação primitiva, ficando sem efeito a quitação dada, ressalvados os direitos de terceiros.

Segundo a civilista Maria Helena Diniz, trata-se de um acordo liberatário, feito entre o credor e o devedor, em que o credor consente na entrega de coisa diversa da avençada.[135]

Na *dação em pagamento* ocorre alteração do pactuado, substituindo-se uma obrigação por outra, permanecendo a necessidade de quitação do débito. Para que ocorra, é necessário o consentimento do credor, ou seja, a aquiescência no sentido de receber coisa diversa da devida. Logo, na recusa do credor, a dação se tornará inviável.

Sua essência é, portanto, a entrega de uma coisa diversa em pagamento, substituindo a obrigação original, podendo ter por objeto prestação de qualquer natureza, desde que não seja dinheiro.

Na situação de dispensa licitatória, a *dação em pagamento* dar-se-ia quando a Administração tivesse uma dívida com um particular (credor) e, no lugar de pagá-la em espécie, transferisse ao credor um bem disponível (desafetado). Nesse caso, não seria cabível a realização de licitação porque o credor já estaria definido.

Analisando a questão, Jorge Ulisses Jacoby[136] traz a reflexão o uso da dação em pagamento pela Administração, quando se verifica que a Cons-

[135] Diniz, Maria Helena. Curso de direito Civil Brasileiro. São Paulo: Saraiva, 2007, v.II, 22 ed. p. 277.

[136] Fernandes, Jorge Ulisses Jacoby. Contratação direta sem licitação, 7 ed, Belo Horizonte: Fórum, 2008, p. 251.

tituição Federal prevê o regime do precatório para a execução das dívidas contra a Fazenda Pública.

CF – Art. 100. Os pagamentos devidos pelas Fazendas Públicas Federal, Estaduais, Distrital e Municipais, em virtude de sentença judiciária, far-se-ão exclusivamente na ordem cronológica de apresentação dos precatórios e à conta dos créditos respectivos, proibida a designação de casos ou de pessoas nas dotações orçamentárias e nos créditos adicionais abertos para este fim. (Redação dada pela Emenda Constitucional nº 62/2009).

Em face do texto constitucional, quando a Fazenda Pública é condenada a certo pagamento, o juiz expede uma carta (precatório) ao Presidente do Tribunal, a fim de que, por seu intermédio, se autorizem e se expeçam ordens de pagamento às respectivas repartições pagadoras.[137] Ou seja, precatório é o documento expedido pelo Poder Judiciário contra o Poder Público para que este efetue o pagamento de seus débitos oriundos de condenação em sentenças transitadas em julgado.

Nesse curso, indaga Jacoby, tendo em vista a inafastável observância do regime do precatório, se a Administração estaria autorizada, no curso de processo judicial, antes ou na fase de execução, ou, ainda, fora do processo, a dar imóveis em pagamento.

Como se respondesse ao questionado, Benedito Chiaradia deixa antever, nas entrelinhas, que entende que a Administração, alicerçada no dispositivo em apreciação, poderia, sim, lançar mão do instrumental, antes de qualquer processo judicial, posição que corroboramos.

Entrementes, concluindo que a regra constitui letra morta, observa que, visivelmente – diante da forma procedimental usual – é mais provável que a Administração aguarde as proposituras de ações judiciais, as quais culminarão nas imensas delongas dos precatórios, do que se antecipe e proponha uma dação em pagamento para a liquidação de seus débitos[138].

[137] Silva, De Plácido E. Vocabulário Jurídico, Rio de Janeiro: Forense, 1987, vols. III e IV, p. 416.

[138] Chiaradia, Benedito Dantas. As licitações e os contratos administrativos, Rio de Janeiro: GZ, p. 88.

5.2.2.2. Dispensa para Alienação de Imóveis por intermédio de doação

A segunda situação de licitação dispensada elencada no art. 17 é a doação (alínea b do inc. I).

Como estipula o art. 538 do CC, doação é o contrato em que uma pessoa, por liberalidade, transfere do seu patrimônio bens ou vantagens para o de outra. [139]

Consoante a alínea b, do inc. I, do art.17, com redação dada pela Lei nº 11.952/2009, a doação de imóvel público com dispensa licitatória só é permitida quando realizada exclusivamente para outro órgão ou entidade da Administração Pública, de qualquer esfera de governo, ressalvadas as disposições das alíneas "f", "h" e "i" (que tratam de transferências de propriedade ou posse de bens imóveis residenciais, comerciais e terras públicas rurais da União na Amazônia Legal, respectivamente).

> Art. 17. (...)
>
> I – quando imóveis, dependerá de autorização legislativa para órgãos da administração direta e entidades autárquicas e fundacionais, e, para todos, inclusive as entidades paraestatais, dependerá de avaliação prévia e de licitação na modalidade de concorrência, **dispensada** esta nos seguintes casos:
>
> (...)
>
> b) doação, permitida exclusivamente para outro órgão ou entidade da administração pública, de qualquer esfera de governo, ressalvado o disposto nas alíneas f, h e i;

É inconteste que essa regra, se voltada para todos os entes federativos, estaria infringindo autonomia dos mesmos, pois não se poderia admitir que a União veiculasse norma geral proibindo que Estados, Distrito Federal e Municípios promovessem doações de bens imóveis integrantes de seu patrimônio.

[139] Registre-se a imperfeição do texto legal, de vez que a doação, de per si, não transfere o domínio da coisa, que só ocorre com a tradição. Para Fábio Ulhoa Coelho, o texto dá a entender que a doação é um contrato real, quando, na realidade, é consensual, observando que o contrato de doação é, na verdade, o "negócio bilateral em que um sujeito se obriga graciosamente a transferir o domínio do bem" (Curso de Direito Civil. Vol. 3. São Paulo: Saraiva, 2005). Da mesma forma, Sílvio de Salvo Venosa: "Apesar de a lei expressar que o contrato de doação transfere o patrimônio, não existe exceção ao sistema geral, consoante o qual a transcrição imobiliária e a tradição são os meios de aquisição de propriedade" (Direito Civil – Contratos em espécie. 5 ed. Vol. 3. São Paulo: Atlas, 2005).

Nesse contexto, conforme já esposado, o STF deliberou (ADIn nº 927-3/RS) que as vedações para a alienação de bens imóveis, impostas pela Lei nº 8.666/1993, são aplicáveis apenas à União.

Logo, configura-se que a regra ora analisada consigna uma norma não geral, com eficácia delimitada exclusivamente aos imóveis da União.

Por conseguinte, os demais entes federativos, que, como assegurado pela CF, gozam de autonomia para a gestão dos bens que as integram, poderão efetuar doações, inclusive a particulares, atendendo às regras específicas locais, cabendo aos órgãos de controle averiguar o atendimento ao obrigatório interesse público.

5.2.2.2.1. Reversão da doação

No Direito Civil, a cláusula de reversão constitui figura jurídica que prevê a reversão por premoriência do donatário, podendo ser definida como a estipulação negocial por meio da qual o doador determina o retorno do bem alienado, caso o donatário venha a falecer antes dele, tendo-se, por conseguinte, uma doação geradora de propriedade resolúvel do adquirente[140].

Nesse sentido, dispõe o art. 547 do CC:

> Art. 547. O doador pode estipular que os bens doados voltem ao seu patrimônio, se sobreviver ao donatário.

Apesar de não constar explicitamente no CC, admite-se a doação a termo, no sentido de o bem doado poder reverter ao patrimônio do doador antes da morte do donatário.

É o que assevera Sílvio Venosa:

> Pergunta-se também se essa cláusula pode ser aposta estipulando reversão antes da morte do donatário. A resposta é afirmativa. Cuida-se de aplicar o princípio geral, que admite negócios a termo.[141]

Nesse prisma de autonomia de vontade das partes contratantes, o § 1º do art. 17 em comento prevê que, cessadas as razões que justificaram a

[140] Gagliano, Pablo Stolze. O contrato de doação, 4 ed, São Paulo: Saraiva, 2014, p. 126.

[141] Venosa, Sílvio de Salvo. Direito Civil: contratos em espécie e responsabilidade civil. São Paulo: Atlas. 201, p. 115.

doação, os imóveis doados deverão reverter ao patrimônio da pessoa jurídica doadora, sendo vedada qualquer alienação por parte do beneficiário.

> Art. 17 (...)
> § 1º Os imóveis doados com base na alínea "b" do inciso I deste artigo, cessadas as razões que justificaram a sua doação, reverterão ao patrimônio da pessoa jurídica doadora, vedada a sua alienação pelo beneficiário.

Intentando a manutenção do vínculo do imóvel ao interesse público, a regra prevê a reversão ao doador, caso cessem as razões determinantes da doação. Na hipótese, evitar-se-ia, como propõe Jessé Torres, eventual operação triangular, por meio da qual o bem doado acabaria na propriedade de terceiro descompromissado com o interesse público.[142]

Não obstante, a nosso ver, o dispositivo subverte o instituto da doação, uma vez que sua ocorrência implica na transferência do bem doado do patrimônio do doador para o do donatário, que passa a ser o proprietário do mesmo, cabendo-lhe, como dispõe o art. 1.228 CC, usar, gozar e dispor da coisa.

> CC – Art. 1.228. O proprietário tem a faculdade de usar, gozar e dispor da coisa, e o direito de reavê-la do poder de quem quer que injustamente a possua ou detenha.

Nessa linha de raciocínio, Marçal Justen considera que a regra altera a conformação da doação, transformando-a em figura similar à concessão[143].

Assim, surpreendentemente, dando à doação o tratamento que é dispensado à concessão, prevê o dispositivo que o donatário – e isso deverá constar expressamente no termo de doação – não disporá efetivamente do imóvel, devendo restituí-lo no momento em que o objeto que justificou o ato tenha fim, descaracterizando totalmente o instituto.

Esse espúrio tratamento vem sofrendo ferrenhas críticas na doutrina especializada. Wolgran Junqueira Ferreira, por exemplo, observou que o

[142] Pereira Junior, Jessé Torres. Comentários à Lei de licitações e contratações da Administração Pública, 7 ed, Rio de Janeiro: Renovar, 2007, p. 227.

[143] Justen Filho, Marçal. Comentários à Lei de Licitações e Contratos Administrativos, São Paulo: Dialética, 12 ed, p. 222.

legislador incorre "em grave erro quando diz que o bem doado, quando não tiver mais razões que justificaram a sua doação, reverterá ao patrimônio da pessoa jurídica doadora. Se assim é, de doação não se trata e sim de empréstimo ou comodato, sinônimos que são".[144]

Na mesma linha, Joel Niebuhr, satisfeito com a decisão do STF:

> Caso esse dispositivo fosse válido, ele teria o condão de subverter por completo o que até então no Direito brasileiro se entendia por doação. Ocorre que, como dito, a doação implica transferência do bem doado do patrimônio do doador para o do donatário, que passa a ser o dono, o senhor do bem, cabendo-lhe, a teor do artigo 1228 do novo Código Civil, usar, gozar, dispor e reaver a coisa que passa a lhe pertencer. Ou seja, uma vez doado, o donatário faz o que quiser do bem.[145]

Com ótica diversa, no entanto, Jessé Torres, que não visualiza erro no dispositivo, alegando que, afetados a determinada destinação especial ou integrantes do patrimônio disponível, os imóveis do Poder Público não poderão perder o vínculo com o interesse público quando doados a outros órgãos e entidades da Administração Pública, qualquer que seja a esfera governamental em que se insira o donatário.

Na sustentação dessa tese, ressalta o jurista que a solução evoca as regras que, no Direito Privado, tutelam a doação, notadamente a com encargos, complementando que, em verdade, a doação de imóvel entre pessoas da Administração Pública contém, ainda que implícita, a estipulação em favor da mantença do fim de interesse público no uso do bem do donatário, sendo que, se inviabilizado, o imóvel reverteria ao doador.[146]

5.2.2.2.2. Doação com encargo (doação onerosa)

O § 4º do dispositivo, com redação estabelecida pela Lei nº 8.883/1994, preceitua que, se Administração optar pela doação com encargo, também deverá licitar, rezando que deverão constar do edital, além obviamente

[144] Ferreira, Wolgran Junqueira. Licitações e contratos na Administração Pública: federal, estadual, municipal. São Paulo: Edipro, 1994, p. 87.

[145] Niebuhr, Joel de Menezes. Dispensa e Inexigibilidade de Licitação Pública, Belo Horizonte: Fórum, 2008, p. 372.

[146] Pereira Júnior. Comentários à Lei das Licitações e Contratações da Administração Pública: Lei nº 8.666/93, com a redação da Lei nº 8.883/94. 3. ed., p. 114.

dos encargos, o prazo de cumprimento e a cláusula de reversão, sob pena de nulidade do ato.

Dispõe, ainda, que, na hipótese de interesse público, devidamente justificado, o certame licitatório será dispensado.

> Art. 17 (...)
> § 4º A doação com encargo será licitada e de seu instrumento constarão, obrigatoriamente os encargos, o prazo de seu cumprimento e cláusula de reversão, sob pena de nulidade do ato, sendo dispensada a licitação no caso de interesse público devidamente justificado.

A doação com encargo, instituto de Direito Civil, consigna negócio jurídico no qual, para ter direito ao bem doado, o donatário deve cumprir a contraprestação imposta pelo doador (encargo contratual), bastando apenas que aceite a doação (acordo de vontade).

> CC – Art. 553. O donatário é obrigado a cumprir os encargos da doação, caso forem a benefício do doador, de terceiro, ou do interesse geral.

Evidentemente, a Administração só poderá optar pela doação com encargo quando o motivo que a pressupor caracterizar um interesse público.

Nesse pé, poderia, por exemplo, haver interesse da Administração na realização de certa obra, que, justificadamente, atenderia os anseios da coletividade, mas, ao mesmo tempo – e isso é uma constância na Administração Pública –, inexistir recursos suficientes para a sua consecução. Como solução plausível, o Poder Público poderia optar por uma doação de imóvel público com o encargo de sua execução.

A princípio, na hipótese, o certame licitatório seria obrigatório. Conquanto, por outro lado, como bem obtemperou Marçal Justen, em outras hipóteses, o encargo poderia assumir relevância de outra natureza, podendo a doação ter em vista a situação do donatário ou sua atividade de interesse social[147]. Nesse caso, não caberia a competição licitatória, ocorrendo, então, a dispensa.

[147] Justen Filho, Marçal. Comentários à Lei de Licitações e Contratos Administrativos, São Paulo: Dialética, 12 ed, p. 228.

Sobre a matéria, observa Davi Ferreira Botelho:

> Qualquer doação de bem público pressupõe interesse público, a regra legal impõe à Administração que verifique se a doação consiste na melhor opção. Utiliza-se a doação de bens públicos sempre que o interesse público puder indicar ser essa a modalidade de transferência da propriedade mais vantajosa que alguma outra, o que muitas vezes se torna dificultoso, mas não deixa de ser frequente, como no caso de doação de lotes públicos a particulares, pessoas físicas ou jurídicas, em distritos industriais, com encargos de edificação e funcionamento de indústrias, mesmo que tributariamente incentivados, tudo visando oferecer empregos à população local, desenvolvimento da atividade econômica e, ao longo do tempo, propiciar aumento da arrecadação tributária.[148]

Por outro lado, o § 5º discorre que, se o donatário necessitar oferecer o imóvel em garantia de financiamento, a cláusula de reversão e demais obrigações serão garantidas por hipoteca em segundo grau em favor do doador.

Por intermédio da hipoteca, também instituto de Direito Civil, o devedor oferece determinado bem ao credor, em garantia de dívida assumida, conferindo-lhe a preferência sobre o valor, que deverá ser apurado em hasta pública, para satisfação do débito, em detrimento de todos os outros credores, salvo exceções legais.

Segundo o art. 1.476 do CC, um mesmo imóvel pode ser dado em garantia de mais de uma dívida, desde que com outro título constitutivo, podendo ocorrer em favor do mesmo credor ou de outro credor. Destarte, é possível que o mesmo imóvel seja gravado com várias hipotecas.

Existindo mais de uma hipoteca, formam-se graus diferentes. A primeira hipoteca será de primeiro grau, a outra de segundo grau e assim por diante.

Mesmo havendo muitos credores cada um gozará do direito de preferência, de acordo com o seu grau de hipoteca.

[148] Botelho, Davi Ferreira. Doação de bens imóveis e bens móveis pela Administração Pública. Disponível em < http://conaci.org.br/wp-content/uploads/2014/02/Davi-Ferreira-Botelho.pdf>

5.2.2.3. Dispensa para Alienação de Imóveis por intermédio de permuta

A terceira ocorrência de licitação dispensada relacionada no art. 17 é a permuta de bens imóveis (alínea c do inc. I).

> Art. 17 (...)
>
> I – quando imóveis, dependerá de autorização legislativa para órgãos da administração direta e entidades autárquicas e fundacionais, e, para todos, inclusive as entidades paraestatais, dependerá de avaliação prévia e de licitação na modalidade de concorrência, **dispensada** esta nos seguintes casos:
>
> (...)
>
> c) permuta, por outro imóvel que atenda aos requisitos constantes do inciso X do art. 24 desta Lei;

Permuta é a ação ou resultado de uma troca, não havendo entrega de numerário, que é característica do contrato de compra e venda.

Todavia, como observa Hely Lopes Meirelles[149], ainda que se pressuponha igualdade de valor entre os bens permutáveis, é admissível a troca de coisas de valores desiguais com reposição ou torna em dinheiro do faltante. Essa complementação em pecúnia, para igualarem-se os valores das coisas trocadas, não desnatura a permuta, desde que a intenção precípua de cada parte seja obter o bem da outra.

O instituto configura espécie de contrato, com regras explicitadas no art. 533 CC.

Dispõe a regulação que a Administração está autorizada a permutar, com dispensa licitatória, imóveis públicos desafetados por imóveis que atendam aos requisitos do inc. X do art. 24, ou seja, que observem as finalidades precípuas da Administração, cujas necessidades de instalação e localização condicionem a sua escolha.

Insta anotar que este dispositivo também foi abrangido na decisão liminar do STF (ADIn nº 927-3/RS), devendo ser entendido como norma não geral, aplicável, portanto, tão somente na esfera federal.

[149] Meirelles, Hely Lopes. Direito Administrativo Brasileiro,24ª ed., São Paulo: Malheiros, 1999, p. 477.

Com relação aos imóveis da União, acresça-se que a Lei nº 9.636/1998[150] imprimiu ao assunto um tratamento inovador, permitindo que a autoridade administrativa autorize a permuta de imóveis por outros, edificados ou não, ou mesmo por edificações a construir, exigindo, ainda, sempre que houver condições de competitividade, a adoção de procedimento licitatório.

A nosso ver, como já asseveramos em outro trabalho[151], a permissibilidade legal de dispensa configura-se um imenso contrassenso, em face das características jurídicas que envolvem o instituto da permuta.

Vê-se, com clareza, que, em vez de dispensa, a situação constitui caso de inexigibilidade licitatória, diante da manifesta inviabilidade de licitação.

Nesse contexto, Hely Lopes Meirelles concluiu que a questão "não exige licitação pela impossibilidade de sua realização, uma vez que a determinação do objeto da troca não admite substituição ou competição licitatória",[152] acrescentando que "o que ocorre nesses casos é a inexigibilidade de concorrência, pois (...) a permuta destina-se a pessoas certas, o que caracteriza a inviabilidade de competição".[153]

No mesmo sentido, os pronunciamentos de Raul Armando Mendes e Oswaldo Aranha Bandeira de Mello: "(...) se justifica porque o contrato é com pessoa certa ou determinada, inviabilizando juridicamente o certame";[154] e "consideram-se casos impossíveis de licitação os em que (...) se cogita de atividade em razão de atributo pessoal com que se vai fazer acordo, isto é, diz respeito a serviço técnico de notória especialização, ou de aquisição de bens por (...) permuta".[155]

Em igual teor, os comentários de Diogenes Gasparini: "(...) quanto aos bens (...), os que são objeto de permuta deverão ser certos e determinados" [156].

[150] Regulamentada pelo Decreto nº 3.725/2001.

[151] Bittencourt, Sidney. Licitação Passo a Passo, 7 ed, Belo Horizonte: Fórum, 2014.

[152] Meirelles, Hely Lopes. Licitação e contrato administrativo. 9. ed., p. 123.

[153] Meirelles, Hely Lopes. Licitação e contrato administrativo. 9. ed., p. 124.

[154] Mendes, Raul Armando. Comentários ao Estatuto das Licitações e Contratos Administrativos: com apontamentos sobre a Lei paulista nº 6.544/89. 2. ed.

[155] Bandeira de Mello. Oswaldo Aranha. Da licitação. São Paulo: José Bushatsky, 1978.

[156] Gasparini. Diogenes. Direito administrativo. 3. ed. rev. e ampl., p. 511.

Parecer do emérito civilista Washington de Barros Monteiro, trazido à colação em autos de apelação cível, no qual compara contratos de venda e de permuta, é elucidativo e irretocável:

> Só na venda é que ocorre a possibilidade material e jurídica de concorrência entre eventuais pretendentes. Numa permuta, porém, a concorrência é impossível visto ter ela por objetivo corpo bem descrito, coisa certa e discriminada. Sem dúvida, os dois contratos são estreitamente aparentados, mas enquanto na venda ocorre alienação de uma coisa contra o preço, na permuta se verifica a alienação de uma coisa por outra coisa. Em se cuidando de venda, a licitação é efetivamente imprescindível; mas, no caso de permuta, ela é rigorosamente impraticável e, pois, dispensada.[157]

Verifica-se, em consequência, impropriedade nas autorizações legais previstas nas Leis nºs 8.666/1993 e 9.636/1998, carecendo os dispositivos de amparo, merecendo ser considerados não recepcionados pelo ordenamento jurídico, em função da ilegitimidade de um certame licitatório visando a qualquer tipo de permuta[158], notadamente tendo como objeto de troca uma edificação ainda a ser construída, com o agravante de sê-lo em imóvel de propriedade da Administração (como consta na Lei nº 9.636/1998), dado que o administrador público, apesar de possuir o dever de cingir-se à lei, deve também fundar-se, em suas atitudes, no princípio de que qualquer aquisição do Poder Público deverá atender ao interesse público, o que, com as vênias de praxe, não se coaduna com a incerteza que paira sobre um imóvel ainda a ser construído (objeto, incontestavelmente, para lá de indeterminado).

Registre-se, sobre a questão, decisório do TCU, referente a não execução pela Marinha do Brasil de certame licitatório em operação imobiliária relativa à permuta de terreno jurisdicionado àquele Comando Militar por unidades habitacionais funcionais a construir:

[157] Ap. Cív. nº 45.153/PR – RTFR.

[158] Benedicto de Tolosa Filho visualiza uma exceção à regra quando existir mais de um imóvel reunindo condições necessárias, o que, na sua ótica, demandaria uma licitação (Comentários à nova Lei de Responsabilidade Fiscal: Lei Complementar nº 101, de 04.05.2000: comentada e anotada. 2. ed., Rio de Janeiro: Temas & Ideias, p. 44).

ACÓRDÃO Nº 1894/2008 – Plenário (rel. Min. Marcos Bemquerer Costa)
ACORDAM os Ministros do Tribunal de Contas da União, reunidos em Sessão Plenária, ante as razões expostas pelo Relator, em:
(...) 9.4. determinar à Marinha do Brasil que, doravante, nas alienações envolvendo bens imóveis, adote licitação na modalidade concorrência, consoante preceitua o art. 17, I, da Lei n. 8.666/1993, abstendo-se de promover dispensa de licitação, exceto nos casos em que restar devidamente comprovado que o interesse da Administração não seria atendido acaso o imóvel desejado não fosse o escolhido.

Ainda sobre a matéria, demanda transcrever trecho do informativo nº 84 do TCU, relacionado ao Acórdão nº 2853/2011– Plenário, que informa que a permuta de terreno pertencente à entidade da Administração Pública por unidades imobiliárias a serem nele construídas futuramente não se insere na hipótese de dispensa de licitação prevista na alínea c do inc. I do art. 17 da Lei nº 8.666/1993, devendo ser precedida de procedimento licitatório na modalidade concorrência.

Representação encaminhada pela Ouvidoria deste Tribunal noticiou a edição pelo Conselho Regional de Engenharia, Arquitetura e Agronomia do Espírito Santo – CREA/ES de ato de dispensa de licitação, publicado no DOU de 08/02/2011, que viabilizaria permuta de terreno de propriedade dessa entidade por unidades de edifício que seria nele construído pela empresa contratada, Galwan Construtora e Incorporadora S.A. Tais unidades seriam destinadas à instalação da nova sede do CREA/ES. Após examinar respostas a oitivas do Presidente do CREA/ES e da Galwan Construtora e Incorporadora S. A., o relator do feito, Ministro Marcos Bemquerer Costa, decidiu conceder medida cautelar suspendendo os efeitos do referido ato, em razão de não ter sido apresentado estudo demonstrativo das demandas da entidade e, também, em face da "ausência de comprovação das necessidades de instalação e localização que condicionem a escolha do imóvel a ser erguido no terreno de propriedade da entidade para a construção da nova sede, requisito essencial para a pretendida dispensa de licitação para a celebração do contrato de incorporação, com base no art. 17, inciso I, alínea c, c/c art. 24, inciso X, da Lei nº 8.666/1993". Em seguida, promoveu a audiência de responsáveis do CREA/ES acerca dessa ocorrência. Após examinar as razões de justificativas apresentadas, ponderou que a dispensa de licitação ancorada nos acima mencionados comandos normativos "pressupõe que as características do imóvel adquirido (tais como localização, dimensão, edificação, destinação etc.) devem ser essenciais para atingir a finalidade precípua da Administração à qual ele será destinado, de tal modo que condicionem a sua escolha, inviabilizando a competição entre particulares". Anotou, porém, que "o imóvel demandado pelo CREA/ES sequer foi construído e será edificado num terreno que já pertence à entidade, de modo que as suas especificidades, inclusive quanto à localização, independem da empresa que será contratada, e, portanto, não condicionam a sua escolha nem inviabilizam a competição entre particulares". Tendo em vista, pois, que não se está a falar de imóvel específico que atenda às necessidades da Administração, a permuta de terreno de propriedade da autarquia por unidades imobiliárias a serem confeccionadas por empresa de construção civil pressupõe, segundo o relator, a realização de procedimento licitatório. Dessa forma, garante-se "concretude aos princípios da isonomia e da seleção da proposta mais vantajosa". Ao final, por considerar que o referido ato de dispensa de licitação não cumpriu os requisitos do art. 17, inciso I, alínea c, combinado com o art. 24, inciso X, da Lei nº 8.666/1993, o relator do feito formulou proposta de deliberação no sentido de fixar prazo para que o CREA/ES adote as providencias cabíveis com vistas à anulação do referido ato. O Tribunal, então, endossou essa solução. Precedente citado: Acórdão nº 453/2008 – Plenário, proferido nos autos do TC-031.021/207-3 (Acórdão nº 2.853/2011 – Plenário, rel. Min. Marcos Benquerer Costa).

5.2.2.4. Dispensa para Alienação de Imóveis por intermédio de investidura

A quarta ocorrência de licitação dispensada listada no art. 17 é a investidura (alínea d do inc. I).

> Art. 17 (...)
>
> I – quando imóveis, dependerá de autorização legislativa para órgãos da administração direta e entidades autárquicas e fundacionais, e, para todos, inclusive as entidades paraestatais, dependerá de avaliação prévia e de licitação na modalidade de concorrência, **dispensada** esta nos seguintes casos:
>
> (...)
>
> d) investidura.

A conceituação de investidura, para os fins colimados na Lei nº 8.666/1993, consta no §3º do analisado art. 17, com redação dada pela Lei nº 9.648/1998:

> § 3º Entende-se por investidura, para os fins desta lei:
>
> I – a alienação aos proprietários de imóveis lindeiros de área remanescente ou resultante de obra pública, área esta que se tornar inaproveitável isoladamente, por preço nunca inferior ao da avaliação e desde que esse não ultrapasse a 50% (cinqüenta por cento) do valor constante da alínea "a" do inciso II do art. 23 desta lei;
>
> II – a alienação, aos legítimos possuidores diretos ou, na falta destes, ao Poder Público, de imóveis para fins residenciais construídos em núcleos urbanos anexos a usinas hidrelétricas, desde que considerados dispensáveis na fase de operação dessas unidades e não integrem a categoria de bens reversíveis ao final da concessão.

O vocábulo *investidura*, derivado de *investir*, é adotado, na terminologia jurídica, para determinar, no caso, o ato em que se concede um benefício ou um direito, tendo origem nos antigos feudos. Constitui-se, portanto, no título constitutivo de posse e de propriedade.

Mantendo-se próximo desse sentido, o instituto, na terminologia própria do Direito Administrativo, indica "a incorporação de certa área de terreno pertencente a logradouro público, adjacente a terreno particular, a esta propriedade, mediante a aquisição legal requerida por seu proprietário"[159].

A investidura, como bem conceitua Filipe Fagundes, é uma modalidade de aquisição derivada da propriedade imobiliária em que o particular, em específicas condições de fato, adquire, diretamente do Poder Público, a titularidade sobre determinado bem.[160]

Fixe-se que, no caso, a investidura não se resume numa ferramenta adotada pela Administração para se desfazer de imóveis que não mais interessam. Na verdade, constitui um importante instrumento de regula-

[159] Silva. Vocabulário jurídico. 2. ed., p. 864.

[160] Fagundes, Felipe Mendonça. A investidura como elemento de regularização imobiliária de espaços urbanos. Disponível em <http://jus.com.br/artigos/34369/a-investidura-como--elemento-de-regularizacao-imobiliaria-de-espacos-urbanos>

rização imobiliária, cadastral e registral de imóveis (assim como as regras dispostas na Lei nº 6.015/1973, que versam sobre os registros públicos), adequando a realidade fática dos espaços territoriais urbanos aos previstos nos dados cadastrais constantes registros municipais, funcionado, inclusive, como importante instrumento de rearrumação dos espaços públicos e privados.

Filipe Mendonça Fagundes, especialista em Direito Imobiliário e Registral aplicado aos Bens Públicos, trata da matéria com rara acuidade:

> (...) a retificação registrária é um importante instrumento de correções de incongruências cadastrais de imóveis, que proporciona, além da adequação à realidade de vários dados do bem em questão, a alteração de limites e áreas de tais bens. Na verdade, com a referida ferramenta, o legislador teve a inteligência de permitir ao proprietário do imóvel de ver as reais e efetivas medidas, perimetrais e de área, escorreitamente definidas no fólio registral, possibilitando-lhe meios eficazes de não mais se deparar, por exemplo, com pequenos espaços territoriais, e lindeiros ao imóvel efetivamente registrado no CRI, dos quais possui legitimamente a propriedade (...). O fato é que, para sobras de áreas ou espaços territoriais adjacentes, fronteiriços aos imóveis matriculados, dos quais os proprietários destes últimos detenham legitimamente, também, a propriedade dos primeiros, a retificação registrária atua como remediadora de tal problema e, como efeito (...) vem trazer a regularização imobiliária ao espaço territorial no qual existem tais tipos de ocorrências, adequando a realidade fática à formal. (...)
>
> A investidura se acosta também a este mister. Ou melhor, a este fim precípuo. Não na intenção de apenas corrigir medidas perimetrais ou áreas territoriais (o que também o faz, logo após o procedimento de fusão da outrora área pública com a particular), mas, sobretudo, a de trazer titularidade ao particular de espaços territoriais públicos lindeiros sobre os quais o Estado não vislumbra mais alguma utilização ou finalidade de interesse coletivo, e de reinserir estes últimos numa conjuntura fundiária correta em que o Poder Público, feitas as intervenções construtivas que desejava, observa como a ideal para a convivência harmônica do interesse coletivo com o particular. A investidura, portanto, permite (...) uma rearrumação do espaço territorial no qual aquele pedaço de área está inserido, agregando-o não apenas a um lote particular, mas dando a possibilidade a este pequeno terreno de concretamente expressar as suas potencialidades funcionais e construtivas em prol de alguém que

tem interesses diretos, palpáveis, que pode fazer emergir, da fato, a sua função social.

Ao recolocar este imóvel na economia imobiliária, o Poder Público não apenas gera benefícios diretos a si próprio (concernente ao valor auferido pela transação da investidura) e ao particular (de agregar ao seu imóvel uma área com a qual, pela localização, tinha interesses diretos), mas, sobretudo, impõe efeitos práticos indiretos, como o aumento de sua exação tributária territorial (impulsionada pelo aumento da área-base para cálculo do imposto) e a geração de emolumentos cartorários concernentes à oficialização da investidura (custas referentes à escrituração e registro), como também dos passos seguintes de regularização do novo imóvel (relativos à fusão entre a outrora área pública com a particular).[161]

Verifica-se, conforme preceitua o §3º, que a investidura, para fins de alienação de imóvel por dispensa, atrela-se a diversos requisitos cumulativos, dependendo da situação fática:

a) no caso de existência de obra pública anterior (inc. I):

- o interessado deve ser proprietário de imóvel limítrofe da área remanescente de tal obra;
- a área deve ter se tornado, de forma comprovada, inaproveitável isoladamente pela Administração; e
- o preço da venda jamais poderá ser inferior ao da avaliação procedida, limitado a 50% do valor constante do alínea a do inc. II do art. 23 da Lei nº 8.666/1993, ou seja, a metade do valor-limite estabelecido para a licitação na modalidade convite voltada para compras e serviços (atualmente, como esse valor é R$ 80.000,00, o limite para a dispensa é de R$ 40.000,00).

Consigne-se que, mesmo que a regra condicione, em face da cumulatividade, à necessidade de todos os pressupostos, há decisão judicial con-

[161] Fagundes, Felipe Mendonça. A investidura como elemento de regularização imobiliária de espaços urbanos. Disponível em <http://jus.com.br/artigos/34369/a-investidura-como--elemento-de-regularizacao-imobiliaria-de-espacos-urbanos>

cluindo que a investidura, nos termos do dispositivo, poderá ocorrer mesmo para imóveis públicos que não remanesceram de obras:

> Tribunal de Justiça do Estado do Paraná – Apelação Cível nº 460.319-0 – Rel. DES. Abraham Lincoln Calixto
>
> (...)
>
> No caso dos autos, a área alienada pelo Município de Maringá era uma porção de via pública, situada na parte final da congruência da Vila (..) entre as Avenidas (...), que resultava num ponto de estrangulamento de vias que se caracterizava pela inexistência de movimentação de carros e comércio local.
>
> Em que pese o conceito de investidura mencionar a existência de área remanescente ou resultante de obra pública, a área em questão também pode ser alienada sob esta forma, uma vez que ela era inaproveitável isoladamente, pois conforme se infere dos documentos acostados ao caderno processual, tratava-se de pequena porção de via pública de baixa circulação, que passava pelo meio de dois imóveis da apelada.
>
> Não se pode olvidar, ainda, que é possível ao ente municipal, com base no seu Plano Diretor, avaliar a utilização de vias públicas, decidindo sobre a sua alienação ao particular para atender da melhor forma os interesses dos munícipes, sobretudo quando respaldada por lei municipal.
>
> Ademais, os únicos lindeiros dos imóveis eram a própria apelada e o senhor Rubens Weffort, sendo que este último anuiu expressamente com a venda do imóvel, firmando autorização para fechamento parcial da via (fls. 132).
>
> Já o preço estipulado foi encontrado através de Laudo de Avaliação elaborado pela Seção de ITBI e Pesquisas Imobiliárias da Secretaria da Fazenda, que avaliou a área em R$23.218,65 (vinte e três mil, duzentos e dezoito reais e sessenta e cinco centavos) (fls. 131), isto é, menos do que 50% (cinqüenta por cento) do valor constante da alínea 'a' do inciso II do artigo 23 da Lei 8.666/1993, que é de R$80.000,00 (oitenta mil reais).
>
> Diante de tais premissas, forçoso concluir que a alienação do imóvel *sub judice* foi feita em estrita observância aos ditames legais (artigo 17, inciso I, alínea d, da Lei 8.666/1993), visto que era dispensada licitação, não havendo qualquer nulidade a ser declarada, como pretende a apelante.

b) no caso de residências construídas em locais próximos a usinas hidrelétricas[162] (inc. II):

- o interessado deve ser legítimo possuidor direto de imóvel para fim residencial construído em núcleo urbano anexo à usina;
- o imóvel deve ter sido considerado dispensável na fase de operação da unidade; e
- o imóvel não pode fazer parte da categoria de bens reversíveis ao final da concessão.

Anote-se que, em função da necessidade de existência de núcleo urbano, a definição, numa primeira análise, afastaria o alcance a moradias isoladas. Todavia, voltando os olhos para a finalidade do dispositivo, visualiza-se como impróprio tal entendimento, uma vez que o que perseguido, certamente, é o benefício de alguém que, em face de construção pública, tenha mantido ali a sua residência.

Outro fator importante a ser enfrentado é que o preceptivo restringiu o alcance a residências anexas a usinas hidrelétricas. Nesse contexto, indagar-se-ia quanto às outras modalidades de usinas, bem como aos outros tipos de grandes obras públicas. Nessas hipóteses, também em função da finalidade da regra, entendemos que a aplicação é obrigatória.

A alienação deverá ocorrer em favor de "legítimos possuidores diretos". A expressão está carregada de dificuldades práticas. Na acepção jurídica correta, o termo *legítimo* alicerça-se na conformidade da lei, isto é, é legí-

[162] São, como explica Renato Geraldo Mendes, conjuntos habitacionais construídos com a finalidade de servir de residência para os funcionários que trabalharam (ou trabalharão) na construção de uma determinada usina hidrelétrica. Concluída a usina, parte considerável dessa massa de trabalhadores é realocada em outras frentes de trabalho ou mesmo dispensada. Entretanto, essas casas (imóveis residenciais) perdem a finalidade para a qual foram construídas, pois o contingente humano remanescente e a ser utilizado para os fins operacionais (na usina) é significativamente reduzido. Assim, não sendo essas unidades habitacionais utilizadas por ocasião da operação e, ainda, não integrando a categoria de bens reversíveis ao final da concessão, poderão ser alienadas. Com efeito, deve-se entender como possuidores diretos os trabalhadores que ocuparam as casas e, com a conclusão das atividades, ou foram dispensados ou permaneceram atuando na fase de operação da usina. (O que muda nas licitações e contratos com a edição da lei nº 9.648, de 27 de maio de 1998. Boletim Informativo de Licitações e Contratos – ILC, nº 553, Curitiba: Zênite, junho de 1998).

timo o que é legal, tem amparo em lei.[163] No caso, a legitimidade estará amparada no direito, apoiando-se em documentos, fatos, testemunhas etc. Assim, a legitimidade não derivará de lei, mas sim de direito.

Insta ressaltar que a investidura só poderá ocorrer, segundo o texto legal, se as residências forem consideradas dispensáveis na fase operacional das unidades edificadas e, ainda, sob a condição de que não integrem a categoria de bens reversíveis ao final da concessão. Essa determinação, todavia, peca por falta de sentido, uma vez que, se não são reversíveis, em face do preconizado no contrato de concessão, não serão imóveis de propriedade da Administração, o que desautorizaria a alienação.

É o que também sustenta Marçal Justen:

> A regra legal exige que não se caracterizem as edificações como bens reversíveis, ao final da concessão. A redação retrata equívoco. Distinguem-se os bens aplicados à prestação do serviço público concedido em reversíveis e não reversíveis. Dizem-se reversíveis aqueles que, encerrada a concessão, deverão manter-se no patrimônio público. Não revertem para o poder concedente os bens de que o particular se vale na prestação do serviço e que, encerrada a concessão, integrar-se-ão no pleno domínio do particular. Enfim (...) encerrada a concessão, os bens reversíveis passam ao domínio público e os não reversíveis ficam na propriedade do particular. Ora, a regra comentada impõe que a investidura apenas abrangerá os bens não reversíveis. Isso é um despropósito, eis que essa categoria de bens passará ao domínio do particular, sendo

[163] Conforme lições de De Plácido e Silva, o termo legitimidade, derivado de legítimo, exprime, em qualquer aspecto, a qualidade ou o caráter do que é legitimo ou se apresenta apoiado em lei. A legitimidade, pois, pode referir-se às pessoas, às coisas ou aos atos, em virtude da qual se apresentam todos segundo as prestações legais ou consoante requisitos impostos legalmente, para que consigam os objetivos desejados ou obtenham os efeitos, que se assinalam em lei (Vocabulário Jurídico, 3 ed, Rio de Janeiro: Forense, 1991, p. 61). Em Teoria do Direito, especialmente em sua linguagem, existe certa confusão entre os termos legitimidade e legalidade. Ambos são utilizados para determinar a conformidade de determinadas atividades com normas vigentes do ordenamento jurídico. Não obstante, pode-se diferenciá-los na medida em que o primeiro se relaciona com o critério que permite ao executor da atividade afirmar que está conforme a lei, e, portanto, poder criar aquela obrigação aos outros. Neste sentido, a legalidade torna-se pressuposto da legitimidade uma vez que é necessário que o ator esteja executando uma atividade conforme a lei para que se possa verificar a existência da legitimidade (Santos, Maria Celeste Cordeiro Leite Santos. Poder jurídico e violência simbólica, apud Wikipedia, disponível em http://pt.wikipedia.org/wiki/Legitimidade).

inviável transferir compulsoriamente o bem para a propriedade de terceiros – ao menos, enquanto não promovida a amortização do investimento correspondente a sua edificação. Daí que, se o investimento relativo ao bem foi (ou será) amortizado, caracteriza-se ele como reversível. Os bens não reversíveis não são amortizados. Somente será possível impor sua transferência a terceiros mediante o instituto da desapropriação. Terão de ser preenchidos os requisitos próprios, conforme a modalidade que se caracterizar. Disso tudo se extrai que a redação é equivocada, tendo sido incluída indevidamente a palavra "não". Tem de supor-se que a investidura do inc. II somente se aplica a bens que integrem a categoria dos reversíveis ao final da concessão.[164]

Do mesmo modo, as críticas de Jessé Torres:

As alienações referidas no art. 17 partem da (...) premissa (...) de que os bens alienáveis são da Administração Pública. É o que se infere da cabeça do dispositivo. Por isto leva à perplexidade o quadro factual que estaria à base da regra que a Lei nº 9.648/1998 acrescentou, como inciso II, ao § 3º do art. 17. Se se trata, como tudo faz crer, de conjuntos habitacionais edificados com a finalidade de servir de residência aos operários empregados na construção de determinada usina hidrelétrica – conjuntos que perdem tal utilidade uma vez concluída a obra, a menos que fossem considerados bens reversíveis à Administração Pública –, deduz-se que tais conjuntos pertencem à concessionária, e, não, à Administração Pública. Ou não seriam a esta reversíveis. Sendo bens da concessionária – pessoa jurídica de direito privado, delegatária contratual da execução da prestação de serviço público, não integrando, destarte, a chamada administração indireta –, esses conjuntos habitacionais não se poderiam sujeitar à disciplina de norma inserta no art.17, cuja tutela almeja bens da Administração Pública. [165]

Impende assinalar, por fim, que, para que ocorra a investidura, é indispensável que haja um bem imóvel a ser transferido do domínio público para terceiros. E mais: nos termos legais, esses terceiros poderão ser tanto os particulares como o próprio Poder Público, dado que o preceptivo dis-

[164] Justen Filho, Marçal. Comentários à Lei de Licitações e Contratos Administrativos, São Paulo: Dialética, 12 ed, p. 225.

[165] Pereira Junior, Jessé Torres. Comentários à Lei de Licitações e Contratações da Administração Pública, 7 ed., Rio de Janeiro: Renovar, 2007, p. 233.

corre no sentido de que pelo instituto far-se-á alienação aos legítimos possuidores diretos ou, na falta destes, ao Poder Público.

5.2.2.5. Dispensa para Alienação de Imóveis por intermédio de venda a outro órgão ou entidade da Administração pública

A quinta circunstância de licitação dispensada listada no art. 17 é a venda de imóveis a outro órgão ou entidade da Administração pública, de qualquer esfera de governo (alínea *e* do inc. I).

> Art. 17 (...)
> I – quando imóveis, dependerá de autorização legislativa para órgãos da administração direta e entidades autárquicas e fundacionais, e, para todos, inclusive as entidades paraestatais, dependerá de avaliação prévia e de licitação na modalidade de concorrência, **dispensada** esta nos seguintes casos:
> (...)
> e) venda a outro órgão ou entidade da administração pública, de qualquer esfera de governo.

Venda, do latim *vendere* (vender, mercadejar), exprime gramaticalmente a ação de alienar coisa onerosamente, mediante o pagamento de um preço.

Designa, juridicamente, o ajuste por intermédio do qual uma das partes, como dona ou proprietária de uma coisa, assume a obrigação de transferi-la à outra parte, denominada comprador, cuja obrigação é de pagar o preço convencionado.

Quando a Administração tem a intenção de vender um imóvel desafetado e nele há interesse público por parte de outro ente administrativo, a licitação restará dispensada, conforme texto legal inserido na Lei nº 8.666/1993 pela Lei nº 8.883/1994.

Sobreleva notar que o dispositivo não faz distinção de classes, dado que autoriza a alienação por venda a qualquer órgão ou entidade da Administração Pública, independentemente da esfera governamental.

Os requisitos para a venda resumem-se aos já previstos no dispositivo: prévia avaliação[166] e autorização legislativa para órgãos da administração direta e entidades autárquicas e fundacionais.

[166] Evidentemente, para tê-la, aplicar-se-á a ressalva que a lei elege para quaisquer ajustes dessa natureza: preço compatível com o praticado no mercado.

A venda poderá ser efetuada diretamente por agente do órgão vendedor ou por intermédio de corretor remunerado, desde que contratado mediante procedimento licitatório, ficando a despesa decorrente da eventual intervenção de corretor por conta do ente que o contratar, não podendo tal valor, em face de inexistência de autorização legal, compor o preço do imóvel.

Ao observar que, diversamente da doação, na venda não há a possibilidade de reversão por desvio de finalidade, Márcio dos Santos Barros assevera que o adquirente, mesmo sendo integrante da esfera pública, poderá responder pelo mau uso dado ao imóvel.[167] Concordando com a tese, Jorge Ulisses Jacoby assenta que, na ocorrência de desvio de finalidade, responderá apenas o comprador, dado que o vendedor não pode ser penalizado pelo destino dado a imóvel que não mais integra o seu patrimônio[168].

Avistam-se sérios problemas, no entanto, quando da aplicação do mandamento no âmbito da Administração Pública indireta, em face da existência de imóveis que não se enquadram no espectro do uso comum do povo. Nesse sentido, Marçal Justen anota que, de todo o modo, somente se admitirá a alienação sem licitação entre entidades integrantes da Administração Pública quando essa for a solução mais vantajosa para a realização das funções estatais.[169]

5.2.2.6. Dispensa para Alienação de Imóveis, por intermédio de diversos institutos, no âmbito de programas habitacionais ou de regularização fundiária

Diversos institutos estão listados na sétima alínea do inc. I do art. 17, cujas adoções, no caso de alienação de imóveis públicos em face de motivos inter-relacionados ao interesse social, configurariam a dispensa de licitação.

Com redação dada pela Lei nº 11.481/2007, estabelece o dispositivo:

[167] Barros, Márcio dos Santos. 502 Comentários sobre licitações e contratos administrativos. 2 ed., São Paulo: NDJ, 2011, p. 159.

[168] Fernandes, Jorge Ulisses Jacoby. Contratação direta sem licitação, 7 ed, Belo Horizonte: Fórum, 2008, p. 271.

[169] Justen Filho, Marçal. Comentários à Lei de Licitações e Contratos Administrativos, São Paulo: Dialética, 12 ed, p. 227.

> Art. 17 (...)
> I – quando imóveis, dependerá de autorização legislativa para órgãos da administração direta e entidades autárquicas e fundacionais, e, para todos, inclusive as entidades paraestatais, dependerá de avaliação prévia e de licitação na modalidade de concorrência, **dispensada** esta nos seguintes casos:
> (...)
> f) alienação gratuita ou onerosa, aforamento, concessão de direito real de uso, locação ou permissão de uso de bens imóveis residenciais construídos, destinados ou efetivamente utilizados no âmbito de programas habitacionais ou de regularização fundiária de interesse social desenvolvidos por órgãos ou entidades da administração pública;

Ressalte-se, de plano, que há um erro técnico no preceptivo, haja vista que, num capítulo que versa sobre alienação, registra institutos que não se enquadram nessa categoria: o aforamento, a concessão de direito real de uso, a locação e a permissão de uso não consignam formas de alienação.

Nesse contexto, há de se compreender que o uso do termo "alienação" se deu considerando uma acepção ampla, abarcando não só as formas de transferência de propriedade, mas também outros institutos autorizadores do uso de bens da Administração.

Além dessas figuras jurídicas, o preceptivo ainda elenca, curiosamente, a "alienação gratuita ou onerosa", o que suscitou a crítica a seguir, em análise anteriormente realizada:

> Com o intuito de não permitir que o uso do mecanismo licitatório inviabilize a aplicação de políticas sociais que demandem titulação de imóveis residenciais, foram listados na alínea *f* os casos de dispensa de procedimento licitatório para a alienação de bens da Administração com tal destinação, sendo eles: alienação gratuita ou onerosa, aforamento, concessão de direito real de uso, locação ou permissão de uso de bens imóveis residenciais construídos, destinados ou efetivamente utilizados no âmbito de programas habitacionais ou de regularização fundiária de interesse social desenvolvidos por órgãos ou entidades da Administração Pública. Tudo indica que o autor dessa alínea (inserida pela Lei nº 11.952/2009) desconhece o conceito jurídico do termo "alienação", que é o ato pelo qual se transfere a outrem, que paga certo preço (não necessariamente em dinheiro), o domínio de um bem, havendo, portanto,

uma transmissão de propriedade, o que inviabiliza a utilização da "alienação" para "concessão do direito real de uso", bem como e, principalmente, nos casos de "locação" (aluguel, arrendamento) ou "permissão de uso" (ato administrativo) que absolutamente jamais transferem a propriedade. Causa-nos perplexidade a menção da "alienação", ao início da alínea, porquanto trata o artigo das hipóteses de dispensa de licitação para a alienação de imóveis, o que nos faz concluir pela redundância inócua.[170]

Revendo nosso posicionamento, considerando a velha máxima da inexistência de palavras inúteis na lei, concluímos que, ao anotar que a licitação restará dispensada no caso de alienação gratuita ou onerosa, intencionava o legislador informar que, em qualquer configuração de alienação nessas categorias, isto é, no caso de doação ou venda, respectivamente, admitir-se-á a não realização de competição licitatória, desde que envolvam a transferência de bens imóveis residenciais construídos, destinados ou efetivamente utilizados no âmbito de programas habitacionais ou de regularização fundiária de interesse social desenvolvidos por órgãos ou entidades da Administração.

Nesse curso, reza o preceptivo que, nas situações técnico-jurídicas abaixo elencadas – quando envolverem bens imóveis residenciais construídos, destinados ou efetivamente utilizados no âmbito de programas habitacionais ou de regularização fundiária de interesse social desenvolvidos por órgãos ou entidades da Administração Pública –, a licitação restará dispensada nos casos de:

a) alienação gratuita ou onerosa;
b) aforamento;
c) concessão de direito real de uso;
d) locação; ou
e) permissão de uso.

Destarte, envolvendo exclusivamente imóveis residenciais, a regra admite a ausência de licitação quando houver atribuição de direitos a um particular no sentido de integrar-se em um programa estatal de cunho habitacional ou de regularização fundiária de interesse social.

[170] Bittencourt, Sidney. Licitação Passo a Passo, 7ª ed, Belo Horizonte: Fórum.

A alusão a programas habitacionais demonstra a flagrante preocupação no atendimento à população de baixa renda.

Já a referência à regularização fundiária reflete o empenho no sentido do asseguramento de um título jurídico de domínio, dado que, em termos gerais, tal regularização consigna processo que inclui medidas jurídicas, urbanísticas, ambientais e sociais com o intuito de integrar assentamentos irregulares ao contexto legal das cidades[171]. *Vide* que, nessa hipótese, o dispositivo exige a vinculação ao interesse social, significando, nesse contexto, que, como prescreve a Lei nº 11.977/2009 (que dispõe sobre o Programa Minha Casa, Minha Vida e a regularização fundiária de assentamentos localizados em áreas urbanas), é aplicável a assentamentos irregulares ocupados por população de baixa renda nos quais a garantia do direito constitucional à moradia justifica a aplicação de instrumentos, procedimentos e requisitos técnicos especiais.

Como ressalva Jessé Torres, os parâmetros e as configurações de cada uma das espécies de transmissão da propriedade ou da posse de imóveis da Administração federal constituem objeto da Lei nº 9.636/1998, cujos preceitos funcionam como premissa necessária para viabilização da contratação direta, que padecerá de desvio de finalidade, passível de invalidação e apuração de responsabilidades, caso não sejam atendidos.

Nesse diapasão, o jurista censura o texto legal:

> A rigor, não se percebem a necessidade e a pertinência de trazer-se para o bojo da Lei nº 8.666/1993, normas que, reconhecendo a natureza social desses institutos, já se encontram na Lei nº 9.636/1998, sede específica das regras que a Administração federal deve observar na gestão dos bens de seu patrimônio.[172]

E está coberto de razão, pois, se as operações que envolvem esses imóveis devem ser vinculadas ao interesse social, a sede mais adequada para disciplinar-lhes a contratação direta não seria a Lei nº 8.666/1993.

[171] A Lei nº 11.977/2009 define regularização fundiária como o "conjunto de medidas jurídicas, urbanísticas, ambientais e sociais que visam à regularização de assentamentos irregulares e à titulação de seus ocupantes, de modo a garantir o direito social à moradia, o pleno desenvolvimento das funções sociais da propriedade urbana e o direito ao meio ambiente ecologicamente equilibrado".

[172] Pereira Junior, Jessé Torres. Comentários à Lei de licitações e contratações da Administração Pública, 7 ed, Rio de Janeiro: Renovar, 2007, p. 226.

Tanto isso é verdade, que a Lei nº 9.636/1998 versa sobre várias situações de licitação ou de sua dispensa: o art. 18, que disciplina a cessão de imóveis da União para outros entes públicos e sociedades sem fins lucrativos, agrega o § 1º, segundo o qual a cessão, concretizada mediante concessão de direito real de uso resolúvel, dispensa a licitação em relação a associações e cooperativas que se enquadrem no regime que menciona; o § 6º do mesmo art. 18 dispensa a licitação nas hipóteses de cessão de imóveis para uso residencial ou comercial inseridos em programas habitacionais ou de regularização fundiária; o art. 29, ao dispor sobre a venda do domínio pleno de imóveis da União, situados em zonas não submetidas à enfiteuse, estabelece que os ocupantes de boa-fé poderão ter preferência na aquisição dos imóveis por eles ocupados, nas mesmas condições oferecidas pelo vencedor da licitação, observada a legislação urbanística local.[173]

O segundo instrumento listado é o *aforamento* (ou *enfiteuse*), que configura uma das formas de utilização de bens públicos por particulares. Consoante o preconizado no art. 46 do Decreto-lei nº 9.760/1946, os bens imóveis da União não utilizados em serviço público poderão, qualquer que seja a sua natureza, ser alugados, aforados ou cedidos. Segundo o seu § 2º, o aforamento dar-se-á quando coexistirem a conveniência de radicar-se o indivíduo ao solo e a de manter-se o vínculo da propriedade pública. O aforamento, em síntese, é instituto pelo qual o Estado permite ao particular o uso privativo de bem público a título de domínio útil, mediante a obrigação de pagar um foro anual, certo e invariável.

O instituto propicia a aquisição de direito real por parte do foreiro, que poderá ser transferido a terceiro, desde que o Estado renuncie ao direito de preferência para reaver o imóvel. Havendo a renúncia, o foreiro deverá pagar, pela transmissão do domínio útil, o denominado *laudêmio* (5% do valor atualizado do domínio pleno e das benfeitorias).

Registre-se a tendência de extinção do instituto, uma vez que o Código Civil de 2002 não mais o prevê, além da regra disposta no art. 49 das Disposições Transitórias da Constituição federal, que faculta aos foreiros, no caso de extinção, a remição dos aforamentos por meio da aquisição do domínio direto, na conformidade do que dispuserem os respectivos contratos. É de se notar, entrementes, que o §3º prescreve que o aforamento

[173] Pereira Junior, Jessé Torres. Comentários à Lei de licitações e contratações da Administração Pública, 7 ed, Rio de Janeiro: Renovar, 2007, p. 226.

continuará sendo aplicado aos terrenos de marinha e seus acrescidos, situados na faixa de segurança, a partir da orla marítima.

> Art. 49. A lei disporá sobre o instituto da enfiteuse em imóveis urbanos, sendo facultada aos foreiros, no caso de sua extinção, a remição dos aforamentos mediante aquisição do domínio direto, na conformidade do que dispuserem os respectivos contratos.
>
> § 1º Quando não existir cláusula contratual, serão adotados os critérios e bases hoje vigentes na legislação especial dos imóveis da União.
>
> § 2º Os direitos dos atuais ocupantes inscritos ficam assegurados pela aplicação de outra modalidade de contrato.
>
> § 3º A enfiteuse continuará sendo aplicada aos terrenos de marinha e seus acrescidos, situados na faixa de segurança, a partir da orla marítima.
>
> § 4º Remido o foro, o antigo titular do domínio direto deverá, no prazo de noventa dias, sob pena de responsabilidade, confiar à guarda do registro de imóveis competente toda a documentação a ele relativa.

Nesse contexto, a alínea f, do inc. I, do art. 17 da Lei nº 8.666/1993 prevê a dispensa licitatória para o aforamento de imóveis residenciais, quando o contrato se originar de programas habitacionais ou de regularização fundiária de interesse social desenvolvidos pela Administração Pública.

O terceiro instituto listado é a *concessão de direito real de uso*, instrumento adotado para a utilização de bem público desafetado por particular, instituído pelos artigos 7º e 8º do Decreto-lei nº 271/1967, que, com as alterações introduzidas pela Lei nº 11.481/2007, dispõe sobre o loteamento urbano, responsabilidade do loteador, concessão de uso do espaço aéreo e dá outras providências.

O instituto, que não abarca apenas o uso da terra, pois pode ter por objeto o uso do espaço aéreo sobre a superfície de terrenos, caracteriza-se por ser direito real resolúvel[174], constituindo-se através de instrumento público ou particular; ou mesmo por simples termo administrativo, sendo inscrito e cancelado em livro especial.

[174] A propriedade, de regra, tem por vocação ser perpétua. Entrementes, é admissível em situações excepcionais que já nasça fadada a acabar. Nesse caso, a propriedade será resolúvel, pois terá, no momento de sua constituição, uma causa de encerramento, que poderá se dar por termo extintivo ou por condição resolutória.

Tal concessão, que pode ser remunerada ou gratuita, deverá ocorrer por tempo certo ou indeterminado, e só poderá objetivar regularização fundiária de interesse social, urbanização, industrialização, edificação, cultivo da terra, aproveitamento sustentável das várzeas, preservação das comunidades tradicionais e seus meios de subsistência ou outras modalidades de interesse social em áreas urbanas.

Nessa contextura, a alínea f, do inc. I, do art. 17 da Lei nº 8.666/1993 prevê a dispensa licitatória para a concessão de direito real de imóveis residenciais, quando o ajuste se originar de programas habitacionais ou de regularização fundiária de interesse social desenvolvidos pela Administração Pública.

O quarto instituto listado é a *locação*, que constitui contrato de direito privado pelo qual o proprietário-locador transfere a posse do bem ao locatário, que se obriga a de pagar certa importância – o aluguel – por período determinado de uso do bem.

Quando o locador é o Estado, o ajuste é regulado normalmente pela lei civil, demonstrando o caráter privado da contratação. Sobre a questão, entretanto, não é pacífico o entendimento, pois há os que não aceitam o regime de locação do direito civil para bens públicos, sustentando que somente se revela admissível a concessão remunerada de uso de bem público, modalidade de contrato administrativo.[175]

Como nós, José dos Santos Carvalho Filho se opõe a essa vetusta posição doutrinária:

> Essa não nos parece a melhor posição: na verdade, inexiste qualquer vedação de índole constitucional em tal sentido. Ademais, legislação mais recente tem sido expressa no que concerne à viabilidade jurídica do instituto da locação de imóveis públicos. Resulta, pois, que não se pode deixar de reconhecer a viabilidade desse ajuste. Uma coisa é concluir ser a concessão de uso um ajuste mais adequado do que a locação; outra, inteiramente diversa, é simplesmente considerar inadmissível a locação. O que importa, na espécie, é a opção do administrador – que, diga-se de passagem, terá que avaliar cada situação e não poderá vislumbrar outro fim senão o de interesse público. Por

[175] Tais como, por exemplo, Maria Sylvia Zanella Di Pietro (Direito Administrativo, 26 ed., 2013) e Hely Lopes Meirelles (Direito Administrativo Brasileiro, 29 ed., 2004).

isso mesmo, sendo indevida a escolha, o ajuste estará sujeito à invalidação, e o administrador, à responsabilidade civil, administrativa e penal.[176]

Nesse passo, a alínea f, do inc. I, do art. 17 da Lei nº 8.666/1993 prevê a dispensa licitatória no caso de locação de imóveis residenciais, quando o ajuste se originar de programas habitacionais ou de regularização fundiária de interesse social desenvolvidos pela Administração Pública.

O quinto e último instituto listado é a *permissão de uso*, que consigna ato administrativo unilateral, discricionário e precário, pelo qual a Administração consente que certa pessoa utilize um bem público privativamente, atendendo ao mesmo tempo aos interesses público e privado.[177]

O Decreto-lei nº 9.760/1946, que dispõe sobre bens da União, não lista, entre os institutos hábeis para outorga de utilização de bens imóveis púbicos, a permissão de uso. Entrementes, a Lei nº 9.636/1998, que versa sobre

[176] Carvalho Filho, José dos Santos. Manual de Direito Administrativo. 26ª edição. Atlas: São Paulo, 2013, p. 1192.

[177] Sobre a matéria, registre-se a Lei nº 8.666/1993 lista, no art, 2º, os atos que devem ser submetidos à licitação: obras, serviços, inclusive de publicidade, compras, alienações, concessões, permissões e locações da Administração Pública, quando contratadas com terceiros. O elenco traz como novidade, em relação à norma pretérita (Decreto-lei nº 2.300/1986), o acréscimo de dois institutos: a "concessão" e a "permissão". A menção à "permissão" causa certa estranheza, principalmente se verificarmos que o texto legal induz a que se entenda que o instituto possui natureza jurídica contratual, quando a doutrina predominante a identifica como ato jurídico unilateral da Administração Pública. Para Maria Sylvia Zanella Di Pietro, por exemplo, a permissão de uso de bem público deve receber dois tratamentos distintos, dependendo da espécie do instituto: tendo natureza contratual, assemelhando-se à concessão de uso, estará sujeita às normas da Lei nº 8.666/93; possuindo, entretanto, contornos de ato unilateral e precário, semelhante à autorização de uso, não estaria abrangida pela lei, o que não impediria a Administração de realizar uma licitação ou instituir outro processo de seleção (Temas polêmicos sobre licitações e contratos, p. 21). É inconteste, contudo, que a "permissão" no direito brasileiro vem se "contratualizando", conforme sustentam vários administrativistas de escol. Sobre o assunto, a precisa dicção de Marcos Juruena Villela Souto: "A grande maioria dos publicistas sustenta que a 'permissão' se 'contratualizou', tamanhas as garantias dadas ao permissionário quanto ao prazo de sua duração (sob pena de indenização dos prejuízos causados pela sua revogação). De fato, se era conveniente à Administração valer-se de um ato unilateral e precário, de outro, não interessava aos particulares, que necessitavam de segurança para o retorno de seus investimentos. Preferia-se a concessão, ainda que, anteriormente à Constituição de 1988, não fosse pacífica a exigência de licitação para as permissões de serviços. Hoje, tais diferenças são praticamente imperceptíveis" (Desestatização: privatização, concessões e terceirizações. 4. ed., Rio de Janeiro: Lumen Juris, 2001).

a regularização, administração, aforamento e alienação de bens imóveis de domínio da União, passou a prever que o instrumento poderá ser adotado quando se tratar de utilização, a título precário, de áreas de domínio da União, para a realização de eventos de curta duração, de natureza recreativa, esportiva, cultural, religiosa ou educacional.[178]

Nesse contexto, a alínea f, do inc. I, do art. 17 da Lei nº 8.666/1993 prevê a dispensa licitatória no caso de permissão de uso de imóveis residenciais, quando o ajuste se originar de programas habitacionais ou de regularização fundiária de interesse social desenvolvidos pela Administração Pública.

5.2.2.7. Dispensa para Alienação de Imóveis por intermédio de procedimentos de legitimação de posse

A sétima circunstância de dispensa licitatória do art. 17 da Lei nº 8.666/1993 envolve procedimentos de legitimação de posse de que trata o art. 29 da Lei nº 6.383/1976 (que dispõe sobre o processo discriminatório de terras devolutas da União), mediante iniciativa e deliberação dos órgãos da Administração Pública em cuja competência legal inclua-se tal atribuição.

Com texto incluído pela Lei nº 11.196/2005, estabelece o dispositivo:

> Art. 17. (...)
>
> I – quando imóveis, dependerá de autorização legislativa para órgãos da administração direta e entidades autárquicas e fundacionais, e, para todos, inclusive as entidades paraestatais, dependerá de avaliação prévia e de licitação na modalidade de concorrência, **dispensada** esta nos seguintes casos:
>
> (...)
>
> g) procedimentos de legitimação de posse de que trata o art. 29 da Lei nº 6.383, de 7 de dezembro de 1976, mediante iniciativa e deliberação dos órgãos da Administração Pública em cuja competência legal inclua-se tal atribuição.

Segundo o supracitado art. 29, o ocupante de terras públicas que as tenha tornado produtivas com o seu trabalho e o de sua família, fará jus à

[178] Art. 22. A utilização, a título precário, de áreas de domínio da União para a realização de eventos de curta duração, de natureza recreativa, esportiva, cultural, religiosa ou educacional, poderá ser autorizada, na forma do regulamento, sob o regime de permissão de uso, em ato do Secretário do Patrimônio da União, publicado no Diário Oficial da União.

legitimação da posse de área contínua até 100 (cem) hectares, desde que não seja proprietário de imóvel rural e comprove a morada permanente e cultura efetiva, pelo prazo mínimo de 1 (um) ano.[179]

Consoante o §1º do dispositivo, a legitimação da posse consistirá no fornecimento de uma Licença de Ocupação, pelo prazo mínimo de mais 4 (quatro) anos, findo o qual o ocupante terá a preferência para aquisição do lote, pelo valor histórico da terra nua, satisfeitos os requisitos de morada permanente e cultura efetiva e comprovada a sua capacidade para desenvolver a área ocupada.

Para configuração da dispensa, todavia, a iniciativa e a deliberação deverão partir dos órgãos da Administração detentores de competência legal para tal.

5.2.2.8. Dispensa para Alienação de Imóveis por intermédio de alienação de bens imóveis para uso comercial

A alínea "h" do inc. I, no mesmo diapasão da alínea "f", elenca a possibilidade de dispensa licitatória nas alienações de bens da Administração que tenham como destino o uso comercial, limitando aos com área de até 250m² e que estejam inseridos em programas de regularização fundiária de interesse social.

Com texto incluído pela Lei nº 11.481/2007, prescreve o dispositivo:

[179] Art. 29 O ocupante de terras públicas, que as tenha tornado produtivas com o seu trabalho e o de sua família, fará jus à legitimação da posse de área contínua até 100 (cem) hectares, desde que preencha os seguintes requisitos:
I – não seja proprietário de imóvel rural;
II – comprove a morada permanente e cultura efetiva, pelo prazo mínimo de 1 (um) ano.
§ 1º A legitimação da posse de que trata o presente artigo consistirá no fornecimento de uma Licença de Ocupação, pelo prazo mínimo de mais 4 (quatro) anos, findo o qual o ocupante terá a preferência para aquisição do lote, pelo valor histórico da terra nua, satisfeitos os requisitos de morada permanente e cultura efetiva e comprovada a sua capacidade para desenvolver a área ocupada.
§ 2º Aos portadores de Licenças de Ocupação, concedidas na forma da legislação anterior, será assegurada a preferência para aquisição de área até 100 (cem) hectares, nas condições do parágrafo anterior, e, o que exceder esse limite, pelo valor atual da terra nua.
§ 3º A Licença de Ocupação será intransferível inter vivos e inegociável, não podendo ser objeto de penhora e arresto.

> Art. 17. (...)
>
> I – quando imóveis, dependerá de autorização legislativa para órgãos da administração direta e entidades autárquicas e fundacionais, e, para todos, inclusive as entidades paraestatais, dependerá de avaliação prévia e de licitação na modalidade de concorrência, **dispensada** esta nos seguintes casos:
>
> (...)
>
> h) alienação gratuita ou onerosa, aforamento, concessão de direito real de uso, locação ou permissão de uso de bens imóveis de uso comercial de âmbito local com área de até 250m² (duzentos e cinquenta metros quadrados) e inseridos no âmbito de programas de regularização fundiária de interesse social desenvolvidos por órgãos ou entidades da administração pública.

Nota-se, à clarividência, a preocupação do legislador no sentido de não permitir o alcance de áreas que serviriam à especulação imobiliária. Impende ressaltar a necessidade do máximo cuidado quanto à definição, em cada caso, de que realmente se trata de imóvel caracterizado como programa habitacional ou de regularização fundiária de interesse social. Como já anotado, tais parâmetros constituem objeto da Lei nº 9.636/1998, cujos preceitos funcionam como premissa necessária para a viabilização da contratação direta, que padecerá de desvio de finalidade, passível de invalidação e apuração de responsabilidade, caso não seja realizada com as devidas cautelas.

5.2.2.9. Dispensa para Alienação de Imóveis de terras públicas rurais da União na Amazônia Legal

A última situação elencada de dispensa de licitação para a alienação de bens imóveis da Administração refere-se à alienação e concessão de direito real de uso, gratuita ou onerosa, de terras públicas rurais da União na Amazônia Legal[180] onde incidam ocupações até o limite de 15 (quinze) módulos fiscais ou 1.500ha (mil e quinhentos hectares), para fins de regularização fundiária.

[180] Consoante o disposto no art. 2º da Lei nº 5.173/1966 (que dispõe sobre o Plano de Valorização Econômica da Amazônia), a Amazônia abrange a região compreendida pelos Estados do Acre, Pará e Amazonas, pelos Territórios Federais do Amapá, Roraima e Rondônia, e ainda pelas áreas do Estado de Mato Grosso a norte do paralelo de 16º, do Estado de Goiás a norte do paralelo de 13º e do Estado do Maranhão a oeste do meridiano de 44º.

Com texto incluído pela Lei nº 11.952/2009, prescreve o dispositivo:

> Art. 17. (...)
> I – quando imóveis, dependerá de autorização legislativa para órgãos da administração direta e entidades autárquicas e fundacionais, e, para todos, inclusive as entidades paraestatais, dependerá de avaliação prévia e de licitação na modalidade de concorrência, **dispensada** esta nos seguintes casos:
> (...)
> i) alienação e concessão de direito real de uso, gratuita ou onerosa, de terras públicas rurais da União na Amazônia Legal onde incidam ocupações até o limite de 15 (quinze) módulos fiscais ou 1.500ha (mil e quinhentos hectares), para fins de regularização fundiária, atendidos os requisitos legais.

Consoante o preconizado no inc. II do §2º, a Administração também poderá conceder, com dispensa de licitação, título de propriedade ou de direito real de uso de imóveis, quando o uso destinar-se a pessoa natural que, nos termos da lei, regulamento ou ato normativo do órgão competente, tenha implementado os requisitos mínimos de cultura, ocupação mansa e pacífica e exploração direta sobre área rural situada na Amazônia Legal, superior a 1 (um) módulo fiscal e limitada a 15 (quinze) módulos fiscais, desde que não exceda 1.500ha (mil e quinhentos hectares).

> § 2º A Administração também poderá conceder título de propriedade ou de direito real de uso de imóveis, dispensada licitação, quando o uso destinar-se:
> (...)
> II – a pessoa natural que, nos termos da lei, regulamento ou ato normativo do órgão competente, haja implementado os requisitos mínimos de cultura, ocupação mansa e pacífica e exploração direta sobre área rural situada na Amazônia Legal, superior a 1 (um) módulo fiscal e limitada a 15 (quinze) módulos fiscais, desde que não exceda 1.500ha (mil e quinhentos hectares);

Nessa hipótese, conforme preceitua o art. 2º-A, dispensar-se-á a autorização legislativa, mas far-se-á necessária a submissão às seguintes disciplinas:

a) aplicação exclusivamente às áreas em que a detenção por particular seja comprovadamente anterior a 1º de dezembro de 2004;
b) subordinação aos demais requisitos e impedimentos do regime legal e administrativo da destinação e da regularização fundiária de terras públicas;
c) vedação de concessões para hipóteses de exploração não contempladas na lei agrária, nas leis de destinação de terras públicas, ou nas normas legais ou administrativas de zoneamento ecológico-econômico, objetivando evitar o benefício no caso de exploração inadequada das terras;
d) previsão de rescisão automática da concessão, dispensada notificação, em caso de declaração de utilidade, ou necessidade pública ou interesse social.

Ademais, tal hipótese, consoante o previsto no § 2º B – que poderá ser cumulada com o quantitativo de área decorrente de dispensa para procedimentos de legitimação de posse, conforme mencionado em 5.2.2.7 – somente se aplicará a imóvel situado em zona rural não sujeito à vedação, impedimento ou inconveniente a sua exploração mediante atividades agropecuárias, ficando limitada a áreas de até quinze módulos fiscais, desde que não exceda mil e quinhentos hectares, vedada a dispensa de licitação para áreas superiores a esse limite.

Tratando das alterações impostas pela Lei nº 11.952/2009, Maíra Esteves Braga assenta observação importante, em consonância com o que já registramos:

> Ressalte-se que a possibilidade de regularização fundiária de ocupação incidente em imóvel público, aliada a dispensa de procedimento licitatório, é medida que só se justifica com o fito de cumprir o objetivo constitucional de se reduzir as desigualdades sociais e regionais (art. 3º, III, CF/1988), bem como em atenção ao princípio da dignidade humana (art. 1º, III, da CF/1988). Caso contrário estar-se-ia a violar, sem qualquer razão legítima, os princípios que devem reger a atuação da Administração Pública (notadamente o principio da impessoalidade e da moralidade).
>
> Bem assim, quando voltada a reger a situação de ocupações incidentes em áreas rurais, deve-se procurar compatibilizar a regularização fundiária com os demais princípios de política fundiária e da reforma agrária,

sob pena de caracterização de desvio de finalidade e de inconstitucionalidade.[181]

Considerando que a constitucionalidade da regularização fundiária se alicerça no princípio da função social da propriedade (art. 5º, XXIII e art. 170, III, CF/1988) como instrumento utilizado pela Reforma Agrária (Título VII, Capítulo III, da CF/1988), visando o atingimento do objetivo constante do art. 3º, III, qual seja, a redução das desigualdades sociais e regionais, levando-se em conta o princípio da dignidade humana (art. 1º, III, da CF/1988), é evidente, como infere a jurisconsulta, que a dispensa de procedimento licitatório não se sustentará privilegiando o particular que, ocupante até então irregularmente de bem público (e em detrimento de outros interessados), não se comprometer a continuar a cumprir a função social do imóvel por um período razoável.

5.2.2.10. Dispensa para a concessão de título de propriedade ou de direito real de uso de imóveis quando destinar-se a entes da Administração

Com texto alterado pela Lei nº 11.196/2005, o inc. I, do §2º, do art. 17 prevê a concessão de título propriedade ou de direito real de uso de imóveis, dispensada a licitação, quando o uso destinar-se a outro órgão ou entidade da Administração Pública, qualquer que seja a localização do imóvel.

> § 2º A Administração também poderá conceder título de propriedade ou de direito real de uso de imóveis, dispensada licitação, quando o uso destinar-se:
>
> I – a outro órgão ou entidade da Administração Pública, qualquer que seja a localização do imóvel.

O inciso, em sua redação original, se cingia à concessão de direito real de uso de bens imóveis públicos, com dispensa licitatória, a outro ente administrativo, para que esse o utilizasse com fim público. Entretanto, tal texto, como informado, teve seu conteúdo alterado pela Lei nº 11.196/2005, que

[181] Braga, Maíra Esteves. Regularização Fundiária na Amazônia Legal: alguns aspectos relevantes. Disponível em < http://www.incra.gov.br/procuradoria/artigos-e-doutrinas/file/1102-regularizacao-fundiaria-na-amazonia-legal-alguns-aspectos-relevantes-por-maira-esteves-braga>

acrescentou a possibilidade da concessão do próprio título de propriedade, situação que causa estranheza e até incoerência, pois o dispositivo registra anteriormente a dispensa para a alienação por venda a outro órgão ou entidade da Administração Pública, de qualquer esfera de governo. Nesse pé, vê-se que melhor seria, sem dúvida, a manutenção do texto inicial, tratando tão somente da concessão de uso.

Analisando a questão, buscando encontrar coerência na modificação, Jessé Torres visualiza que não se trata de mera inserção, porquanto, em sua ótica, oferece conotação de caráter social ao dispositivo:

> Além de autorizar a Administração a conceder direito real de uso sobre seus imóveis, alude à concessão de título de propriedade, pela via da legitimação de posse. Em ambos os casos, a concessão tanto pode ter por destinatário outro órgão ou entidade da Administração Pública (isto é, nos termos do art. 6º, XI, da Lei nº 8.666/1993, administração direita e indireta da União, dos Estados, do Distrito Federal e dos Municípios), quanto pessoa física que haja implementado requisitos mínimos de cultura e moradia sobre área rural situada a Amazônia Legal (v. Lei nº 5.173/1966, que dispõe sobre o Plano de Valorização Econômica da Amazônia). Vale dizer que o art. 17, 2º (juntamente com o inciso I, alínea "g"), da Lei Geral de Licitações e Contrações passa a ser instrumento de política pública fundiária.[182]

5.2.3. Alienação de bens móveis

Nos termos do art. 82 CC, são móveis os bens suscetíveis de movimento próprio, ou de remoção por força alheia, sem alteração da substância ou da destinação econômico-social. Consoante o art. 83 CC, consideram-se móveis, para os efeitos legais, as energias que tenham valor econômico; os direitos reais sobre objetos móveis e as ações correspondentes; e os direitos pessoais de caráter patrimonial e respectivas ações. Além disso, o art. 84 CC dispõe que os materiais destinados a alguma construção, enquanto não forem empregados, conservam sua qualidade de móveis e que readquirem essa qualidade os provenientes da demolição de algum prédio.

[182] Pereira Junior, Jessé Torres. Comentários à Lei de licitações e contratações da Administração Pública, 7 ed., Rio de Janeiro: Renovar, 2007, p. 232.

A alienação de bens públicos móveis depende de avaliação prévia e licitação. Note-se que, teoricamente, a legislação não obriga à concorrência, pois o inc. II do art. 17 da Lei nº 8.666/1993, ao tratar da matéria, alude à licitação[183]. Essa indicação legal tem permitido o equivocado entendimento de que um bem móvel público pode ser alienado por intermédio de simples convite ou através de tomada de preços. Isso, contudo, é inconcebível, pois tais modalidades licitatórias restringem a participação de interessados, conflitando, assim, com o norte do procedimento alienatório, que consiste na conquista do preço mais elevado.

Impõe-se, dessa forma, que a alienação de bens públicos móveis se efetive mediante concorrência ou leilão, quando for o caso, como autoriza, inclusive, o §6º do artigo.[184]

Ademais, consoante o previsto no art. 22 §5º da mesma lei, a venda de bens móveis inservíveis ou de produtos legalmente apreendidos ou penhorados deve sempre ser procedida na modalidade leilão.[185]

Tal como ocorre com os bens públicos imóveis, também os bens móveis possuem situações passíveis de dispensa licitatória.

São seis as hipóteses, a saber:

- Doação, permitida exclusivamente para fins e uso de interesse social, após avaliação de sua oportunidade e conveniência sócio-econômica, relativamente à escolha de outra forma de alienação;
- Permuta, permitida exclusivamente entre órgãos ou entidades da Administração Pública;
- Venda de ações, que poderão ser negociadas em bolsa, observada a legislação específica;
- Venda de títulos;

[183] Art. 17 (...) II – quando móveis, dependerá de avaliação prévia e de licitação, dispensada esta nos seguintes casos:

[184] Art. 17 (...) § 6o Para a venda de bens móveis avaliados, isolada ou globalmente, em quantia não superior ao limite previsto no art. 23, inciso II, alínea "b" desta Lei, a Administração poderá permitir o leilão.

[185] Art. 22 (...) § 5o Leilão é a modalidade de licitação entre quaisquer interessados para a venda de bens móveis inservíveis para a administração ou de produtos legalmente apreendidos ou penhorados, ou para a alienação de bens imóveis prevista no art. 19, a quem oferecer o maior lance, igual ou superior ao valor da avaliação.

- Venda de bens produzidos ou comercializados por órgãos ou entidades da Administração Pública, em face de suas finalidades; e
- Venda de materiais e equipamentos para outros órgãos ou entidades da Administração Pública, sem utilização previsível por quem deles dispõe.

5.2.3.1. Doação

Como esposado em 5.2.2.2, o art. 538 do CC informa que o instituto da doação configura o contrato em que uma pessoa, por liberalidade, transfere do seu patrimônio bens ou vantagens para o de outra.

Nessa contextura, o art. 17, II, "a" da Lei nº 8.666/1993 condiciona a doação de bens públicos móveis a fins e uso de interesse social, após análise quanto à oportunidade e conveniência sócio-econômica, relativamente à escolha de outra forma de alienação.

> Art. 17. A alienação de bens da Administração Pública, subordinada à existência de interesse público devidamente justificado, será precedida de avaliação e obedecerá às seguintes normas:
>
> (...)
>
> II – quando móveis, dependerá de avaliação prévia e de licitação, **dispensada** esta nos seguintes casos:
>
> a) doação, permitida exclusivamente para fins e uso de interesse social, após avaliação de sua oportunidade e conveniência sócio-econômica, relativamente à escolha de outra forma de alienação.

Fundamental, portanto, é a caracterização do interesse social, uma vez que qualquer doação de bem público implica na compatibilidade com o desempenho das funções estatais, que não admitem liberalidade, sendo curial que esse interesse social seja pertinente ao interesse público.

Assim, como obtempera Joel Niebuhr[186], os bens móveis poderão ser doados para utilização em projetos sociais, ou seja, aqueles que busquem o benefício de parcelas menos favorecidas da sociedade, como ocorre em atos de benemerência, não sendo lícito doar bens móveis para atividades de interesse público que não tenham fundo social.

[186] Niebuhr, Joel de Menezes. Dispensa e Inexigibilidade de Licitação Pública, Belo Horizonte: Fórum, 2008, p. 390.

Sobre a matéria, o Superior Tribunal de Justiça (STJ) já se manifestou no sentido de que, na eventualidade de doação de bem público móvel sem licitação prévia, deverá ocorrer a anulação administrativa do ato, sendo desnecessária a instauração de processo administrativo, dado que o ato não poderia ser convalidado:

> Administrativo – Doação de Veículo Público sem Prévia Licitação – art. 53 da Lei 9.784/1999 – Ato Nulo de Pleno Direito – Desnecessidade de Instauração de Processo Administrativo – Cancelamento do Registro de Propriedade do Veículo em Nome do Donatário. 1. A Lei 8.666/1993 exige, nos casos doação de bens públicos a particular, prévia licitação. 2. Ato de ex-governador do Estado que, mediante decreto autônomo, doa a amigo particular veículo público é nulo de pleno direito. 3. A Administração, com amparo no art. 53 da Lei 9.784/1999, deve anular seus próprios atos, quando eivados de nulidade, sendo desnecessária a instauração de processo administrativo, oportunizando a defesa ao donatário na hipótese dos autos, porque o ato não poderia ser convalidado, à míngua de licitação. 4. Registro de propriedade do veículo em nome do donatário que deve ser cancelado. 5. Recurso especial provido. (REsp nº 685.551/AP, Rel. Min. Eliana Calrnon, Publicado DJ em 01.04.2005)

Embora não haja explícita formalização, a medida liminar deferida na ADIn nº 927-3/RS, também, de certa forma, alcançou o dispositivo. Marçal Justen explica detalhadamente o porquê:

> As dificuldades de interpretação da decisão têm seguimento no tocante ao inc. II, al. "a". É que o voto do Ministro Relator indeferiu o pedido. O Min. Marco Aurélio votou em sentido diverso, por entender que extravasava a competência da União para editar normas gerais. O Ministro Sydney Sanches manifestou-se no sentido de que a União pode disciplinar apenas as doações pertinentes a seus próprios bens. Mas o voto do Relator (objeto de aclaramento por parte do Ministro Sepúlveda Pertence) deixava evidente que o dispositivo dispunha apenas sobre os casos de dispensa de licitação. Portanto e sob certo ângulo, a medida foi deferida (...). Vale dizer, se o dispositivo se referisse a limitação para formalização de doação de bens, possivelmente teria sido deferida a suspensão de sua aplicabilidade. Não foi deferida a liminar por adotar-se interpretação que restringiu significativamente a abrangência do dispositivo. Vale dizer, a União, os Estados, o Distrito Federal e os Municípios podem

doar seus bens móveis, sem observância das restrições estabelecidas no art. 17, inc. II, al. "a", mediante licitação.[187]

Em resumo, o STF definiu que o dispositivo destina-se as hipóteses de contratação direta. Logo, são admitidas doações que não preencham os requisitos nele estabelecidos.

Relembra-se, por derradeiro, que, conforme previsto no § 4º, a doação poderá ser gravada, ou seja, submetida a encargos (sobre o assunto, leia-se o subitem 5.2.2.2.2).

§ 4º A doação com encargo será licitada e de seu instrumento constarão, obrigatoriamente os encargos, o prazo de seu cumprimento e cláusula de reversão, sob pena de nulidade do ato, sendo **dispensada** a licitação no caso de interesse público devidamente justificado.

5.2.3.2. Permuta

Como já esposado, permuta é a ação ou resultado de uma troca, não havendo, em tese, entrega de numerário, que configura situação característica do contrato de compra e venda.

Todavia, ainda que pressuponha igualdade de valor entre os bens permutáveis, é admissível a troca de coisas de valores desiguais com reposição ou torna em dinheiro. Essa complementação em pecúnia, para igualarem-se os valores das coisas trocadas, não desnatura a permuta, desde que a intenção precípua de cada parte seja obter o bem da outra.[188]

Pela regulação, a Administração só pode permutar bens móveis, com dispensa licitatória, se o fizer com entes públicos.

Art. 17. A alienação de bens da Administração Pública, subordinada à existência de interesse público devidamente justificado, será precedida de avaliação e obedecerá às seguintes normas:

(...)

II – quando móveis, dependerá de avaliação prévia e de licitação, **dispensada** esta nos seguintes casos:

[187] Justen Filho, Marçal. Comentários à Lei de Licitações e Contratos Administrativos, São Paulo: Dialética, 12 ed, p. 232.

[188] Meirelles, Hely Lopes. Direito Administrativo Brasileiro, 24ª ed., São Paulo: Malheiros, 1999, p. 477.

> (...)
>
> b) permuta, permitida exclusivamente entre órgãos ou entidades da Administração Pública.

Ressalta-se que este dispositivo também foi alcançado pela medida liminar deferida na ADIn nº 927-3. O STF, no julgamento liminar, suspendeu a sua parte final, que alude à expressão "permitida exclusivamente entre órgãos ou entidades da Administração Pública", considerando que tal extravasa o âmbito das normas gerais, e, por conseguinte, a esfera de competência da União. Destarte, provisoriamente, Distrito Federal, Estados e Municípios não se encontram sujeitos à restrição.

Interessante notar que, nesse particular, a questão tomou rumo diverso da ocorrida com a doação (*vide* comentários ao dispositivo anterior), pois, como obtemperou Justen[189], se adotada idêntica postura, teria de chegar-se a conclusão equivalente para art. 17, II, "b", ou seja, a restrição à permuta entre órgãos ou entidades da Administração Pública reputar-se-ia como relacionada com a dispensa de licitação. Entrementes, a liminar foi deferida por unanimidade, para o fim de ressalvar que o dispositivo se aplicava exclusivamente no âmbito da União.

5.2.3.3. Venda de ações

A terceira situação prevista para a dispensa de licitação referente a bens móveis públicos concerne à venda de ações, que, segundo o dispositivo, "poderão" ser negociadas em bolsa.

> Art. 17. A alienação de bens da Administração Pública, subordinada à existência de interesse público devidamente justificado, será precedida de avaliação e obedecerá às seguintes normas:
>
> (...)
>
> II – quando móveis, dependerá de avaliação prévia e de licitação, **dispensada** esta nos seguintes casos:
>
> (...)
>
> c) venda de ações, que poderão ser negociadas em bolsa, observada a legislação específica.

[189] Justen Filho, Marçal. Comentários à Lei de Licitações e Contratos Administrativos, São Paulo: Dialética, 12 ed, p. 225.

O texto contém evidente imperfeição quando menciona a expressão "poderão", uma vez que a atividade de venda de ações só pode ocorrer no âmbito da Bolsa de Valores (com observação da legislação específica: Lei nº 4.728/1965[190], que disciplina o mercado de capitais, e Lei nº 6.385/1976, que dispõe sobre o mercado de valores mobiliários), a qual constitui o mercado onde se negociam ações de sociedades de capital aberto (públicas ou privadas) e outros valores mobiliários.

Ademais, nem mesmo se trata de dispensa licitatória, mas, sim, de procedimento distinto e específico, porquanto, como observa Ronny Charles, seria absurdo que esse tipo de negociação se submetesse às regras procedimentais licitatórias, uma vez que as características que envolvem esses negócios, como sua instabilidade e a necessidade de medidas ágeis de compra e venda, são totalmente incompatíveis com a tramitação burocrática prevista pela lei licitatória.[191]

Rigolin e Bottino chamam a atenção, no entanto, para a necessidade de licitação na escolha da corretora que intermediará a venda de ações, em função da existência de legislação específica sobre a matéria determinando que a negociação de quaisquer valores mobiliários depende da participação de uma corretora de valores, que, evidentemente, cobra taxas de corretagem para o exercício desse mister.[192]

Ainda que a lei não determine, é certo que a venda deverá ser precedida de ampla divulgação, oportunizando a participação de todos os interessados.

É o que também sustenta Marçal Justen:

> Seria reprovável a conduta da Administração de remeter valores mobiliários à negociação em bolsa, sem noticiar ao público em geral. A exigência da divulgação pode ser inferida, aliás, da própria necessidade de observância das regras específicas às negociações em bolsas de valores. Essas regras incluem a divulgação ao mercado de todos os "fatos relevantes" relativos a certas nego-

[190] O art. 19 I, da Lei nº 4.728/1965 prevê que poderão ser negociados nas Bolsas de Valores os títulos ou valores mobiliários de emissão de pessoas jurídicas de direito público.

[191] Charles, Ronny. Leis de licitações públicas comentadas, 6ª ed., Salvador: Juspodivm, 2014, p. 206.

[192] Rigolin, Ivan Barbosa; Bottino, Marco Tulio. Manual prático das licitações, 5. ed. São Paulo: Saraiva. p. 293.

ciações. A intenção da Administração de desfazer-se de valores mobiliários é um fato relevante que exige prévia comunicação ao mercado.[193]

5.2.3.4. Venda de títulos

A quarta situação prevista para a dispensa de licitação refere-se à venda de títulos.

> Art. 17. A alienação de bens da Administração Pública, subordinada à existência de interesse público devidamente justificado, será precedida de avaliação e obedecerá às seguintes normas:
>
> (...)
>
> II – quando móveis, dependerá de avaliação prévia e de licitação, **dispensada** esta nos seguintes casos:
>
> (...)
>
> d) venda de títulos, na forma da legislação pertinente.

A venda de títulos é o meio adotado pelo Poder Público para executar sua política monetária. A expressão "títulos", bastante genérica, poderia abarcar as ações tratadas no dispositivo anterior. Supomos que a separação legislativa se fez necessária em função das ações serem reguladas por legislação diversa.

A questão é de difícil enfrentamento, pois, além de constituir matéria de Direito Financeiro, o tema tem tratamento constitucional, dado que, segundo o art. 163 IV CF, a emissão e o resgate de títulos devem ser objeto de regulamentação por intermédio de lei complementar.

Ademais, por assentar disciplina de natureza financeira, consigna conteúdo de competência concorrente, nos termos do art. 24, I, da Carta Magna.[194]

Como observado por Marcos Juruena[195], a venda de títulos (assim como a de ações) já se submete ao processo seletivo próprio da legislação de mercado de capitais e valores mobiliários, havendo na própria legislação

[193] Justen Filho, Marçal. Comentários à Lei de Licitações e Contratos Administrativos, São Paulo: Dialética, 12 ed, p. 231.

[194] Art. 24. Compete à União, aos Estados e ao Distrito Federal legislar concorrentemente sobre: I – direito tributário, financeiro, penitenciário, econômico e urbanístico.

[195] Souto, Marcos Juruena Villela. Direito Administrativo da Economia, 3 ed, Rio de Janeiro: Lumen Juris, 2003, p. 94.

e no mercado mecanismos mais eficientes e mais ágeis para a alienação do que a Lei de Licitações. Um bom exemplo é o ocorrido nas alienações do Programa Nacional de Desestatização, que levou à privatização diversas empresas estatais.

Nessa linha de dificuldades de enfretamento, Roberto Bazilli e Sandra Miranda ressaltam a necessária cautela:

> Matéria delicada, sobretudo porque a emissão de títulos pode implicar endividamento do Poder Público, matéria controlada pelo Banco Central e pelo próprio Senado da República. Aliás, ao Senado cabe, privativamente, estabelecer os limites globais e condições para o montante da dívida mobiliária dos Estados, do Distrito Federal e dos Municípios (art. 52, IX, da Constituição Federal).[196]

5.2.3.5. Venda de bens produzidos ou comercializados pela Administração Pública

A quinta situação prevista de dispensa de licitação para a alienação de bens móveis é a venda de bens produzidos ou comercializados pela Administração Pública.

> Art. 17. A alienação de bens da Administração Pública, subordinada à existência de interesse público devidamente justificado, será precedida de avaliação e obedecerá às seguintes normas:
>
> (...)
>
> II – quando móveis, dependerá de avaliação prévia e de licitação, **dispensada** esta nos seguintes casos:
>
> (...)
>
> e) venda de bens produzidos ou comercializados por órgãos ou entidades da Administração Pública, em virtude de suas finalidades.

O dispositivo designa-se a dispensar a elaboração da licitação nos casos em que a Administração pretender vender bens por ela produzidos.

A princípio, reputamos descabida a inclusão no rol de dispensabilidades a venda de produtos produzidos ou comercializados por entes da Administração, uma vez que a matéria, atinente à intervenção do Estado

[196] Bazilli, Roberto Ribeiro; Miranda, Sandra Julien. Licitação à luz do direito positivo, São Paulo: Malheiros. 1999, p. 122.

na economia (art. 173 CF), reveste-se de caráter excepcional, não estando atrelada aos ditames licitatórios.

Obviamente, os entes da Administração Pública indireta, criados com o fim específico de atuar no âmbito da economia (empresas públicas e sociedades de economia mista), não poderão sujeitar-se, quando no desenvolvimento de suas atividades, às normas licitatórias.

Nessa contextura, sustentamos em outro trabalho que a regra, deveria ser desprezada.[197]

Assente-se que, apesar de considerar que o dispositivo contempla as empresas públicas e sociedades de economia mista, que, se fossem obrigadas a realizar licitação pública para porem seus produtos ou bens no mercado, estariam praticamente impedidas de exercer ou ter o mínimo sucesso nas atividades a que se dispõem, Joel Niebuhr, atendo-se com rigor ao texto do permissivo (que menciona "órgãos ou entidades da Administração"), sustenta um maior alcance:

> Como o legislador se valeu dos termos órgãos ou entidades da Administração Pública, por ilação, a incidência do dispositivo é abrangente, relativa a todos os órgãos ou entidades que produzam ou comercializem determinados bens em razão de suas finalidades. Com isso, quer-se afirmar que outros órgãos ou entidades, como, por exemplo, as autarquias, podem vender certos bens e produtos, com dispensa de licitação, embora sua finalidade precípua seja diversas., qual seja, a prestação de serviços públicos. Tudo depende da lei que cria o órgão ou entidade e prescreve as suas competências, bem como, sobretudo, do modo como se interpretam tais competências.[198]

De certa forma, tem razão o jurista, haja vista, por exemplo, o advento da Lei nº 9.724/1998, que dispôs sobre a autonomia de gestão das Organizações Militares Prestadoras de Serviços da Marinha, trazendo para o meio jurídico uma situação inusitada, que conflita com todo o normativo constitucional existente, pois autoriza o inimaginável: um órgão da Administração Pública direta explorando atividade econômica.

Assim, fundamentado no §8º do art. 37 CF, o art. 1º da Lei nº 9.724/1998 dispõe que o Poder Executivo poderá qualificar como Organizações Milita-

[197] Bittencourt, Sidney. Licitação Passo a Passo, 7. ed., Belo Horizonte: Fórum, 2014.

[198] Niebuhr, Joel de Menezes. Dispensa e Inexigibilidade de Licitação Pública, Belo Horizonte: Fórum, 2008, p. 413.

res Prestadoras de Serviços – OMPS, as Organizações Militares da Marinha que atendam, entre outros requisitos, a geração de receita pela cobrança dos serviços prestados às forças navais e a outros órgãos da Marinha, bem como a geração de receita, em caráter complementar, pela prestação de serviços aos demais órgãos e entidades governamentais ou extragovernamentais, nacionais ou estrangeiras.

Como é cediço, a exploração de atividades econômicas cabe, de regra, à iniciativa privada, sendo esse um dos postulados fundamentais do regime capitalista. Não obstante, como já esposado, a CF admitiu que o Estado, em caráter excepcional, explore essa atividade, dispondo, no art. 173, que a exploração direta de atividade econômica pelo Estado será permitida quando necessária aos imperativos da segurança nacional ou a relevante interesse coletivo. Essa intervenção do Estado no domínio econômico se materializa através das entidades da Administração Pública indireta, sendo as sociedades de economia mista e as empresas públicas as ferramentas utilizadas para tal.

Todavia, com a supracitada Lei nº 9.724/1998, a Marinha do Brasil, órgão da Administração Pública direta, está autorizada a prestar serviços a entidades governamentais ou extragovernamentais.

5.2.3.6. Venda de materiais sem utilização previsível para outros órgãos ou entidades da Administração

A última situação prevista de dispensa de licitação para a alienação de bens móveis é a venda de materiais e equipamentos para outros órgãos ou entidades da Administração Pública, quando inexistir utilização previsível pelo ente que deles dispõe.

> Art. 17. A alienação de bens da Administração Pública, subordinada à existência de interesse público devidamente justificado, será precedida de avaliação e obedecerá às seguintes normas:
>
> (...)
>
> II – quando móveis, dependerá de avaliação prévia e de licitação, **dispensada** esta nos seguintes casos:
>
> (...)
>
> f) venda de materiais e equipamentos para outros órgãos ou entidades da Administração Pública, sem utilização previsível por quem deles dispõe.

O requisito indispensável para a dispensa é que o bem móvel não tenha previsão de utilização, não sendo exigível, portanto, que o material ou equipamento seja caracterizado como inservível, ou seja, que não mais reúna condições reais de servir.

Na esfera federal, o Decreto nº 99.658/1990, que regulamenta o reaproveitamento, a movimentação, a alienação e outras formas de desfazimento de material, traz uma classificação interessante: (a) ocioso – quando, embora em perfeitas condições de uso, não estiver sendo aproveitado; (b) recuperável – quando sua recuperação for possível e orçar, no âmbito, a cinquenta por cento de seu valor de mercado; (c) antieconômico – quando sua manutenção for onerosa, ou seu rendimento precário, em virtude de uso prolongado, desgaste prematuro ou obsoletismo; e (d) irrecuperável – quando não mais puder ser utilizado para o fim a que se destina devido à perda de suas características ou em razão da inviabilidade econômica de sua recuperação.

Trata-se de regra que busca a racionalização do uso do patrimônio público, atendendo em cheio o princípio da economicidade, porquanto, com sua aplicação, a Administração evita o dispêndio de dinheiro público na guarda e manutenção e, ao mesmo tempo, possibilita que outro ente público possa usufruir dos bens.

A Licitação Dispensável

Art. 24 da Lei nº 8.666/93

Como já exposto, embora a regra para celebração de contratos pela Administração Pública seja a instauração da licitação, a lei ressalva hipóteses em que o administrador poderá prescindir de fazê-la.

Também consoante o já esposado, essa ressalva encontra supedâneo na Constituição Federal, dado que o inciso XXI do artigo 37, ao estabelecer a obrigatoriedade do certame licitatório, inicia o texto ressalvando os casos especificados na legislação.

E a razão é simples: nem sempre o procedimento licitatório determina uma contratação mais vantajosa. É o que observa Ronny Charles, ao asseverar que, quando a lei prevê hipóteses de contratação direta, está admitindo que nem sempre a realização do certame levará à melhor contratação pela Administração ou que, pelo menos, a sujeição do negócio ao procedimento formal e burocrático previsto não serve ao eficaz atendimento do interesse público naquela hipótese específica.[199] Da mesma forma, Adilson Abreu Dallari, ao observar que não pode ocorrer, em virtude da realização do procedimento licitatório, o sacrifício de outros valores e

[199] Charles, Ronny. Leis de licitações públicas comentadas, 6ª ed., Salvador: Juspodivm, 2014, p. 236.

princípios consagrados pela ordem jurídica, especialmente o princípio da eficiência.[200]

No extenso art. 24 da Lei nº 8.666/1993 – que já sofreu diversas inserções e alterações – estão estabelecidas as hipóteses em que a licitação será considerada dispensável, isto é, situações em que, mesmo sendo possível a competição licitatória, a lei autoriza a não realização, segundo critério de oportunidade e conveniência.

A licitação dispensável diferencia-se substancialmente da licitação dispensada, estudada no capítulo anterior, porque necessita de ato administrativo declaratório, que deverá ser objeto de ratificação, nos termos do art. 26 da Lei nº 8.666/1993, excetuadas as hipóteses de dispensa por baixo valor (incs. I e II do art. 24), que independem de ratificação, porquanto, ainda que sem a obrigatoriedade de observância aos procedimentos relativos às modalidades licitatórias, a contratação direta (seja por dispensabilidade ou inexigibilidade, como se verá em capítulo específico) exige a realização de procedimento formal, destinado a justificar a escolha da contratação e o delineamento de seus objetivos.

Nesse sentido, é evidente que a contratação direta não diverge da licitação, porquanto, assim como a competição licitatória, tem teor procedimental, nos termos do art. 26, parágrafo único, da Lei 8.666/1993, o qual estabelece que as dispensas ou as inexigibilidades deverão ser instruídas, no que couber, com os seguintes elementos: caracterização da situação emergencial ou calamitosa que justifique a dispensa, quando for o caso; razão da escolha do fornecedor ou executante; justificativa do preço; e documento de aprovação dos projetos de pesquisa aos quais os bens serão alocados.

Assim, entre outras, uma prática obrigatória na contratação direta é a realização de pesquisa de preços com empresas do mercado, de forma a identificar o valor aproximado da contratação.

Na licitação dispensável, os fatos concretos devem adequar-se perfeitamente ao respectivo dispositivo legal, com atendimento a todos os requisitos neles constantes, não se permitindo, em nenhuma hipótese, qualquer exercício de criatividade do agente público. Logo, as circunstâncias de sua ocorrência estão expressamente previstas na lei, abraçando

[200] Dallari, Adilson Abreu. Aspectos jurídicos da licitação. 6ª ed. São Paulo: Saraiva, 2003. p. 34.

no ordenamento jurídico pátrio um elenco fechado (*numerus clausus*), não sendo facultado ao administrador público ultrapassar os conteúdos legalmente traçados.

Nesse diapasão, a dicção de Benedicto de Tolosa Filho:

> O *caput* do art. 24 da Lei nº 8.666/1993 utiliza a expressão "dispensável", circunstância que elide a figura da licitação "dispensada", que afastaria a necessidade de qualquer justificativa em sua utilização. Desta forma, todas as hipóteses de dispensa de licitação devem ser devidamente justificadas para que se revistam da indispensável legalidade. Portanto, a licitação poderá ser dispensada apenas na ocorrência dos motivos previstos no art. 24.[201]

Impende anotar que as hipóteses de licitação dispensável estão enquadradas no âmbito das normas gerais e, nessa condição, de competência privativa da União para legislar sobre a matéria (art. 22, XXVII, CF), não sendo admitido, por conseguinte, que Estados, Distrito Federal e Municípios criem novas situações em suas legislações próprias, sendo-lhes lícito, no entanto, reduzir não só o rol estabelecido como os valores previstos nos incisos I e II, que versam sobre dispensa por baixo valor.[202]

É possível, todavia, que legislações federais esparsas inovem o tema, reconhecendo outros casos de dispensa de licitação, conforme ocorrido, por exemplo, na lei que instituiu o Plano Real (Lei nº 8.880/1994), que autorizou a contratação de institutos de pesquisas com dispensa de licitação.[203]

Na verdade, na dispensabilidade, a licitação, a princípio, é devida, mas o administrador, avaliando os princípios constitucionais vetoriais do instituto (moralidade e igualdade), em contraposição a certas conjecturas em

[201] Tolosa Filho, Benedicto de. Contratando sem licitação: comentários teóricos e práticos. 3. ed., Rio de Janeiro: GZ Editora, 2010, p. 80.

[202] Com o mesmo entendimento, Benedicto de Tolosa Filho (Contratando sem licitação: comentários teóricos e práticos. 3. ed., Rio de Janeiro: GZ Editora, 2010).

[203] Art. 4º – O Banco Central do Brasil, até a emissão do Real, fixará a paridade diária entre o Cruzeiro Real e a URV, tomando por base a perda do poder aquisitivo do Cruzeiro Real.
§ 1º – O Banco Central do Brasil poderá contratar, independentemente de processo licitatório, institutos de pesquisas, de preços, de reconhecida reputação, para auxiliá-lo em cálculos pertinentes ao disposto no caput deste artigo.

que a lei permite seu afastamento, pode decidir, justificada e motivadamente, pela contratação direta.[204]

A doutrina tem proposto sistematizações das hipóteses de licitação dispensável. Maria Sylvia Zanella Di Pietro, por exemplo, divide as situações em quatro categorias: em razão do pequeno valor; em razão de situações excepcionais; em razão do objeto; e em razão da pessoa.

Indubitavelmente, é uma boa sistematização. Preferimos, entrementes, fazê-la de forma mais abrangente, como já o fizeram Ivo Ferreira de Oliveira e Marçal Justen.

Desse modo, consideramos, apenas para metodizar, que as hipóteses de licitação dispensável podem ocorrer nas seguintes categorias:

a) em razão do custo econômico: quando o custo de realização da licitação mostrar-se superior ao benefício auferido (incs. I e II);
b) em razão da demora da licitação: quando a demora na realização da licitação puder acarretar uma contratação menos eficiente (incs. III, IV, XII XVIII e XXIX);
c) em razão de ausência de benefício: quando o benefício da elaboração da licitação não restar demonstrado (incs. V, VII, XI, XIV, XVII, XXIII, XXVI e XXVIII);
d) em razão do objetivo da contratação: quando a contratação não possui vantagem econômica intrínseca, pois busca um fim diverso (incs. VI, IX, X, XIII, XV, XIX, XX, XXI, XXIV, XXV, XXVII, XXX, XXXI, XXXII e XXXIII); e
e) em razão de serviços singulares: quando a contratação envolve serviços singulares (incs. VIII, XVI e XXII).

6.1. Hipóteses de licitação dispensável

Como antes explicitado, o artigo elenca as únicas hipóteses de dispensa de licitação, não podendo lei estadual ou municipal ampliá-las. O rol é exaustivo (ou, como registram alguns, taxativo), não sendo permitido, portanto, ser ampliado pelo administrador, buscando outras situações não-contempladas.[205]

Analisemo-las uma a uma.

[204] Ferraz, Sérgio; Figueiredo, Lúcia Valle. Dispensa e Inexigibilidade de Licitação. 3. Ed. São Paulo: Malheiros, 1994, p. 36.

[205] Anote-se a existência de outras leis federais que estabeleceram situações específicas de dispensa licitatória, conforme elencado mais à frente.

6.1.1. Obras, serviços de engenharia, outros serviços e compras de pequeno valor (incs. I e II do art. 24)

Os incs. I e II do art. 24 apresentam casos de licitação dispensável em razão do baixo valor do objeto pretendido pela Administração.

> Art. 24. É **dispensável** a licitação:
>
> I – para obras e serviços de engenharia de valor até 10% (dez por cento) do limite previsto na alínea "a", do inciso I do artigo anterior, desde que não se refiram a parcelas de uma mesma obra ou serviço ou ainda para obras e serviços da mesma natureza e no mesmo local que possam ser realizadas conjunta e concomitantemente;
>
> II – para outros serviços e compras de valor até 10% (dez por cento) do limite previsto na alínea "a", do inciso II do artigo anterior e para alienações, nos casos previstos nesta Lei, desde que não se refiram a parcelas de um mesmo serviço, compra ou alienação de maior vulto que possa ser realizada de uma só vez;
>
> § 1º Os percentuais referidos nos incisos I e II do caput deste artigo serão 20% (vinte por cento) para compras, obras e serviços contratados por consórcios públicos, sociedade de economia mista, empresa pública e por autarquia ou fundação qualificadas, na forma da lei, como Agências Executivas.[206]

A legitimidade da dispensa licitatória ampara-se no descabimento de a Administração ter um custo processual superior ao dispêndio para a contratação do objeto pretendido. O procedimento licitatório, independentemente da modalidade utilizada, compreende diversos custos, tanto os referentes ao labor administrativo (custos fixos com salários, equipamentos, energia e diversos insumos) quanto os decorrentes da publicidade dos atos da licitação. Logo, em atendimento ao princípio da economicidade, nada mais correto do que a Administração contratar diretamente, dispensando o pesado e caro procedimento licitatório, quando o objeto pretendido for de baixo valor monetário. Como observa Benedicto de Tolosa, os eventuais benefícios da feitura da licitação que pouca atração exerceria sobre eventuais fornecedores, por certo, sucumbiriam ante os custos processuais, tornando a contratação antieconômica.[207]

[206] Incluído pela Lei nº 12.715, de 17.09.2012.

[207] Tolosa Filho, Benedicto de. Contratando sem licitação: comentários teóricos e práticos. 3. ed., p. 81.

Destarte, conflitando com a ideia de que a dispensa licitatória é uma mera faculdade (ou seja, que o agente teria a liberdade para, se desejar, em vez de dispensar a licitação, realizá-la), não seria despropositado afirmar que, em razão da busca da eficiência, o dever do agente público, no caso de dispensas em função do baixo valor do objeto, será efetivamente o de dispensar a licitação.

É isso que também assevera Renato Geraldo Mendes, que, sobre o assunto, complementa:

> Aliás, parece que foi exatamente essa a opção feita pelo legislador ao reputar dispensada a licitação para obras e serviços de engenharia até R$ 15.000,00. Atentar contra a eficiência é violar a ordem jurídica, é praticar o que se pode denominar de ilegalidade. É certo que a legalidade não existe apenas quando licitamos, mas também quando se dispensa, motivadamente, a licitação.[208]

Os valores mencionados nos dispositivos estão atrelados ao percentual de 10% (dez por cento) do limite previsto para a modalidade convite, tanto para compras como para obras.

O inc. I prevê a dispensa licitatória para obras e serviços de engenharia de valor até dez por cento do "limite previsto na alínea 'a', do inc. I do artigo anterior" (que, logicamente, é o art. 23). Como o limite previsto na citada alínea é de R$ 150.000,00, 10% desse valor serão R$ 15.000,00.

O inc. II, por sua vez, prescreve a dispensa para outros serviços e compras de valor até dez por cento do "limite previsto na alínea 'a', do inc. II do artigo anterior" (o mesmo art. 23) e para alienações, nos casos previstos na lei. Como o limite previsto na alínea é de R$ 80.000,00, 10% desse valor serão R$ 8.000,00.

6.1.1.2. A questão da definição do valor estimado da contratação

Como é cediço, as três primeiras providências no planejamento de qualquer contratação são, em linhas gerais, a identificação, o dimensionamento da necessidade e a estimativa de gasto.

[208] Mendes, Renato Geraldo. A contratação de obras e serviços de engenharia por dispensa com fundamento no inc. I do art. 24 da Lei nº 8.666/93. Revista Zênite – Informativo de Licitações e Contratos (ILC), Curitiba: Zênite, n. 243, p. 433-446, maio 2014.

Identificado o objeto pretendido e estabelecido o dimensionamento, efetua-se a estimativa de valor, através do orçamento estimado em planilhas.

Se concluir-se, nessa apuração de dispêndio, que o valor do objeto não ultrapassará R$ 15.000,00, no caso de obras ou serviços de engenharia, ou R$ 8.000,00, na hipótese de outros serviços e compras, deve-se pensar em dispensa licitatória. A legalidade do enquadramento não dependerá, entrementes, do efetivo valor a ser contratado.

A abrangência temporal, isto é, o período em que as contratações serão apuradas até atingir o limite legal permitido, deve ser o da vigência dos créditos orçamentários, ou seja, de 1º de janeiro a 31 de dezembro de cada exercício.

Sobre essa questão, obtemperou Benedicto de Tolosa Filho:

> Um ponto que gera muita controvérsia na dispensa de licitação por valor diz respeito ao aspecto temporal (...). A abrangência temporal, isto é, o período em que as contratações são contabilizadas até atingir o limite legal permitido é o da vigência dos créditos orçamentários, assim considerado de 1º de janeiro a 31 de dezembro de cada exercício. Nesse lapso de tempo, a soma das parcelas não pode ser superior aos limites previstos nos incisos I e II do art. 24 da Lei nº 8.666/93.[209]

Também a abalizada opinião de Diogenes Gasparini:

> Observe-se que dentro do exercício financeiro a entidade obrigada a licitar não pode, sob pena de fraudar a exigência da licitação, dividir o objeto da licitação (obra ou serviço de engenharia), cujo valor exige certa modalidade licitatória, em duas ou mais partes para que os respectivos valores se enquadrem nas citadas condições e limites de dispensabilidade.[210]

6.1.1.3. A questão quando o contrato envolver serviço continuado

A constante preocupação com os serviços continuados advém das regras dispostas na Lei nº 8.666/1993, referentes à duração dos contratos administrativos.

[209] Tolosa Filho, Benedicto de. Contratando sem licitação: comentários teóricos e práticos. 3. ed., p. 81.

[210] Gasparini, Diogenes. Direito Administrativo. 10. ed. São Paulo: Saraiva. 2005, p. 467.

Como regra geral, o art. 57 do diploma estabelece que a duração dos contratos administrativos está adstrita à vigência dos respectivos créditos orçamentários. Os incisos do dispositivo, todavia, prevêem as exceções a essa regra. Segundo, o inc. II, com redação dada pela Lei nº 9.648/1998, o preceito de atrelamento à vigência do crédito orçamentário não é válido para as prestações de serviços a serem executados de forma contínua, que poderão ter a sua duração prorrogada por iguais e sucessivos períodos com vistas à obtenção de preços e condições mais vantajosas para a Administração, limitada a 60 meses. Nesse contexto, fez-se necessário definir com precisão o que seria esse serviço, uma vez que a lei não o conceituou, deixando a tarefa, em princípio, para a doutrina, a jurisprudência e, nesse diapasão, para a regulação infralegal. Destarte, passou a doutrina a emitir opinamentos e, com isso, a formar o conceito da expressão em sede administrativista.

Conforme destacamos em obra específica,[211] tal exceção consigna, sem hesitação, a mais preocupante das elencadas na norma, em função da redação do dispositivo portar enorme dificuldade interpretativa. Tratando da matéria, Marçal Justen dispôs que se referem a contratações cujo objeto envolve prestações homogêneas, considerando que a identificação dos serviços de natureza continuada é realizada a partir do exame propriamente da atividade desenvolvida pelos particulares, como execução da prestação contratual, uma vez que essa continuidade retrata, na verdade, a permanência da necessidade pública a ser satisfeita, pelo que, o dispositivo abrange os serviços destinados a atender necessidades públicas permanentes, cujo atendimento não exaure prestação semelhante no futuro, sendo fundamental que a necessidade pública permanente e contínua seja satisfeita através de um serviço.[212]

Da mesma forma, Diogenes Gasparini, Toshio Mukai, Carlos Pinto Coelho Motta, Renato Geraldo Mendes, entre tantos outros:

> São os serviços que não podem sofrer solução de continuidade ou os que não podem ser, na sua execução, interrompidos. Dessa natureza são os serviços de vigilância, de manutenção e de limpeza.[213]

[211] Bittencourt, Sidney. Licitação Passo a Passo. 7. ed., Belo Horizonte: Fórum, 2014.

[212] Justen, Marçal. Comentários à Lei de Licitações e Contratos Administrativos. 12. ed. São Paulo:Dialética, 2008, p. 668-669.

[213] Gasparini, Diogenes. Direito administrativo. 7. ed. São Paulo: Saraiva, 2002, p. 535.

> (...) por serem imprescindíveis às atividades do órgão ou da entidade pública, não devem ser paralisados, ou seja, devem ser executados de forma continuada por essa razão.[214]
>
> (...) são aqueles que não podem ser interrompidos; fazem-se sucessivamente, sem solução de continuidade, até seu exaurimento ou conclusão do objetivo. Como exemplo, teríamos: limpeza, conservação, manutenção, vigilância, segurança, transporte de valores, carga ou passageiros.[215]
>
> (...) são aqueles serviços auxiliares, necessários à Administração para o desempenho de suas atribuições, cuja interrupção possa comprometer a continuidade de suas atividades e cuja contratação deva estender-se por mais de um exercício.[216]

No mesmo curso, a posição o TCU:

> Voto do Ministro Relator [...] 29. Na realidade, o que caracteriza o caráter contínuo de um determinado serviço é sua essencialidade para assegurar a integridade do patrimônio público de forma rotineira e permanente ou para manter o funcionamento das atividades finalísticas do ente administrativo, de modo que sua interrupção possa comprometer a prestação de um serviço público ou o cumprimento da missão institucional.[217]

Certo é, portanto, que os contratos continuados, no âmbito da Administração Pública, são aqueles voltados para serviços que, devido ao interesse público, devam ser prestados sem nenhum tipo de interrupção, ou seja, sem solução de continuidade.

Ante o entendimento doutrinário e jurisprudencial unânime, formou-se o consenso de que a caracterização de um serviço como continuado requer a demonstração de sua *essencialidade* e *habitualidade* para a Administração contratante.

A essencialidade jungida à existência e à necessidade comprovada da manutenção do contrato, uma vez que a paralisação do serviço demandaria um prejuízo às atividades da Administração. A habitualidade, por sua

[214] Mukai, Toshio. Licitações e contratos públicos. 8. ed. São Paulo: Saraiva, 2008, p. 159.

[215] Motta, Carlos Pinto Coelho. Eficácia nas Licitações e Contratos. 7. ed., Del Rey, 1998.

[216] Mendes, Renato Geraldo. Lei de Licitação e Contratos Anotada. 4. ed., Zênite, p. 177.

[217] Acórdão nº 132/2008 – Segunda Câmara. Relator: Ministro Aroldo Cedraz. Data do julgamento: 12.2.2008.

vez, atrelada à imprescindibilidade, também devidamente comprovada, da atividade ser prestada via terceiros permanentemente.

Nesse sentido, foram estabelecidas as normas infralegais que surgiram ao longo do tempo, como, por exemplo, a vetusta IN nº 18/1997, do extinto Ministério da Administração Federal e Reforma do Estado – MARE, que já esposava que "serviços continuados são aqueles serviços auxiliares, necessários à Administração para o desempenho de suas atribuições, cuja interrupção possa comprometer a continuidade de suas atividades e cuja contratação deva estender-se por mais de um exercício financeiro".

Da mesma maneira, é a definição apresentada no Anexo I da Instrução Normativa SLTI nº 2/2008: "Serviços Continuados: serviços cuja interrupção possa comprometer a continuidade das atividades da Administração e cuja necessidade de contratação deva estender-se por mais de um exercício financeiro e continuamente".

Vide que, para a caracterização de um serviço continuado, a definição da IN aponta para a necessidade de atendimento a dois requisitos: (1º) a comprovação de que sua interrupção poderá comprometer a continuidade das atividades da Administração; e (2º) a necessidade da contratação se estender por mais de um exercício financeiro. Logo, faz-se necessária a verificação da presença desses dois requisitos.

Nessa contextura, conclui-se que o momento adequado para a verificação será, incontestavelmente, o da elaboração do projeto básico ou do termo de referência, porque nele se define o prazo previsto para a execução do contrato. Assim, há de se apreciar, para a caracterização da espécie, cada caso *de per si*, ressaltando-se que a necessidade permanente de um serviço por si só não o qualifica como continuado, mas sim a imperiosa necessidade da prestação ininterrupta para o habitual desenvolvimento das atividades da Administração.[218]

Ao tratar da hipótese de exceção, o inc. II, do art. 57, da Lei nº 8.666/1993 informa que os contratos a serem executados de forma contínua poderão ter a sua duração prorrogada por iguais e sucessivos períodos com vistas à obtenção de preços e condições mais vantajosas para a Administração, limitada a 60 meses:

[218] Para aprofundamento no tema, sugerimos a leitura de nosso "Licitações para contratação de serviços continuados ou não – A terceirização na Administração Pública", com comentários à IN nº 02/2008 SLTI/MPOG atualizada, Editora Matrix, 2015.

Art. 57. A duração dos contratos regidos por esta Lei ficará adstrita à vigência dos respectivos créditos orçamentários, exceto quanto aos relativos:

(...)

II – à prestação de serviços a serem executados de forma contínua, que poderão ter a sua duração prorrogada por iguais e sucessivos períodos com vistas à obtenção de preços e condições mais vantajosas para a Administração, limitada a sessenta meses.

Nesse viés, debate-se se poderiam ter a duração fixada por prazo superior ao respectivo exercício financeiro, como ocorre nos contratos atrelados a projetos cujos produtos estejam contemplados nas metas estabelecidas no Plano Plurianual, ou seja, se poderiam ser já firmados com a duração de até 60 meses.

A nosso ver, tal prática é vedada pela CF, que proíbe a assunção de obrigações que excedam os créditos orçamentários, exceto no caso do Plano Plurianual. *Vide* que o art. 167, que trata da matéria, não excepcionou o serviço continuado.[219]

[219] Art. 167. São vedados:
I – o início de programas ou projetos não incluídos na lei orçamentária anual;
II – a realização de despesas ou a assunção de obrigações diretas que excedam os créditos orçamentários ou adicionais;
III – a realização de operações de créditos que excedam o montante das despesas de capital, ressalvadas as autorizadas mediante créditos suplementares ou especiais com finalidade precisa, aprovados pelo Poder Legislativo por maioria absoluta;
IV – a vinculação de receita de impostos a órgão, fundo ou despesa, ressalvadas a repartição do produto da arrecadação dos impostos a que se referem os arts. 158 e 159, a destinação de recursos para as ações e serviços públicos de saúde, para manutenção e desenvolvimento do ensino e para realização de atividades da administração tributária, como determinado, respectivamente, pelos arts. 198, § 2º, 212 e 37, XXII, e a prestação de garantias às operações de crédito por antecipação de receita, previstas no art. 165, § 8º, bem como o disposto no § 4º deste artigo; (Redação dada pela Emenda Constitucional nº 42, de 19.12.2003)
V – a abertura de crédito suplementar ou especial sem prévia autorização legislativa e sem indicação dos recursos correspondentes;
VI – a transposição, o remanejamento ou a transferência de recursos de uma categoria de programação para outra ou de um órgão para outro, sem prévia autorização legislativa;
VII – a concessão ou utilização de créditos ilimitados;
VIII – a utilização, sem autorização legislativa específica, de recursos dos orçamentos fiscal e da seguridade social para suprir necessidade ou cobrir déficit de empresas, fundações e fundos, inclusive dos mencionados no art. 165, § 5º;

Ao tratarmos das diversas alterações sofridas pelo dispositivo, culminando no texto ora vigente, concluímos:

> Com a "balbúrdia interpretativa" causada (com reflexos no dia a dia da Administração que, sem saber ao certo o caminho a seguir, tratou de adotar o sentido literal do texto e inúmeras vezes celebrou "contratos iniciais" com 60 meses de duração), teve o Executivo a sensibilidade de utilizar a MP para correção do erro (pelo menos aqui ela foi útil!). Em consequência, através da MP nº 1.500, de 7.6.1996 (somente dois anos depois!) foi revista a redação desse inc. II, culminando com o texto trazido a lume pela Lei nº 9.648, de 22.5.1998 (...).
>
> Com base em todas as premissas e conceitos antes esposados – mesmo porque o texto legal manteve-se irretocável quanto ao tal período de prorrogação – mantemos nosso entendimento de que, além da regra do *caput* (duração adstrita à vigência do crédito orçamentário), podem os contratos continuados (ou seja, que, por interesse público, não podem ser interrompidos, sob pena de sério dano à coletividade) se manterem vivos, através de prorrogações sucessivas, até o limite de 60 meses (...).[220]

É o que também sustenta Leon Szklarowsky:

> (...) hoje terá que fazer o contrato para vigorar no exercício, com a possibilidade de prorrogar essa duração por iguais e sucessivos períodos, desde que prevista no ato convocatório e no contrato. Resulta da disposição legal que a prorrogação não é automática, como se poderia entender, numa interpretação mais apressada. (...) o dispositivo confirma energicamente essa exegese, por-

IX – a instituição de fundos de qualquer natureza, sem prévia autorização legislativa.
X – a transferência voluntária de recursos e a concessão de empréstimos, inclusive por antecipação de receita, pelos Governos Federal e Estaduais e suas instituições financeiras, para pagamento de despesas com pessoal ativo, inativo e pensionista, dos Estados, do Distrito Federal e dos Municípios.(Incluído pela Emenda Constitucional nº 19, de 1998)
XI – a utilização dos recursos provenientes das contribuições sociais de que trata o art. 195, I, a, e II, para a realização de despesas distintas do pagamento de benefícios do regime geral de previdência social de que trata o art. 201. (Incluído pela Emenda Constitucional nº 20, de 1998)

[220] BITTENCOURT, Sidney. A questão da duração do contrato administrativo. Revista Diálogo Jurídico, Ano I – Nº 9 – dezembro de 2001 – Salvador – BA – Brasil. http://www.direitopublico.com.br/pdf_9/DIALOGO-JURIDICO-09-DEZEMBRO-2001-SIDNEY-BITTENCOURT.pdf

quanto deve-se ler que: a duração dos contratos (....) ficará adstrita aos créditos orçamentários, exceto quanto aos relativos *(caput)*: (...) II) à prestação de serviços a serem executados de forma contínua, que poderá ter a sua duração prorrogada (...). Entenda-se que a duração, de um exercício (previsto no *caput*), poder ser (faculdade a ser exercida, não automática, não imediata) prorrogada, tendo em vista a obtenção de melhor preço e condições mais vantajosas, que serão aferidos não no momento do contrato originário, como antes, mas por ocasião da realização do aditivo, se realmente for de interesse da Administração essa prorrogação. Caso contrário, o contrato exaure-se pela expiração do prazo não prorrogado e nova licitação far-se-á, obrigatoriamente.[221]

Em face do exposto, sustentamos que a dispensa licitatória nos serviços continuados deverá considerar tão somente o período original.

Com idêntico entendimento, Ivan Barbosa Rigolin, que tratou da matéria ao analisar a ultrapassagem do limite da modalidade adotada inicialmente:

A prorrogação do contrato de serviços contínuos, como de resto de qualquer contrato administrativo, pode legítima e regularmente fazer ultrapassar o limite de valor próprio da modalidade licitatória utilizada para a contratação. A parte da lei que cuida de contratos nada tem com a respeitante a licitações, já que cada qual constitui capítulo distinto, autônomo e independente do texto legal. [222]

A clareza da análise de Rigolin é tamanha, que afasta a possibilidade de tentarmos demonstrar o que autor e amigo sustenta com magnitude:

O contrato de serviços continuados, que é sempre o principal objeto de indagações (...), pode ser, dentro das condições atuais da lei, prorrogado por iguais e sucessivos períodos até 60 meses, e excepcionalmente por ainda outros

[221] Szklarowsky, Leon Frejda. Duração do contrato administrativo. http://www.ambito-juridico.com.br/site/index.php?n_link=revista_artigos_leitura&artigo_id=2150

[222] Rigolin, Ivan Barbosa. Serviços contínuos: 1) é legal e regular ultrapassar-se na execução, o limite da modalidade licitatória utilizada; 2) a mobilização do contratado pode ter natureza permanentemente onerosa. Boletim de Licitações e Contratos – BLC – N. 5/Maio/2003, São Paulo: NDJ.

12 meses, na forma da MP nº 1.531-14, de 8 de janeiro de 1.998, que deu a atual redação ao art. 57, da Lei nº 8.666/1993.

Se nesse caso o período inicialmente pactuado, de, por exemplo, um ano, esteve dentro do limite de valor estabelecido para, suponhamos, a tomada de preços que foi a modalidade utilizada, então não mais será necessário à contratante preocupar-se com o valor que a final será totalizado e pago, pois que a lei, quanto a esse tema de adequação ao valor limite da modalidade, *já foi atendida quando da contratação inicial,* com valor dentro do limite. Não mais pode, quanto a isso, ser agora descumprida, pois inexiste ensejo.

Nada tem a ver, é o que se pretende esclarecer, o limite de valor da modalidade licitatória que engendrou um contrato com o valor final pago por esse contrato, se o mesmo contrato foi sucessivamente prorrogado, ou estendido, ou ainda revisado (alterado), sempre dentro das hipóteses permissivas da lei.

Não foi para controlar o gasto *final* com o contrato que a lei relacionou valor-modalidade, mas para impedir que a contratação *inicial, originária,* ultrapassasse aquele limite.

Se contrato o objeto dentro do limite fixado para a modalidade licitatória realizada, o futuro do contrato não está limitado, circunscrito, coarctado ou restrito àquele limite originário de valor, que serve apenas para parametrar a primeira contratação.

Nem teria o menor sentido imaginar ou pretender que assim não fosse. A lei atual, que permite, por exemplo, que se contrate serviço continuado por seis meses e que o contrato venha a durar seis anos – prorrogado onze vezes por iguais e sucessivos períodos –, jamais iria pretender limitar o valor total desse hipotético contrato ao limite da modalidade licitatória utilizada, com frequência quase todo esgotado já na contratação inicial. Se fosse verdadeiro o raciocínio de que o valor da modalidade precisa abranger todo o gasto final com o contrato, então se estaria retirando toda a eficiência da regra legal, que de um lado teria permitido prorrogar, e de outro teria impedido pagar pela prorrogação...

Com o mesmo raciocínio, Flavia Daniel Vianna:

Contudo, se parar para pensar, desde que não exista fracionamento ilegal de despesa, ou seja, desde que seja gasto 8 mil reais por ano para aquele serviço daquela natureza, não há motivo para considerar as prorrogações, pois o limite "zera" ano a ano. E um contrato, não importando como tenha nascido (se por licitação ou dispensa), pode ser prorrogado sim sendo serviço contínuo.

Joel de Menezes Niebuhr defende tese semelhante, mas advoga que a prorrogação limitar-se-á ao valor total autorizado para a dispensa:

> O valor global do contrato é o correspondente à estimativa para cada exercício. Por exemplo, para a prorrogação de 2007, o valor global será o estimado para ser consumido em 2007. Tem-se um valor global para cada exercício. Nesse sentido, pouco importa se o contrato foi firmado em razão de dispensa de licitação. Se ele envolve prestação de serviço contínuo, pode ser prorrogado. Ele somente não poderá ser prorrogado se o valor total dele ultrapassar os limites da dispensa de licitação se for o caso dos incisos I e II do artigo 24 da Lei nº 8.666/1993.
>
> Por exemplo, imagine-se que o Município tenha firmado contrato para a prestação de serviço contínuo na importância de R$ 4.000,00, por meio da dispensa de licitação prevista no inciso II do artigo 24 da Lei nº 8.666/1993. Este contrato pode ser prorrogado por igual período desde que, no total, computando os valores pertinentes ao prazo inicial e à prorrogação, não ultrapasse R$ 8.000,00, que é o limite prescrito atualmente no inciso II do artigo 24 da Lei nº 8.666/1993. Se o valor total ultrapassar os R$ 8.000,00, não cabe a prorrogação. [223]

Registrem-se, entrementes, posicionamentos divergentes na doutrina. Marçal Justen, por exemplo, defende ser a melhor alternativa adotar a modalidade compatível com o valor correspondente ao prazo total possível de vigência do contrato. Assim, se o valor do período inicial de um contrato de prestação continuada fosse de R$8.000,00 (oito mil reais), e a Administração soubesse que, possivelmente, o contrato seria prorrogado por sucessivos períodos, não poderia enquadrar em dispensa em razão do valor, pois, se consideradas as possíveis prorrogações (até 60 meses), o valor extrapolaria o limite previsto.

Dessa forma também tem se inclinado o TCU, que tem sugerido que se adote modalidade de licitação mais ampla, no caso de contratação de serviços de natureza continuada, compatível com o valor global do contrato, incluindo as possíveis prorrogações previstas, informando que a Administração deve efetuar adequado planejamento das licitações, de modo a

[223] Niebuhr. Joel de Menezes. Parecer s/nº, de 21.02.2007. Disponível em <http://www.fecam.org.br/consultoria/pareceres.php?cod_parecer=285>

demonstrar, nos autos, que o enquadramento na modalidade adotada foi precedido de avaliação dos custos totais de sua conclusão, levando em consideração, inclusive, as despesas decorrentes de prorrogações contratuais.

Na mesma toada, a orientação da Advocacia-Geral da União – AGU:

> Orientação Normativa nº 10 – de 1/4/2009 – Ementa: A definição do valor da contratação levará em conta o período de vigência do contrato e as possíveis prorrogações para: (...) (c) o enquadramento das contratações previstas no art. 24, inc. I e II, da Lei nº 8.666, de 1993.

6.1.1.4. As ressalvas para o enquadramento

O texto legal estabelece ressalvas para o enquadramento nas dispensas licitatórias em virtude do baixo valor do objeto pretendido pela Administração.

O inc. I prevê a vedação à adoção se o objeto pretendido referir-se:

a) a parcelas de uma mesma obra ou serviço. Em palavras objetivas, veda a contratação de parcela de obra ou de serviço de engenharia quando a solução integral para satisfazer o interesse da Administração for maior.
b) a obras e serviços da mesma natureza e no mesmo local que possam ser realizadas conjunta e concomitantemente. Logo, objetivamente, veda tratar objetos semelhantes (da mesma natureza) como distintos, que, se assim fossem, poderiam ser contratados separadamente por dispensa.

Verifica-se, assim, que as vedações deste inc. I equiparam objetos idênticos e objetos distintos da mesma natureza. Portanto, o legislador regulou e equiparou objetos idênticos (parcelas de uma mesma obra ou serviço de engenharia) a objetos distintos (obras ou serviços da mesma natureza). Ao fazer isso, deu idêntico tratamento jurídico para, por exemplo, "mesmo serviço" e "serviço que não é o mesmo, mas é da mesma natureza".[224] *Vide* o detalhamento dessas ressalvas no subitem 6.1.1.4.1.

[224] Mendes, Renato Geraldo. A contratação de obras e serviços de engenharia por dispensa com fundamento no inc. I do art. 24 da Lei nº 8.666/93. Revista Zênite – Informativo de Licitações e Contratos (ILC), Curitiba: Zênite, n. 243, p. 433-446, maio 2014.

O inc. II, por seu turno, veda o uso no caso do objeto desejado referir-se a parcelas de um mesmo serviço (que não seja de engenharia) ou de uma mesma compra, que possa ser realizada de uma só vez, abarcando também alienação de "maior vulto".

Destarte, da mesma forma adotada inicialmente no inciso anterior, veda a contratação de parcela de serviço ou compra quando a solução integral atender plenamente o interesse administrativo. *Vide* o detalhamento dessas ressalvas no subitem 6.1.1.4.2.

6.1.1.4.1. As ressalvas para as licitações dispensáveis no caso de obras e serviços de engenharia (inc. I)

A primeira vedação ao uso refere-se a parcelas de uma mesma obra ou serviço. Como antes esposado, proíbe, portanto, a contratação de parcela de obra ou de serviço de engenharia quando a solução integral satisfazer o interesse da Administração.

A segunda diz respeito a obras e serviços da mesma natureza e no mesmo local que possam ser realizadas conjunta e concomitantemente. Logo, proíbe tratar objetos semelhantes (da mesma natureza) como distintos, os quais, caso tivessem essa natureza, poderiam ser contratados separadamente por dispensa.

O legislador, portanto, regulou e equiparou objetos idênticos (parcelas de uma mesma obra ou serviço de engenharia) a objetos distintos (obras ou serviços da mesma natureza).

Nesse contexto, é possível entender, num primeiro momento, que a lei intenta impedir o retardamento, o parcelamento e o fracionamento. Logo, as ressalvas têm relação direta com matérias que tem tomado o tempo dos analistas da lei: o fracionamento e o parcelamento das contratações. Convém, por conseguinte, rebuscar-se a lei no que se refere ao tema, perquirindo-se os dispositivos que com ele possua conexão.

Num apanhado geral do diploma, nota-se que a regra para execução de obras e serviços da Administração é a programação integral, sendo admitida excepcionalmente a execução parcial, caso haja comprovação de viabilidade técnica e econômica. Evidencia-se, portanto, que, para atendimento das regras, o Poder Público está obrigado a estimar valores e prazos para a execução do objeto que pretende.

Por sua vez, o parágrafo único do art. 8º proíbe o retardo na execução de obra ou serviço, ou de suas parcelas, caso exista previsão orçamentária para a execução total, admitindo, entrementes, duas exceções, que deverão de ser justificadas em despacho circunstanciado de autoridade específica: insuficiência financeira ou motivo comprovadamente de ordem técnica. O estabelecimento das exceções é de suma importância, pois é indubitável que não há como se programar uma contratação na totalidade de um objeto quando se tem insuficiência financeira ou inviabilidade técnica.

Os §§ 1º e 2º do art. 23 obrigam, por outro lado, o parcelamento de obras e serviços, determinando a divisão em tantas parcelas quantas se comprovarem técnica e economicamente viáveis, procedendo-se à licitação com vistas ao melhor aproveitamento dos recursos disponíveis no mercado e à ampliação da competitividade sem perda da economia de escala.

Já o §5º do mesmo artigo veda a utilização das modalidades "convite" ou "tomada de preços", conforme o caso, para parcelas de uma mesma obra ou serviço, ou, ainda, para obras e serviços da mesma natureza e no mesmo local que possam ser realizadas conjunta e concomitantemente, sempre que a soma de seus valores caracterizar hipótese de "tomada de preços" ou "concorrência", respectivamente. Destarte, apesar de não mencionar a expressão "fracionamento", a norma veda tal conduta, pois determina que a Administração deverá preservar a modalidade do todo, dispondo que cada parcela (ou conjunto de parcelas) deverá corresponder à licitação distinta, desde que haja a preservação da modalidade pertinente para execução total do objeto pretendido.

Flávia Daniel Vianna focou com extrema didática a questão:

> O fracionamento ilegal de despesa é vedado no art. 23, §5º, da Lei nº 8.666/1993, caracterizando-se quando o órgão licitante divide a despesa e, ao invés de somar os valores para utilizar a modalidade pertinente de licitação referente ao valor global da contratação, utiliza-se de modalidade inferior em cada parcela, ou mesmo realiza a contratação direta em tais parcelas. Em outras palavras, a Administração divide determinada despesa que, em sua totalidade, corresponde ao valor de uma concorrência, porém, licita cada parcela através de tomada de preços, para abster-se de utilizar a concorrência. O mesmo ocorreria se a totalidade do valor da contratação correspondesse a uma tomada de preços e o órgão licitasse cada uma de suas parcelas por convite, abstendo-se de realizar tomada de preços, ou, ainda, caso contratasse diretamente cada parcela, (através de dispensa de licitação, com fundamento no art. 24, I ou II), sendo que, na realidade, o somatório das parcelas ultrapassa o limite previsto

para contratação por dispensa em função do pequeno valor. Exemplificando: um serviço que foi dividido em cinco parcelas, sendo que a totalidade de cada parcela corresponde a um convite, porém, o valor das cinco corresponde a uma tomada de preços, esta deverá ser a modalidade adotada para a escolha do licitante que, por exemplo, executará apenas uma das parcelas. Se, em caso similar, a totalidade do valor das parcelas resultasse no valor de concorrência, esta deveria ser empregada. A vedação ao fracionamento deverá persistir tanto para parcelas de uma mesma obra ou serviço, quanto para obras ou serviços distintos, desde que possuam similaridade de natureza e sejam realizados no mesmo local, em conjunto (pelo qual todas elas formem parte de um todo) e concomitantemente, ou seja, ao mesmo tempo.[225] [226]

225 Vianna, Flavia Daniel. Ferramenta contra o fracionamento ilegal de despesa. São Paulo: Scortecci, 2009, p. 79-80.

226 A respeito do tema, vários julgados do TCU :

- Acórdão 82/2005: [...] Acontece que a realização de vários procedimentos em um exercício não caracteriza, por si só, o fracionamento indevido da despesa, o qual somente ocorre quando não se preserva a modalidade pertinente para o total de aquisições do exercício (§2º do art. 23 da Lei nº 8.666/93). Plenário, Processo nº 015.968/2002-9, Ministro Relator Augusto Sherman Cavalcanti, Sessão de 16 de fevereiro de 2005, Brasília.
- Acórdão 2.528/2003: Este Tribunal já manifestou, em diversas assentadas, o entendimento de rejeitar as razões de justificativa quanto à prática do fracionamento de despesa, que se dá mediante a realização de vários certames licitatórios na modalidade convite, em detrimento da modalidade adequada – tomada de preços. São exemplos: Acórdão 101/98– Plenário – Ata nº 28/98, Processo TC 250.136/97-0; Acórdão 255/97 – Segunda Câmara – Ata nº 15/97, Processo TC 450.217/95-7; Decisão nº 484/96– Plenário –Ata 31/96, Processo TC 475.053/95-8. Evitar o fracionamento de despesas como mecanismo de fuga à modalidade de licitação adequada (art. 23, §5º). Primeira Câmara, Processo 003.338/1999-1, Ministro Relator Humberto Guimarães Souto, Sessão de 21 de outubro de 2003, Brasília.
- Acórdão 73/2003: Atente para o fato de que, atingido o limite legalmente fixado para dispensa de licitação, as demais contratações para serviços da mesma natureza deverão observar a obrigatoriedade da realização de certame licitatório, evitando a ocorrência de fracionamento de despesa. Segunda Câmara, Processo nº 004.960/2000-6, Ministro Relator Guilherme Palmeira, Sessão de 06 de fevereiro de 2003, Brasília.
- Acórdão 89/2004: A responsável (Diretora-Geral de Administração e Ordenadora de Despesa do Tribunal Regional do Trabalho 2ª Região) alegou que não há determinação legal quanto ao lapso temporal entre duas aquisições da mesma espécie, não cabendo ao intérprete impor restrições [...] A SECEX/SP não acatou as justificativas apresentadas, uma vez que: a) apesar de o art. 23 da Lei nº 8.666/93 não estabelecer um lapso temporal para o parcelamento das compras, o seu §2º determina que seja preservada a modalidade licitatória pertinente para o objeto total da contratação, com exceção da contratação direta por pequeno valor, quando a

Nesse contexto, obtempera Lucas Rocha Furtado:

> Chamamos a atenção para a impossibilidade de se querer fracionar ou desmembrar partes de obra, compra ou serviço, afim de que o valor possa ser enquadrado dentro dos limites de dispensa. Não que seja totalmente vedado o fracionamento. O que se proíbe é o fracionamento com o intuito de enquadrar possíveis partes do objeto do futuro contrato dentro de valores que legitimassem a dispensa da licitação ou a adoção de modalidade de licitação menos rigorosa.[227]

Anote-se, contudo, que há uma exceção à regra: parcelas de natureza específica que possam ser executadas por pessoas ou empresas de especialidade diversa daquela do executor da obra ou serviço (§5º *in fine*). Na hipótese, como as parcelas não se somarão ao restante da obra ou serviço para determinação da modalidade em função do valor, não há caracterização de fracionamento.

Depreende-se, por conseguinte, que a adoção do fracionamento de contratações só é possível em regime de exceção, não sendo admissível que conduza à dispensa licitatória.

No mais, na ocorrência de contratos com objetos análogos, deverá ser considerado o valor global dos mesmos para fins de dispensa licitatória (como também para a indicação da modalidade de licitação, se for o caso).

Noutro bordo, o inciso veda o uso da dispensa nas obras e serviços da mesma natureza e no mesmo local que possam ser realizadas "conjunta e concomitantemente" (expressões que substituíram "simultâneo e sucessivo" do texto original, bem mais fáceis de serem entendidas).

Como a expressão "mesmo local" é bastante indeterminada, podendo alcançar, por exemplo, a mesma cidade ou até as imediações do bairro onde o ente da Administração estiver estabelecido, a interpretação do termo deve ser exercida considerando, incontestavelmente, cada caso concreto, amparada no princípio da razoabilidade.

Outra expressão adotada é "mesma natureza". Obras e serviços de mesma natureza são aqueles que não se exige especificidade própria para

compra puder ser realizada de uma só vez [...]. Segunda Câmara, Processo nº 007.671/2002-3, Ministro Relator Adylson Motta, Sessão de 05 de fevereiro de 2004, Brasília.

227 Furtado, Lucas Rocha. Curso de licitações e contratos. Belo Horizonte: Fórum, 2012.

a execução, contrapondo-se a ideia de especialidade. Assim, tendo características comuns, as obras ou serviços serão da mesma natureza.

Há ainda a menção à "conjunta e concomitantemente". Conforme explicita Caudas Aulete, *conjunto* "pode ser o que é realizado simultaneamente ou o que está ligado, conjugado ou somado a outra coisa"; concomitante, "diz-se de situação que acontece ao mesmo tempo em que outra, ou seja, simultânea". Nesse contexto, verifica-se, de plano, que o texto, trazido pela Lei nº 8.883/1994, afastou a ideia da sucessividade que constava originariamente na lei.

Juntando-se todos os pontos, conclui-se que as ressalvas dizem respeito a obras ou serviços efetuados no mesmo local (adotando-se o princípio da razoabilidade para a sua fixação), com características comuns entre si e realizados simultaneamente.

Destarte, na existência simultânea de vários contratos de objeto similar, a Administração deverá considerar o valor global, pelo que, procederá a dispensa ou realizará a licitação devida, na modalidade pertinente.

6.1.1.4.2. As ressalvas para as licitações dispensáveis no caso de outros serviços e compras e alienações (inc. II)

Como assinalado, o inc. II veda o uso da licitação dispensável em face de baixo valor, na hipótese do objeto almejado pela Administração referir-se a parcelas de um mesmo serviço (que não seja de engenharia) ou mesma compra, que possam ser realizados de uma só vez, e à alienação de maior vulto. Logo, proíbe a contratação de parcela de serviço ou compra com dispensa licitatória quando a solução integral atender ao interesse público.

Com relação a vedar o uso quando referir-se a parcelas de um mesmo serviço ou compra que possam ser realizados de uma só vez, também é possível, num primeiro plano, concluir-se, similarmente ao anotado nos comentários ao inc. I, que a ressalva busca coibir o retardamento e o fracionamento, pelo que sugerimos a leitura do sustentado nos comentários a tal dispositivo.

No que se refere às alienações, como anotou com propriedade Jessé Torres, a ressalva causa perplexidade, pois, ao mencioná-las, gerou situação superposta àquelas cuidadas no art. 17, nas quais a própria lei dispensa a licitação, conflitando, dessa maneira, com a ideia de licitação dispensável pelo agente público responsável. Não se saberá, por conseguinte, se se está deparando-se com um caso de licitação dispensada pela lei ou com uma hipótese de competição dispensável.

Jessé Torres equaciona a questão, após concluir que o princípio da legalidade não socorreria a autoridade, porque esta se confronta com duas manifestações de idêntica hierarquia e fonte, pois a mesma lei dispõe diversamente sobre a mesma hipótese:

> A conciliação é possível por exclusão. Se a licitação for dispensada, tanto estará atendida a regra do art. 17 quanto a do art. 24, II. Se a licitação for realizada, restará descumprida a regra do art. 17. Logo, a solução estará na contratação direta, sem licitação, invocado o amparo de ambas as disposições legais. A dificuldade não existiria se o art. 24, II, não houvesse estendido seu alcance às alienações; ao fazê-lo, criou norma em verdade ociosa, porque insuscetível de opor-se à do art. 17.[228]

Em função do exposto neste subitem e no subitem anterior (6.1.1.4.1), é forçoso concluir que a Administração obrigar-se-á a efetuar uma projeção anual, mediante levantamento dos quantitativos adquiridos para o mesmo objeto nos últimos doze meses, considerando, no caso de obras, serviços e fornecimentos, a programação na sua totalidade, com a previsão de custos atual e final.[229]

6.1.1.5. Regime especial para consórcios públicos, sociedades de economia mista, empresas públicas e agências executivas

Com texto final explicitado pela Lei nº 12.715/2012, fez-se constar parágrafo no art. 24 definindo valores diferenciados nas dispensas licitatórias em face de objeto de pequeno valor (delineadas nos incs. I e II do dispositivo) nas compras, obras e serviços realizados por consórcios públicos, sociedades de economia mista, empresas públicas e autarquias ou fundações qualificadas como agências executivas.

[228] Pereira Junior, Jessé Torres. Comentários à Lei de licitações e contratações da Administração Pública, 7 ed., Rio de Janeiro: Renovar, 2007, p. 291.

[229] Acórdão TCU nº 1.386/2005-Plenário, Relator Min. Walton Alencar Rodrigues: "[...] 9.6.4. evite a fragmentação de despesas, caracterizada por aquisições freqüentes dos mesmos produtos ou realização sistemática de serviços da mesma natureza em processos distintos, cujos valores globais excedam o limite previsto para dispensa de licitação a que se referem os incisos I e II do art. 24 da Lei nº 8.666/93".

Art. 24

(...)

§ 1º Os percentuais referidos nos incisos I e II do caput deste artigo serão 20% (vinte por cento) para compras, obras e serviços contratados por consórcios públicos, sociedade de economia mista, empresa pública e por autarquia ou fundação qualificadas, na forma da lei, como Agências Executivas.

A intenção é clara: dar mais flexibilidade às entidades públicas que, invariavelmente, necessitam de mais maleabilidade para o exercício de suas atividades.

O parágrafo, introduzido inicialmente por medida provisória, sofreu alteração através da Lei nº 9.648/1998 e, posteriormente, à guisa de atualização, pela Lei nº 11.107/2005, que incluiu os consórcios públicos no elenco de entidades alcançadas, tendo seu texto repisado na supracitada Lei nº 12.715/2012.

Para viabilizar a flexibilização, permite-se uma margem maior para as dispensas de pequeno valor das pessoas jurídicas arroladas (consórcios públicos, sociedades de economia mista, empresas públicas e autarquias ou fundações qualificadas como agências executivas), maximizando-se os percentuais referidos nos incisos I e II para até 20% (vinte por cento) do limite previsto para a modalidade convite.

Assim, a dispensa licitatória para obras e serviços de engenharia dessas entidades poderá atingir até vinte por cento do "limite previsto na alínea 'a', do inc. I do artigo anterior" (que é o art. 23). Como o valor-limite previsto na citada alínea é de R$ 150.000,00, 20% desse valor serão R$ 30.000,00. No mesmo passo, a dispensa para outros serviços e compras alcançará o valor até vinte por cento do "limite previsto na alínea 'a', do inc. II do artigo anterior" (o mesmo art. 23). Como o limite previsto na alínea é de R$ 80.000,00, 20% desse valor serão R$ 16.000,00.

Ocorre que, conforme já explicitado, a Lei nº 13.303/2016 (Lei de Responsabilidade das Estatais), sobrepondo-se a tal regramento, dispôs outros limites para as empresas públicas e sociedades de economia mista. Assim, nos incs. I e II de seu art. 29, prescreveu a dispensa: (a) para obras e serviços de engenharia de valor até R$ 100.000,00 (cem mil reais), desde que não se refiram a parcelas de uma mesma obra ou serviço ou ainda a obras e serviços de mesma natureza e no mesmo local que possam ser realizadas conjunta e concomitantemente; e (b) para outros serviços e compras de valor até R$ 50.000,00 (cinquenta mil reais) e para alienações, nos casos previstos nesta Lei, desde que não se refiram a parcelas de um mesmo serviço, compra ou alienação de maior vulto que possa ser realizado de uma só vez.

Dispôs ainda, no §3º do mesmo dispositivo, que tais valores poderão ser alterados:

> §3º Os valores estabelecidos nos incisos I e II do caput podem ser alterados, para refletir a variação de custos, por deliberação do Conselho de Administração da empresa pública ou sociedade de economia mista, admitindo-se valores diferenciados para cada sociedade.

6.1.1.5.1. Entidades beneficiárias pelo limite de dispensa diferenciado

– Consórcios públicos

Consoante estabelece a Lei nº 11.107/2005, que regulamentou o art. 241 CF, consórcios públicos são entidades que podem ser dotadas tanto de personalidade jurídica de direito público como de direito privado, instituídas como instrumento de conjugação de esforços entre entes federativos distintos.

Resumidamente, o consórcio público é instituído através da união de dois ou mais entes da Federação (Municípios, Estados e União) fitando prestar serviços e desenvolver ações conjuntas de interesse coletivo e benefícios públicos. Segundo o Decreto federal nº 6.107/2007 (que regulamentou a Lei nº 11.107/2005 e dispõe sobre normas gerais de contratação de consórcios públicos), trata-se de pessoa jurídica formada exclusivamente por entes da Federação para estabelecer relações de cooperação federativa, inclusive à realização de objetivos de interesse comum, constituída como associação pública, com personalidade jurídica de direito público e natureza autárquica, ou como pessoa jurídica de direito privado sem fins econômicos.[230]

[230] Tradicionalmente, os consórcios não passavam de convênios, ajustados entre pessoas públicas ou privadas, que estabeleciam direitos e obrigações para o alcance de objetivos de interesse recíproco. Entrementes, com a edição da Lei nº 11.107, de 06.04.2005 (que, arrimada

Conforme registra o inc. I do art. 2º do ato regulamentar, o consórcio público pode ser uma associação pública com personalidade jurídica de direito público e de natureza autárquica ou uma pessoa jurídica de direito privado sem fins econômicos.

Como os consórcios públicos integram a Administração Pública indireta de todos os entes que se associaram para a sua formação, são obrigados a licitar nos termos do art. 1º da Lei nº 8.666/1993.

Impende relembrar que, além do valor diferenciado para a dispensa licitatória, aos consórcios públicos incide ainda o previsto no §8º do art. 23, que estabelece que aplicar-se-á o dobro dos valores mencionados no *caput* do dispositivo (limites para modalidades licitatórias) quando formado por até 3 (três) entes da Federação, e o triplo, quando formado por maior número.

Destarte, no que tange aos consórcios públicos, o percentual de 20% incidirá sobre o dobro ou o triplo dos valores indicados para as modalidades licitatórias (*caput* art. 23).

– Empresas públicas

São pessoas jurídicas de direito privado, integrantes da Administração Pública indireta, criadas por autorização legal, sob qualquer forma jurídica adequada a sua natureza, para que o governo exerça atividades gerais de caráter econômico ou, em certas situações, execute a prestação de serviços públicos. São exemplos, no âmbito federal, a Empresa Brasileira de Correios, a Casa Moeda, a Caixa Econômica Federal, o BNDES – Banco Nacional de Desenvolvimento Econômico e Social, entre muitos outros, também existindo as vinculadas a administrações estaduais e municipais.

no art. 241 da Constituição Federal, dispôs sobre normas gerais de contratação de consórcios públicos, destinadas à União, Estados, Distrito Federal e Municípios), os consórcios se alinharam, na ordem jurídica nacional, como ajustes acordados entre entes federativos que possuem como meta a realização de objetivos de interesse comum e à promoção da gestão associada. Destarte, a partir desse marco regulatório, os consórcios públicos passaram a designar uma nova modalidade de negócio jurídico de direito público, com abrangência infinitamente superior aos convênios administrativos (Bittencourt, Sidney. Contratos Administrativos para provas, concursos e agentes públicos, 2011, Ed. Freitas Bastos).

– Sociedades de economia mista

São pessoas jurídicas de direito privado, integrantes da Administração Pública indireta, criadas por autorização legal, sob a forma de sociedades anônimas, cujo controle acionário pertença ao Poder Público, tendo por objetivo, de regra, a exploração de atividades gerais de caráter econômico e, em algumas ocasiões, a prestação de serviços públicos. São exemplos, na esfera federal, o Banco do Brasil S.A., o Banco da Amazônia S.A., a PETROBRAS – Petróleo Brasileiro S.A., e tantas outras, existindo também as vinculadas a administrações estaduais e municipais.

– Agência executiva

Trata-se de qualificação concedida a autarquias e fundações públicas responsáveis por atividades e serviços exclusivos do Estado, não traduzindo uma nova forma de pessoa jurídica pública.

Assim, configura entidade preexistente que, ao preencher certos requisitos legais, recebe a qualificação, que poderá perder caso deixe de atendê-los. Na União, a qualificação é conferida mediante decreto do Presidente da República, conforme previsto na Lei nº 9.649/1998 (art. 51),[231] regulamentada pelo Decreto nº 2.487/1998 (art. 1º, §2º).[232]

[231] Lei nº 9.649/98 – Art. 51. O Poder Executivo poderá qualificar como Agência Executiva a autarquia ou fundação que tenha cumprido os seguintes requisitos:
I – ter um plano estratégico de reestruturação e de desenvolvimento institucional em andamento;
II – ter celebrado Contrato de Gestão com o respectivo Ministério supervisor.
§1º A qualificação como Agência Executiva será feita em ato do Presidente da República.
§2º O Poder Executivo editará medidas de organização administrativa específicas para as Agências Executivas, visando assegurar a sua autonomia de gestão, bem como a disponibilidade de recursos orçamentários e financeiros para o cumprimento dos objetivos e metas definidos nos Contratos de Gestão.

[232] Decreto nº 2.487/98 – Art. 1º As autarquias e as fundações integrantes da Administração Pública Federal poderão, observadas as diretrizes do Plano Diretor da Reforma do Aparelho do Estado, ser qualificadas como Agências Executivas.
§1º A qualificação de autarquia ou fundação como Agência Executiva poderá ser conferida mediante iniciativa do Ministério supervisor, com anuência do Ministério da Administração Federal e Reforma do Estado, que verificará o cumprimento, pela entidade candidata à qualificação, dos seguintes requisitos:
a) ter celebrado contrato de gestão com o respectivo Ministério supervisor;

Como já observamos, agência executiva é qualificação dada à autarquia ou à fundação pública que celebre contrato de gestão com o próprio ente político com o qual está vinculado, atuando no setor onde predominam atividades que, por sua natureza, não podem ser delegadas a instituições não estatais (fiscalização, regulação, fomento etc.).[233]

6.1.1.6. A cotação eletrônica

No âmbito federal, o § 2º do art. 4º do Decreto nº 5.450/2005, que regulamentou a licitação na forma eletrônica, disciplinou a chamada "cotação eletrônica" para as hipóteses de aquisições por dispensa de licitação fundamentadas no inc. II do art. 24 da Lei nº 8.666/1993.

> Art. 4º Nas licitações para aquisição de bens e serviços comuns será obrigatória a modalidade pregão, sendo preferencial a utilização da sua forma eletrônica.
>
> § 1º O pregão deve ser utilizado na forma eletrônica, salvo nos casos de comprovada inviabilidade, a ser justificada pela autoridade competente.
>
> § 2º Na hipótese de aquisições por dispensa de licitação, fundamentadas no inciso II do art. 24 da Lei nº 8.666, de 21 de junho de 1993, as unidades gestoras integrantes do SISG deverão adotar, preferencialmente, o sistema de cotação eletrônica, conforme disposto na legislação vigente.

A cotação eletrônica é uma forma de busca de preços (e, consequentemente, de contratação) de bens, utilizando-se o meio eletrônico, quando há dispensa de licitação em função do baixo valor do objeto pretendido. A sistemática foi criada intentando ampliar a competitividade e racionalizar os procedimentos de aquisição desses bens. O funcionamento do sistema é bem simples: os fornecedores recebem, via e-mail, um comunicado com as necessidades da Administração, bem como a data-limite para divulgar a cotação. Posteriormente se habilitam para a apresentação de propostas por meio do *site* de compras, quando então se realiza a abertura da cotação e a apuração os resultados, com divulgação imediata aos fornecedores.

b) ter plano estratégico de reestruturação e de desenvolvimento institucional, voltado para a melhoria da qualidade da gestão e para a redução de custos, já concluído ou em andamento.
§2º O ato de qualificação como Agência Executiva dar-se-á mediante decreto.

[233] Bittencourt, Sidney. Licitações Públicas para Concursos, 2ª ed, 2015, Brasília: Alumnus, p. 224.

Uma das vantagens do sistema de cotação eletrônica é permitir a comunicação automática entre a Administração e os fornecedores, garantindo agilidade, economia e segurança ao processo de compras.

Diversos Estados e Municípios, bem como a Caixa Econômica Federal, o Banco do Brasil e vários outros integrantes da administração indireta realizam cotações eletrônicas com absoluto sucesso (no âmbito do Governo Federal, a Portaria nº 306, de 13.12.2001, do Ministério do Planejamento, Orçamento e Gestão, estabeleceu regras para o assunto).

Avaliando a cotação eletrônica, Jessé Torres e Marinês Dotti concluíram que a sistemática tem vestes, a um só tempo, de projeto básico e de instrumento convocatório.[234] Essa conclusão é acertada, uma vez que, ao indicar o objeto pretendido, a Administração obriga-se a disponibilizar: a especificação do objeto a ser adquirido; a quantidade; as condições da contratação; o endereço e o prazo para a entrega (contado da notificação de adjudicação, indicando a emissão da nota de empenho respectiva); o endereço eletrônico onde ocorrerá a cotação; a data e o horário de sua realização, entre outros fatores, com divulgação no site http://www.comprasgovernamentais.gov.br.

O sistema encarrega-se de enviar eletronicamente a um número de fornecedores que garanta competitividade, escolhidos de forma aleatória (pelo próprio sistema) entre os registrados no correspondente ramo de fornecimento e que tenham assegurado a possibilidade de entrega do objeto no Município onde esteja localizado o órgão promotor da cotação.

Registre-se que, pela regulamentação federal, os pedidos de cotação eletrônica de preços incluídos no sistema deverão permanecer disponíveis para recepção de propostas e lances por período nunca inferior a quatro horas.

6.1.1.7. A questão da manifestação jurídica nas contratações de pequeno valor

No parágrafo único do art. 38, a Lei nº 8.666/1993 determina o prévio exame e aprovação das minutas de editais de licitação e de contratos, acor-

[234] Pereira Junior; Dotti. O devido processo legal da contratação direta: das normas gerais às regras da cotação eletrônica e do cartão corporativo (2ª e última parte). Biblioteca Digital Fórum de Contratação e Gestão Pública – FCGP, Belo Horizonte, ano 7, n. 82, out. 2008. Disponível em: <http://www.editoraforum.com.br/bid/bidConteudoShow.aspx?idConteudo=55271>. Acesso em: 10 nov. 2009.

dos, convênios ou ajustes pela assessoria jurídica da Administração, ou seja, pelo setor jurídico da própria entidade que tenha instaurado o certame ou que venha a formalizar o contrato.

Logicamente, a regra busca evitar a descoberta de defeitos *a posteriori*, os quais, não raro, demandam a invalidação do documento.

Nesse diapasão, fundamentado na ideia de que a aprovação pela assessoria jurídica não consigna formalidade que se exaure em si mesma, Marçal Justen, com inteira razão, afirma que o essencial não seria a aprovação da assessoria jurídica, mas, sim, a regularidade do ato, sustentando, com fulcro no afirmado, que a ausência da aprovação não denotaria causa autônoma de invalidade da licitação.[235]

A nosso ver, apesar da apreciação jurídica ser requisito obrigatório para validade jurídica do edital ou contrato, o parecer não necessariamente deverá ser acatado pela Administração.

Ademais, o descumprimento da regra não nulifica o procedimento se o edital licitatório ou o contrato não contiver vício, configurando-se apenas a responsabilidade funcional para os agentes que deixaram de atender à formalidade.[236]

Julgado recente do Supremo Tribunal Federal – STF adentrou na seara dos pareceres jurídicos emitidos para orientação dos administradores públicos, tendo-os categorizados de acordo com sua obrigatoriedade em relação à observância pelo administrador público e pela necessidade de constarem no processo administrativo. O julgado fez distinção de pareceres, distinguindo-os como facultativos, obrigatórios e vinculantes. De acordo com a decisão da Corte Maior, quando a consulta for facultativa, a autoridade não se vincularia ao parecer proferido, sendo que seu poder de decisão não se altera pela manifestação do órgão consultivo; na hipótese de consulta obrigatória, a autoridade administrativa se vincularia a emitir o ato tal como submetido à consultoria, com parecer favorável ou contrário, e se pretender praticar ato de forma diversa da apresentada à consultoria, deverá submetê-lo a novo parecer; quando, por fim, a lei estabelecer a obrigação de decidir à luz de parecer vinculante, essa manifestação de teor

[235] Justen Filho. Comentários à Lei de Licitações e Contratos Administrativos. 11. ed., p. 378.

[236] Parte preponderante da doutrina especializada considera que a falta de aprovação jurídica, em si, pode não caracterizar vício, uma vez que o edital e o contrato, mesmo sem o aval do setor jurídico, podem estar corretos, o que levaria ao entendimento de que a inobservância ao disposto no parágrafo não seria causa de invalidação.

jurídico deixa de ser meramente opinativa e o administrador não poderá decidir senão nos termos da conclusão do parecer ou, então, não decidir.[237]

Consoante temos asseverado, os pareceres referentes aos editais e contratos alojam-se nos casos de pareceres obrigatórios, o que autoriza ao agente público a não cumprir o opinamento do parecerista, e, com isso, emitir o ato da forma original. Caso, entrementes, pretenda praticar o ato de maneira diversa da apresentada, estará obrigado a submetê-lo a novo parecer.

Há, por conseguinte, autonomia de ação para a adoção do ato exposto ao parecerista, não lhe sendo permitido alterá-lo, exceto se solicitar novo parecer.[238]

É o que também colaciona Jair Santana, considerando o previsto no §2º do art. 42 da Lei nº 9.784/1999 (que regula o processo administrativo no âmbito da Administração Pública federal), o qual estabelece que, se um parecer obrigatório e não vinculante deixar de ser emitido no prazo fixado (o *caput* do artigo determina o prazo máximo de 15 dias), o processo poderá ter prosseguimento e ser decidido com sua dispensa, sem prejuízo da responsabilidade de quem se omitiu no atendimento:

> Seja como for, o parecer do assessor jurídico, entretanto, via de regra não tem caráter vinculativo, não estando a Administração Pública obrigada a segui-lo, desde que tenha respaldo legal. Tanto é verdade, que, se o assessor jurídico não respeitar o prazo fixado no *caput* do artigo 42, deve a autoridade superior valer-se do disposto no §2º do mesmo artigo, e dar prosseguimento ao certame. A não vinculação do parecer jurídico explica-se pelo fato de que o mencionado documento é opinião técnica, que visa nortear o administrador público na escolha da melhor conduta.[239]

[237] MS nº 24.631/DF – Rel. Min. Joaquim Barbosa, DJe, 31 jan. 2008.

[238] Diante dos termos da Lei nº 8.666/1993, haverá de surgir entendimentos no sentido de que a apreciação jurídica dos editais se enquadraria nos casos de pareceres vinculantes. Relembramos, todavia, que doutrina de peso entende não existir no ordenamento jurídico brasileiro hipóteses de pareceres dessa categoria, como, por exemplo, a administrativista Maria Sylvia Di Pietro, "[...] dizer que a autoridade pede um parecer e é obrigada a curvar-se àquele parecer, eu confesso que não conheço exemplos aqui no Direito brasileiro" (Responsabilidade dos procuradores e assessores jurídicos da Administração Pública. Boletim de Direito Administrativo – BDA, p. 6).

[239] Pregão presencial e eletrônico. 2. ed., p. 311.

Não obstante, a doutrina tem encontrado dificuldades para distinguir entre pareceres vinculantes e não vinculantes. Dallari e Ferraz, em trabalho minucioso, reafirmam o embaraço no entendimento da distinção, "pois parecer vinculante não é parecer: é decisão".[240]

Ainda sobre a matéria, observa o Santana que "devemos lembrar que o parecer é peça obrigatória do procedimento. Embora sua ausência não gere a nulidade daquele, seu conteúdo tem papel relevante, pois orienta o administrador, conferindo base jurídica ao edital. A ausência ou deficiência de regras claras a propósito da atuação do assessor jurídico tem, não raro, repercussões negativas de toda ordem".

Como é cediço, o parecer constitui ato pelo qual os órgãos consultivos emitem opinião sobre assuntos de sua competência. Consubstanciam, portanto, pontos de vista, integrando o processo de formação do ato. A não vinculação explica-se, portanto, pelo fato de constituírem apenas opinião especializada objetivando nortear o agente público na escolha de conduta.

No caso do parecer referente a analise jurídica da minuta do edital/contrato, entendemos que o mesmo é peça processual, muito embora sua ausência não determine a nulidade.

Com idêntico entendimento, Ronny Charles:[241]

> Realmente, o parecer emitido pelo órgão de assessoria jurídica serve para a orientação da decisão adotada pelo consulente, sendo também instrumento de verificação da legalidade, legitimidade e economicidade dos atos relacionados à gestão de recursos públicos. Contudo, embora o legislador tenha inovado, em relação ao que era prescrito pelo Decreto-Lei nº 2.300/1986, tratando de "aprovação" das minutas, não nos parece que o prévio exame se caracterize como ato-condição, sem o qual perca validade a relação contratual pactuada.

Afirmando, de forma taxativa, que os pareceres têm natureza opinativa, de caráter obrigatório, porém não vinculante, tratando exatamente da questão das apreciações das minutas de editais e contratos, é interessantíssima a observação do jurista:

[240] Ferraz, Sérgio; Dallari, Adilson. Processo administrativo. São Paulo: Malheiros, 2001, p. 125.

[241] Charles. Leis de Licitações Públicas comentadas. 2. ed., p. 145.

Essa assertiva é confirmada pela prática administrativa, já que ocorrem contratações ou publicações de editais que desrespeitam a remessa prévia dos autos ao órgão competente pelo assessoramento jurídico, para emissão de parecer, sem que isso cause necessariamente a anulação ou invalidação dos atos administrativos, pelos órgãos de controle.

Se admitíssemos o parecer jurídico como vinculante, seria inequívoca a constatação de que todas as licitações, contratações, aditamentos e alterações contratuais, que prescindiram de tal manifestação, seriam inválidas. Mais ainda, significaria, a teor do §1º acima transcrito, que todos esses procedimentos apenas poderiam ter continuidade após a emissão do parecer jurídico, imposição abundantemente desmentida pela realidade fática, sendo, infelizmente, comum a realização de aditamentos contratuais sem a prévia oitiva ao órgão de assessoramento jurídico.

Em função do exposto, concluímos, trazendo à colação vetusto ensinamento do saudoso mestre Oswaldo Bandeira de Mello – mantido na íntegra na oportuna decisão antes mencionada do STF –, que o parecer emitido pelas consultorias jurídicas referentes às minutas de editais licitatórios e acordos administrativos enquadram-se efetivamente na categoria de obrigatórios, e não na de vinculantes.

> O parecer é obrigatório quando a lei o exige como pressuposto para a prática do ato final. A obrigatoriedade diz respeito à solicitação do parecer (o que não lhe imprime caráter vinculante).[242]

Insta notar que o dispositivo se refere expressamente às minutas de editais (e não de qualquer ato convocatório). A *ratio legis* é facilmente alcançada: em todo o corpo da lei o legislador dá um tratamento mais singelo ao convite, tanto na divulgação quanto no texto ou no seu procedimento. Consequente e coerentemente, também não obriga a sua aprovação por parte do setor jurídico, por considerar desnecessário.

Da mesma forma, por falta de determinação legal (na Lei nº 8.666/1993), também não há obrigatoriedade de aprovação jurídica nos atos de dispensa e inexigibilidades licitatórias, não havendo, todavia, impedimento há efetivação de regras internas estabelecendo essa apreciação.

[242] Princípios gerais de direito administrativo, p. 575.

Tal não é válido, no entanto, para as minutas de contratos originárias dos afastamentos licitatórios. Estas, é claro, merecerão a avaliação jurídica, consoante a determinação legal.

Ocorre que, no âmbito federal, a Lei Complementar nº 73/1993, que institui a Lei Orgânica da Advocacia-Geral da União, previu, expressamente, no seu art. 11 VI, que às Consultorias Jurídicas compete examinar, prévia e conclusivamente, os textos de edital de licitação, como os dos respectivos contratos ou instrumentos congêneres, e os atos pelos quais se vá reconhecer a inexigibilidade, ou decidir a dispensa, de licitação, o que faz com que se entenda necessário o envio às consultorias jurídicas para tal fim.

Anote-se, contudo, que, após diversas discussões, constatou a AGU, considerando que grande parte das contratações de pequeno valor ocorre sem a formalização de um instrumento contratual (com fulcro no art. 62 da Lei nº 8.666/1993, que, como já avençado, admite a substituição por outros instrumentos hábeis, como carta-contrato, nota de empenho de despesa, autorização de compra ou ordem de execução de serviço), que a maioria das contratações de pequeno valor ocorre sem a prévia manifestação do órgão de assessoramento jurídico.

Nesse curso, expediu a Orientação Normativa nº 46, de 26 de fevereiro de 2014, onde informa que somente é obrigatória a manifestação jurídica nas contratações de pequeno valor com fundamento no art. 24, I ou II, da Lei nº 8.666/1993, quando houver minuta de contrato não padronizada ou tenha o administrador suscitado dúvida jurídica sobre tal contratação, aplicando-se o mesmo entendimento às contratações fundadas no art. 25 (inexigibilidade licitatória), desde que seus valores subsumam-se aos limites previstos nos incisos I e II do art. 24 da mesma lei.

6.1.2. Guerra ou grave perturbação da ordem (inc. III do art. 24)

O inc. III do art. 24 autoriza a dispensa licitatória nos casos de guerra ou grave perturbação da ordem.

> Art. 24. É **dispensável** a licitação:
> (...)
> III – nos casos de guerra ou grave perturbação da ordem;

É evidente que, quando caracterizados estados de guerra ou de perturbação grave da ordem pública, o Estado necessita de agilidade nas suas obras e serviços, o que se incompatibilizaria com a morosidade normal de um certame licitatório. Não haveria sentido na ideia de se oferecer, sob o pretexto da necessária isonomia, oportunidades iguais a todos de contratar com a Administração quando se encontram envolvidos outros valores fundamentais, como o da incolumidade física ou da ordem pública.

Convém ressaltar que, na verdade, o dispositivo reúne duas situações distintas: estado de guerra e grave perturbação da ordem, muito embora a caracterização de ambos dependa de declaração do Poder Executivo.

6.1.2.1. Guerra

Guerra é situação de beligerância entre Estados. No Brasil, a declaração de guerra compete a União (art. 21, II CF), sendo ato privativo do Presidente da República (art. 84, XIX CF), mediante autorização ou referendo do Congresso Nacional (art. 49, II CF).

E mais: consoante o art. 137 II CF, o estado de guerra deverá ser acompanhado da decretação de estado de sítio, que, com amparo no art. 138 CF, deverá indicar as normas de sua execução.

> Art. 21. Compete à União:
>
> (...)
>
> II – declarar a guerra e celebrar a paz;
>
> Art. 84. Compete privativamente ao Presidente da República:
>
> (...)
>
> XIX – declarar guerra, no caso de agressão estrangeira, autorizado pelo Congresso Nacional ou referendado por ele, quando ocorrida no intervalo das sessões legislativas, e, nas mesmas condições, decretar, total ou parcialmente, a mobilização nacional;
>
> Art. 49. É da competência exclusiva do Congresso Nacional:
>
> (...)
>
> II – autorizar o Presidente da República a declarar guerra, a celebrar a paz, a permitir que forças estrangeiras transitem pelo território nacional ou nele permaneçam temporariamente, ressalvados os casos previstos em lei complementar;
>
> Art. 137. O Presidente da República pode, ouvidos o Conselho da República e o Conselho de Defesa Nacional, solicitar ao Congresso Nacional autorização para decretar o estado de sítio nos casos de:

(...)
II – declaração de estado de guerra ou resposta a agressão armada estrangeira.

Art. 138. O decreto do estado de sítio indicará sua duração, as normas necessárias a sua execução e as garantias constitucionais que ficarão suspensas, e, depois de publicado, o Presidente da República designará o executor das medidas específicas e as áreas abrangidas.

Sublinhe-se, no entanto, que a dispensa só seria cabível para as situações cuja satisfação do interesse público estivesse comprometida pelo estado de beligerância, sendo obrigatória a existência de conexão concreta entre a dispensa e o estado de guerra.

Logo, não serão todos os contratos que serão firmados mediante dispensa quando em estado de guerra, mas tão somente os diretamente afetados, cuja realização da licitação pública macularia o interesse público.

6.1.2.2. Grave perturbação da ordem

A situação de grave perturbação da ordem distingue, nas palavras de Hely Lopes Meirelles, a comoção interna, generalizada ou circunscrita a uma região, provocada por atos humanos, tais como revolução, motim ou greve que paralise atividades e serviços essenciais.

A situação, todavia, tem contornos de difícil delineamento, porquanto, diversamente do estado de guerra, que exsurge de ato declaratório, a grave perturbação da ordem, que, indubitavelmente, se equivale faticamente ao estado de guerra, não advém dessa providência.

Por conseguinte, para o enquadramento da dispensa, evidencia-se a necessidade de que a situação seja notória, não bastando que tenha sido objeto de comentários ou de algumas notícias. Nesse sentido, Lúcia Valle Figueiredo e Sérgio Ferraz sublinham a imprescindibilidade de intensa cautela na determinação da hipótese, não podendo incidir sobre ela o juízo subjetivo do administrador público.[243]

Também nesse compasso, Ronny Charles relembra que, além do dever de ser grave, conforme adjetivado pelo inciso, a situação deve referir-se a

[243] Figueiredo, Lúcia Valle; Ferraz, Sérgio. Dispensa e Inexigibilidade de Licitação. 3ª ed, São Paulo: Malheiros, 1994. p. 46.

eventos sociais internos que, embora não possam ser assim caracterizados, possuam gravidade equivalente a uma guerra, de vez que, outras situações, de menor espectro, devem ser abarcadas pela hipótese de emergência ou calamidade pública, prevista no inciso IV.[244]

Por fim, tal como pronunciado para as situações de guerra, também nas hipóteses de grave perturbação da ordem, a dispensa só terá cabimento quando a satisfação do interesse público for comprometida pela situação, sendo obrigatória a existência de conexão entre a dispensa e grave perturbação da ordem. Logo, não serão todos os contratos que serão firmados mediante dispensa, mas tão somente os diretamente afetados, nos quais a realização da licitação pública confrontaria com o interesse público.

6.1.3. Emergência ou calamidade pública (inc. IV do art. 24)

O inc. IV do art. 24 autoriza a dispensa licitatória nas situações de emergência ou de calamidade pública, quando caracterizada urgência de atendimento de situação que possa ocasionar prejuízo ou comprometer a segurança de pessoas, obras, serviços, equipamentos e outros bens, públicos ou particulares.

> Art. 24. É **dispensável** a licitação:
>
> (...)
>
> IV – nos casos de emergência ou de calamidade pública, quando caracterizada urgência de atendimento de situação que possa ocasionar prejuízo ou comprometer a segurança de pessoas, obras, serviços, equipamentos e outros bens, públicos ou particulares, e somente para os bens necessários ao atendimento da situação emergencial ou calamitosa e para as parcelas de obras e serviços que possam ser concluídas no prazo máximo de 180 (cento e oitenta) dias consecutivos e ininterruptos, contados da ocorrência da emergência ou calamidade, vedada a prorrogação dos respectivos contratos;

À semelhança do inciso anterior, neste dispositivo também há duas situações distintas: emergência e calamidade pública. No entanto, diversamente do preceito antecedente, as hipóteses quase se confundem.

[244] Charles, Ronny. Leis de licitações públicas comentadas, 6ª ed., Salvador: Juspodivm, 2014, p. 242.

Segundo o Decreto federal nº 7.257/2010, a situação de emergência é aquela considerada anormal, provocada por desastres, causando danos e prejuízos que impliquem o comprometimento parcial da capacidade de resposta do poder público do ente atingido. Já o estado de calamidade pública é aquele em que a situação anormal, provocada por desastres, causando danos e prejuízos que impliquem o comprometimento substancial da capacidade de resposta do poder público do ente atingido. Vê-se, por conseguinte, que a diferença reside no comprometimento: parcial, na emergência, ou substancial, na calamidade pública.

Como são ocorrências que dependem de reconhecimento, as situações emergenciais estão atreladas à valoração da Administração, cabendo ao agente público responsável, fundamentado em fatos, declará-las, estando tal discricionariedade limitada à razoabilidade e à moralidade administrativa.

No âmbito regulamentar, o art. 7º do Decreto federal nº 7.257/2010 prevê que o reconhecimento da ocorrência emergencial (ou do estado de calamidade pública) pelo Poder Executivo federal dar-se-á mediante requerimento do Poder Executivo do Estado, do Distrito Federal ou do Município afetado pelo desastre.

É importante frisar que a emergência é uma situação que ultrapassa o âmbito de qualquer rotina administrativa, uma vez que os fatos passíveis de colocar em risco, comprometer ou causar prejuízos à segurança de pessoas, obras, serviços, equipamentos e outros bens públicos ou particulares exigem providências imediatas, devendo a expressão "prejuízo" ser interpretada em sentido amplo.[245]

Nessa contextura, as ocorrências devem ser reconhecidas caso a caso, com aferição em cada hipótese concreta, justificando-se a dispensa licitatória em função da anormalidade a ser corrigida ou em face do prejuízo a ser evitado, havendo imperiosa necessidade de total correlação entre a situação emergencial decretada e o lapso temporal para a realização da licitação, pois um caso de emergência reclama solução imediata. Como alerta

[245] É o que sustenta Antônio Carlos Cintra do Amaral: "Quando a norma menciona prejuízo, este deve ser interpretado em sentido amplo. Não me parece existir dúvida de que prejudicada fica a parcela da sociedade envolvida, direta ou indiretamente, quando, por exemplo, uma obra pública não é posta à sua disposição no prazo adequado. O conceito de prazo adequado comporta certo grau de subjetividade e é determinável em cada caso (Licitação e Contrato Administrativo. Estudos Pareceres e Comentários, 2ª ed, Belo Horizonte: Fórum, , 2009, p. 111).

Cintra do Amaral, a realização da licitação, com prazos e formalidades exigíveis, poderá causar prejuízo (obviamente prejuízo relevante) ou comprometer a segurança (de pessoas, obras, serviços ou bens), provocando a paralisação ou prejudicando a regularidade de atividades específicas.[246]

Fica claro, portanto, que, quando a realização de licitação não é incompatível com a solução necessária, estará caracterizada a situação emergencial.

Vide que, de outra parte, há circunstâncias que exigem maior lapso temporal, propiciando a realização da licitação, pois, como já decidiu o TCU, é desprovido de amparo legal o contrato emergencial, firmado em decorrência de dispensa de licitação, quando o objeto almejado depender de estudos preliminares cujo tempo necessário para conclusão descaracterize a urgência da contratação.[247]

Conforme anotam Marçal Justen e Clovis Boechat, a contratação imediata apenas seria admissível se ficar evidenciado que esta será a ferramenta adequada para eliminação do risco, uma vez que, se a ameaça de dano não for suprimida por intermédio do contrato, será descabida a dispensa licitatória.

> Em um país de enormes carências como o Brasil, há emergências e urgências permanentes. Não basta alegar a existência da emergência, mas é necessário demonstrar que a contratação se afigura como instrumento efetivo de atendimento a tais carências. (...). A contratação deve prestar-se a evitar a concretização do dano.[248]

Evidencia-se, daí, a necessidade da Administração também demonstrar a utilidade da contratação direta.

6.1.3.1. Limites à contratação emergencial ou no caso de calamidade pública

Oportunamente, a lei estabeleceu que a contratação direta, baseada nos casos de emergência ou de calamidade pública, só deverá ocorrer para:

[246] Amaral, Antônio Carlos Cintra do. Licitação nas empresas estatais. São Paulo: McGraw-Hill, 1979, p. 54.

[247] Acórdão nº 1.88912006, Plenário, Rel. Min. Ubiratan Aguiar.

[248] Justen Filho. Comentários à Lei de Licitações e Contratos Administrativos. 15. ed., p. 293.

(a) aquisição dos bens necessários ao atendimento imediato da situação; ou (b) parcelas de obras ou serviços indispensáveis, limitadas ao prazo de 180 dias consecutivos e ininterruptos, vedada qualquer prorrogação contratual.

Tais determinações demonstram que a ferramenta visa o atendimento de situações que necessitam de intervenção imediata, sob pena de a procrastinação acarretar dano à segurança. É o que também identificou Diogenes Gasparini, ao obtemperar que as hipóteses alcançáveis são típicas de emergência real, que se caracterizam pela obrigação imediata ou urgente que tem a Administração de evitar situações que possam causar prejuízos.[249]

A intenção é que, nesse lapso temporal, a Administração realize a licitação para solucionar o problema como um todo, se isso for necessário. Assim, efetuaria a contratação direta de parte do objeto a ser executado, remetendo o restante a uma contratação posterior, precedida de licitação formal.

Registre-se, entrementes, que boa parte da doutrina especializada tem outra interpretação, sustentando que obras ou serviços com prazos superiores a 180 dias descaracterizariam o atendimento da situação emergencial ou calamitosa, motivo pelo qual não poderiam prescindir de licitação. Sérgio Ferraz e Lúcia Valle Figueiredo, por exemplo, entendem que "o prazo em tela se aplica, exclusivamente, à contratação de obras e serviços capazes de serem concluídos nesse lapso, pois, se previsivelmente for impossível submeter obras e serviços a esse tempo, haverá de se promover a licitação". [250]

Apesar de a regra anotar a vedação de qualquer prorrogação contratual, sustentamos que, tendo sido prevista a conclusão no prazo mencionado, mas tendo ocorrido situação superveniente inviabilizadora justificável, poder-se-á cogitar de prorrogação por intermédio de aditamento contratual. Nesse ponto, Sérgio Ferraz e Lúcia Valle Figueiredo seguem a mesma trilha e observam que "se a previsão originária razoável era de conclusão no prazo mencionado, vindo a ser supervenientemente inviabilizada a conclusão pode-se, em princípio, cogitar de extensão e aditamento contratuais".[251]

[249] Gasparini. Direito administrativo, p. 214.

[250] Ferraz, Sérgio; Figueiredo, Lúcia Valle. Dispensa e Inexigibilidade de Licitação. 3. Ed. São Paulo: Malheiros, 1994, p. 36.

[251] Ferraz, Sérgio; Figueiredo, Lúcia Valle. Dispensa e Inexigibilidade de Licitação. 3. Ed. São Paulo: Malheiros, 1994, p. 36.

Vide que, ao julgar a Apelação Cível nº 459.860-5, a Quinta Câmara Cível do Tribunal de Justiça do Estado do Paraná acatou o entendimento consignado no Voto do Desembargador Relator, para quem "não socorre ao Ministério Público também a assertiva de que não fora respeitado o prazo do artigo 24, IV, pois os 6 meses deveriam ser contados da urgência e não da assinatura do contrato", porquanto, consoante o Magistrado, "tal interpretação é muito restritiva, na verdade este prazo deve ser analisado, tendo em conta o princípio da proporcionalidade e da razoabilidade, até porque nem sempre a situação de emergência é passível de ser sanada dentro de tal prazo, sendo possível, mesmo a contrário senso da lei, prorrogá-lo em face de dados que evidenciem a permanência da situação de emergência (...)".[252]

Por fim, outra solução, ante a vedação da prorrogação, é a formalização de nova contratação, fundada na urgência, se, evidentemente, não houver condições de se efetuar uma licitação no período emergencial.[253]

6.1.3.2. A questão da emergência em face de negligência do agente público responsável

A situação emergencial que enseja a dispensa resulta de imprevisibilidade, jamais da inércia administrativa, seja por negligência ou má gestão.

Logo, a Administração deve ser cautelosa no tratamento da hipótese, uma vez que a não contratação representaria um prejuízo para o interesse público.

Já dispusemos que a dispensa de licitação por emergência demanda a avaliação da demonstração da potencialidade do dano, dado que, se o risco não for extirpado com a contratação, inexistirá cabimento na dispensa.

Conforme esposado anteriormente, há de expor a relação de causalidade entre a ausência de contratação e a ocorrência de dano, ou seja, a relação de causalidade entre a contratação e a supressão do risco de dano. A contratação deverá ser o instrumento satisfatório de eliminação do risco de sacrifício dos interesses envolvidos.[254]

[252] TJ/PR, Apelação Cível nº 459.860-5, Rel. Rogério Ribas, j. em 13.01.2009.

[253] Marcos Juruena Villela Souto defende a adoção desse expediente (Direito Administrativo da Economia, 3 ed, Rio de Janeiro: Lumen Juris, 2003, p. 102)..

[254] Dotti. Contratação emergencial e desídia administrativa. Fórum de Contratação e Gestão Pública – FCGP, ano 6, n. 64, abr. 2007.

Não obstante, não raro ocorrem situações emergenciais decorrentes da falta de planejamento.

Destarte, na ocorrência de "emergência ficta", como a denominou Diógenes Gasparini, isto é, emergência "fabricada", não há urgência, havendo, sim, negligência.

Todavia, é evidente que, mesmo nesses casos, a situação fática de dano iminente poderá determinar a contratação direta, em face da urgência do atendimento. Contrata-se, portanto, com alicerce no dispositivo legal e, pela negligência, deverá responder a autoridade causadora, após o devido processo apurativo e punitivo. Marinês Dotti raciocina da mesma forma, observando que, sem dúvida, a situação de emergência criada pela desídia do administrador terá a capacidade de gerar afronta aos artigos 15, §7º, inciso II (que patenteia o princípio do planejamento) da Lei nº 8.666/1993, e o art. 74, incs. I (dever de atendimento das metas dos programas de governo) e II (obrigação de ser eficaz) da CF, mas que, se formada, estará automaticamente subsumida ao caso a hipótese do art. 24, inc. IV, do mesmo diploma.[255]

Na mesma linha, Maria Sylvia Zanella Di Pietro, ao aduzir que, se estiverem presentes todos os requisitos previstos no dispositivo, caberá a dispensa de licitação, independentemente da culpa do servidor pela não realização do procedimento na época oportuna. Se a demora do procedimento puder ocasionar prejuízo ou comprometer a segurança de pessoas, obras, serviços, equipamentos e outros bens, públicos ou particulares, a dispensa terá que ser feita, porque o interesse público em jogo – a segurança – leva necessariamente a essa conclusão.[256]

Com idêntico entendimento, Roberto Bazili e Sandra Miranda, que, ao criticarem atitudes de alguns órgãos de controle, que não têm considerado possível a dispensa de licitação sob a alegação de emergência em decorrência de falta de planejamento adequado, aduzem, tendo em vista que a situação emergencial decorre de fatos concretos, que tais ocorrências devem ser avaliadas pela Administração e, na existência de episódios caracterizadores da emergência, não caberia aos órgãos julgadores não

[255] Dotti. Contratação emergencial e desídia administrativa. Fórum de Contratação e Gestão Pública – FCGP, ano 6, n. 64.

[256] Di Pietro. Maria Sylvia Zanella. Temas polêmicos sobre licitações e contratos, São Paulo: Malheiros, p. 80.

reconhecê-los em virtude das causas que os determinaram, pois, ainda que indiquem culpa da própria Administração, o fato é que a emergência poderá estar devidamente caracterizada.

> Exemplifique-se com a seguinte situação: os órgãos de saúde realizam planejamento para aquisição de vacinas contra determinada doença epidêmica e, com base nesses dados, realizam licitação e adquirem as quantidades previstas. Porém, percebem que a quantidade foi insuficiente, os estoques estão zerados e não se providenciou com a antecedência devida a competente licitação para reposição dos estoques necessários. O que deve fazer a Administração? Esperar a realização de nova licitação, independentemente do risco de óbitos acontecerem? Ou, à vista da situação emergencial caracterizada por falha da própria Administração, adquirir as vacinas necessárias por contratação direta, com dispensa de licitação, nos termos do art. 24, IV, da lei licitatória, suficientes para cobrir o prazo para realização de novo procedimento licitatório? A nosso ver, este é caso típico de emergência decorrente de falha da própria Administração, mas que existe e que serve de fundamento para a dispensa licitatória.[257]

O TCU enfrentou a questão, tendo concluído no mesmo sentido:

> Acórdão 1138/2011 – Representação de unidade técnica. Contratação fundamentada em situação emergencial. Conhecimento. Improcedência. 1. A situação prevista no art. 24, IV, da Lei nº 8.666/1993 não distingue a emergência real, resultante do imprevisível, daquela resultante da incúria ou inércia administrativa, sendo cabível, em ambas as hipóteses, a contratação direta, desde que devidamente caracterizada a urgência de atendimento a situação que possa ocasionar prejuízo ou comprometer a segurança de pessoas, obras, serviços, equipamentos e outros bens, públicos ou particulares. 2. A incúria ou inércia administrativa caracteriza-se em relação ao comportamento individual de determinado agente público, não sendo possível falar-se da existência de tais situações de forma genérica, sem individualização de culpas.

[257] Bazilli, Roberto Ribeiro; Miranda, Sandra Julien. Licitação à luz do direito positivo, São Paulo: Malheiros. 1999, p. 153.

Também a AGU manifestou-se a respeito:

> Orientação Normativa nº 11, de 01 de abril de 2009 – A contratação direta com fundamento no inc. IV do art. 24 da Lei nº 8.666, de 1993, exige que, concomitantemente, seja apurado se a situação emergencial foi gerada por falta de planejamento, desídia ou má gestão, hipótese que, quem lhe deu causa será responsabilizado na forma da lei.

6.1.3.3. A questão da contratação emergencial em face de obstrução judicial

Uma situação peculiar deriva da impossibilidade de contratar por motivo que independe da vontade da Administração.

Muitas vezes nos deparamos com a seguinte situação: a Administração realiza a licitação em data adequada, seguindo um planejamento correto, conclui com êxito, declara o vencedor, aguarda os prazos recursais, e prepara-se para adjudicar (ou até mesmo efetua a adjudicação), aprontando-se para celebrar o contrato. Todavia, nesse ínterim, é surpreendida com o ingresso de ação no Poder Judiciário – normalmente, por intermédio de Mandado de Segurança – de outro licitante, quase sempre o segundo colocado, questionando o procedimento, a qual obtém provimento, impedindo a celebração do acordo que objetivava objeto de importância.

Nessa hipótese, a Administração se vê impedida de contratar em função de uma decisão judicial referente a uma licitação legitimamente instaurada.

Certo é que, dependendo do objeto intentado, há imperiosa necessidade de adoção da contratação direta devido à urgência imposta. A questão, no entanto, não é de fácil resolução, pois a contratação direta poderá ser incompatível com a decisão judicial. Suponha-se que a Administração desclassificou uma proposta de menor valor e o licitante desclassificado se socorra do Judiciário, obtendo provimento impedindo a adjudicação em favor de terceiro. A Administração ficaria numa enrascada: não poderia, obviamente, contratar com o licitante vencedor, pois isso caracterizaria o descumprimento da ordem judicial, não poderia adjudicar o objeto licitado em favor de outro licitante, nem, tampouco, poderia contratá-lo sob regime de emergência, sendo descabida, também, a contratação de um terceiro não participante da licitação, independentemente do valor de sua proposta. Evidencia-se, assim, que a situação dependerá unicamente de decisão judicial.

6.1.3.4. Situações emergenciais que afastarão as formalidades do art. 26

Conforme se verá com mais detalhes posteriormente, tanto na dispensa quanto na inexigibilidade (a ser verificada quando da análise do art. 25), a lei, no art. 26, impõe regras procedimentais mais simples, porém obrigatórias, para a seleção do contratado, uma vez que a não realização de licitação não determina a ausência de prévias formalidades. Entretanto, na hipótese de contratação por emergência, evidencia-se que essa providência, não raro, restará prejudicada, a não ser, é claro, pela caracterização da situação emergencial ou calamitosa que justifique a dispensa (inc. I do art. 26). É inimaginável, por exemplo, que se aguarde certo período procedimental, com uma sequência de atos formais, ainda que rápidos, no caso de iminente risco de desabamento de uma obra, porquanto, é claro, far-se-á necessária a ingerência imediata do Poder Público, com o fito de preservar vidas e bens. Nesta hipótese, inclusive, muitas vezes a Administração deverá valer-se até mesmo da contratação verbal, com posterior formalização por escrito.

Sobre a matéria, bem delineou Carlos Pinto Coelho Motta, ao anotar que, dentro do previsível, surgem fatores imprevisíveis, pois, no solo da rotina e do planejado, germinam de súbito circunstâncias aleatórias, que mudam todo o quadro. No entanto, como ressaltou, avocando Floriano Azevedo Marques Neto,[258] um aspecto é absolutamente claro e isento de discussão: em qualquer caso, trata-se da imponibilidade da ação em caso de urgência, de vez que, diante de uma situação emergencial, o dever colocado para a Administração é de estancar o foco urgencial e nunca tecer cogitações quanto a se irá ou não adotar procedimentos formais para viabilizar este mister.[259]

Portanto, tal contratação direta, como sublinha Carlos Motta, constitui a solução exata, ao flexibilizar os rituais de conteúdo formal, exigíveis em condições administrativas regulares, em função de uma demanda que se tenha elevado de modo abrupto e acentuado.

[258] Marques Neto, Floriano P. Azevedo. Contratação direta por emergência: situação calamitosa – irrelevância dos fatores causadores da situação emergencial. RTDP n. 21, 1998, p. 130. *Vide* ainda: Dallari, Adilson Abreu. Dispensa de licitação por motivo de urgência. Jurídica Administração Municipal – JAM. n. 9, set. 1999, p. 3.

[259] Motta, Carlos Pinto Coelho. O princípio da moralidade e a dispensa de licitação por emergência, Boletim de Licitações e Contratos nº 581, Zênite, Jul/2005.

Ademais, como refletiu Cintra do Amaral, o prazo, nessas situações, passa a ser o elemento determinante da decisão de não licitar (...) exatamente porque diante de caso excepcional também excepcional deve ser a confiabilidade. Por outro lado, como registra o jurista, é lógico que, ao dispensar a licitação para uma contratação com fundamento na emergência, a Administração está arriscando-se a, se não cumprido o prazo determinado, ver frustrado o seu objetivo de atender ao interesse social subjacente, apesar da medida excepcional tomada. Todavia, é certo que esse é um risco que a situação emergencial pode impor, devendo o agente público responsável sopesá-la e, dentro do possível, cercar-se de informações para tomar a providência da contratação.[260]

Quanto à justificativa do preço – outra determinação do art. 26 –, faz-se necessário que a Administração junte aos autos do processo, posteriormente, os preços consultados no mercado, para efeito de comparação. *Vide* que, nesse particular, o TCU já decidiu pelo rigor na apreciação dos valores dos contratos emergenciais, para que se evite o superfaturamento:

> (...) é irregular compra com valor superfaturado por emergência. (TCU. Processo nº 550.790/91-8. Decisão nº 060/1997 – 2ª Câmara).

6.1.4. Não comparecimento de interessados – A licitação deserta (inc. V do art. 24)

O inc. V do art. 24 autoriza a dispensa licitatória quando não acudirem interessados à licitação anterior e esta não puder ser repetida sem prejuízo para a Administração.

> Art. 24. É **dispensável** a licitação:
> (...)
> V – quando não acudirem interessados à licitação anterior e esta, justificadamente, não puder ser repetida sem prejuízo para a Administração, mantidas, neste caso, todas as condições preestabelecidas;

[260] Amaral, Antônio Carlos Cintra do. Dispensa de licitação por emergência. Salvador, Instituto Brasileiro de Direito Público, nº 13, janeiro/fevereiro/março, 2008. Disponível em http://www.direitodoestado.com.br/rede.asp.

O desinteresse na licitação caracteriza-se quando não acudirem interessados a certame plenamente divulgado, tendo-se, assim, o que se acostumou chamar, no jargão licitatório, de "licitação deserta".

Na ocorrência da hipótese, o texto legal permite a contratação direta, desde que haja justificativa formal de que a sua repetição seria prejudicial ao interesse público e manutenção de todas as condições preestabelecidas.

O primordial objetivo desta dispensa licitatória cumpre-se, como bem focou Jessé Torres, com o desmantelamento de eventual acerto entre empresas do ramo, à margem do certame, para forçar a revisão de condições que não considerarem suficientemente vantajosas para seus interesses. Aplicada a dispensa, tais empresas correm o risco de ver o contrato ajustado com terceiro que não haja participado do conluio.[261] Aliás, tal sempre foi preocupação de Marcos Juruena Villela Souto, que, apreciando a questão, anotou, desassossegado, que, infelizmente, a lei se limita a autorizar a contratação direta, sem qualquer determinação para que as autoridades administrativas envolvidas na competição providenciem a apuração da ocorrência de abuso de poder econômico.[262]

Não obstante, o dispositivo impõe os seguintes requisitos para o perfeito enquadramento da dispensa licitatória:

a) existência de licitação anterior válida;
b) ausência de interessados nessa licitação;
c) risco de prejuízo caracterizado em função da demora decorrente de novo processo licitatório; e
d) manutenção das condições ofertadas no ato convocatório anterior.

Com relação a requisito "a" (existência de licitação anterior válida), convém esclarecer que se trata de competição que não alcançou a fase de adjudicação (ou seja, a etapa do procedimento na qual se atribui ao vencedor da licitação o objeto da licitação) ou mesmo de certame em que a adjudicação consumou-se, mas não houve a celebração do contrato, em face de desinteresse posterior, desde que, é lógico, inexistiam outros licitantes habilitados.

[261] Pereira Junior, Jessé Torres. Comentários à Lei de licitações e contratações da Administração Pública, 7 ed., Rio de Janeiro: Renovar, 2007, p. 302.

[262] Souto, Marcos Juruena Villela. Direito Administrativo Contratual, 3 ed, Rio de Janeiro: Lumen Juris, 2004, p. 103.

Quanto ao requisito "b" (ausência de interessados), importa frisar a necessidade, para aperfeiçoamento da hipótese, do ente público verificar os motivos que ensejaram a ausência de interessados na licitação, a fim de constatar, entre outras possibilidades, a inexistência de falha na elaboração do edital convocatório da licitação.

Registre-se que a redação da parte inicial do dispositivo, que menciona o uso da dispensa "quando não acudirem interessados à licitação anterior", tem permitido o equivocado entendimento de que a sua adoção dependerá de repetição do certame, sob o argumento de que a anterioridade citada refere-se a uma segunda licitação. É óbvio que essa interpretação desnatura a intenção do legislador, dado que a hipótese conecta-se com o requisito estampado em "c" (risco de prejuízo caracterizado em função da demora decorrente de novo processo licitatório), já que o dispositivo legal remete à avaliação do agente público quanto à repetição e o possível dano à Administração.

Ao tratar da matéria, Benedicto Tolosa foi taxativo:

> Assim não entendemos. A interpretação teleológica conduz-nos a concluir que, ao utilizar a expressão "anterior", o legislador se refere a uma única licitação. Pois, se assim não fosse, de nada adiantaria o dispositivo, cujo objetivo é impedir que a Administração Pública deixe de atender suas necessidades no momento oportuno. Realizar um procedimento licitatório que resta frustrado e repeti-lo enseja grande lapso temporal, inviabilizando a intenção do legislador. [263]

6.1.4.1. A questão da "licitação fracassada"

Como anotado, um dos requisitos para o perfeito enquadramento da dispensa é a ausência de interessados na licitação anterior ("quando não acudirem interessados à licitação anterior").

No entanto, a interpretação do comando legal não pode levar o intérprete a entender que a presença de "interessados" desprovidos de competência para executar o objeto pretendido afaste a possibilidade da adoção da solução oferecida pelo dispositivo. Essa postura caracterizaria uma aplicação não inteligente da lei.

[263] Tolosa Filho, Benedicto de. Contratando sem licitação: comentários teóricos e práticos. 3. ed., Rio de Janeiro: GZ, p. 89.

Por conseguinte, há de se entender que, ao valer-se da ideia da ausência de interessados, buscava o legislador informar que o interesse público deve ser satisfeito com a contratação direta do objeto necessário, quando a licitação legalmente instaurada não obtiver êxito, não só por falta literal de licitantes, como também em face da presença de pretendentes a executar o intencionado pela Administração, mas que não tenham permitido a adjudicação, por não deterem a habilitação necessária ou, mesmo que habilitados, não apresentem propostas válidas, caracterizando o que se costuma chamar de "licitação fracassada".

Com entendimento idêntico, Jorge Ulisses Jacoby conclui que há equivalência nas situações "porque não se pode acolher como 'interessado' aquele que comparece sem ter condições jurídicas para contratar ou formula proposta que não atende aos requisitos do ato convocatório, ou vem a ter desclassificada sua proposta, na forma do art. 48 da Lei nº 8.666/1993".[264]

No mesmo diapasão, Joel de Menezes Niebuhr:

> Em ambas as situações, o resultado para a Administração é o mesmo, isto é, ela não consegue obter da licitação o objetivo visado, qual seja o de selecionar aquele com quem irá celebrar contrato administrativo. Daí que, em obséquio à identidade das consequências, defende-se que o inc. V do art. 24 da Lei nº 8.666/1993 aplica-se tanto em relação às licitações desertas, quanto no tocante às fracassadas.[265]

Sustenta-se, por conseguinte, que o enquadramento da dispensa licitatória também abrange a hipótese de licitação fracassada, isto é, na eventualidade de possíveis interessados não conseguirem ultrapassar as fases do certame.[266] [267]

[264] Jacoby Fernandes. Licitação deserta/fracassada que não pode ser repetida. Fórum de Contratação e Gestão Pública – FCGP.

[265] Niebuhr. Certame deserto e a dispensa de licitação. ILC – Informativo de Licitações e Contratos, n. 319.

[266] No mesmo sentido, Hely Lopes Meirelles (Licitação e contrato administrativo. 9. ed. p. 98).

[267] Em sentido contrário, Roberto Bazilli e Sandra Miranda: "Essa é a hipótese da chamada licitação deserta, que não se confunde com a fracassada. Ambas levam ao mesmo resultado, ou seja, a impossibilidade de contratar o objeto licitado e pretendido pela Administração. Porém, na licitação deserta não acorrem interessados ao procedimento licitatório, enquanto que na

Vide que o TCU, ao adotar que o art. 24, inc. V, da Lei 8.666/1993 estabelece a possibilidade de dispensa de licitação pública se satisfeitas simultaneamente as condições de: (a) falta em certame anterior de proposta reputada válida (interpretação extensiva dada à expressa hipótese de não-comparecimento de interessados); e (b) impossibilidade justificada de repetição do certame sem que haja prejuízo para a Administração, mantidas, neste caso, todas as condições pré-estabelecidas (TCU, Acórdão nº 4.780/2009, 1ª Câmara, Rel. Min. Weder de Oliveira, DOU de 19.06.2012.), também adere a ideia de que é possível a contratação direta nas hipóteses de licitação fracassada, desde que preenchidos os requisitos legais, especialmente em vista do pressuposto que orienta essa hipótese legal de dispensa de licitação.

6.1.4.2. A adoção da dispensa por ausência de licitantes no caso do uso da modalidade licitatória convite

Quando a modalidade licitatória adotada for o convite há, a princípio, a necessidade da existência de três propostas válidas para sua regularidade. Ao longo do tempo, tem se defendido que, quando da adoção de tal modalidade, a Administração não pode utilizar a dispensa por ausência de licitantes para a contratação direta. Realmente, como nesse caso é a Administração quem escolhe os licitantes, não seria razoável que lhe fosse permitido servir-se da possibilidade da "ausência de interesse" para contratar diretamente. Nesse caminho, inclusive, a orientação normativa da AGU:

> Orientação Normativa nº 12, da Advocacia-Geral da União, de 1º de abril de 2009 – Não se dispensa licitação, com fundamento nos incs. V e VII do art. 24 da Lei nº 8.666, de 1993, caso a licitação fracassada ou deserta tenha sido realizada na modalidade convite.

No entanto, há, sim, a possibilidade de uso, quando ocorrer limitação de mercado, como discorre Ulisses Jacoby, que exemplifica supondo que, num Município, onde só há quatro fornecedores de copo descartável, a Prefeitura convida formalmente os quatro, mas nenhum se apresenta à

fracassada os interessados comparecem ao certame, mas não preenchem os requisitos para habilitação ou, quando qualificados, suas propostas são desclassificadas, ou, então, desistem de participar" (Bazilli; Miranda. Licitação à luz do direito positivo, p. 166).

licitação. Evidencia-se, nessa hipótese, que, se nenhum deles se interessou pelo certame, poderá ser efetivada a contratação direta, desde que a Administração não modifique nenhum requisito anteriormente definido.[268]

Ressalve-se, entrementes, a hipótese da apresentação de proposta válida por parte de um ou dois licitantes convidados, pois, nesse caso, se atendidos os pressupostos do art. 22, § 7º, da Lei nº 8.666/1993 (que disciplina que, se a limitação do mercado ou o manifesto desinteresse dos convidados impossibilitarem a obtenção de no mínimo três de licitantes no convite, a Administração estaria desobrigada de repetir o certame), será possível a contratação, mas não com a adoção de dispensa licitatória.

> Art. 22. São modalidades de licitação:
> I – concorrência;
> II – tomada de preços;
> III – convite;
> IV – concurso;
> V – leilão.
> (...)
> § 7º Quando, por limitações do mercado ou manifesto desinteresse dos convidados, for impossível a obtenção do número mínimo de licitantes exigidos no § 3º deste artigo, essas circunstâncias deverão ser devidamente justificadas no processo, sob pena de repetição do convite.

A "limitação do mercado" caracteriza situação a ser verificada em data anterior à instauração da licitação. Assim, constatada a limitação de possíveis concorrentes na praça, não há como se convidar o número mínimo exigido. Convidam-se apenas os dois existentes.

Para bem aplicar o dispositivo, há de se entender que as limitações de mercado resultam diretamente do fato de não se ter, na localidade em que se realiza a licitação, pessoas (físicas ou jurídicas) em quantidade suficiente à obtenção do número mínimo de três.

Significa dizer, portanto, que o mercado não oferece opções à Administração naquela praça específica e que, desse modo, a Administração estará autorizada a realizar o certame com número de participantes

[268] Jacoby Fernandes. Licitação deserta/fracassada que não pode ser repetida. Fórum de Contratação e Gestão Pública – FCGP, ano 4, n. 48.

inferior, desde que formule justificativa expressa e induvidosa nesse sentido.[269]

O "manifesto desinteresse dos convidados", por sua vez, é fato que ocorre durante o certame, dando-se, a nosso ver, com a simples ausência do convidado. Na verdade, a ausência, desde que haja a comprovação do convite, demonstra o desinteresse com mais veemência que a hipótese de comunicação formal de desinteresse. Daí, supondo-se que, convidados três possíveis interessados, apenas dois tenham comparecido ao certame, deve a licitação continuar normalmente, cabendo à Administração apenas justificar o ocorrido no processo.

6.1.4.3. A adoção da dispensa por ausência de licitantes no caso de licitação por itens

A licitação por itens deve ser encarada, de regra, como se várias licitações autônomas estivessem sido instauradas, ou seja, como uma concentração de várias licitações em um único processo, sendo adotada não só para facilitar e agilizar, como nas hipóteses em que, quando os itens agrupados estimularem o interesse dos potenciais licitantes e propiciarem ampla competição.

Pois bem, na realização de licitação por itens (ou lotes), a Administração elabora um único edital, que contemplará as condições gerais e os requisitos específicos a serem atendidos para cada item.

Nesse curso, em virtude de serem contratações autônomas, há a possibilidade de alguns itens não obterem propostas, o que justificaria a contratação direta com base na ausência de interessados.

6.1.4.4. A adoção da dispensa por ausência de licitantes no caso de serviços continuados

Como se sabe, a Lei nº 8.666/1993 autoriza a prorrogação, por iguais e sucessivos períodos, os serviços a serem executados de forma contínua, com vistas à obtenção de preços e condições mais vantajosas, até sessenta meses (art. 57, II).

Eventualmente, tais serviços podem ser contratados diretamente, após a ausência de licitantes num certame (licitação deserta).

A questão é se seria possível, nessa hipótese de contratação, a prorrogação contratual. Entendemos que sim, pois, celebrado o contrato regu-

[269] Nóbrega. Repetição do convite. ILC – Informativo de Licitações e Contratos, n. 53, p. 631.

larmente, as regras a serem atendidas são as dispostas no dispositivo que regula a contratação (o citado art. 57, II). No entanto, Ronny Charles observa, com absoluta razão, que a prorrogação de um serviço contínuo sempre evolve um juízo de "vantajosidade" para a Administração Pública, já que, nos termos legais, ela sempre deve perseguir a obtenção de preços e condições mais vantajosas para Administração. Assim, embora não exista vedação legal para a prorrogação das contratações de serviços continuados pactuadas em função da referida hipótese de contratação direta, sugere, acertadamente, que sejam precedidas de justificativas formais, efetuadas pelas autoridades contratantes, nas quais se destacará que a prorrogação é vantajosa e que a realização do respectivo certame seria prejudicial à Administração.

> Caso existam elementos que demonstrem a viabilidade da realização de um certame naquele novo momento (o da prorrogação), não parece legítima a renovação do pacto contratual, sem a submissão ao devido certame licitatório, já que tal viabilidade era impeditiva à própria contratação.[270]

6.1.5. Intervenção no domínio econômico (inc. VI do art. 24)

O inc. VI do art. 24 autoriza a dispensa licitatória quando a União tiver que intervir no domínio econômico para regulação de preços ou normalização de abastecimento.

> Art. 24. É **dispensável** a licitação:
> (...)
> VI – quando a União tiver que intervir no domínio econômico para regular preços ou normalizar o abastecimento;

Tendo como única destinatária a União, o inciso possibilita a intervenção no domínio econômico, mediante a aquisição de bens por contratação direta, para sua colocação no mercado objetivando impor equilíbrio de preço.

Sobre a matéria, convém relembrar que, no século XIX, a principal característica do Estado era a proteção às liberdades e aos direitos indivi-

[270] Charles, Ronny. Leis de licitações públicas comentadas, 7ª ed., Salvador: Juspodivm, 2015, p. 253.

duais legalmente previstos. Era o chamado Estado Liberal, onde a lei prevalecia até mesmo sobre os governantes. Nesse viés, o Estado pouco atuava nas áreas sociais e econômicas.

Entrementes, no final do mesmo século, em face de diversas pressões da coletividade, o Estado viu-se obrigado a assumir novas obrigações, visando o bem-estar coletivo, passando não só a prestar os serviços necessários ao povo como a atuar âmbito econômico. Dessa forma, o setor econômico, tão próprio dos particulares, começou a sofrer a interferência do Estado para garantir o conforto coletivo.

Atualmente, a limitação da Ordem Econômica pelo Estado, por intermédio de intervenção, consta nos artigos do Capítulo I do Título VII da Constituição Federal, denominado "Dos princípios gerais da atividade econômica". Os princípios da Ordem Econômica estão elencados no art. 170:

> Art. 170. A ordem econômica, fundada na valorização do trabalho humano e na livre iniciativa, tem por fim assegurar a todos a existência digna, conforme os ditames da justiça social, observados os seguintes princípios:
>
> I – soberania nacional; II – propriedade privada; III – função social da propriedade; IV – livre concorrência; V – defesa do consumidor; VI – defesa do meio ambiente; VII – redução das desigualdades regionais e sociais; VIII – busca do pleno emprego; IX – tratamento favorecido para as empresas de pequeno porte constituídas sob as leis brasileiras e que tenham sua sede e administração no País.
>
> Parágrafo único. É assegurado a todos o livre exercício de qualquer atividade econômica, independentemente de autorização de órgãos públicos, salvo nos casos previstos em lei.

Verifica-se que a regra geral estabelecida no art. 170 CF é a da livre iniciativa, propiciando à iniciativa privada a livre concorrência. Todavia, em função da liberdade que a regra constitucional oferece, é possível a ocorrência de abusos por parte dos mais poderosos.

Destarte, para repressão ao chamado "abuso do poder econômico" – quando esses mais poderosos adotam mecanismos que visam eliminar ou afetar a livre concorrência, com o objetivo de dominar o mercado ou elevar abusivamente os preços – o Estado necessita intervir regulando preços ou normalizando o abastecimento.

Nesse panorama, o artigo 174 CF preconiza que o Estado, como agente normativo e regulador da atividade econômica, deverá, na forma da lei, exercer as funções de fiscalização, incentivo e planejamento, sendo este determinante para o setor público e indicativo para o setor privado. Dessa forma, vê-se que a própria Carta Magna outorga ao Estado a função de regular o mercado.

Sob esse prisma, o inciso em comento reputa dispensável a licitação pública quando houver necessidade de intervenção do Estado no domínio econômico, com o intuito de regular os preços ou normalizar o abastecimento. Logo, quando constatar a escassez de produtos com objetivo de forçar a majoração de preços, o Estado não dependerá de morosos certames licitatórios para contratar no mercado o bem necessário, de modo a formar estoques reguladores e recolocação no mercado, impondo, assim, a queda dos preços.

É de se salientar, no entanto, que nem todos os contratos que visarem regular os preços ou normalizar o abastecimento deverão ser firmados com a adoção da dispensa licitatória, pois, certamente, haverá hipóteses de contratação nesse sentido que, por não colocarem em risco o interesse público, poderão ser concretizadas por intermédio de procedimento licitatório.

Da mesma forma, Roberto Bazilli e Sandra Miranda:

> É bom reafirmar que somente os bens necessários a essa regularização podem ser comprados ou alienados sem licitação. A possibilidade de dispensa não é para todo e qualquer bem, mas somente para os relacionados diretamente com a regularização dos preços; outros bens deverão ser adquiridos ou alienados com estrita observância de licitação.[271]

Joel Niebuhr também compartilha desse entendimento:

> Quer-se dizer que pode haver caso de contratação, cujo objetivo é regular preços ou normalizar o abastecimento, que pode ser levado a cabo mediante licitação pública, sem risco de gravame ao interesse público. Nesses casos, não cabe a dispensa, e, pois, é imperioso proceder à licitação pública.[272]

[271] Bazilli, Roberto Ribeiro; Miranda, Sandra Julien. Licitação à Luz do Direito Positivo. p. 156.

[272] Niebuhr, Joel de Menezes. Dispensa e Inexigibilidade de Licitação Pública, Belo Horizonte: Fórum, 2008, p. 455.

6.1.6. Propostas com preços excessivos: manifestamente superiores aos de mercado ou incompatíveis com os fixados por órgãos oficiais (inc. VII do art. 24)

O inc. VII do art. 24 autoriza a contratação direta com dispensa licitatória quando as propostas apresentadas em certames consignarem preços manifestamente superiores aos praticados no mercado nacional ou quando forem incompatíveis com os fixados pelos órgãos oficiais competentes.

> Art. 24. É **dispensável** a licitação:
>
> (...)
>
> VII – quando as propostas apresentadas consignarem preços manifestamente superiores aos praticados no mercado nacional, ou forem incompatíveis com os fixados pelos órgãos oficiais competentes, casos em que, observado o parágrafo único do art. 48 desta Lei e, persistindo a situação, será admitida a adjudicação direta dos bens ou serviços, por valor não superior ao constante do registro de preços, ou dos serviços;

O pressuposto para o enquadramento na dispensa de licitação é bastante claro: a existência de prévia licitação.

Como é cediço, sempre que no desfecho do certame licitatório a melhor proposta alcançada não se enquadrar nas condições consideradas vantajosas para a Administração, a contratação não poderá ocorrer.

Assim, no seguimento desse preceito, o dispositivo aponta para a dispensabilidade de competição na contratação de bens e serviços – excluindo-se, portanto, as obras – quando as propostas apresentadas numa licitação: (a) estiverem com preços manifestamente superiores aos praticados no mercado nacional, excluindo-se, dessa forma, qualquer comparação com preços no mercado internacional; ou (b) forem incompatíveis com os preços fixados pelos órgãos oficiais competentes, ou seja, em conflito com valor estabelecido em registro de preços ou com preço tabelado ou congelado.

Evidentemente, a dispensa dar-se-á quando a Administração conseguir no mercado alguém disposto a aceitar a contratação por valor inferior ao atingido na licitação e que atenda aos requisitos estabelecidos.

Anote-se que a AGU, por intermédio da Orientação Normativa nº 12/2009, orienta no sentido do não enquadramento da dispensa no caso da modalidade licitatória adotada for o convite. A orientação é corretíssima, uma vez que, em tal modalidade licitatória, é a própria Administração que escolhe a quem endereçará as chamadas "cartas-convite". E, como é cediço, nesse caso, não sendo obtido o número legal mínimo de três propostas válidas (aptas à seleção)[273], impõe-se a repetição do ato, com a convocação de outros possíveis interessados, ressalvada a hipótese prevista no § 7º, do art. 22, da Lei nº 8.666/1993 (o qual prescreve que, quando, por limitações do mercado ou manifesto desinteresse dos convidados, for impossível a obtenção do número mínimo de licitantes exigidos, essas circunstâncias deverão ser devidamente justificadas no processo). Logo, diante da necessidade de repetição do convite, restará afastada a aplicação da contratação direta.

6.1.6.1. Hipótese 1: Preços manifestamente superiores aos praticados no mercado nacional

Por preço "manifestamente superior" há de se entender uma superação de grande monta, e que, obviamente, não tenha ocorrido em função de oscilações conjunturais, como, por exemplo, alterações climáticas.

Denota-se, portanto, a necessidade de acurada pesquisa de preços no mercado. A matéria tem relevância atualmente, haja vista o retorno com grande força da famigerada inflação na economia nacional, hoje, inclusive, somando-se à recessão,[274] cabendo à Administração cautela no exame das condições de mercado, adequando as decisões às peculiaridades do momento.

[273] Lei nº 8.666/93 – Art.22 (...) § 3o Convite é a modalidade de licitação entre interessados do ramo pertinente ao seu objeto, cadastrados ou não, escolhidos e convidados em número mínimo de 3 (três) pela unidade administrativa, a qual afixará, em local apropriado, cópia do instrumento convocatório e o estenderá aos demais cadastrados na correspondente especialidade que manifestarem seu interesse com antecedência de até 24 (vinte e quatro) horas da apresentação das propostas.

[274] Consoante projeção efetuada por técnicos do banco Santander em outubro de 2015, a recessão prevista para o ano (próxima de 3%) vai se espalhar por todas as regiões do País. Se a estimativa se confirmar, será a primeira vez desde 1996, início da série histórica do IBGE, que a economia de todos os estados terá desempenho negativo ou nulo. No estudo, o banco projeta que o PIB do país encolherá 2,8% em 2015. A previsão é semelhante à dos economistas do mercado financeiro, que esperam contração de 2,97%, de acordo com o mais recente boletim Focus, pesquisa do Banco Central com mais de cem instituições financeiras. A economia brasileira não enfrenta uma recessão desde 2009, quando, na esteira da crise global, recuou 0,2%. Nem naquele ano o tombo foi tão disseminado: em 2009, o PIB de 17 das 27 unidades da federação avançou (O Globo, 15.10.2015).

É de se registrar a inexistência de diplomas legais que informem a maneira de realização dessa pesquisa, razão pela qual, a Administração, habitualmente, tem se valido de três orçamentos solicitados a fornecedores que atuam no ramo da contratação, procedimento que, diga-se de passagem, não é nada confiável, e que tem motivado nossas críticas constantes, quando sugerimos a ampliação das fontes de consultas.

Nesse viés, no âmbito do TCU, através do Acórdão nº 868/2013 – Plenário, o ministro relator concluiu pela necessidade de exame de fontes de pesquisa capazes de representar o mercado, reconhecendo a insuficiência da pesquisa de preços realizada tão somente com base nos orçamentos fornecidos. Na oportunidade, aludiu a fontes alternativas de pesquisa:

> Esse conjunto de preços ao qual me referi como "cesta de preços aceitáveis" pode ser oriundo, por exemplo, de pesquisas junto a fornecedores, valores adjudicados em licitações de órgãos públicos – inclusos aqueles constantes no Comprasnet –, valores registrados em atas de SRP, entre outras fontes disponíveis tanto para os gestores como para os órgãos de controle – a exemplo de compras/contratações realizadas por corporações privadas em condições idênticas ou semelhantes àquelas da Administração Pública –, desde que, com relação a qualquer das fontes utilizadas, sejam expurgados os valores que, manifestamente, não representem a realidade do mercado.

Objetivando dar um norte ao tema, a Secretária de Logística e Tecnologia da Informação do Ministério do Planejamento (SLTI) editou a Instrução Normativa nº 5, de 27 de junho de 2014, que dispõe sobre os procedimentos administrativos básicos para a realização de pesquisa de preços para a aquisição de bens e contratação de serviços em geral no âmbito dos órgãos e entidades integrantes do Sistema de Serviços Gerais (SISG), na qual amplia as fontes de consultas e estabelece parâmetros de conduta:

INSTRUÇÃO NORMATIVA Nº 5, DE 27 DE JUNHO DE 2014

Dispõe sobre os procedimentos administrativos básicos para a realização de pesquisa de preços para a aquisição de bens e contratação de serviços em geral.

A SECRETÁRIA DE LOGÍSTICA E TECNOLOGIA DA INFORMAÇÃO DO MINISTÉRIO DO PLANEJAMENTO, ORÇAMENTO E GESTÃO, no uso das atribuições que lhe confere o art. 34, I, "b", do Anexo I ao Decreto nº 8.189, de 21 de janeiro de 2014, e tendo em vista o disposto no art. 3º do Decreto nº 1.094, de 23 de março de 1994, e nos arts. 40, X, e 43, IV, da Lei nº 8.666, de 21 de junho de 1993, resolve:

Art. 1º Esta Instrução Normativa dispõe sobre o procedimento administrativo para a realização de pesquisa de preços para a aquisição de bens e contratação de serviços em geral.

Parágrafo único. Subordinam-se ao disposto nesta Instrução Normativa os órgãos e entidades integrantes do Sistema de Serviços Gerais (SISG).

Art. 2º A pesquisa de preços será realizada mediante a utilização de um dos seguintes parâmetros: (Alterado pela Instrução Normativa nº 7, de 29 de agosto de 2014)

I – Portal de Compras Governamentais – www.comprasgovernamentais.gov.br;

II – pesquisa publicada em mídia especializada, sítios eletrônicos especializados ou de domínio amplo, desde que contenha a data e hora de acesso;

III – contratações similares de outros entes públicos, em execução ou concluídos nos 180 (cento e oitenta) dias anteriores à data da pesquisa de preços; ou

IV – pesquisa com os fornecedores.

§ 1º No caso do inciso I será admitida a pesquisa de um único preço. (Alterado pela Instrução Normativa nº 7, de 29 de agosto de 2014)

§ 2º No âmbito de cada parâmetro, o resultado da pesquisa de preços será a média ou o menor dos preços obtidos.(Alterado pela Instrução Normativa nº 7, de 29 de agosto de 2014)

§ 3º A utilização de outro método para a obtenção do resultado da pesquisa de preços, que não o disposto no § 2º, deverá ser devidamente justificada pela autoridade competente

§ 4º No caso do inciso IV, somente serão admitidos os preços cujas datas não se diferenciem em mais de 180 (cento e oitenta) dias.

§ 5º Excepcionalmente, mediante justificativa da autoridade competente, será admitida a pesquisa com menos de três preços ou fornecedores.

§ 6º Para a obtenção do resultado da pesquisa de preços, não poderão ser considerados os preços inexequíveis ou os excessivamente elevados, conforme critérios fundamentados e descritos no processo administrativo.

Art. 3º Quando a pesquisa de preços for realizada com os fornecedores, estes deverão receber solicitação formal para apresentação de cotação.

Parágrafo único. Deverá ser conferido aos fornecedores prazo de resposta compatível com a complexidade do objeto a ser licitado, o qual não será inferior a cinco dias úteis.

Art. 4º Não serão admitidas estimativas de preços obtidas em sítios de leilão ou de intermediação de vendas.

Art. 5º O disposto nesta Instrução Normativa não se aplica a obras e serviços de engenharia, de que trata o Decreto nº 7.983, de 8 de abril de 2013.

Art. 6º Esta Instrução Normativa entra em vigor na data de sua publicação.

Parágrafo único. Esta Instrução Normativa não se aplica aos processos administrativos já iniciados. (Alterado pela Instrução Normativa nº 7, de 29 de agosto de 2014).

6.1.6.2. Hipótese 2: Preços incompatíveis com os fixados pelos órgãos oficiais competentes

Como já assinalado, a questão da incompatibilidade com preços fixados pelos órgãos oficiais competentes demanda conflito com valores estabelecidos em Sistemas de Registro de Preços ou com preços tabelados ou congelados.

- **Incompatibilidade com valores previstos Sistemas de Registro de Preços – SRP**[275]

O Sistema de Registro de Preços (SRP) não se perfila no rol de modalidades de licitação,[276] tampouco circunscreve um tipo licitató-

[275] Sobre o SRP, sugerimos, para aprofundamento, a leitura de nosso "Licitação de Registro de Preços", 4ª ed, Ed. Fórum, 2015.

[276] As modalidades, conforme estabelece o art. 22 da Lei nº 8.666/1993, são: concorrência, tomada de preços, convite, concurso e leilão, além do pregão (modalidade criada por medida provisória e depois instituída definitivamente pela Lei nº 10.520/2002). Anote-se que, no ordenamento jurídico brasileiro, há ainda leis específicas que tratam das licitações para contratações por parte das Agências Reguladoras (nºs 9.472/1997 e 9.986/2000). Tais diplomas legais estabeleceram nova modalidade licitatória, denominada "consulta", contrariando, a nosso ver, a competência dada ao legislador federal pelo inciso XXVII do art. 22 da Constituição Federal. Vide, também, a Lei nº 12.188/2010, voltada para a seleção de entidades executoras do Programa Nacional de Assistência Técnica e Extensão Rural na Agricultura Familiar e na Reforma Agrária (PRONATER), que criou a modalidade licitatória denominada "chamada pública". Por fim, consigne-se a criação, por intermédio da Lei nº 12.462/2011, de um regime diferenciado de contratação (RDC), inicialmente aplicável às licitações relacionadas com os Jogos Olímpicos e Paraolímpicos de 2016; a Copa das Confederações da Federação

rio,[277] devendo ser encarado como uma ferramenta de auxílio consubstanciada num procedimento especial a ser adotado nas compras do Poder Público, quando os objetos forem materiais, produtos ou gêneros de consumo frequente, e, ainda, em situações especialíssimas, nas contratações de serviços.

Trata-se de uma solução inteligente de planejamento e organização na logística de aquisição de bens e serviços no setor público, porquanto, entre outros benefícios, reduz significativamente os custos de estoques. Com a adoção do SRP, a Administração passa a deter um estoque virtual, sem a necessidade dos gastos com armazenagem.

O SRP baseia-se no conceito do sistema de administração da logística de produção adotado no âmbito privado denominado *Just in time*, que se orienta apoiado na ideia de que nada deve ser produzido, transportado ou comprado antes do momento exato da necessidade.[278] Assim, os bens ou

Internacional de Futebol Associação (FIFA) 2013 e da Copa do Mundo FIFA 2014; e obras de infraestrutura e de contratação de serviços para os aeroportos das capitais dos Estados da Federação distantes até 350 km (trezentos e cinquenta quilômetros) das cidades sedes dos mundiais mencionados, mas já estendido para as ações integrantes do Programa de Aceleração do Crescimento (PAC), através da Lei nº 12.688/2012, às obras e serviços de engenharia no âmbito dos sistemas públicos de ensino (Lei nº 12.722/2012) e às obras e serviços de engenharia no âmbito do Sistema Único de Saúde (SUS) (Lei nº 12.745/2012), entre outros objetos, que já vem sendo tratada por alguns como uma nova espécie de modalidade licitatória, dada a inexistência de indicação de modalidade no diploma.

[277] Os tipos licitatórios são: menor preço, melhor técnica, técnica e preço e maior lance ou oferta (§1º do art. 45 da Lei nº 8.666/1193). Anote-se que a Lei nº 12.462/2011, que estabeleceu um regime diferenciado de contratação (RDC), dispôs que, para seus certames, são tipos (critérios) de licitação: menor preço ou maior desconto; técnica e preço; melhor técnica ou conteúdo artístico; maior oferta de preço; e maior retorno econômico (art. 18).

[278] O Just in Time surgiu no Japão, no princípio dos anos 50, sendo o seu desenvolvimento creditado à Toyota Motor Company, a qual procurava um sistema de gestão que pudesse coordenar a produção com a procura específica de diferentes modelos de veículos com o mínimo atraso. Quando a Toyota decidiu entrar em pleno fabrico de carros, depois da Segunda Guerra Mundial, com pouca variedade de modelos de veículos, era necessária bastante flexibilidade para fabricar pequenos lotes com níveis de qualidade comparáveis aos conseguidos pelos fabricantes norte-americanos. Esta filosofia de produzir apenas o que o mercado solicitava passou a ser adaptada pelos restantes fabricantes japoneses e, a partir dos anos 70, os veículos por eles produzidos assumiram uma posição bastante competitiva. Desta forma, o Just in Time tornou-se muito mais que uma técnica de gestão da produção, sendo considerado como uma completa filosofia, a qual inclui aspectos de gestão de materiais, gestão da qualidade, organi-

serviços necessários ao processo de produção somente são adquiridos no momento de sua necessidade para a aplicação.

Nesse passo, diversamente do procedimento adotado nas licitações convencionais, onde os licitantes apresentam propostas específicas visando a um objeto unitário e perfeitamente definido, no SRP – que obrigatoriamente é levado a efeito por intermédio de concorrência (art. 15, §3º, inc. I da Lei nº 8.666/1993) ou de pregão (art. 11 da Lei nº 10.520/2002)[279] – ocorrem proposições de preços unitários que vigorarão por um certo lapso de tempo, período em que a Administração, baseada em conveniência e oportunidade, poderá realizar as contratações necessárias, sempre com a preocupação de verificar a compatibilização dos preços registrados com os praticados no mercado no momento do interesse.

O uso do sistema determina flagrante economia, além de ganho em agilidade e segurança, com pleno atendimento ao princípio da eficiência, elevado a princípio constitucional da Administração Pública.

Em síntese, o SRP destina-se às licitações para as compras e contratos frequentes da Administração Pública, agilizando, simplificando e afastando entraves burocráticos que ocorrem nas licitações comuns, sendo também um ótimo instrumento nas compras de demandas incertas ou de difícil mensuração.[280]

zação física dos meios produtivos, engenharia de produto, organização do trabalho e gestão de recursos humanos. O sistema característico do Just in Time de "puxar" a produção a partir da procura, produzindo em cada momento somente os produtos necessários, nas quantidades necessárias e no momento necessário, ficou conhecido como o método Kanban. Este nome é dado aos "cartões" utilizados para autorizar a produção e a movimentação de materiais, ao longo do processo produtivo (Denes. O que é Just in Time? Modelo de gestão adotado pelo Japão faz sucesso em todo o mundo).

[279] Consoante registra o art. 7º do Decreto nº 7.892/2013: "Art. 7º A licitação para registro de preços será realizada na modalidade de concorrência, (...) nos termos da Lei nº 8.666, de 1993, ou na modalidade de pregão, nos termos da Lei nº 10.520, de 2002, e será precedida de ampla pesquisa de mercado".

[280] Podendo ainda ser utilizado para objetos que dependam de outras variáveis inibidoras do uso da licitação convencional, tal como ocorre com um Município que aguarda recursos de convênios – muitas vezes transferidos em final de exercício com prazo restrito para a aplicação; liberados os recursos, se o objeto já houver sido licitado pelo SRP, caberá apenas expedir a nota de empenho para consumar a contratação (esse também é o entendimento de Jorge Ulisses Jacoby, tendo o TCU deliberado nesse diapasão, consoante decisão da Primeira Câmara, no Acórdão nº 3.146/2004).

No âmbito da Administração Pública federal e em termos de normas gerais aplicáveis a todos os entes federativos, o SRP está disciplinado, como já explicitado, no art. 15 da Lei nº 8.666/1993:

> Art. 15. As compras, sempre que possível, deverão: [...]
> II – ser processadas através de sistema de registro de preços; [...]
> §1º O registro de preços será precedido de ampla pesquisa de mercado.
> §2º Os preços registrados serão publicados trimestralmente para orientação da Administração, na imprensa oficial.
> §3º O sistema de registro de preços será regulamentado por decreto, atendidas as peculiaridades regionais, observadas as seguintes condições:
> I – seleção feita mediante concorrência;
> II – estipulação prévia do sistema de controle e atualização dos preços registrados;
> III – validade do registro não superior a um ano.
> §4º A existência de preços registrados não obriga a Administração a firmar as contratações que deles poderão advir, ficando-lhe facultada a utilização de outros meios, respeitada a legislação relativa às licitações, sendo assegurado ao beneficiário do registro preferência em igualdade de condições.
> §5º O sistema de controle originado no quadro geral de preços, quando possível, deverá ser informatizado.

No âmbito da Administração federal (direta, autárquica, fundacional, fundos especiais, empresas públicas, sociedades de economia mista e demais entidades controladas, direta ou indiretamente pela União), o Decreto nº 7.892, de 23 de janeiro de 2013, regulamenta o SRP.

Como o dispositivo faz alusão à incompatibilidade com preços fixados pelos órgãos oficiais competentes, é de se entender que a verificação deverá abarcar os preços registrados por outros órgãos.

- **Incompatibilidade com preços os fixados pelos órgãos oficiais competentes**

Essa parte do dispositivo visava, à época de sua elaboração, impedir a contratação com pessoas físicas ou jurídicas que, numa licitação, apresentassem preços com valores superiores aos que tivessem sido tabelados ou congelados pelo governo.

Logo, trata-se de matéria voltada para a intervenção do Estado na economia.[281]

Como é cediço, a instituição de nova moeda no final da década de 1980, acompanhada de congelamento de preços e regras de desindexação, objetivava o controle de uma inflação que ameaçava explodir. O intuito, portanto, era a orientação do Estado e, em certo sentido, a correção de desvios nos rumos de um processo econômico que não deveria estar conduzindo a uma hiperinflação, mas a um desenvolvimento mais harmônico.

Assim, quando o Estado exercia a sua capacidade interventiva, restava claro que estava a desencadear uma sucessão de atos jurídicos e atividades técnicas, por determinado período, buscando um controle racional da economia.

Independentemente da discussão quanto à constitucionalidade ou não da prática, o congelamento em si, ainda que equiparado a tabelamento, não significa uma medida dirigista, como observa Tercio Sampaio Ferraz Jr:

> A equiparação a tabelamento diz respeito aos seus efeitos, mas não é a mesma coisa. Congelar preços é medida limitada no tempo que estabelece um freio momentâneo na escalada de preços, com o fato de proporcionar ao próprio mercado uma espécie de transparência dos seus mecanismos, obscurecidos que ficam nos processos inflacionários indexados. Por isso é importante que preveja a participação concertada de todos os segmentos econômicos, coordenados pelo Poder Público. Mas não deve extrapolar para fórmulas centralizadoras da formação de preços, que passam a ditar sua formação contra as regras do mercado, isto é, da livre concorrência.[282]

[281] Todavia, se o objetivo da contratação direta for regular preços com objetivos de implementar congelamentos ou tabelamento de preços, a intervenção e os atos dela decorrentes devem ser reputados inconstitucionais, pois o controle de preços deve observar a lei básica da economia que se resume no equilíbrio entre oferta e procura; cada item tem sua linha de oferta e de procura, não podendo esse ponto de equilíbrio ser imposto, muito menos genericamente, sem uma análise técnica de cada gráfico (Souto, Marcos Juruena Villela. Direito Administrativo Contratual, 3 ed, Rio de Janeiro: Lumen Juris, 2004, p. 10.).

[282] Ferraz Jr., Tercio Sampaio; Congelamento de preços – Tabelamentos oficiais. Revista de Direito Público, n.º 91, RT, São Paulo: 1989, pp. 76/86.

6.1.6.3. A concessão de nova oportunidade de formulação das propostas

Para que se consagre a dispensa, com a consequente contratação direta de outrem, o dispositivo faz menção à necessidade da concessão da oportunidade estabelecida no parágrafo único do art. 48 (que deve ser entendido como o §3º do art. 48, uma vez que, originalmente, o diploma previa apenas um único parágrafo, mas, em face de alteração imposta pela Lei nº 9.648/1998, passou a ter dois novos parágrafos).

> Art. 48 (...) § 3º Quando todos os licitantes forem inabilitados ou todas as propostas forem desclassificadas, a administração poderá fixar aos licitantes o prazo de oito dias úteis para a apresentação de nova documentação ou de outras propostas escoimadas das causas referidas neste artigo, facultada, no caso de convite, a redução deste prazo para três dias úteis.

A oportunidade mencionada diz respeito ao oferecimento do prazo de oito dias úteis, para que os licitantes apresentem novas propostas com preços compatíveis com os de mercado ou com os fixados pelo governo, e que a situação, ainda assim, persista.

Daí a permissão legal de contratação direta dos bens ou serviços, ressaltando-se a condição básica de que o preço contratado não seja superior aos limites que ensejaram a desclassificação anterior.

Destarte, nos casos de dispensa de licitação fundamentada no inciso, a Administração deverá realizar pesquisa de preços que venha a demonstrar equivalência entre o preço contratado e os praticados no mercado.[283]

Parte da doutrina sugere a revogação da licitação (no caso de preços acima dos de mercado) ou a sua anulação (nos casos de preços acima dos fixados pelo governo). Discordamos dessa posição, dado que o procedimento licitatório, nesses casos, transcorreu sob total normalidade, não havendo motivo para a revogação e muito menos para a anulação, devendo o processo extinguir-se naturalmente através de termo circunstanciado.

[283] TCU – Acórdão nº 1.941/2006-Plenário – Rel. Min. Marcos Bemquerer – [...] Nos casos de dispensa de licitação fundamentada no artigo 24, inciso VII, da Lei nº 8.666/1993, deve a Administração proceder à devida pesquisa de preços, a fim de demonstrar a equivalência entre o preço contratado e os praticados no mercado, especificando-se os produtos a serem entregues pela empresa contratada.

De todo o exposto, conclui-se que a contratação com a dispensa dar-se-á na ocorrência da seguinte sequência:

a) existência de licitação anterior;
b) propostas na licitação com preços manifestamente superiores ao praticado no mercado ou incompatíveis com o fixado em registro de preços ou, ainda, pelos órgãos oficiais competentes;
c) solicitação de reapresentação das propostas;
d) reapresentação das propostas com o mesmo vício; e
e) contratação direta por preço não superior ao praticado no mercado ou ao previsto em registro de preços ou tabelados.

6.1.7. Contratação entre pessoas jurídicas de direito público (inc. VIII do art. 24)

O inc. VIII do art. 24 autoriza a contratação direta com dispensa licitatória quando da aquisição, por pessoa jurídica de direito público interno, de bens produzidos ou serviços prestados por órgão ou entidade que integre a Administração Pública.

> Art. 24. É **dispensável** a licitação:
> (...)
> VIII – para a aquisição, por pessoa jurídica de direito público interno, de bens produzidos ou serviços prestados por órgão ou entidade que integre a Administração Pública e que tenha sido criado para esse fim específico em data anterior à vigência desta Lei, desde que o preço contratado seja compatível com o praticado no mercado;

A questão referente à contratação direta de bens ou serviços produzidos ou prestados por órgãos ou entidades que integrem a Administração Pública tem suscitado estudos, pareceres, apreciações doutrinárias e manifestações das diversas Cortes de Contas.

São quatro as condições para a dispensa licitatória:

a) apenas pessoas jurídicas de direito público interno poderão adotá-la. Logo, somente os órgãos da Administração Pública direta (União, Estados, Distrito Federal, Municípios), autarquias (inclusive as associações públicas, como registra o art. 41, IV, CC, em face de alteração estabelecida pela Lei nº 11.107/2005), fundações públicas e demais entidades de caráter público criadas por lei poderão contratar sob esse fundamento;[284]

b) o bem ou o serviço objeto da contratação deverá ser produzido por órgão (administração direta) ou entidade (administração indireta) que integrem a Administração Pública.
c) o ente contratado (órgão ou entidade) deve ter sido criado anteriormente à Lei nº 8.666/1993 (*vide* comentários no subitem 6.1.7.1); e
d) o valor do contrato deve ser compatível com o de mercado.

A hipótese de dispensa encontra guarida no descabimento de a Administração conceber uma disputa de preços para a aquisição de bens e serviços por ela mesma produzidos, por intermédio de pessoa jurídica criada para esse fim específico.

No que diz respeito à aplicação, o dispositivo só deve ser empregado às atividades de natureza pública, que prestam efetivamente serviço público (ou que executem atividade de apoio administrativo), considerando que as empresas públicas (que desempenham atividade econômica) não podem concorrer em desigualdade, com privilégios, em relação ao mercado, pois tal afetaria diretamente o setor econômico. O TCU, inclusive, já decidiu nesse sentido, considerando que "o importante para fazer uso do dispositivo não é o fato de o capital da empresa ser público, e sim a natureza do serviço contratado, se pública ou econômica":

> As empresas públicas e sociedades de economia mista que se dedicam à exploração de atividade econômica de produção ou comercialização de bens ou de prestação de serviços sujeitam-se ao regime jurídico das empresas privadas (CF, 173), em consonância com os princípios constitucionais da livre concorrência e da isonomia, e não podem ser contratadas com dispensa de licitação fundamentada no art. 24, VIII, da Lei nº 8.666/1993.[285]

[284] Código Civil – Lei nº 10.406/2002 – Art. 41. São pessoas jurídicas de direito público interno:
I – a União;
II – os Estados, o Distrito Federal e os Territórios;
III – os Municípios;
IV – as autarquias, inclusive as associações públicas; (Redação dada pela Lei nº 11.107/05)
V – as demais entidades de caráter público criadas por lei.

[285] Acórdão nº 6.931/2009 – 1ª Câmara, Rel. Min. Walter Alencar Rodrigues.

Nesse sentido, Marçal Justen, ao sustentar que não podem ser contratadas sem licitação as empresas estatais que atuam no mercado, uma vez que toda entidade estatal que prestar serviços ou comercializar bens atuando em competição com outras empresas privadas não poderá beneficiar-se de qualquer privilégio ou vantagem, dado que uma empresa estatal, atuante na exploração de atividades econômicas sob regime de competição com outros agentes privados, não pode ser investida no privilégio de contratação direta com a Administração Pública:

> Essa solução destina-se a evitar inclusive o desequilíbrio na formação de preços das entidades estatais. Poderia verificar-se aquilo que a Economia denomina *subsídio cruzado*. Assim se passaria quando a empresa estatal transferisse parte dos seus custos comuns e normais para o preço dos produtos ofertados à própria Administração Pública, o que lhe permitiria praticar preços mais reduzidos no mercado. Um exemplo prático permite compreender o problema. Suponha-se que uma empresa estatal produza cem unidades de produtos, ao custo de cem unidades monetárias. Imagine-se que essa estatal comercialize, sem licitação, trinta unidades de produtos para a Administração Pública. Como não existe licitação, não há necessidade de praticar o menor preço possível. Então, a entidade poderia adotar o preço de duas unidades monetárias para cada unidade de produto alienada para a Administração Pública. Como decorrência, receberia o montante de sessenta unidades monetárias como contrapartida da alienação de trinta unidades de produtos. Diante desse cenário, a estatal poderia praticar preço reduzido no mercado, comercializando as restantes setenta unidades por preço unitário inferior a uma unidade. Isso significaria que a contratação direta seria um expediente para assegurar a participação da estatal no mercado. O preço mais elevado pago pela Administração Pública configuraria uma forma de subsídio para a empresa estatal vender seus produtos no mercado por preço inferior. Em outras palavras, o preço inferior ao custo cobrado dos particulares seria compensado pelo preço superior exigido da Administração Pública.[286]

No mesmo teor, a observação de Laerzio Chiesorin, em parecer concernente às compras de produtos derivados de petróleo da Petrobras, que

[286] Justen Filho, Marçal. Comentários à Lei de Licitações e Contratos Administrativos. 15. ed., p. 304.

contextualiza sobre a possibilidade de dispensa de licitação por critério de oportunidade ou conveniência, quando presentes os pressupostos fáticos legais permissivos do inciso em comento:

> [...] entende este Ministério Público junto ao Tribunal de Contas pelo conhecimento desta consulta, e pela resposta no sentido da impossibilidade da contratação direta com a Petrobras Distribuidora S.A., porque se trata de empresa que explora atividade econômica, em regime de concorrência direta com a iniciativa privada, devendo sujeitar-se ao regime próprio (artigo 173, §1º, Constituição Federal), e porque o disposto no artigo 24, inciso VIII, da Lei nº 8.666/1993, aplica-se apenas às contratações entre entidades da mesma órbita federativa (União, estados, Distrito Federal, municípios e suas empresas), mas não entre entidades das pessoas políticas de direito público interno.[287]

A AGU orientou no mesmo sentido:

> Orientação Normativa nº 13, de 01 de abril de 2009 – Empresa pública ou Sociedade de economia mista que exerça atividade econômica não se enquadra como órgão ou entidade que integra a administração pública, para os fins de dispensa de licitação com fundamento no inc. VIII do art. 24 da Lei nº 8.666, de 1993.

6.1.7.1. A questão do marco de contagem

O inciso autoriza a contratação direta de bens produzidos ou serviços prestados por órgão ou entidade da Administração Pública, criados para esse fim específico em data anterior à de edição "desta Lei".

A regra, bastante curiosa, parece ter vindo à tona para conter a expansão estatal, como avaliam Clovis Boechat, Ulisses Jacoby e outros. É certo, contudo, que não guarda coerência com o regramento esposado no inc. XVI, mais à frente, que autoriza a contratação com dispensa de órgãos ou entidades que integrem a Administração Pública, criados para esse fim específico, objetivando serviços de impressão dos diários oficiais, de formulários padronizados, edições técnicas oficiais, serviços de informática.

[287] Chiesorin Junior, Laerzio. Aquisição de produtos derivados do petróleo: impossibilidade de dispensa de licitação. Revista Zênite de Licitações e Contratos – ILC, n. 71, p. 7.

No mais, o preceito merece reflexão no que diz respeito ao marco para averiguação de existência do órgão criado para atender a um fim específico, visando à contratação direta. O raciocínio tem razão de ser, dado que o mandamento resultou de modificação trazida pela Lei nº 8.883, de 8 de junho de 1994. Assim, discute-se se seriam os órgãos ou entidades integrantes da Administração Pública criados para um fim específico antes da vigência da Lei nº 8.883/1994 ou os concebidos antes da vigência da Lei nº 8.666/1993.

Carlos Pinto Coelho Motta é de opinião que açambarcaria os criados em data anterior à vigência da Lei nº 8.883/1994.[288] Outros, como Marcos Juruena, Flavia Vianna, Clovis Boechat, Roberto Bazilli e Marçal Justen, sustentam que o alcance seria o referente aos entes que tiveram origem em data anterior a da vigência da Lei nº 8.666/1993. Somos partidários dessa segunda tese, uma vez que a regra trazida se incorporou à lei alterada, compondo novo texto, pelo que, seguindo métodos de interpretação jurídica, passou a ser parte integrante do diploma como se nele constasse desde a sua edição.

6.1.7.2. Contratações entre entidades de esferas diferentes

A contratação entre entidades integrantes de esferas federativas diferentes, com a adoção do dispositivo, tem sido bastante polêmica.

A nosso ver, ela é perfeitamente viável, como, inclusive, sustenta majoritariamente a doutrina especializada, uma vez que a interpretação do dispositivo deve ocorrer no sentido de que o conceito de Administração Pública, previsto no inciso XI do art. 6º da Lei nº 8.666/1993, é abrangente, albergando qualquer ente. Da mesma forma, Ulisses Jacoby, apegando-se às distinções que a lei faz entre Administração e Administração Pública, opinando que outra maneira de entender impediria a colaboração entre esferas de governo e entre municípios vizinhos.[289] Julieta Vareschini, após considerações, conclui que não se vislumbra a necessidade de serem os entes contratantes integrantes da mesma esfera de governo[290]. Tam-

[288] Motta. Eficácia nas licitações e contratos: comentários à Lei nº 8.666/93, alterada pela Lei nº 8.883/94. 5. ed., p. 128.

[289] Fernandes, Jorge Ulisses Jacoby. Contratação direta sem licitação, p. 387.

[290] Vareschini, Julieta Mendes Lopes. Contratação Direta, Vol. 2, Curitiba: JML, 2014, p. 115.

bém nesse sentido, Carlos Pinto Coelho Motta,[291] Marçal Justen e vários outros.

Opinando contrariamente, Maria Sylvia Di Pietro sustenta que o contratante e contratado devam ser do mesmo nível de governo, "já que ninguém vai criar um ente para prestar serviços ou fornecer bens para pessoas jurídicas de outra esfera de governo".

6.1.8. Possível comprometimento da segurança nacional (inc. IX do art. 24)

O inc. IX do art. 24 autoriza a contratação direta com dispensa licitatória quando houver possibilidade de comprometimento da segurança nacional.

> Art. 24. É **dispensável** a licitação:
> (...)
> IX – quando houver possibilidade de comprometimento da segurança nacional, nos casos estabelecidos em decreto do Presidente da República, ouvido o Conselho de Defesa Nacional;

6.1.8.1. O conceito de segurança nacional

Como observa Frederico Carlos de Sá Costa, a expressão "segurança nacional" não deve ser confundida com segurança pública, nem tampouco com doutrina ou ideologia de segurança nacional, devendo ser entendida como um estado em que se percebe, materialmente: a estabilidade e inviolabilidade dos limites fronteiriços do Estado; a capacidade de se traduzir a soberania nacional, bem como a capacidade nacional de projetar poder no exterior, em um conjunto de medidas que proporcione ganhos sociais e econômicos para a população nacional; a solidez e impessoalidade do sistema constitucional, assim como sua impermeabilidade em relação a pressões externas; e a garantia da previsibilidade legal das relações político-eleitorais e econômicas. [292]

A segurança nacional é, portanto, uma atribuição fundamental do Estado moderno, consistindo na garantia da integridade do território

[291] Motta, Carlos Pinto Coelho. Eficácia nas licitações e contratos. 10 ed. Belo Horizonte: Del Rey, 2005. p. 218.

[292] Costa, Frederico Carlos de Sá. Sobre o conceito de "segurança nacional". Disponível me <http://www.tensoesmundiais.net/index.php/tm/article/viewFile/101/142>

nacional, a proteção da população e a preservação dos interesses nacionais contra todo tipo de ameaça e agressão,[293] aludindo-se exclusivamente ao relacionamento do Estado brasileiro e a comunidade internacional.

6.1.8.2. A dispensa em função da segurança nacional

Abandonando a hipótese da proibição de licitar constante no antigo Decreto-Lei nº 2.300/1986, que definia o assunto como vedação da licitação, a regra vigente impõe, quando da ocorrência de situações que comprometam a segurança nacional, a contratação através de dispensa licitatória.

Ainda consoante a regra atual, as situações passíveis desse enquadramento deverão ser estabelecidas em decreto presidencial, ouvido o Conselho de Defesa Nacional.

Preliminarmente, com relação à participação do Conselho, sustentamos que sua atuação será apenas opinativa, embasando e auxiliando a decisão da presidência. Assim, mesmo no caso do colegiado sugerir a não decretação, o Presidente da República poderá, avaliando e sopesando, decretá-la.

Trata-se, portanto, de exercício de poder discricionário, através de juízo de valor, conveniência e oportunidade, com a obrigação de motivação do ato e a assunção dos riscos, com as possíveis consequências de responsabilidade (política, administrativa, civil e penal). Evidentemente, há de se avaliar o risco à segurança nacional provocado pela divulgação através de uma licitação.

[293] O revogado Decreto-Lei nº 898, de 29.8.1969, que definia os crimes contra a segurança nacional e a ordem política e social, assim a conceituava: "A segurança nacional é a garantia da consecução dos objetivos nacionais contra antagonismos, tanto internos como externos" (art. 2º). "A segurança nacional compreende, essencialmente medidas destinadas à preservação da segurança externa e interna, inclusive a prevenção e repressão da guerra psicológica adversa e da guerra revolucionária ou subversiva" (art. 3º). Hely Lopes Meirelles criticava os conceitos: "Ambos os conceitos não satisfazem. São indicações pragmáticas, mais de objetivos a atingir que de caracterização conceitual da nova instituição. O ar 3º acima transcrito chega a empregar impropriamente o verbo 'compreende', quando o correto seria 'admite', porque na verdade a segurança nacional não 'compreende medidas', mas apenas 'admite', 'utiliza' ou 'adota' medidas de prevenção e repressão às atividades que visa conter ou coibir. O art. 2º, conquanto indique o conteúdo da segurança nacional é excessivamente vago, e omisso nas suas demais características" (Poder de polícia e segurança nacional). A lei que atualmente define os crimes contra a segurança nacional, a ordem política e social (Lei nº 7.170, de 14.12.1983), não apresenta conceituação.

O propósito da regra, enfim, é a dispensa de licitação para cada situação concreta, desde que se enquadrem nas definições do diploma regulamentar, a juízo do Presidente da República.

6.1.8.3. O decreto regulamentar

Apesar de o ato regulamentar intencionar definir as situações passíveis de contratação direta, é de se sublinhar que o enquadramento da dispensa não tem como objetivo primordial a rápida aquisição, mas sim, com maior importância, o afastamento do risco da publicidade. Nesse contexto, descortina-se muito mais que a mera conveniência, mas a necessidade imperiosa de segredarem-se certas contratações, protegendo-se o Estado e, em consequência, a Nação.

Regulamentando a hipótese, foi editado o Decreto nº 2.295, de 4.08.97, o qual dispensa compras, obras ou serviços de licitação, quando a divulgação de sua localização, necessidade, característica, especificação ou quantidade ponha em risco a segurança nacional, quando circunscreverem: (a) aquisição de recursos bélicos navais, terrestres e aeroespaciais; (b) contratação de serviços técnicos especializados na área de projetos, pesquisas e desenvolvimento científico e tecnológico; e (c) aquisição de equipamentos e contratação de serviços técnicos especializados para a área de inteligência.

Além disso, o art. 2º do decreto prevê que outros casos que possam comprometer a segurança nacional, não previstos no art. 1º, serão submetidos à apreciação do Conselho de Defesa Nacional, para o fim de dispensa de licitação.

Impende relembrar que as hipóteses de dispensa necessitam de justificativa, notadamente quanto ao preço e à escolha do contratado, sendo obrigatória a ratificação do titular da pasta ou órgão que possua prerrogativa de Ministro de Estado, conforme prescreve o parágrafo único do art. 1º do decreto regulamentar.[294]

Marcus Vinicius Ramos chama atenção para a necessária conexão entre o objeto pretendido e a ideia de comprometimento da segurança nacional:

[294] Decreto nº 2.295/997 – Art. 1º [...] Parágrafo único. As dispensas de licitação serão necessariamente justificadas, notadamente quanto ao preço e à escolha do fornecedor ou executante, cabendo sua ratificação ao titular da pasta ou órgão que tenha prerrogativa de Ministro de Estado.

> Faz-se necessário abordar a abrangência da expressão "comprometer a segurança nacional". Isto porque tal expressão, empregada genérica ou irrestritamente, poderia ensejar a quebra da regra geral, que consiste na realização do certame. Fato é que nem todas as compras de materiais bélicos ou serviços, mesmo as elencadas no inciso I do art. 1º do Decreto 2.295/97, estariam abrangidas pelo espírito do art. 24, IX da Lei nº 8.666/1993. Somente seriam enquadradas aquelas cujas características técnicas ou operacionais militares não podem ser do conhecimento público, como por exemplo, códigos relativos a sistemas de armas ou características capazes de distingui-las dos seus similares utilizados pelas possíveis ameaças à segurança (interna ou externa). O Decreto em tela não seria aplicável, por exemplo, para a aquisição de meios – navios, aeronaves ou carros de combate – cujas especificações táticas e, até mesmo, quantidades existentes nos diversos países, podem ser facilmente encontradas em revistas especializadas, de caráter ostensivo, tais como, "Segurança & Defesa" ou "Tecnologia & Defesa", as quais podem obtidas mediante assinatura, ou adquiridas em livrarias ou bancas de jornais. Nesses casos, *prima facie*, impõe-se a realização do certame licitatório, ressalvada a hipótese onde a competição seja inviável, situação que implicaria na elaboração de um processo de inexigibilidade de licitação [...].[295]

Em decorrência das notícias de espionagem por parte do governo americano, foi editado o Decreto nº 8.135, de 4.11.2013, também fundamentado no risco à segurança nacional, que autoriza a dispensa da licitação para a contratação de órgãos ou entidades da Administração Pública federal, incluindo empresas públicas e sociedades de economia mista da União e suas subsidiárias, visando à implementação e operação de redes de telecomunicações e de serviços de Tecnologia da Informação (TI), em especial à garantia da inviolabilidade das comunicações de dados da Administração Pública federal direta e indireta. Evidentemente, como observou Marcos Antonio Capitani, "essa medida somente será eficiente se as estatais possuírem meios de prestar os referidos serviços. Ao contrário, se tiverem de subcontratar parcelas dos serviços ou se forem prestá-los com terceirizados, por ausência de quadro de pessoal, apenas mitigarão o risco, mas não o eliminarão".

[295] Ramos, Marcus Vinicius Fernandes. Dispensa de licitação nas hipóteses de comprometimento da segurança nacional. Revista Negócios Públicos, n. 4, p. 18.

De acordo com o decreto, estão enquadrados no âmbito dos serviços de TI os voltados para desenvolvimento, implantação, manutenção, armazenamento e recuperação de dados e operação de sistemas de informação, além do projeto de infraestrutura de redes de comunicação de dados, não alcançando, todavia, as comunicações feitas por meio de serviço móvel pessoal.

Por fim, insta anotar que, consoante o inc. V do art. 57 da Lei nº 8.666/ 1993, introduzido pela Lei nº 12.349/2010, o prazo do contrato firmado com base nessa hipótese de dispensa poderá ter vigência de 120 (cento e vinte) meses, caso haja interesse da Administração.

6.1.9. Compra ou locação de imóvel (inc. X do art. 24)

O inc. X do art. 24 autoriza a contratação direta com dispensa licitatória na compra ou locação de imóvel destinado ao atendimento das finalidades precípuas da Administração Pública.

> Art. 24. É **dispensável** a licitação:
> (...)
> X – para a compra ou locação de imóvel destinado ao atendimento das finalidades precípuas da administração, cujas necessidades de instalação e localização condicionem a sua escolha, desde que o preço seja compatível com o valor de mercado, segundo avaliação prévia;

Preliminarmente, registre-se a impropriedade do enquadramento em dispensabilidade, dado que, sendo somente possível considerar a licitação dispensável nas situações em que é permitido ao administrador licitar, não se verifica como a hipótese apresentada se enquadraria em tal conceito. Se a compra ou locação do imóvel destinado ao serviço público condiciona-se à necessidade de instalação e localização, não há como instaurar-se um certame licitatório. Logo, configura-se, na verdade, pressuposto para a adoção da inexigibilidade de licitação. É bem verdade, no entanto, que os casos nos quais o gestor público se depara com mais de uma opção que atenda à necessidade, haverá uma margem de liberdade, respeitados, é claro, os limites legais, como aqueles que impõem a busca da melhor proposta.[296]

[296] Charles, Ronny. Leis de Licitações Públicas comentadas. 3. ed., p. 126.

Entrementes, como ponderou Marcos Juruena,[297] ainda que contrariando a doutrina majoritária, a hipótese tenha sido definida pelo Congresso como de licitação dispensável e não inexigível, não há consequências práticas maiores, posto que se exige a justificação, outrora dispensada, havendo, assim, maior racionalidade no uso de imóveis e recursos públicos, evitando-se fato bastante comum que é a compra ou locação de um bem quando outro da mesma Administração está livre.

Sobre o assunto, registre-se que, em princípio, a Administração compra ou loca mediante licitação, em face das diversas contingências que viabilizam a competição. Todavia, se o interesse público estreitar as hipóteses, ensejar-se-á a dispensa.

Assim, considerando a regra estabelecida, prevê o dispositivo a adoção de dispensa licitatória, com a consequente contratação direta, na compra ou locação de imóvel destinado ao atendimento das finalidades da Administração, impondo a comprovação quanto às necessidades de instalação e localização de sua escolha, e, ainda, é claro, que o preço seja compatível com o valor de mercado, segundo avaliação prévia.[298]

Assim, não será qualquer imóvel que estará apto a ser comprado ou alugado pela Administração por meio da contratação direta, mas tão somente um com características próprias, singulares, ou seja, como anotam Sérgio Ferraz e Lucia Figueiredo,[299] quando houver relação de pertinência lógica entre o imóvel escolhido e as necessidades administrativas.

Vide que o dispositivo exige que o imóvel seja destinado ao atendimento das finalidades "precípuas" da Administração. Tomada a expressão em sua literalidade, subtende-se a conexão direta com as atividades-fim da Administração, uma vez que "precípuo" significa principal, primordial,

[297] Souto, Marcos Juruena Villela. Direito Administrativo Contratual, 3 ed, Rio de Janeiro: Lumen Juris, 2004, p. 113.

[298] Correta a orientação da AGU quanto à vigência dos contratos locatícios nos quais a Administração é locatária, haja vista ser típico contrato regido pelo direito privado: Orientação Normativa AGU nº 6, de 1º de abril de 2009 – A vigência do contrato de locação de imóveis, no qual a administração pública é locatária, rege-se pelo art. 51 da Lei nº 8.245, de 1991, não estando sujeita ao limite máximo de sessenta meses, estipulado pelo inc. II do art. 57, da Lei nº 8.666, de 1993.

[299] Ferraz, Sérgio; Figueiredo, Lúcia Valle. Dispensa e Inexigibilidade de Licitação. 3. Ed. São Paulo: Malheiros, 1994, p. 64.

fundamental. Esse foi o posicionamento de Benedicto de Tolosa, que, ao apreciar a regra, afastou o uso no caso de atividades-meio:

> As finalidades precípuas da Administração se desenvolvem através da área-fim, isto é, o desenvolvimento da atividade em si mesma, e através da área-meio, ou seja, o suporte logístico para a atividade-fim. (...) O afastamento da licitação somente se justifica para comprar ou locar imóvel destinado à atividade-fim, isto é, por exemplo, um posto de saúde, um hospital, uma escola, um posto de fiscalização de fronteira, em ponto estratégico, ou uma delegacia de polícia, em área geográfica e com densidade populacional que requisite tais serviços, mas não pode ser dispensada a licitação para abrigar uma unidade-meio cuja localização não interfere no desenvolvimento das atividades que lhe são próprias.

Não obstante, a tendência tem sido aceitar a adoção em qualquer situação, e não apenas quando o uso objetivar finalidades principais.

Enfim, a hipótese sob estudo vincula a Administração a três requisitos para o enquadramento da dispensa:

a) necessidade de a Administração adquirir ou alugar um imóvel para desempenhar suas atividades;
b) adequação de determinado imóvel a essas necessidades; e
c) compatibilidade do preço ou do valor do aluguel aos cobrados no mercado, consoante avaliação prévia.

Sobre a matéria, verificam-se textos esparsos que defendem que a existência de vários imóveis que possam atender à necessidade administrativa tornaria obrigatória a realização da licitação. A questão exige reflexão. A nosso ver, mesmo em tal situação, é possível a contratação direta, desde que respeitados os requisitos antes elencados. É o que bem explica Ronny Charles, ao sublinhar que é necessário também compreender que, além da aptidão objetiva (como o tamanho ou a estrutura do bem), a escolha do imóvel apto ao atendimento à necessidade administrativa envolve fatores outros, que, embora pareçam afeitos à subjetividade, estão relacionados à finalidade pública que se visa atingir:

> Nesse diapasão, a localização é um importante fator que pode justificar a escolha (contratação direta) de um imóvel, mesmo existindo outro de mesmas

dimensões, com valor de locação menor. Obviamente, tal opção, para ser legítima, deve ser fulcrada no interesse público e não nas preferências subjetivas do gestor. Parece justificável que, desejando atingir a prestação de um serviço público para determinado segmento social, seja feita a opção, por exemplo, para a locação de um imóvel existente dentro de shopping (de valor sabidamente mais elevado); noutro diapasão, é ilegítima a escolha desse imóvel, se ela não trouxer qualquer benefício à prestação do serviço público.[300]

Com relação à dispensa em análise, algumas manifestações do TCU:

> Só é cabível a utilização do art. 24, inciso X, da Lei nº 8.666/1993, quando se identificar um imóvel específico cujas instalações e localização evidenciem que ele é o único que atende ao interesse da administração (Acórdão nº 444/2008 – Plenário).

> 1.5. Determinações: 1.5.1. (...) que realize o devido procedimento licitatório, ao proceder à compra ou à locação de imóvel, e somente utilize o art. 24, inciso X, da n. Lei nº 8.666/1993, quando identificar um imóvel específico cujas instalações e localização evidenciem que ele é o único que atende o interesse da administração, fato que deverá estar devidamente demonstrado no respectivo processo administrativo. (Acórdão nº 3461/2009 – Primeira Câmara).
>
> A não-observância dos requisitos para a aquisição do imóvel com dispensa de licitação fundada no art. 24, inciso X, da Lei nº 8.666/1993, além do configurado prejuízo decorrente da ausência de compatibilidade do bem com o valor do mercado, segundo avaliação prévia, enseja a irregularidade das contas, com a condenação em débito dos responsáveis e aplicação de multa. (Acórdão nº 429/2008 – Primeira Câmara).

6.1.9.1. Contratação direta no caso de imóveis com pendências de acabamento

O uso da hipótese de dispensa desse inc. X tem sido admitida na locação de imóveis com pendências de acabamento, quando a Administração, como condição para a locação, exige a adaptações às suas necessidades.

[300] Charles, Ronny. Leis de licitações públicas comentadas, 7 ed., Salvador: Juspodivm, 2015, p. 262.

Sobre essa nuance, Ronny Charles observa a importância de se perceber que, nesse caso, a contratação direta substitui de forma mascarada a licitação para os serviços de engenharia que seriam necessários ao imóvel, expandindo-se, assim, sem autorização legal, o núcleo permissivo estabelecido pelo legislador.

Consignando ser aceitável a prática em pequena escala, realça o jurista, com exatidão, quanto à necessidade de se coibir tal proceder para a contratação direta de imóvel que exija, para a utilização do órgão público, alteração ou reforma relevante, que o altere substancialmente, pois, caso contrário, justificar-se-ia a quebra do princípio da obrigatoriedade de licitação de forma superior ao permitido pela hipótese de dispensa criada pela lei.

> Em um exemplo radical, essa prática permitiria a escolha de um terreno ou de um pequeno imóvel, pendente ainda de obra ou de reforma que ampliasse ou alterasse flagrantemente sua estrutura, para a posterior locação de prédio para funcionamento de um hospital. Admitir tal raciocínio pode gerar uma perigosa brecha para beneficiamentos indevidos em contratações públicas.[301]

6.1.9.2. Contratação direta de locação sob medida (*built to suilt*)

Recentemente, decorrente de consulta apresentada ao TCU pelo Conselho Superior da Justiça do Trabalho – CSJT, que indagava sobre a possibilidade de aplicação da dispensa em comento na contratação de locação de imóvel a ser construído de acordo com parâmetros mínimos a serem estabelecidos por órgão da Administração Pública, a chamada "contratação direta de locação sob medida" (operação *built to suit),* na qual os contratos são firmados por longo prazo, antes mesmo da construção do imóvel, para que este seja construído de forma a atender os interesses do locatário, a Corte de Contas admitiu o uso excepcional, desde que o terreno onde se pretenda construir seja de propriedade do futuro locador.[302]

[301] Charles, Ronny. Leis de licitações públicas comentadas, 7ª ed., Salvador: Juspodivm, 2015, p. 263.

[302] Acórdão 1301/2013 – Plenário. Registre-se que, não obstante, o Ministro Revisor Benjamin Zymler ponderou que a Parceria Público-Privada (PPP) na modalidade concessão administrativa deveria ser considerada como alternativa à locação sob medida, indicando que, dentre outras nessa adoção haveria a possibilidade de o Poder Público utilizar a expertise dos agentes privados com o intuito de facilitar a solução de problemas enfrentados pela Administração;

Ao comentar a questão, Ronny Charles demonstrou justificada preocupação com a lacuna criada para beneficiamentos ilegítimos:

> A contratação direta de locação sob medida (operação *built* to *suit)* pode camuflar acordos econômicos entre um gestor mal intencionado e determinada empreiteira, sendo muito difícil para o controle posterior, identificar eventuais discrepâncias entre o valor pactuado para a locação e seu real custo no mercado; ademais, sem a existência do imóvel concluído, fica demasiadamente aberta a identificação dos motivos justificadores (necessidade de instalação e localização) que condicionem a escolha do terreno para futura edificação.[303]

A nosso ver, tem absoluta razão o jurista, pois parece imprescindível, para esse modelo de negócio, o procedimento licitatório, uma vez que não se trata de mera locação de imóvel, mas, sim, de contratação complexa, onde se interpõem vários institutos e nuances jurídicas.

6.1.10. Contratação de remanescente de obra, serviço ou fornecimento (inc. XI do art. 24)

O inc. XI do art. 24 autoriza a contratação direta com dispensa licitatória na contratação de remanescente de obra, serviço ou fornecimento, em consequência de rescisão contratual.

> Art. 24. É **dispensável** a licitação:
> (...)
> XI – na contratação de remanescente de obra, serviço ou fornecimento, em consequência de rescisão contratual, desde que atendida a ordem de classificação da licitação anterior e aceitas as mesmas condições oferecidas pelo licitante vencedor, inclusive quanto ao preço, devidamente corrigido;

A hipótese de dispensa licitatória é aplicável nos casos de execução incompleta de objeto contratado. Perceba-se que há um pressuposto importante: ter havido licitação para tal contratação, pois a previsão legal

realizar licitação no âmbito da qual serão explicitados os parâmetros utilizados para definir o desempenho esperado do parceiro privado; e prever que, ao final da vigência contratual, o bem imóvel reverterá para o parceiro público.

[303] Charles, Ronny. Leis de licitações públicas comentadas, 7ª ed., Salvador: Juspodivm, 2015, p. 264.

refere-se à continuidade de remanescente de contrato, com aproveitamento da competição ocorrida para o chamamento dos licitantes na ordem de classificação.

Vide decisão do TCU:

> Não é possível a convocação de segunda colocada em licitação para a execução do remanescente de obra, serviço ou fornecimento, conforme o art. 24, XI, da Lei nº 8.666/1993, quando à época da rescisão contratual não havia sido iniciada a execução do objeto licitado. Na convocação para a execução de remanescente de obra, serviço ou fornecimento ou para assinatura de contrato em substituição à licitante desistente do certame, devem ser observadas as mesmas condições propostas pelo primeiro classificado, inclusive quanto aos preços atualizados de conformidade com o ato convocatório (Acórdão nº 1.317/2006-Plenário).

A lógica da dispensa reside na busca da conclusão do contrato, com outro fornecedor, de objeto inacabado por força de rescisão contratual, ficando a Administração condicionada a oferecer aos demais licitantes anteriormente vencidos o restante do objeto do contrato rescindido, desde que estes, na ordem classificatória, aceitem as condições propostas pelo ex-contratado (vencedor do certame que teve o contrato rescindido).

Portanto, a finalidade da dispensa é evitar novo e dispendioso procedimento licitatório, além de agilizar a execução do objeto pretendido pela Administração.

Registre-se que tal complementação do contrato não se confunde com outra hipótese existente na lei, constante no §1º do art. 65,[304] que permite o prolongamento do contrato com o contratado, quando da ocorrência de acréscimo em pequena proporção, que não justifica novo procedimento licitatório.

A situação assemelha-se à estabelecida no §2º do art. 64 da mesma lei, que permite o chamamento dos licitantes remanescentes, na ordem de

[304] Art. 65 (...) § 1o O contratado fica obrigado a aceitar, nas mesmas condições contratuais, os acréscimos ou supressões que se fizerem nas obras, serviços ou compras, até 25% (vinte e cinco por cento) do valor inicial atualizado do contrato, e, no caso particular de reforma de edifício ou de equipamento, até o limite de 50% (cinqüenta por cento) para os seus acréscimos.

classificação, para assinar o contrato, na hipótese do classificado em primeiro lugar não aceitar celebrá-lo, apenas com a diferença de que, num, o contrato foi inadimplido em sua totalidade, enquanto que noutro, a inadimplência é parcial, e, consequentemente, o objeto do novo contrato restringir-se-á à parte remanescente.

Destarte, são condições para a dispensa:

a) licitação anterior, com mais de um classificado;
b) rescisão contratual por inexecução parcial, donde resultará um remanescente do objeto a ser concluído;
c) convocação dos licitantes classificados na licitação anterior, seguida rigidamente a ordem de classificação; e
d) aceitação das condições do contrato rescindido, inclusive no que diz respeito ao preço, devidamente atualizado para o momento da contratação.[305]

Impende ressaltar que a Administração não está obrigada a seguir tal procedimento, podendo optar, dependendo da avaliação que fizer, por nova licitação. Da mesma forma, os licitantes convocados não estão obrigados a celebrar o contrato.

Também há de se registrar que a hipótese de existência da necessidade de corrigir ou substituir parcelas executadas incorretamente impõe a realização de nova licitação, uma vez que a regra de dispensa em comento somente é aplicável quando houver parcelas faltantes para executar, e não quando da execução irregular por parte do contratado anterior.

[305] Acórdão TCU nº 744/2005 – Segunda Câmara. Voto do Ministro Relator – Para que não paire nenhuma dúvida sofre os efeitos danosos da aquiescência da empresa (...) em contratar com a Administração Pública, em desacordo com o art. 24, inciso XI, da Lei nº 8.666/93, trago à baila o seguinte excerto do voto condutor da decisão embargada: "Não obstante os responsáveis aleguem dúvida interpretativa, o art. 24, inciso XI, do Estatuto Federal de Licitações e Contratos é de clareza meridiana ao exigir que a contratação direta de remanescente de obra, serviço ou fornecimento, oriunda de rescisão contratual, deva obedecer às mesmas condições oferecidas pelo licitante vencedor, inclusive quanto ao preço, devidamente corrigido. Essas condições referem-se aos prazos de execução, aos preços unitários e global e à forma de pagamento, as quais devem ser idênticas às da proponente vencedora do certame licitatório".

6.1.11. Compras de perecíveis (inc. XII do art. 24)

O inc. XII do art. 24 autoriza a contratação direta com dispensa licitatória na nas compras de hortifrutigranjeiros, pão e outros gêneros perecíveis.

> Art. 24. É **dispensável** a licitação:
>
> (...)
>
> XII – nas compras de hortifrutigranjeiros, pão e outros gêneros perecíveis, no tempo necessário para a realização dos processos licitatórios correspondentes, realizadas diretamente com base no preço do dia;

O texto original do inciso definia a dispensa nas compras eventuais de gêneros alimentícios perecíveis em centros de abastecimentos ou similares, realizadas diretamente com base no preço do dia. Posteriormente, a Lei nº 8.883/1994 alterou a redação, tentando resolver uma possível distorção que a expressão "eventuais" trazia para esse tipo de aquisição.

Definiu-se então a permissibilidade de dispensa licitatória nas compras de gêneros perecíveis (a menção a hortifrutigranjeiros e pão é meramente exemplificativa) para as contratações que perdurem durante o tempo necessário para a realização dos processos licitatórios correspondentes.

A justificativa para a contratação direta parece clara: tais gêneros estão sujeitos a perecimento em período demasiado curto, a ponto de, enquanto transcorresse o procedimento para a aquisição, ultrapassar-se o tempo em que estariam próprios para consumo. O decurso do tempo determinaria a deterioração dos produtos. Não obstante, o próprio texto do dispositivo conflita com essa motivação, haja vista que, como mencionado, autoriza a contratação apenas no tempo necessário para a realização dos processos licitatórios correspondentes.

A nosso ver, o texto original jamais deveria ter sido modificado, porquanto o que se pretendia com a dispensa era prevenir a feitura de compras efetivamente eventuais de tais gêneros, dado que as não eventuais continuariam sujeitas à licitação.

Certo é que, do jeito que hoje se encontra, o dispositivo reveste-se de certa inutilidade, porquanto permite apenas meras contratações de urgência, uma vez que, caracterizada a necessidade dos produtos em caráter permanente, deverá a Administração, seguindo um adequado planejamento, adquirir por intermédio de competição licitatória.

Que fique claro, portanto, que a circunstância autorizadora da contratação direta jamais deverá advir da falta de planejamento.

O texto legal é tão confuso, que a doutrina não se afina quanto ao pretendido. Roque Citadini, por exemplo, defende, com certa razão, que o dispositivo se presta apenas para situações ocasionais. [306]

Pelo sim pelo não, são requisitos para a contratação direta, nos termos específicos do inciso:

a) o objeto da compra ser gênero perecível (pois, como esposado, a menção a hortifrutigranjeiros e pão é meramente exemplificativa);
b) a contratação somente poderá ocorrer no tempo necessário para a realização de licitação, ou seja, apenas para resolver problemas imediatos; e
c) os preços devem ser os de mercado.

6.1.11.1. O gênero perecível

Gênero perecível é o que perece com o decorrer do tempo. Na hipótese, a expressão gêneros perecíveis não pode significar outra coisa senão gêneros alimentícios perecíveis, isto é, todos os produtos que comumente servem para a alimentação humana, suscetíveis de perecimento, ainda que se possa afirmar que não há alimento não perecível.[307]

A natureza do objeto a ser adquirido é de curta perecibilidade, não só porque os exemplos oferecidos pelo inciso consignam produtos com prazos de consumo bastante exíguos, mas também porque a aquisição condiciona-se a limite temporal.

6.1.11.2. A questão do preço do dia

O inciso também exige que a compra seja realizada diretamente, com base no preço do dia, diante da frequente variação de preços de gêneros perecíveis. Também nesse caso, faz-se necessária uma acurada pesquisa de preços no mercado. Como já registramos, a matéria tem atual relevância, haja vista o retorno com grande força da inflação na economia nacional, hoje, inclusive, somando-se à recessão, cabendo à Administração cautela no exame das condições de mercado, adequando as decisões às peculiaridades do momento.

[306] Citadini, Antonio Roque. Comentários e Jurisprudência sobre a Lei de Licitações Públicas, São Paulo: Max Limonad, 1996, p. 160.

[307] Gasparini. Diogenes. Direito administrativo, p. 526.

Em face da inexistência de diplomas legais que informem a maneira de realização dessa pesquisa, o TCU, por intermédio do Acórdão nº 868/2013 – Plenário, concluiu pela necessidade de exame de fontes de pesquisa capazes de representar o mercado, que podem ser oriundas, por exemplo, de diligências junto a fornecedores, valores adjudicados em licitações de órgãos públicos (inclusos aqueles constantes no *Comprasgovernamentais*), valores registrados em Atas de Registros de Preços, entre outras fontes disponíveis.

Objetivando dar um norte ao tema, a Secretária de Logística e Tecnologia da Informação do Ministério do Planejamento (SLTI) editou a Instrução Normativa nº 5/2014, que dispõe sobre os procedimentos administrativos básicos para a realização de pesquisa de preços para a aquisição de bens e contratação de serviços em geral no âmbito dos órgãos e entidades integrantes do Sistema de Serviços Gerais (SISG), na qual amplia as fontes de consultas e estabelece parâmetros de conduta (*vide* texto completo da IN em 6.1.6.1).

6.1.12. Contratação de instituição sem fins lucrativos (inc. XIII do art. 24)

O inc. XIII registra a dispensabilidade de licitação na contratação de instituição brasileira incumbida de pesquisa, ensino ou desenvolvimento institucional, ou de instituição dedicada à recuperação social do preso, desde que a contratada detenha inquestionável reputação ético-profissional e não tenha fins lucrativos.

> Art. 24. É **dispensável** a licitação:
>
> (...)
>
> XIII – na contratação de instituição brasileira incumbida regimental ou estatutariamente da pesquisa, do ensino ou do desenvolvimento institucional, ou de instituição dedicada à recuperação social do preso, desde que a contratada detenha inquestionável reputação ético-profissional e não tenha fins lucrativos;

O comando legal busca dar cumprimento às disposições contidas no art. 218, *caput* e §4º, da CF,[308] que disciplinam que o Estado deverá promover e

[308] CF – Art. 218. O Estado promoverá e incentivará o desenvolvimento científico, a pesquisa e a capacitação tecnológicas. [...] §4º – A lei apoiará e estimulará as empresas que invistam

incentivar o desenvolvimento científico, a pesquisa e a capacitação tecnológica, cabendo à lei apoiar e estimular as empresas que invistam em pesquisa, criação de tecnologia adequada ao País, formação e aperfeiçoamento de seus recursos humanos.

Logo, entendeu o constituinte que o administrador público poderá, sem prejuízo da qualidade, ceder espaço ao princípio da licitação visando o fomento a esses três segmentos, cabendo à lei essa função de estímulo às entidades que neles atuam.

O TCU também se posicionou nessa linha de raciocínio:

> A nosso ver, o propósito do art. 24, XIII, do Estatuto é estimular as instituições que menciona, favorecendo-lhes a obtenção le contratos com o serviço público, como forma de ajudar-lhes no seu autocusteio. Com isso, o Estado estará estimulando, em cumprimento aos mandamentos constitucionais, ainda que por via indireta, as ações voltadas para o ensino, a pesquisa e o desenvolvimento institucional. Nesse sentido, pouco importa o objeto específico da contratação, desde que compatível com os objetivos sociais da instituição contratada e possa ser satisfatoriamente prestado com sua própria estrutura.[309]

Nesse contexto, o dispositivo preceitua que a dispensa estará sujeita a três condições:

a) a contratada ser instituição (portanto, somente pessoa jurídica) brasileira incumbida, por regimento ou estatuto, de pesquisa, de ensino ou de desenvolvimento institucional ou, ainda, dedicada à recuperação social de preso;
b) ter a instituição inquestionável reputação ético-profissional. Quanto ao âmbito profissional, deter incontestável capacidade para o desempenho de seu objeto social. No que tange ao campo ético, possuir virtudes éticas, que deverão ser apreciadas pela Administração apenas no sentido do correto desempenho profissional, independentemente de ideologias; e
c) não possuir fins lucrativos.

em pesquisa, criação de tecnologia adequada ao País, formação e aperfeiçoamento de seus recursos humanos e que pratiquem sistemas de remuneração que assegurem ao empregado, desvinculada do salário, participação nos ganhos econômicos resultantes da produtividade de seu trabalho.

[309] Processo TC 013.996/2003-2.

6.1.12.1. O conceito de instituição

O dispositivo dirige a dispensa para a contratação a ser realizada com organizações da espécie "instituição", expressão que não contém conteúdo jurídico bem determinado no direito brasileiro.

Na nomenclatura técnico-jurídica pátria a ideia de "instituição" tem a ver com algo meio abstrato, com conexão com mecanismos sociais de papel importante no processo de socialização. Assim, a expressão consigna pessoa jurídica peculiar, voltada para a realização de determinados fins que transcendem os interesses dos que dela participam de forma direta. Nessa linha de raciocínio, Marçal Justen após observar que as "instituições" em sentido subjetivo são pessoas jurídicas, mas nem todas as pessoas jurídicas são instituições, assevera que muito se assemelham a uma organização de recursos materiais e de esforços humanos que se autonomiza em face dos seus próprios fundadores, gozando, desse modo, de um acentuado grau de independência.

No mesmo viés, Carlos Pinto Coelho Motta assinala que o vocábulo "instituição" é geralmente compreendido em um sentido amplo e abrangente, que pode conter todos os grupos sociais oficiais, como escolas, sindicatos, órgãos de governo e também empresas.[310]

Como explica De Plácido e Silva, a "instituição" já se promove pela direta ação da vontade, que se manifesta, por si mesma, como a própria fonte criadora do que se estabelece, se constrói ou se forma. Por este motivo é que, por vezes, chega a definir a própria entidade jurídica, que por ela se fundou. Assim, se diz "instituição", para designar o estabelecimento ou a organização que se fundou ou se instituiu.[311]

Certo é que, derivado do latim *institutio* (dispor, formar), o termo "instituição", além de fazer alusão ao efeito de instituir (fundar, erigir) algo, vincula-se diretamente com uma coisa instituída, isto é, estabelecida ou fundada, tratando-se, portanto, de um organismo que tem função de utilidade pública.

Dado o exposto, é de se concluir que a escolha da expressão não foi fruto de mero acaso, uma vez que, como anota Justen, a intenção do legislador repousa na intenção de evitar a contratação direta com entidades desti-

[310] Motta, Carlos Pinto Coelho. Eficácia nas licitações & contratos. 10 ed. Belo Horizonte: Dei Rey, 2005, p. 221

[311] Silva, De Plácido e. Vocabulário Jurídico, 3 ed, Vol. I, Rio de Janeiro: Forense, 1991, p. 486.

tuídas de existência social concreta, não se aplicando a autorização da contratação em face de pessoas jurídicas criadas no papel, mas destituídas de atuação social efetiva. Assim, como preleciona, a referência a "instituições" elimina a possibilidade de contratação direta com "associações" ou "fundações" que tenham mera aparência de entidades autônomas, sempre que se encontrem sob controle de sujeitos específicos e determinados, que as orientem para a realização de seus interesses pessoais.[312]

6.1.12.2. Instituição brasileira

Como anotamos na 3ª edição do livro *Licitações Internacionais* (Ed. Fórum), a eliminação da distinção entre os conceitos de "empresa brasileira" e de "empresa brasileira de capital nacional" do ordenamento jurídico brasileiro, com a revogação do art. 171 da CF pela Emenda Constitucional nº 6/1995, não extirpou do ordenamento jurídico o conceito de "empresa brasileira", o que, evidentemente, seria de todo impossível. Destarte, a partir da alteração constitucional, empresa brasileira passou a ser aquela estabelecida sob a égide da lei brasileira, com sede e administração no Brasil, conforme, inclusive, também dispôs a Exposição de Motivos:

> 2. A proposta tenciona eliminar a distinção entre empresa brasileira e empresa brasileira de capital nacional e o tratamento preferencial concedido a esta última. Para tanto, firma-se conceito de empresa brasileira como aquela constituída sob as leis brasileiras e com sede e administração no País.

Logo, instituição de nacionalidade brasileira deve ser entendida como aquela que, atendendo ao conceito antes exposto sobre "instituição", foi constituída sob as leis brasileiras e com sede e administração no País.

6.1.12.3. Os fins das instituições

Consoante o inciso, a instituição deve ter por finalidade a pesquisa, o ensino, o desenvolvimento institucional ou a recuperação social de preso, os quais deverão estar estabelecidos formalmente no instrumento que discipline seu funcionamento.

[312] Justen Filho, Marçal. Comentários à Lei de Licitações e Contratos Administrativos. 12. ed., São Paulo: Dialética, p. 37.

É certo que as três atividades elencadas inicialmente (pesquisa, ensino, e desenvolvimento institucional) são demasiadamente vagas e de difícil dimensionamento. Logo, para que se viabilize a dispensa licitatória, as atividades deverão atender aos interesses coletivos, através de soluções dos problemas da sociedade. Tal não significa, entrementes, que não possam advir de atividades empresariais, com auferição de lucro.[313]

Como bem observaram Fernanda de Faria e Marcia Ribeiro,[314] das finalidades exigidas, a que demanda maior reflexão é que se refere ao desenvolvimento institucional, que, devido a enorme amplitude, determina interpretação restritiva, com adequação ao interesse público, pois, caso contrário, toda e qualquer instituição sem fins lucrativos poderia ser contratada pela Administração Pública com fundamento na hipótese de dispensa de licitação. Destarte, a expressão "desenvolvimento institucional" merece interpretação que a ajuste ao interesse público, devendo ser consideradas tão somente as atividades que envolvam cunho social, como, por exemplo, a prestação de assistência social.

Considerando que uma interpretação apressada poderia conduzir à ilação de que desenvolvimento institucional poderia englobar qualquer ato voltado para o aperfeiçoamento das instituições, para a melhoria do desempenho das organizações, também se pautou o TCU pela necessidade da avaliação restritiva:

> (...) a simples automatização de procedimentos, a aquisição de equipamentos mais eficientes, a reforma das instalações de uma unidade, a ampliação das opções de atendimento aos clientes, o treinamento de servidores, a reestruturação organizacional e um sem-número de outras ações que significassem algum *plus* no relacionamento entre a Administração e a Sociedade poderiam ser entendidas como tal. Já foi registrado, no entanto, que uma interpretação larga da lei, nesse ponto, conduziria, necessariamente, à inconstitucionalidade do dispositivo, uma vez que os valores fundamentais da isonomia, da moralidade e da impessoalidade, expressamente salvaguardados pela Constituição, estariam sendo, por força de norma de hierarquia inferior, relegados. Logo, desenvolvimento institucional não pode significar, simplesmente, ao menos

[313] Acórdão nº 3.564/2006 – Plenário.

[314] Faria, Fernanda Cury de; Ribeiro, Marcia Weber Lotto. A dispensa de licitação fundamentada no art. 24, XIII da Lei Federal nº 8.666/93. Disponível em semanaacademica.org.br/system/files/artigos/artigo-dispensadelicitacaofundamentadanoart24xiii.pdf

no contexto do inciso XIII, melhoria ou aperfeiçoamento das organizações públicas. (...) Nesse sentido, seriam entidades dedicadas ao desenvolvimento institucional, por exemplo, aquelas voltadas para a proteção à infância (arts. 203, I e 204, I da CF), ao deficiente físico (arts. 203, IV e 204, I), à saúde (arts. 196,197 e 200, V), para o desenvolvimento do ensino (arts. 205, 213 e 214), para o desporto (art. 217), entre outras. Nesse rol, entrariam as APAES, as Sociedades Pastalozzi, a CNEC, a Associação das Pioneiras Sociais, as associações esportivas, etc.[315]

Certo é, com relação aos fins da instituição, que a contratação com a dispensa em análise só poderá ocorrer nos casos em que houver nexo entre a natureza da instituição e o objeto contratado.

O TCU sumulou sobre a questão:

SÚMULA 250 – Contratação direta; dispensabilidade de licitação; instituição brasileira de pesquisa, ensino, apoio e outros (XIII) – A contratação de instituição sem fins lucrativos, com dispensa de licitação, com fulcro no art. 24, inciso XIII, da Lei nº 8.666/1993, somente é admitida nas hipóteses em que houver nexo efetivo entre o mencionado dispositivo, a natureza da instituição e o objeto contratado, além de comprovada a compatibilidade com os preços de mercado.

Com relação à conexão entre o dispositivo, a natureza da instituição e o objeto, Luiz Gustavo Smith apresenta inteligente comentário:

Da exigência de nexo entre a especialidade a que se propõe a instituição e o objeto do contrato tem-se eleita a real valorização e promoção do desenvolvimento científico, pesquisa e capacitação tecnológica que o legislador constituinte buscou proteger no art. 218, da Carta Maior, vez que não se conceberia a configuração da hipótese de dispensa objeto do presente estudo para a contratação de instituição regimental ou estatutariamente voltada à pesquisa genética para firmar contrato cujo objeto é de natureza econômica. Da mesma maneira, a vinculação personalíssima da instituição com a execução

315 Decisão nº 30/2000 – TCU. Em outro momento, a Corte de Contas voltou a ressaltar que a expressão não pode ser interpretada em sentido amplo, a fim de evitar a contratação, sem maiores critérios, desses órgãos/entidades mediante dispensa de licitação (Acórdão nº 3.564/2006 – Plenário).

direta do contrato, representa uma homenagem ao princípio da igualdade de condições que deve nortear os procedimentos licitatórios, evitando, assim, a hipótese em que uma determinada instituição avoque suas prerrogativas para firmar o contrato, através de dispensa de licitação, e terceirize a execução em favor de quem não detenha as mesmas condições suas, ou seja, não preencha os requisitos exigidos no inc. XIII, do art. 24, da Lei de Licitações.[316]

Ainda quanto às finalidades das instituições, anote-se que a Lei nº 8.958/ 1994, que dispõe sobre as relações entre as instituições federais de ensino superior e de pesquisa científica e tecnológica e as fundações de apoio, autoriza a contratação direta de determinadas entidades, com base no inciso em apreço:

> Art. 1º As Instituições Federais de Ensino Superior – IFES e as demais Instituições Científicas e Tecnológicas – ICTs, de que trata a Lei nº 10.973, de 2 de dezembro de 2004, poderão celebrar convênios e contratos, nos termos do inciso XIII do caput do art. 24 da Lei nº 8.666, de 21 de junho de 1993, por prazo determinado, com fundações instituídas com a finalidade de apoiar projetos de ensino, pesquisa, extensão, desenvolvimento institucional, científico e tecnológico e estímulo à inovação, inclusive na gestão administrativa e financeira necessária à execução desses projetos. [317]
>
> Art. 1º-A. A Financiadora de Estudos e Projetos – FINEP, como secretaria executiva do Fundo Nacional de Desenvolvimento Científico e Tecnológico – FNDCT, o Conselho Nacional de Desenvolvimento Científico e Tecnológico – CNPq, as agências financeiras oficiais de fomento e empresas públicas ou sociedades de economia mista, suas subsidiárias ou controladas, poderão celebrar convênios e contratos, nos termos do **inciso XIII do caput do art. 24 da Lei nº 8.666, de 21 de junho de 1993,** por prazo determinado, com as fundações de apoio, com finalidade de dar apoio às IFES e às demais ICTs, inclusive na gestão administrativa e financeira dos projetos mencionados no caput do art. 1º, com a anuência expressa das instituições apoiadas. [318]

[316] Smith, Luis Gustavo Alves. Contratação direta de instituição brasileira voltada à pesquisa, ensino ou desenvolvimento institucional ou dedicada à recuperação social do preso: limitações ao poder discricionário. Informativo de Licitações e Contratos – ILC, Curitiba, n. 123, maio 2004, p. 447.

[317] Redação dada pela Lei nº 12.863/13.

[318] Redação dada pela Lei nº 12.863/13.

Sobre a contratação de fundações de apoio, a AGU expediu orientação com condições para a utilização da hipótese de dispensa:

> Orientação Normativa nº 14, de 01 abril de 2009 – Os contratos firmados com as fundações de apoio com base na dispensa de licitação prevista no inc. XIII do art. 24 da Lei no 8.666, de 1993, devem estar diretamente vinculados a projetos com definição clara do objeto e com prazo determinado, sendo vedadas a subcontratação; a contratação de serviços contínuos ou de manutenção; e a contratação de serviços destinados a atender as necessidades permanentes da instituição.

6.1.12.4. A reputação das instituições

Bastante cuidado se deve ter na questão da exigência de inquestionável reputação ético-profissional.

Na prática, o atendimento à exigência quanto à ética não é nada fácil, dado tratar-se de situação cujo conceito é bastante abstrato.

Derivado do grego *ethikos* (pertencente ao caráter), a ética é definida genericamente como a ciência da moral. Todavia, na terminologia da técnica profissional, consigna expressão usada sob a expressão de ética profissional, para indicar a soma de deveres que estabelece a norma de conduta no desempenho de atividades profissionais e nas relações com clientes e demais pessoas com quem se relacione. Logo, a ética estabelece a pauta de ações de um profissional em toda e qualquer esfera, onde quer que venha a exercer a sua profissão.

Normalmente, a ética profissional funda-se nas normas de conduta estabelecidas pelos usos e costumes, podendo, entretanto, ser instituída pelas instituições. É bastante comum ouvir-se, nesse sentido, expressões como: ética jornalística, ética do advogado, ética médica, ética empresarial, ética no serviço público etc.

Atualmente, em função dos enormes escândalos de corrupção nas contratações públicas, a matéria tem tomado relevo. Chama a atenção, na recente Lei nº 12.846/2013 (Lei Anticorrupção),[319] o elemento atenuante nas sanções impostas devido a atos de corrupção, constituído pela possível existência de mecanismos e procedimentos internos de integridade,

[319] Sobre a matéria, vide o nosso "Comentários à Lei Anticorrupção", 2ª ed, 2015, Ed. Revista dos Tribunais (RT).

auditoria e incentivo à denúncia de irregularidades e a aplicação efetiva de códigos de ética e de conduta no âmbito da pessoa jurídica, ou seja, os chamados "Programas de *Compliance*", cultura empresarial largamente adotada em todo o mundo, mais do que conhecida por advogados estrangeiros e empresários de diversas multinacionais.

O termo *compliance*, originário da expressão anglo-saxão *to comply*, exprime, em sentido literal, o sentido agir de acordo com uma regra ou um comando. Dessa forma, *compliance* constitui a obrigação de cumprir, de estar em conformidade e fazer cumprir regulamentos internos e externos impostos às atividades da organização.

Nesse passo, com a gradativa aplicação dessa cultura, o uso de códigos de ética também se tornou peça fundamental para a atenuação de possíveis sanções administrativas, uma vez que a Lei Anticorrupção, ao estabelecer o regime de responsabilização objetiva, coloca as pessoas jurídicas em risco, impondo a elas a necessidade de se precaverem.

Nesse quadro, para o perfeito enquadramento na dispensa licitatória, é exigível virtude ética relacionada ao perfeito cumprimento do contrato.

Além do contexto ético, o dispositivo também exige a demonstração de inquestionável capacitação para o desempenho da atividade pretendida. Bem mais fácil de ser mensurado, o requisito, na prática, é demonstrável por intermédio de trabalhos e experiências anteriores da instituição, que comprovem sua capacidade para a realização dos serviços que se pretende contratar.

6.1.12.5. A inexistência de fins lucrativos

A inexistência de fins lucrativos é outro requisito para a dispensa licitatória com base no inciso em análise.

Instituições sem fins lucrativos são organizações de direito privado, dotadas de personalidade jurídica, que objetivam a consecução de um objetivo específico e que, como a titulação indica, não auferem lucro. Assim, a expressão "sem fins lucrativos" é utilizada tão somente para as organizações que não distribuam entre seus membros (sócios, associados, conselheiros, diretores, empregados, doadores) eventuais excedentes, que deverão ser aplicados no atendimento do objetivo constante de seus atos constitutivos.

No art. 44, o Código Civil (Lei nº 10.406/2002) lista as pessoas jurídicas de direito privado: associações, sociedades, fundações, organizações religiosas, partidos políticos e empresas individuais de responsabilidade limitada (consoante as alterações impostas pelas Leis nºs 10.825/2003 e 12.441/2011). Com exceção das sociedades e empresas individuais de responsabilidade limitada, as demais não têm fins lucrativos.

Questão que tem suscitado discussão diz respeito à possibilidade da contratação direta, ainda que haja pluralidade de instituições sem fins lucrativos que possam executar de forma satisfatória o objeto pretendido pela Administração Pública. Sobre o assunto, já nos posicionamos pela obrigatoriedade da competição nessa situação, de modo que não seja afrontado o princípio da isonomia. Existindo diversas instituições com o mesmo perfil, só a licitação será a solução para a seleção da melhor proposta:

> Ressalte-se que o regrado neste inciso não representa uma espécie de passe livre para a realização de contratações de entidades que detenham os requisitos sem a instauração do certame licitatório. Destarte, havendo mais de uma entidade com as características devidas, aptas a executar o pretendido pela Administração, deverá se estabelecida a licitação. O simples preenchimento das condições por uma entidade não implica, por si só, no melhor para o Poder Público e, em última análise, para a própria sociedade.[320] A contratação não poderá macular o princípio da igualdade. [321]

[320] Apesar de concluir que nada impede que o agente público licite, o Tribunal de Contas do Estado de Minas Gerais entendeu que o dispositivo configura uma faculdade oferecida ao agente público: "Em se comprovando a presença desse último requisito exigido, estarão atendidas as exigências dispostas no art. 24, XIII, podendo a instituição ser diretamente contratada, mediante dispensa de licitação, mesmo quando a competição se revele viável. É uma faculdade ofertada pela lei ao administrador, e que não implica em qualquer ofensa ao princípio da igualdade, pois a própria Constituição Federal tutela outros valores, além da isonomia, como o desenvolvimento do ensino, da pesquisa e da capacitação tecnológica (arts. 218 e 219 da CF/88). Ressalte-se, todavia, que nos casos de dispensa não há, em princípio, afastamento da licitação, nada impedindo que o administrador, julgando conveniente, realize o certame, visando selecionar as melhores propostas. Caso a opção seja pela contratação direta, deverá o administrador formalizar o devido processo de dispensa de licitação, conforme determina o art. 26, caput e parágrafo único, da Lei nº 8.666/93, com a redação dada pela Lei nº 8.883/94, justificando a presença dos pressupostos da ausência de licitação, bem como o fundamento da escolha de um determinado contratante" (Consulta nº 655.020 – Relator Conselheiro Murta Lages).

[321] Bittencourt, Sidney. Licitação Passo a Passo, 7 ed., Belo Horizonte: Fórum, 2014.

Consigne-se decisão da Corte de Contas federal, que se posiciona como nós:

> Acórdão 1.731/2003 – Primeira Câmara – (...) o art. 24, inciso XIII, da Lei 8.666/1993, privilegia, guando das contratações públicas, as instituições brasileiras sem fins lucrativos incumbidas regimental ou estatutariamente da pesquisa, do ensino ou do desenvolvimento institucional, em detrimento de organizações que visam ao lucro. Entretanto, esse artigo é inaplicável a contratações em áreas onde operam exclusivamente entidades sem fins lucrativos; caso contrário, fere-se o princípio da isonomia ínsito nos arts. 37, inciso XXI, da Constituição Federal, e 30, *caput,* da Lei 8.666/1993.

Em sentido contrário, Julieta Vareschini, que sustenta a escolha discricionária do agente público, considerando que o próprio legislador optou por excepcionar a necessidade de licitação, apesar de seu cabimento num primeiro momento:

> Na maioria das hipóteses de dispensa previstas pela lei não se vislumbra a inexistência de competitividade. Portanto, essas hipóteses não decorrem de inviabilidade competição, mas sim de uma opção do legislador. Por conta disso, ainda que existente uma pluralidade de entidades sem fins lucrativos, aptas a atenderem a necessidade da Administração, não se cogita a obrigatoriedade de licitação, por ser esta dispensada pelo próprio dispositivo e tratar-se de situação de dispensa e não de inexigibilidade (esta sim, vinculada à efetiva inexistência de competitividade). [322]

Da mesma forma, Ronny Charles, comentando decisão prolatada pelo TCU (Acórdão nº 1.820/2005 – 2ª Câmara), que determinou ao Ministério da Defesa que, na hipótese de contratação a ser firmada sob o amparo do dispositivo em análise, promovesse licitação sempre que existir mais de uma entidade em condições de prestar os serviços demandados:

> (...) teoricamente, essa determinação parece tecnicamente incorreta. Tratando-se de dispensa, é evidente ser possível que mais de uma entidade possa prestar os serviços demandados. Caso assim não o fosse, se apenas uma enti-

[322] Vareschini, Julieta Mendes Lopes. Contratação Direta, Vol. 2, Curitiba: JML, 2014, p. 141.

dade pudesse atender à pretensão contratual, seria verificada uma situação de inexigibilidade, pela inviabilidade de competição.[323]

6.1.13. Aquisição nos termos de acordo internacional (inc. XIV do art. 24)

O inc. XIV anota a dispensabilidade de licitação nas contratações de bens ou serviços nos termos de acordos internacionais específicos, quando as condições ofertadas forem manifestamente vantajosas.

> Art. 24. É **dispensável** a licitação:
> (...)
> XIV – para a aquisição de bens ou serviços nos termos de acordo internacional específico aprovado pelo Congresso Nacional, quando as condições ofertadas forem manifestamente vantajosas para o Poder Público;

O inciso prevê que, em face de acordo internacional firmado, poderá a Administração, sem a elaboração de licitação, adquirir bens ou contratar serviços produzidos no exterior, desde que as condições oferecidas sejam manifestamente vantajosas.[324]

A hipótese de licitação dispensável tem como inspiração o fenômeno mundial da globalização. A intenção, sem a menor sombra de dúvida, foi adequar o direito interno aos tão corriqueiros e necessários acordos internacionais.

Verifica-se, outrossim, que a situação determina que se esqueça, nesse mister, o princípio da igualdade, porquanto poderá ocorrer a contratação em detrimento de empresa brasileira que produza bem ou preste serviço semelhante. Nesse passo, é cediço que, para justificar a adoção do dispositivo, fatores preponderantes se sobreponham à necessidade do atendimento ao princípio citado (como, por exemplo, o intercâmbio ou a transferência de tecnologia).

O afastamento licitatório circunscreve-se à contratação de bens e/ou serviços, excluindo-se, portanto, as obras.[325]

[323] Charles, Ronny. Leis de licitações públicas comentadas, 7ª ed., Salvador: Juspodivm, 2015, p. 270.

[324] Sobre acordos internacionais, vide o nosso Licitações internacionais. 3. ed. Fórum.

[325] No mesmo raciocínio, Joel de Menezes Nieburh: "E ele prevê que a dispensa seja destinada à aquisição de bens ou à contratação de serviços, afastando, por corolário, a possibilidade de

Quando a prescrição legal restringe a dispensa licitatória à vantagem manifesta, avistam-se sérias dificuldades operacionais ao agente público, uma vez que, na prática, essa demonstração é demasiadamente vaga.[326] Não obstante, Benedicto de Tolosa sustenta que o dispositivo "apenas está reiterando o princípio fundamental das contratações realizadas pela Administração Pública quando opera com ou sem licitação".[327] Da mesma maneira, Marçal Justen defende que "a exigência de condições vantajosas não necessitaria ser expressa, por ser pressuposto inerente a qualquer contratação administrativa".[328] Diversamente, em face do termo "manifestamente", consideramos que o alcance é mais amplo. A nosso ver, a mera existência do acordo internacional sobre a matéria não seria suficiente para o enquadramento.[329]

A questão não passou despercebida por Roberto Bazilli e Sandra Miranda, preocupados com os efeitos diretos das vantagens a serem auferidas:

> Condições vantajosas para quem? Esta é a questão que se põe. A vantagem deve ser aferida no tocante ao órgão ou entidade contratante ou em relação à Administração Pública como um todo? A questão não é meramente acadêmica,

construção de obras ou alienações" (Dispensa e inexigibilidade de licitação pública. 2. ed., p. 526).

[326] Não raro, a lei se vale de conceitos jurídicos indeterminados. Nesse particular, Vanice Lírio do Valle, ao avaliar a adoção nos diplomas legais de ideias sujeitas a uma definição carregada de avaliação subjetiva, relembra que o legislador, sabiamente, se vale desse artifício, por não desconhecer que, especialmente em um país como o Brasil, marcado pela dimensão territorial continental e pelas flagrantes diferenciações sociais e econômicas de suas regiões, seria tremendamente inconveniente que, em matéria desse jaez, se valesse a legislação de conceitos rígidos, insuscetíveis de adaptação às condições locais (Contratos de gestão e organizações sociais. Medida Provisória nº 1.591-1, de 09.10.97. ILC – Informativo de Licitações e Contratos, n. 47).

[327] Tolosa Filho. Contratando sem licitação, p. 80.

[328] Justen Filho. Comentários à Lei de Licitações e Contratos Administrativos. 7. ed., p. 256.

[329] Observe-se que a lei fez referência tão somente a acordos. Várias expressões são encontradas no Direito Internacional que denotam acordos internacionais (tratado, convenção etc.). Verdadeiramente, na estrita acepção do termo, acordo internacional é aquele que denota cooperação entre países. No caso sob análise, trata-se, evidentemente, de acordo que implique na possibilidade de aquisição de bens e serviços, e não o tratado ou a convenção internacional, que possuem caráter normativo.

pois que o deslinde neste ou naquele sentido determinará critérios de aferição diversos. Se a aferição for a pertinente ao contratante, deverá levar em consideração, para produtos de qualidade e características semelhantes, o preço de mercado nacional e internacional. Já, se a aferição destas condições vantajosas for no tocante aos interesses da Administração Pública, outros fatores deverão ser considerados,tais como abertura de mercado, balança comercial, colocação de produtos dos Estados acordantes, financiamento etc.

Ao apreciá-la, Joel Niebuhr relembrou que, a princípio, a maneira que o Poder Púbico possui para apurar as condições contratuais mais vantajosas é justamente a licitação pública:

> Nela, todos os interessados disputam em condições de igualdade, ofertando à Administração a melhor proposta [...]. Destarte, é a competição entre os interessados no contrato que induz à proposta mais vantajosa. Sob essa luz, o Estado brasileiro pode acertar a aquisição de bens ou a prestação de serviços com empresas estrangeiras, por meio de acordo aprovado pelo Congresso Nacional, mas não dispõe de condições para precisar que os termos desse contrato sejam efetivamente os mais vantajosos, pois, se recorresse à licitação, outras empresas, de outros Estados, poderiam, em tese, lhe oferecer melhores propostas.[330] [331]

Em virtude de tudo que foi exposto, concluímos que as condições ofertadas devem ser vantajosas para a Administração Pública como um todo e, como aduzem Bazilli e Miranda, melhor ainda se forem vantajosas também para o órgão contratante, requerendo ampla motivação.[332]

Sublinhe-se que a manifesta vantagem pode ser alcançada de maneira indireta, isto é, não necessariamente decorrente do objeto do contrato a

[330] Niebuhr. Dispensa e inexigibilidade de licitação pública. 2. ed., p. 526.

[331] O que fez com que Jonas Lima não desse muita importância ao inciso: "Ora, tal dispositivo está condicionado à existência da vantagem mencionada nele mesmo, mas atualmente é difícil encontrar algum produto, bem ou serviço que consiga melhores condições apenas em um acordo do que em ampla e pública competição global. Trata-se, portanto, de dispositivo de raríssima utilização" (Licitação pública internacional no Brasil, p. 65).

[332] Eduardo Goeldner Capella alerta que já houve contratação com essas características – oriunda de acordo internacional e aprovada pelo Congresso Nacional – devidamente glosada em auditoria pelo TCU, em face de não haver a comprovação de ser vantajosa ao erário (Licitações: instruções didáticas, p. 105).

ser celebrado, mas por intermédio de outras obrigações assumidas pela empresa estrangeira (tais como transferência de tecnologia; compensações específicas – os chamados *offset* etc.).

Nesse particular, expõe com propriedade Niebuhr:

> O fato é que [...] os acordos internacionais envolvem função política, pertinente às estratégias do Estado em relação a seus pares,envolvendo interesses complexos. E, hoje em dia, essas relações ganham cada vez mais importância, pelo que, esses outros fatores servem para justificar a manifesta vantajosidade da dispensa.[333]

No mesmo diapasão, Ari Sundfeld:

> Trata-se de situações em que a aquisição tem como contrapartida vantagens de outra ordem, interesses para o país, como [...] a abertura de mercados externos, e por aí vai. A dispensa de licitação, considerando, de um lado, que os benefícios citados podem ser mais interessantes que a mecânica busca do melhor preço em uma contratação tomada isoladamente e, de outro, que o procedimento licitatório não é veículo adequado para o estabelecimento de vínculos complexos, onde estejam envolvidas contrapartidas políticas.[334]

Por outro lado, como antes discorremos, os acordos internacionais, ratificados pelo Congresso Nacional, assumem no ordenamento jurídico pátrio nível hierárquico de lei ordinária. Nesse viés, celebrado um acordo desse porte, objetivando uma aquisição ou um serviço, dispositivo especial estaria vindo à luz, sobrepujando-se ao disposto na Lei nº 8.666/1993.[335] [336]

[333] Niebuhr. Dispensa e inexigibilidade de licitação pública. 2. ed., p. 528.

[334] Sundfeld. Licitação e contrato administrativo. 2. ed., p. 61.

[335] Esse requisito sofreu pesada crítica de Marcos Juruena, uma vez que o próprio tratado poderia excepcionar a regra para o caso específico, sem necessidade de outra legislação, até porque o art. 4º da Constituição Federal já prevê a cooperação entre os povos e a integração econômica como princípios das relações internacionais brasileiras (Licitações e contratos administrativos, p. 95).

[336] A Resolução do Senado nº 48/2007, que dispõe sobre os limites globais para as operações de crédito externo e interno da União, de suas autarquias e demais entidades controladas pelo poder público federal e estabelece limites e condições para a concessão de garantia da União em operações de crédito externo e interno, prevê que os pedidos de autorização para operações de crédito externo vinculadas à aquisição de bens ou contratação de serviços, decorrentes

Sobre a matéria, Bazilli e Miranda chamam a atenção para os arts. 49, I, e 84, VIII, da CF:[337]

> Acordo internacional, pois, é ato jurídico por meio do qual se efetiva a integração de vontades entre duas ou mais pessoas internacionais. Caracteriza-se, sobretudo, por ser específico, implicando a possibilidade de aquisição de bens e serviços pelas partes; é de natureza operativa, ao passo que a convenção internacional tem caráter normativo. O acordo a que se refere o texto em comento é de natureza gravosa, acarretando encargos para as partes, na medida em que está ínsita a idéia de comércio internacional. Como tal, este acordo somente tem eficácia jurídica quando o Congresso Nacional o aprova ou referenda.[338]

Instala-se, então, uma dúvida: poderia o agente público deixar de atender ao prescrito num acordo dessa natureza por considerar, com base em documentos concretos, que a manifesta vantagem não estaria sendo alcançada?

Conjugando os regramentos constitucionais com a regra disposta neste dispositivo, asseveramos que sim, não obstante o acordo manter a validade jurídica.[339]

de acordo internacional específico, sejam acompanhados de pareceres técnico e jurídico da entidade contratante, discriminando as vantagens econômicas para o Poder Público:
Art. 12. Os pedidos de autorização para operações de crédito externo vinculadas à aquisição de bens ou contratação de serviços, decorrentes de acordo internacional específico aprovado pelo Congresso Nacional, em caso de dispensa de licitação, nos termos do inciso XIV do art. 24 da Lei nº 8.666, de 21 de junho de 1993, deverão ser encaminhados acompanhados de pareceres técnico e jurídico da entidade contratante, discriminando as vantagens econômicas para o Poder Público no que diz respeito ao preço da aquisição e às condições financeiras do financiamento.

[337] CF – Art. 49. É da Competência exclusiva do Congresso Nacional: I – resolver definitivamente sobre tratados, acordos ou atos internacionais que acarretem encargos ou compromissos gravosos ao patrimônio nacional;
Art. 84. Compete privativamente ao Presidente da República: VIII – celebrar tratados, convenções e atos internacionais, sujeitos a referendo do Congresso Nacional;

[338] Bazilli; Miranda. Licitação à luz do direito positivo, p. 169.

[339] Com outra ótica, Ivan Barbosa Rigolin critica a necessidade da averiguação quanto às condições vantajosas para a Administração, dado que o acordo já recebera o aval do Congresso Nacional: "[...] soa muito estranho, como neste exemplo: o País celebrou um acordo OPEP para comprar petróleo, primeiro requisito atendido. Reuniu-se o Congresso Nacional e aprovou esse acordo, segundo requisito. Dado isso, a pergunta inevitável: alguém imagina que será ainda necessário que mais alguém, que não se sabe quem possa ser, mas que pelo jeito está

É o que também concluiu Jorge Ulisses Jacoby:

> Efetivamente, se a Lei nº 8.666/1993 impõe norma geral sobre o tema e se a licitação é também a regra geral, as normas específicas – aí compreendidas as contidas nos acordos que autorizem contratação direta sem licitação – terão sua validade condicionada, se harmônicas com a Constituição Federal e com as regras gerais aqui delineadas. Mesmo quando o acordo não faça alusão à obrigação de oferecer condições mais vantajosas para o Poder Público, aquela regra deverá permear o ajuste.[340]

Justificando a dispensa de licitação para a situação apresentada, Benedicto de Tolosa mune-se de argumentos que discorrem sobre a globalização dos mercados:

> O Brasil, por certo, não poderia ficar alheio ao movimento conhecido como globalização nas diversas áreas de atividades e do conhecimento. Fato idêntico ocorre por regiões unindo as nações em causas de interesse recíproco, como é o caso do MERCOSUL em nosso hemisfério. Assim, se unem as nações em organismos internacionais que proporcionam a troca de experiências e de favores comerciais, surgindo, desta forma, condições favoráveis para aquisição de bens ou de serviços de alta tecnologia e de aplicação específica, materializados através de acordos internacionais [...], possibilitando, assim, que sejam adquiridos mediante dispensa de licitação.[341]

Ainda sobre a matéria, insta observar que:

a) quando o acordo internacional envolver Estados, Municípios ou o Distrito Federal, serão os Poderes Legislativo e Executivo locais que terão competência para a apreciação quanto à conveniência e opor-

acima do Congresso Nacional, precise entender que as condições aprovadas pelo Congresso são manifestamente vantajosas, para apenas então poder o contrato ser tido como legítimo? O Congresso tem então alguma instância administrativa revisora? [...] Seria o autor da lei a instância revisora do Congresso? Quem submete o Congresso Nacional à subordinação, no plano administrativo e não judicial? É muito estranha, apenas para variar, neste momento a dicção da lei" (Dispensa e inexigibilidade de licitação. Fórum de Contratação e Gestão Pública – FCGP, ano 3, n. 34).

[340] Jacoby Fernandes. Contratação direta sem licitação, p. 233

[341] Tolosa Filho, Benedicto de. Contratando sem licitação: comentários teóricos e práticos. 3. ed., p. 101.

tunidade, cabendo ao Congresso Nacional a avaliação concernente aos contornos econômico-financeiros;[342]

b) a hipótese de dispensa ora analisada difere do regramento contido no §5º do art. 42, onde estão registrados procedimentos para as contratações com financiamentos concedidos por agências oficiais de cooperação estrangeiras ou organismos financeiros multilaterais de que o Brasil faça parte (tais como o Banco Mundial – BIRD ou Banco Interamericano de Desenvolvimento – BID), quando não há de se falar em licitação dispensável, uma vez que se instaurará licitação, na qual poderão constar as condições previstas nas normas e procedimentos dos organismos financiadores.[343]

6.1.14. Aquisição ou restauração de obras de arte (inc. XV do art. 24)

O inc. XV registra a dispensabilidade de licitação na aquisição ou restauração de obras de arte e objetos históricos, de autenticidade certificada.

> Art. 24. É **dispensável** a licitação:
>
> (...)
>
> XV – para a aquisição ou restauração de obras de arte e objetos históricos, de autenticidade certificada, desde que compatíveis ou inerentes às finalidades do órgão ou entidade;

[342] A propósito, Marcos Juruena sustenta que a dispensa em análise "veio para admitir acordos feitos por estados e municípios, que não têm personalidade jurídica de Direito Internacional público, e, portanto, não podem celebrar tratados [...]. Do contrário, seria inócuo. Afinal, o próprio tratado [...] poderia excepcionar a regra para o caso específico, sem necessidade de legislação, até porque o artigo 4º da Constituição Federal já prevê a cooperação entre os povos e a integração econômica como princípios das relações internacionais brasileiras" (SOUTO. Direito administrativo contratual: licitações, contratos administrativos, p. 115).

[343] Ronny Charles identifica uma ligação entre a dispensa apreciada e a mitigação das regras da lei brasileira prevista nas contratações indicadas pelo §5º do art. 42: "Em ambos, o legislador permite que o regime normal de contratação da Lei nº 8.666/93 sofra a interferência de acordos internacionais aprovados pelo Congresso Nacional. Na hipótese do artigo 42, as condições decorrentes do acordo permitem que a seleção utilize os procedimentos então estabelecidos ou exigidos, sublimando o regramento da Lei nº 8.666/93; já nesse caso, é o próprio acordo, de natureza específica, que estabelece uma contratação não submissa a processo seletivo, ou seja, naquele há licitação, embora possam ser utilizados procedimentos e normas das entidades internacionais, já na hipótese deste dispositivo, o certame competitivo não ocorre, embora as condições, repetimos, devam ser manifestamente vantajosas para o Poder Público" (Charles. Leis de Licitações Públicas comentadas. 3. ed., p. 23).

O inciso classifica o trabalho de restauração de obras de arte e bens de valores históricos como serviço técnico profissional especializado. É incontroverso, portanto, que a atividade configura situação de inviabilidade de competição, o que caracterizaria a inexigibilidade licitatória e não a dispensa. Tanto é que o diploma anterior (Decreto-Lei nº 2.300/1986) assim circunscrevia. Ademais, no art. 13, VII, a própria Lei nº 8.666/1993 refere-se ao trabalho de restauração de arte como serviço técnico profissional especializado, submetendo-o ao disposto no art. 25, II, que versa sobre inexigibilidade de licitação.

Todavia – de forma inadequada, portanto –, o dispositivo a estabelece o objeto como passível de dispensa.

Buscando uma justificativa, Henrique Ramos, Anderson Couto e Paulo Grazziotin supõem, com bastante probabilidade de razão, que o legislador resolveu modificar o enfoque em face da ampliação do mercado de aquisição e restauração, tornando o objeto plenamente possível de ser licitado, caso haja conveniência da Administração.[344]

Nesse contexto, dependendo da situação que envolver a contratação pretendida, a aquisição deverá ser objeto de:

a) contratação direta, por dispensa, caso a contratação envolva obra a ser confeccionada por determinado artista;
b) contratação direta, por inexigibilidade, caso a pretensão recaia sobre a aquisição de obra de autor consagrado e determinado; ou
b) licitação por concurso para a finalidade, se o intuito for adquirir obra limitada por técnica ou estilo.[345]

Para que a dispensa licitatória possa ocorrer, o dispositivo estabelece, a princípio, os seguintes requisitos:

a) aquisição ou restauração de obras de arte ou objetos históricos;
b) autenticidade certificada dos bens; e
c) contratação compatível ou inerente às finalidades do órgão ou entidade.

[344] Couto; Ramos; Grazziotin. Obrigatoriedade, dispensa, inexigibilidade e vedação de licitação. Fórum de Contratação e Gestão Pública – FCGP, ano 8, n. 93.

[345] É o que também sustenta Antônio Flávio de Oliveira. Comentários à Lei de Licitações e Contratações Públicas (art. 24). Fórum de Contratação e Gestão Pública – FCGP – Belo Horizonte: Fórum, v. 12, n. 144, dez. 2013.

6.1.14.1. Obras de arte ou objetos históricos

A regra de dispensabilidade alude a duas situações distintas: aquisição e restauração, sempre tendo como objetivo obras de arte e objetos históricos.

Uma obra de arte consigna trabalho criativo do ser humano em face de sua função artística, que se entende como a representação simbológica associada ao belo ou a sensações agradáveis. O termo é adotado para classificar qualquer criação material (como uma obra de artesanato, um trabalho de arquitetura etc.) ou produção intelectual (um conto, uma composição musical, um filme etc.). A arte é a visão sensível do ser humano acerca do mundo real ou imaginário. Os artistas expressam as suas percepções, emoções e sensações através de diversos recursos linguísticos, plásticos e sonoros. Destarte, obra de arte é um produto que transmite uma ideia ou uma expressão sensível. Trata-se da criação que projeta ou reflete a intenção de um artista.[346]

Valor histórico, por sua vez, é o atributo concedido a objetos que representem um acontecimento, fato ou situação relevante para a história de algo ou da sociedade. A caracterização de objetos históricos, no entanto, é de difícil contextura, pois sempre existirão componentes de natureza subjetiva.

Como, em termos práticos, há, não raro, enormes dificuldades para uma perfeita identificação dos dois requisitos, evidencia-se que só as circunstâncias poderão permitir o enfretamento adequado da questão. Assim, para a sua resolução, a norma dispõe pela necessidade de comprovação da autenticidade dos bens, eliminando-se discussões sobre autoria, origem e valor histórico, havendo necessidade, é claro, de pessoa habilitada na autoria do laudo, inclusive detendo qualificação técnico-profissional adequada, quando exigível por lei.

Sobre a matéria, verifique-se a Súmula nº 9, do Tribunal de Contas do Estado de São Paulo: "As aquisições de obras de arte ou de valor histórico devem ser precedidas de laudo de autenticidade e avaliação".[347]

6.1.14.2. Compatibilidade com as finalidades do ente contratante

O dispositivo ressalva a obrigatória compatibilidade com as finalidades do órgão ou entidade, o que vale dizer que a dispensa só poderá se concreti-

[346] Disponível em Conceito de obra de arte – O que é, Definição e Significado http://conceito.de/obra-de-arte#ixzz3m1M8QQOf

[347] Disponível em: https://www4.tce.sp.gov.br/sumulas

zar por intermédio de ente que detenha a atribuição de preservar bens da natureza indicada. A nosso ver, nesse caso, essa compatibilidade diz respeito tão somente ao ato de aquisição, uma vez que a restauração poderá ser necessária independentemente do ente deter encargos de preservação. De outra forma, são pertinentes os questionamentos de Ivan Barbosa Rigolin:

> Não estamos sempre diante de bens públicos, de índole cultural ou histórica? Então para que diferenciar a possibilidade de dispensar licitação ou licitar, conforme seja a natureza do ente público detentor do bem? Um quadro de Portinari, do Ministério da Fazenda, para ser restaurado, precisa o contrato sofrer licitação, enquanto que o mesmo quadro, se for transferido para o Ministério da Cultura, escapará de licitação para a mesma restauração? [348]

6.1.15. Contratação de objetos especiais com instituições integrantes da Administração (inc. XVI do art. 24)

O inc. XVI prescreve a dispensabilidade de licitação na contratação de serviços de impressão dos diários oficiais; de elaboração de formulários padronizados ou edições técnicas oficiais; e de serviços de informática, prestados por órgãos ou entidades que integrem a Administração Pública à pessoa jurídica de direito público interno.

> Art. 24. É **dispensável** a licitação:
>
> (...)
>
> XVI – para a impressão dos diários oficiais, de formulários padronizados de uso da administração, e de edições técnicas oficiais, bem como para prestação de serviços de informática a pessoa jurídica de direito público interno, por órgãos ou entidades que integrem a Administração Pública, criados para esse fim específico;

Para que ocorra a dispensa licitatória com base neste inc. XVI, são necessários os seguintes requisitos:

a) o contratante ser pessoa jurídica de direito público interno;
b) o contratado ser ente integrante da Administração Pública;
c) o contratado ter sido criado para o fim específico do objeto pretendido pela Administração contratante; e

[348] Rigolin, Ivan Barbosa. Dispensa e inexigibilidade de licitação. Fórum de Contratação e Gestão Pública – FCGP, ano 11, n. 122.

d) o objeto de a contratação envolver serviços gráficos (impressão de: diários oficiais, formulários padronizados de uso da Administração e edições técnicas oficiais) ou serviços de informática.

Como visto anteriormente, o inc. VIII consagra a possibilidade de contratação direta, com dispensa licitatória, nas aquisições realizadas por pessoa jurídica de direito público interno (ou seja, à União, Estados, Distrito Federal, Municípios, autarquias, associações públicas e demais entidades de caráter público criadas por lei), de bens produzidos ou serviços prestados por entes que integrem a Administração Pública e que tenham sido criados para esse fim específico em data anterior à vigência da Lei nº 8.666/1993, desde que o preço contratado seja compatível com o praticado no mercado.

Agora, este inc. XVI prescreve a dispensabilidade nas contratações efetuadas pelas mesmas pessoas jurídicas, de objetos específicos prestados por órgãos ou entidades que integrem a Administração.

Numa comparação de textos, é factível afirmar que o do inc. VIII é mais abrangente, e que nele estariam contidas todas as situações previstas neste inc. XVI. Tanto é assim, que parte da doutrina chega a anotar que, rigorosamente, nem seria necessária a sua existência.

Mas há uma importante diferença: na contratação dos objetos específicos do inc. XVI (serviços de diários oficiais, formulários padronizados, edições técnicas oficiais e informática) a lei não obriga a verificação se o preço se concilia com o do mercado, imposição que existe no outro dispositivo. Sendo característica diferenciadora a natureza do objeto, se o interesse da Administração fixar-se num dos objetos enunciados, e se a prestação advier de ente da Administração Pública, a dispensa restará viabilizada.

O preceptivo consagra, portanto, a lógica possibilidade dos órgãos configurados como pessoa jurídica de direito público interno contratarem a impressão de diários oficiais, formulários padronizados, edições técnicas oficiais e serviços de informática com órgãos ou entidades instituídos pela própria Administração com o fim específico de executarem estes objetos, como uma espécie de suporte do Poder Público.

No caso específico dos formulários padronizados, evidencia-se a necessidade do *link* direto com a atividade estatal, isto é, a contratação alcança tão somente os formulários que tenham íntima relação com a atividade pública desempenhada.

6.1.15.1. A contratação de serviços de informática (Tecnologia da Informação – TI)

Evidentemente, os serviços de informática a serem contratados com dispensa licitatória deverão cingir-se àqueles prestados pelos entes criados para tais fins. Aos demais, que são tantos, impõe-se a licitação.

A propósito, na esfera federal, o Ministério do Planejamento, Orçamento e Gestão – MPOG, por intermédio de sua Secretaria de Logística e Tecnologia da Informação – SLTI, em acatamento ao recomendado pelo TCU, editou a Instrução Normativa nº 04/2008, impondo a criação de uma estratégia geral de tecnologia da informação e planos diretores, além de vedações de objetos de contratação, condutas dos agentes públicos e regras para editais, determinando planejamentos para contratações, com estudos de viabilidades, estimativas e outros fatores.

Em seguida, aperfeiçoando a sistemática, publicou a IN nº 04, de 12.11.2010, que, além de revogar a IN nº 04/2008 mencionada, dispôs sobre o processo de contratação de Soluções de Tecnologia da Informação pelos órgãos do Poder Executivo Federal.

Posteriormente, mantendo o ritmo do constante aprimoramento, trouxe à tona a IN nº 4, de 11.09.2014, revogando a IN nº 04/2010 e estabelecendo novas regras sobre o processo de contratação de Soluções de Tecnologia da Informação pelos órgãos integrantes do Sistema de Administração de Recursos de Tecnologia da Informação e Informática (SISP) do Poder Executivo Federal.[349]

[349] Há bem pouco tempo, quando se buscava tratar da matéria nos documentos normativos, se utilizava a expressão informática. A Lei nº 8.666/1993 fazia remissão ao termo, prescrevendo, no § 4º do art. 46, que, para a contratação de bens e serviços de informática, a Administração deveria observar o disposto no art. 3º da Lei nº 8.248/1991, que, por sua vez, dispunha sobre a capacitação e competitividade do setor de informática e automação. Hoje, nas recentes mudanças do diploma, já se adota a expressão Tecnologia da Informação. O §12 do art. 3º, incluído pela Lei nº 12.349/2010, informa, por exemplo, que, nas contratações destinadas à implantação, manutenção e ao aperfeiçoamento dos sistemas de tecnologia de informação considerados estratégicos em ato do Poder Executivo federal, a licitação poderá ser restrita a bens e serviços com tecnologia desenvolvida no País e produzidos de acordo com o Processo Produtivo Básico – PPB, tratado na Lei nº 10.176/2001, a qual altera, entre outras normas, a supracitada Lei nº 8.248. Apesar das diferenças técnicas, a verdade é que, principalmente no âmbito da legislação de Direito Público, a expressão informática, que, em síntese, é o ramo do conhecimento dedicado ao tratamento da informação através de computadores, é normalmente adotada como sinônimo de Tecnologia de Informação (TI).

Ainda sobre a matéria, os Decretos nºs 7.903, de 04.02.2013, e 8.184, de 17.01.2014, regulamentaram a aplicação de margem de preferência em licitações realizadas no âmbito da Administração Pública federal para aquisição de equipamentos de TI, e o Decreto nº 8.186, de 17.01.2014, regulamentou essa margem nas licitações para aquisição de licenciamento de uso de programas de computador e serviços correlatos, tendo em vista o disposto nos §§ 5º a 9º do art. 3º da Lei nº 8.666/1993, que prescrevem a possibilidade de estabelecimento dessa margem de preferência para produtos manufaturados e para serviços nacionais que atendam a normas técnicas brasileiras.[350]

[350] Lei nº 8.666/1993:
Art. 3º A licitação destina-se a garantir a observância do princípio constitucional da isonomia, a seleção da proposta mais vantajosa para a administração e a promoção do desenvolvimento nacional sustentável e será processada e julgada em estrita conformidade com os princípios básicos da legalidade, da impessoalidade, da moralidade, da igualdade, da publicidade, da probidade administrativa, da vinculação ao instrumento convocatório, do julgamento objetivo e dos que lhes são correlatos. (Redação dada pela Lei nº 12.349, de 2010) (...)
§ 5º Nos processos de licitação previstos no caput, poderá ser estabelecida margem de preferência para produtos manufaturados e para serviços nacionais que atendam a normas técnicas brasileiras. (Incluído pela Lei nº 12.349, de 2010)
§ 6º A margem de preferência de que trata o § 5o será estabelecida com base em estudos revistos periodicamente, em prazo não superior a 5 (cinco) anos, que levem em consideração: (Incluído pela Lei nº 12.349, de 2010)
I – geração de emprego e renda; (Incluído pela Lei nº 12.349, de 2010)
II – efeito na arrecadação de tributos federais, estaduais e municipais; (Incluído pela Lei nº 12.349, de 2010)
III – desenvolvimento e inovação tecnológica realizados no País; (Incluído pela Lei nº 12.349, de 2010)
IV – custo adicional dos produtos e serviços; e (Incluído pela Lei nº 12.349, de 2010)
V – em suas revisões, análise retrospectiva de resultados. (Incluído pela Lei nº 12.349, de 2010)
§ 7º Para os produtos manufaturados e serviços nacionais resultantes de desenvolvimento e inovação tecnológica realizados no País, poderá ser estabelecido margem de preferência adicional àquela prevista no § 5º. (Incluído pela Lei nº 12.349, de 2010)
§ 8º As margens de preferência por produto, serviço, grupo de produtos ou grupo de serviços, a que se referem os §§ 5º e 7º, serão definidas pelo Poder Executivo federal, não podendo a soma delas ultrapassar o montante de 25% (vinte e cinco por cento) sobre o preço dos produtos manufaturados e serviços estrangeiros. (Incluído pela Lei nº 12.349, de 2010)
§ 9º As disposições contidas nos §§ 5º e 7º deste artigo não se aplicam aos bens e aos serviços cuja capacidade de produção ou prestação no País seja inferior: (Incluído pela Lei nº 12.349, de 2010)

Anote-se, também, que, ao estabelecer que as comunicações de dados da Administração Pública federal direta, autárquica e fundacional deverão ser realizadas por redes de telecomunicações e serviços de tecnologia da informação fornecidos por órgãos ou entidades da Administração Pública federal, incluindo empresas públicas e sociedades de economia mista da União e suas subsidiárias, o Decreto nº 8.135, de 4.11.2013, com o intuito de preservar a segurança nacional, enquadrou as contratações nessa seara como hipóteses de dispensa de licitação com fulcro no inc. IX do art. 24 em análise (quando houver possibilidade de comprometimento da segurança nacional). Segundo o ato regulamentar, essas contratações abarcam a implementação e a operação de redes de telecomunicações e de serviços de TI, em especial à garantia da inviolabilidade das comunicações de dados, sendo que os fornecimentos consistirão, no que tange à rede de telecomunicações, no provimento de serviços de telecomunicações, de tecnologia da informação, de valor adicionado e de infraestrutura para redes de comunicação de dados. Quanto aos serviços, estão compreendidos o provimento de serviços de desenvolvimento, implantação, manutenção, armazenamento e recuperação de dados e operação de sistemas de informação, projeto de infraestrutura de redes de comunicação de dados, modelagem de processos e assessoramento técnico, necessários à gestão da segurança da informação e das comunicações.

6.1.16. Aquisição de acessórios durante o período de garantia (inc. XVII do art. 24)

O inc. XVII prescreve a dispensabilidade de licitação quando da aquisição de componentes ou peças para a manutenção de equipamentos junto ao fornecedor original, durante o período de garantia técnica.

> Art. 24. É **dispensável** a licitação:
>
> (...)
>
> XVII – para a aquisição de componentes ou peças de origem nacional ou estrangeira, necessários à manutenção de equipamentos durante o período de garantia técnica, junto ao fornecedor original desses equipamentos, quando tal condição de exclusividade for indispensável para a vigência da garantia;

I – à quantidade a ser adquirida ou contratada; ou (Incluído pela Lei nº 12.349, de 2010)
II – ao quantitativo fixado com fundamento no § 7º do art. 23 desta Lei, quando for o caso. (Incluído pela Lei nº 12.349, de 2010)

Para o aperfeiçoamento da dispensa, a compra deverá atender aos seguintes requisitos:

a) consignar componente ou peça de origem nacional ou estrangeira (afastando-se, por conseguinte, serviços e obras);
b) objeto necessário à manutenção de equipamento da Administração;
c) período de garantia técnica em curso;
d) compra diretamente com o fornecedor original; e
e) a exclusiva aquisição junto ao fornecedor original ser condição indispensável para a vigência da garantia.

É indubitável que, na hipótese, a intenção é vincular a responsabilidade do fabricante ao funcionamento do equipamento.

Considerando que a dispensa licitatória só poderá ocorrer quando o fornecedor a tenha estabelecido como condição para manutenção da garantia do equipamento adquirido pela Administração, o enquadramento somente poderá acontecer quando estiver registrada de forma expressa essa condição na proposta originariamente formulada, por ocasião de sua aquisição.

Vide que a dispensabilidade só poderá ocorrer quando a condição de exclusividade do fornecedor for indispensável para a vigência da garantia. Logo, sendo a exclusividade condição fundamental, fica claro que não existe qualquer possibilidade de licitação, caracterizando-se, assim, inviabilidade de competição, o que apontaria a situação para a inexigibilidade e não a dispensabilidade.

Não obstante, o dispositivo trata a situação como caso de licitação dispensável, talvez porque seja possível, em certas situações, a realização do certame, em face da existência de produto similar no mercado (ainda que tal prática tenha como consequência a perda da garantia).

Nessa contextura, Jessé Torres obtempera que a preferência da lei não seria de todo desprovida de senso na suposição de hipótese em que a Administração abrisse mão da garantia do fabricante, convencida de que o equipamento funcionaria a contento mesmo com peças ou componentes diversos dos originais e de melhor preço.

> Tal possibilidade, contudo, reforça a tese de que à Administração impõe-se a aquisição direta ao fabricante se a realização da licitação, afastando a garan-

tia, comprometer a manutenção do equipamento. O dever de zelar pela integridade de seus bens faz indisponível a decisão, aproximando-a do conceito de licitação inexigível também sob este prisma.[351]

Há, na hipótese de dispensa, um fator de suma importância: a atenção para possível infração às regras de defesa da concorrência, já que não se admite a vinculação entre contratos sem a existência de justificativa compatível com o princípio da livre concorrência.

Nessa linha de raciocínio, pondera Marçal Justen:

> Somente é viável a exigência do fornecedor quando as peças "originais" apresentarem alguma qualidade especial, que se relacione direta e causalmente com o funcionamento eficiente do equipamento. Ou seja, é válida a restrição imposta pelo fabricante quando a utilização de peças ou componentes de outra origem produzir desgaste ou algum tipo de prejuízo ao equipamento. Enfim, o fabricante estaria legitimado a recusar a garantia quando o defeito tivesse sido produzido pela utilização de peças inadequadas, defeituosas ou incompatíveis com o equipamento. Apenas nesses casos é que a exigência de aquisição de peças e componentes originais apresenta fundamento adequado, compatível com o ordenamento jurídico. [352]

Assim, como bem observa o jurista, sempre que a Administração se deparar com a exigência de utilização de peças originais, deverá promover diligência, devendo até mesmo determinar que o fornecedor justifique tecnicamente. Caso a explicação não seja convincente, deverá realizar a licitação e, simultaneamente, comunicar o ocorrido à Secretaria de Direito Econômico – SDE.

6.1.17. Contratações para abastecimentos militares em estado de operação (inc. XVIII do art. 24)

O inc. XVIII registra a dispensa licitatória no caso de contratações que visem o abastecimento de meios normalmente militares, quando em estada

[351] Pereira Junior, Jessé Torres. Comentários à Lei de licitações e contratações da Administração Pública, 7 ed., Rio de Janeiro: Renovar, 2007, p. 323.

[352] Justen Filho, Marçal. Comentários à Lei de Licitações e Contratos Administrativos, 12 ed.. São Paulo: Dialética, p. 318.

eventual de curta duração em localidades diferentes de suas sedes, por motivo de movimentação operacional ou de adestramento.

> Art. 24. É **dispensável** a licitação:
> (...)
> XVIII – nas compras ou contratações de serviços para o abastecimento de navios, embarcações, unidades aéreas ou tropas e seus meios de deslocamento quando em estada eventual de curta duração em portos, aeroportos ou localidades diferentes de suas sedes, por motivo de movimentação operacional ou de adestramento, quando a exiguidade dos prazos legais puder comprometer a normalidade e os propósitos das operações e desde que seu valor não exceda ao limite previsto na alínea "a" do inciso II do art. 23 desta Lei.

A hipótese dispensa é enquadrável no caso de ocorrência dos seguintes fatores:

a) eventualidade de estadia (curta permanência) de navios, embarcações, unidades aéreas e tropas, bem como os seus meios de deslocamento, em portos, aeroportos ou localidades diversas de suas sedes;
b) necessidade comprovável de abastecimento;
c) movimentação operacional ou de adestramento;
d) exiguidade dos prazos existentes para realização de uma licitação (ou seja, o tempo exigível para realizar o certame comprometeria a operação desenvolvida);[353] e
e) valor não superior ao limite estabelecido para a modalidade convite concernente a compras e serviços, disposta no inc. II, alínea a, art. 23, da Lei nº 8.666/1993 (atualmente, R$ 80.000,00).

O dispositivo é oportuno, uma vez que é totalmente descabido que tropas, navios ou unidades aéreas militares, em deslocamento operacional ou de adestramento, na prática de suas atividades-fim, fiquem à mercê de um procedimento moroso (a licitação) para abastecerem-se, em que pese,

[353] Ao aludir à "exiguidade dos prazos legais", o texto do dispositivo incorre em equívoco, uma vez que a intenção era indicar que o prazo legal é muito largo, o que afetaria e comprometeria os objetivos das operações. Na verdade, queria o legislador remeter-se ao prazo exíguo para resolução dos problemas.

entrementes, constituir situação peculiar e, indubitavelmente, enquadrável, sem problemas, em inexigibilidade de licitação, diante da total inviabilidade de competição,[354] ou, da mesma forma, configurar-se como um caso de urgência, pelo qual factível a adoção do inc. IV, que visa fazer frente a casos de urgente atendimento.

Insta ressaltar que, além do abastecimento de navios, embarcações, unidades aéreas e tropas, o preceptivo abarca também os "seus meios de deslocamento". Logo alcança outros meios de transporte comumente usados nesses ofícios, tais como ferrovias, veículos automotores etc., devendo a expressão "abastecimento" ser entendida em sentido lato, açambarcando não só os meios de deslocamentos como as provisões necessárias.

A hipótese está intimamente relacionada às situações imprevisíveis, pois os responsáveis pelos abastecimentos não podem descurar-se do planejamento que se faz mister para deslocamentos dessa natureza. Como bom exemplo de planejamento voltado para o abastecimento, cita-se o longo deslocamento realizado todos os anos pelo Navio Escola Brasil, da Marinha brasileira, em viagem de seis meses de adestramento de aspirantes, percorrendo cerca de 20 portos, em diversos países, que é precedido de uma concorrência internacional para aquisição de todos os tipos de gêneros.

Sublinhe-se, por fim, que o limite imposto deve ser entendido para cada situação de *per si* (cada estada eventual), e não de uma maneira global.[355] Aliás, essa demarcação, introduzida pela Lei nº 8.883/1994, configura um despropósito sem tamanho, uma vez que, dependendo da dimensão do efetivo militar envolvido, o valor da contratação ultrapassará facilmente o limite. Marçal Justen, que o considera disparatado, relembra que, por vezes, essa situação independerá da própria vontade da autoridade militar, como, por exemplo, o montante de alimento necessário à alimentação de centenas de militares que constituam a tripulação de um navio, quando a única solução será aplicar o limite para cada aquisição, permitindo-se o parcelamento, sob pena de tornar o dispositivo inútil.

[354] Nesse sentido, Carlos Pinto Coelho Motta. Eficácia nas licitações e contratos: comentários à Lei nº 8.666/93, alterada pela Lei nº 8.883/94. 3. ed., p. 131.

[355] Da mesma forma, Tolosa Filho; Saito. Manual de licitações e contratos administrativos: de acordo com a Lei Federal n. 8.666/93, com as alterações introduzidas pela Lei Federal n. 8.883/94: comentários, modelos de editais, atas, recursos, decisões do Tribunal de Contas, citações da legislação paulista, p. 19.

6.1.17.1. O alcance da regra

Em função da dispensa licitatória visar o amparo às operações de meios de deslocamento não necessariamente militares, quando em estada eventual, é de se entender que o dispositivo não se restringe às Forças Armadas, podendo ser utilizado por entes da Administração que desenvolvam suas atividades fora de suas sedes, como, por exemplo, os que realizam pesquisas ou fiscalização ambiental.

Dessa forma, distinguem-se também como passíveis de adoção os seguintes deslocamentos:

a) de unidades de polícias militares e corpos de bombeiros; e
b) deslocamentos de navios, embarcações e unidades aéreas realizados por entidades da Administração Pública civis, quando responsáveis por atividades específicas.

Sobre a primeira circunstância, observa Jessé Torres:

> Tal hipótese de dispensabilidade poderia ser invocada por polícias militares e corpos de bombeiros militares, definidos que são como "forças auxiliares e reserva do Exército" (CF/1988, art. 144, §6º)? Em tese sim, de vez que o inciso, aludindo genericamente "tropas", não discrimina entre as das Forças Armadas (apenas Marinha, Exército e Aeronáutica, segundo a CF/1988, art. 142) e as que, auxiliares do Exército, desempenham outras funções que não as de combate. A aplicação fica condicionada, todavia, ao preenchimento de todos os requisitos da espécie, que inclui a permanência da tropa em "localidades diferentes de suas sedes". [356]

Como as polícias militares e os corpos de bombeiros militares são estaduais, possuem sede no Estado a que pertençam. Isso, em tese, inviabilizaria qualquer movimentação que ultrapassasse os limites territoriais de cada Estado.

Cogitamos, contudo, que a dispensa deva ocorrer através de interpretação menos ampla, devendo ser entendido como sede o Município em que esteja instalado o quartel da unidade cuja tropa seria deslocada.

[356] Pereira Júnior, Jessé Torres. Comentários à Lei das Licitações e Contratações da Administração Pública: Lei nº 8.666/93, com a redação da Lei nº 8.883/94. 3. ed., p. 170.

Dessa forma, como anota Jessé Torres[357], constituir-se-á uma movimentação operacional ou de adestramento o deslocamento entre Municípios do mesmo Estado, distintos do da sede da unidade, em caso, por exemplo, de mostrar-se imperioso o reforço de contingentes em cidades próximas, com deslocamento rápido e inopinado de homens e equipamentos, para garantir a ordem pública.

Quanto à segunda situação, são precisas as observações de Jorge Ulisses Jacoby:

> Também podem beneficiar-se do dispositivo, ao contrário do que sustentam alguns doutrinadores, empresas responsáveis pelo deslocamento de navio, embarcações e unidades aéreas. Dada a extensa dimensão do território nacional e a diversidade de composição das regiões, parece possível exemplificar várias hipóteses em que outras unidades além das militares poderiam se utilizar desse inciso para promover a contratação sem prévio procedimento licitatório: a FUNAI, em expedição organizada fora da sede, usando de avião, em Município distante; a SUCAM, em atividade típica que desloca um grupo de profissionais da área da saúde para uma região endêmica por embarcação; a Presidência da República, no deslocamento das autoridades do governo, inclusive no helicóptero presidencial, que está abrangido na expressão unidades aéreas; nos casos citados, tais órgãos poderão abastecer os meios de deslocamento com dispensa de licitação, promovendo diretamente as compras e as contratações de serviços.[358]

Tratando das duas situações, Roberto Bazilli e Sandra Miranda também concordam com o sustentado:

> (...) alcança todos os órgãos e entidades da Administração Pública detentores de navios, embarcações e aeronaves em deslocamento e as Polícias Militares dos Estados-membros, desde que atendidos os requisitos previstos no texto. Assim é que uma embarcação (lancha, por exemplo) da Empresa Bra-

[357] Pereira Júnior, Jessé Torres. Comentários à Lei das Licitações e Contratações da Administração Pública: Lei nº 8.666/93, com a redação da Lei nº 8.883/94. 3. ed., p. 170.
[358] Jacoby Fernandes, Jorge Ulisses. Contratação direta sem licitação: modalidades de licitação, dispensa de licitação, licitação dispensada, inexigibilidade de licitação, procedimentos para a contratação direta, p. 256.

sileira de Correios e Telégrafos que leva correspondência pelo Rio Amazonas, caso necessite de abastecimento em local diferente do de sua sede, poderá perfeitamente fazê-lo nos termos deste inciso XVIII, obviamente atendidos os demais requisitos nele delineados. O mesmo pode suceder com tropa de Polícia Militar do Estado que se desloca para um Município desse Estado a fim de cumprir mandado de reintegração de posse. [359]

6.1.18. Manutenção da padronização de materiais de uso militar (inc. XIX do art. 24)

O inc. XIX prescreve a dispensa licitatória no caso de compras de material de uso pelas Forças Armadas, quando houver necessidade de manter a padronização requerida pela estrutura de apoio logístico dos meios navais, aéreos e terrestres.

> Art. 24. É **dispensável** a licitação:
> (...)
> XIX – para as compras de material de uso pelas Forças Armadas, com exceção de materiais de uso pessoal e administrativo, quando houver necessidade de manter a padronização requerida pela estrutura de apoio logístico dos meios navais, aéreos e terrestres, mediante parecer de comissão instituída por decreto;

O dispositivo traz mais uma situação de dispensa licitatória merecedora de crítica. Ora, se, consoante o preconizado no art. 15, I,[360] as compras, sempre que possível, deverão atender ao princípio da padronização, e, em função disso, a elas se impõe compatibilidade de especificações técnicas e de desempenho, ter-se-á, quando de sua adoção, a inviabilidade de competição, em face de a situação determinar a contratação de fornecedor exclusivo. Sendo assim, configura-se caso de inexigibilidade de que trata o art. 25, I, e não de dispensa.

[359] Bazilli, Roberto Ribeiro; Miranda, Sandra Julien. Licitação à luz do direito positivo, São Paulo: Malheiros. 1999, p. 177.

[360] Art. 15. As compras, sempre que possível, deverão:
I – atender ao princípio da padronização, que imponha compatibilidade de especificações técnicas e de desempenho, observadas, quando for o caso, as condições de manutenção, assistência técnica e garantia oferecidas;

A circunstância é tão cristalina, que provocou a indignação de Sérgio Ferraz e Lucia Vale Figueiredo que, ao disporem que o parâmetro da padronização já atrairia, por si só, a hipótese para o campo da inexigibilidade, concluíram de que se trata de "mais um cansativo engano na Lei 8.666 a ser superado, como de outras feitas, pelo labor da interpretação sistemática".[361]

O dispositivo, voltado somente para as Forças Armadas (Marinha, Exército e Aeronáutica), vincula sua adoção aos seguintes requisitos:

a) compras de material de uso dessas Forças;
b) vedação de aquisições de uso pessoal ou administrativo (como, por exemplo, material de expediente);
c) objetivar a manutenção da padronização;
d) padronização justificadamente mandatória em face da estrutura de apoio logístico dos meios navais, aéreos e terrestres; e
e) padronização oriunda de parecer formal de comissão instituída por decreto para esse fim específico.

Há duas vertentes na apreciação do estabelecido. Alguns comungam da ideia de que, existindo viabilidade de competição, com mais de um fornecedor para o oferecimento do produto padronizado, caberia a licitação. Outros sustentam que o norte da escolha do fornecedor deverá constituir causa legítima, amparada em interesse público e impessoal, uma vez que a preparação da indústria nacional para a mobilização de guerra justificaria a escolha discricionária.

Ficamos com a segunda interpretação, apesar de ser factível a opção pela licitação, caso possível, por inexistir sentido na criação de dispositivo tão somente para assentar sobre a padronização de materiais das Forças Armadas,[362] mesmo porque, como antes esposado, o art. 15, I, já prescreve, de forma genérica, a questão.

[361] Ferraz, Sérgio; Figueiredo, Lúcia Valle. Dispensa e Inexigibilidade de Licitação. 3. Ed. São Paulo: Malheiros, 1994, p. 67.

[362] Observa-se que, em várias medidas provisórias que alteraram a Lei nº 8.666/93, tal hipótese constava em parágrafos do art. 4º. Por fim, a Lei nº 8.883/94 incorporou-a definitivamente como inciso do mesmo artigo.

6.1.18.1. A padronização

O Princípio da Padronização, como já tratado anteriormente, deve, sempre que possível, ser aplicado nas compras efetuadas pela Administração, objetivando evitar aquisições de bens com diferenças nos componentes, na qualidade, na produtividade e na durabilidade, com implicações diretas e imediatas no estoque, na manutenção, na assistência técnica, no controle e na atividade administrativa.

No caso, a adoção é requisito necessário nas compras de material de uso pelas Forças Armadas, quando houver necessidade de manter a padronização requerida pela estrutura de apoio logístico.

Logo, a compra tem como pressuposto a prévia existência de padronização, só sendo possível a efetivação da dispensa licitatória, portanto, se ela já tiver ocorrido. Já assentamos, inclusive, que, para que tenha respaldo, há premente necessidade de um procedimento administrativo cristalino e minucioso, com precisa demonstração do convencimento de sua real necessidade por parte da autoridade pública responsável.

Como se dará por exigência da estrutura de apoio logístico, há uma relação direta entre a estrutura logística e a padronização realizada.

Como observa Carlos Wellington de Almeida, a decisão pela padronização deve ser precedida de ampla pesquisa técnica e de mercado que seja capaz de definir claramente a necessidade de se adotar padrão único:

> Os estudos técnicos servirão para efetivar os Princípios da Impessoalidade e da Moralidade e para afirmar o primado do interesse público sobre o privado, no âmbito da Administração Pública. A padronização deve ser exigida pela estrutura de apoio logístico, de forma a que o não atendimento da exigência represente um comprometimento da operacionalidade dos meios militares.[363]

A lei impõe a existência de exame específico sobre a padronização, prevendo a necessidade de parecer de uma comissão a ser instituída por decreto. Exige-se, dessa forma, parecer fundamentado, expedido por comissão constituída para esse fim específico. Logicamente, a padronização só será justificada quando constituir-se em condição de eficiência da atuação militar.

[363] Almeida, Carlos Wellington Leite de. Licitação: aquisição de material militar no Brasil. Disponível em http://portal3.tcu.gov.br/portal/pls/portal/docs/2657586.PDF

É de se ressaltar que este parecer deve se referir especificamente à padronização, e não à dispensa licitatória.

Por fim, insta anotar que, consoante o inc. V do art. 57 da Lei nº 8.666/1993, introduzido pela Lei nº 12.349/2010, o prazo do contrato firmado com base nessa hipótese de dispensa poderá ter vigência de 120 (cento e vinte) meses, caso haja interesse da Administração.

6.1.19. Contratação de serviços de associações de portadores de deficiência física (inc. XX do art. 24)

O inc. XX preconiza a dispensa licitatória na nos casos de contratação de associação de portadores de deficiência física para a prestação de serviços ou fornecimento de mão de obra, desde que não possua fins lucrativos e detenha comprovada idoneidade.

> Art. 24. É **dispensável** a licitação:
> (...)
> XX – na contratação de associação de portadores de deficiência física, sem fins lucrativos e de comprovada idoneidade, por órgãos ou entidades da Administração Pública, para a prestação de serviços ou fornecimento de mão de obra, desde que o preço contratado seja compatível com o praticado no mercado.

Orientada pela Política Nacional para Integração da Pessoa Portadora de Deficiência, prevista na Lei nº 7.853/1999, que dispõe sobre o apoio às pessoas portadoras de deficiência e sua integração social, essa contratação direta tem nobres objetivos.

Como já explicitado, a função social do contrato administrativo, inserida na ideia de sustentabilidade tão presente no dia a dia, admite, sem sobra de dúvida, intenções dessa natureza, qual seja, o incentivo às atividades de entidades privadas com atuação intimamente ligada ao interesse público.

Nesse hemisfério, tratando dos objetivos maiores dos contratos celebrados pela Administração Pública, Pamplona Silva, coberto de razão, sustenta, agregando a questão aos princípios fundamentais da dignidade da pessoa humana (art. 1º, III, CF) e aos valores sociais do trabalho (art. 1º, IV, CF), que tais acordos devem possuir um viés de função social, notadamente quando se referirem aos portadores de deficiência, uma vez que a situação não retrata mera faculdade do gestor público de contratar as associações de forma direta, mas, sim, um poder-dever do Estado, no sentido de propiciar a oportunidade de contratação para tais entidades:

> Note-se que não se trata de afastar a contratação pela via competitiva, mas, caso esteja sendo planejada a contratação de certos serviços, deverá a Administração dar oportunidade às entidades de deficientes de apresentarem sua proposta comercial. Noutros termos, com vistas a efetivar os princípios constitucionais citados, a Administração deverá viabilizar o procedimento de oferta de serviços por essas entidades. Justifica-se tal expediente, pois as referidas associações não contam com departamentos comerciais ou assessoria jurídica capazes de fazer frente às empresas especializadas do ramo em competição licitatória.[364]

Logicamente, deve a Administração ter como interesse principal o objeto pretendido. Todavia, além dessa meta estabelecida no dispositivo, a regra legal contém, conforme já explicitado, notáveis intenções que, de certa forma, também satisfazem o interesse público: (a) cria uma reserva de mercado às associações de portadores de deficiência física, estabelecendo fonte de renda cativa para tais associações; e (b) inclui o deficiente físico no mundo do trabalho.

Com demasiado apego à interpretação restritiva, parte da doutrina tem defendido que o inciso circunscreve apenas as associações de deficiência física, desprezando as que lidam com deficientes mentais. É o que advogam, por exemplo, Diogenes Gasparini, que, ao avaliar a questão, anotou a exclusão dos portadores de deficiências psíquicas, e Benedito Chiaradia, que, inclusive, criticou o dispositivo:

> Claro está que este inciso carece de urgente reformulação, porquanto há categorias de deficiência mental que não inabilitam ao trabalho os seus portadores; antes, acendram, mesmo, certas habilidades incomuns, como nos casos dos portadores da Síndrome de Down.[365]

[364] Silva, Gustavo Pamplona. Instituições de assistência ao deficiente: a função social dos contratos públicos. ILC – Informativo de Licitações e Contratos, n. 185.

[365] Chiaradia, Benedito Dantas. As licitações e os contratos administrativos, Rio de Janeiro: GZ, p. 149.

Sustentamos, todavia, que as garantias constitucionais não circunscrevem apenas os portadores de deficiências físicas, pois abarcam todas as hipóteses possíveis de incapacidade de forma irrestrita, pelo que não caberia à lei diferençar o que o CF não distingue. Nesse mesmo viés, Marçal Justen, o qual, ao enfatizar que não há qualquer discriminação cabível entre as diferentes modalidades de deficiência, conclui que a regra, que realiza a vontade constitucional de promover a integração dos portadores de deficiência, tem, necessariamente, que abranger todas as hipóteses possíveis.[366]

Cabe ressalvar que a entidade privada contratada nesses moldes está obrigada a oferecer um objeto que atenda perfeitamente ao pretendido pelo Poder Público, motivo pelo qual se impõe avaliação técnico-profissional e preço compatível com o praticado no mercado. Tal não faz supor, contudo, que, necessariamente, a Administração deva pagar o menor ou o mais vantajoso preço possível, pois essa interpretação tomaria sem sentido o preconizado, uma vez que, se a associação tivesse que propor preço nessas condições, o expediente normal não seria a dispensa, mas, sim, a participação numa competição licitatória.

> Ora, se a lei autoriza a contratação por dispensa de licitação, isso somente pode ser interpretado no sentido de que, de outra forma, a associação não lograria obter a contratação. Logo, preço compatível com o praticado no mercado significa valor não exorbitante dos parâmetros adotados no mercado, sem que isso conduza à necessidade de ser o menor preço possível.[367]

Ademais, os preços a serem oferecidos por essas associações dificilmente serão compatíveis com os de mercado, haja vista gozarem de diversos benefícios fiscais que os reduzem sobremaneira. Como sugere Benedito Chiaradia, melhor seria que a lei exigisse que os preços fossem compatíveis com a natureza da instituição.[368]

[366] Justen Filho, Marçal. Comentários à Lei de Licitações e Contratos Administrativos, 12 ed.. São Paulo: Dialética, p. 319.

[367] Justen Filho, Marçal. Comentários à Lei de Licitações e Contratos Administrativos, 12 ed.. São Paulo: Dialética, p. 320.

[368] Chiaradia, Benedito Dantas. As licitações e os contratos administrativos, Rio de Janeiro: GZ, p. 150.

Anotem-se os cinco requisitos que norteiam a dispensa:

a) o contratado deverá ser uma associação de portadores de deficiência física;
b) a associação não deverá ter fins lucrativos;
c) a associação deverá deter comprovada idoneidade;
d) o objeto deverá referir-se a serviços ou fornecimento de mão de obra; e
e) o preço deverá ser compatível com o de mercado.

6.1.20. Contratação de bens para pesquisa científica (inc. XXI do art. 24)

O inc. XXI preconiza a dispensa licitatória na contratação de produtos destinados à pesquisa científica e desenvolvimento.

> Art. 24. É **dispensável** a licitação:
> (...)
> XXI – para a aquisição ou contratação de produto para pesquisa e desenvolvimento, limitada, no caso de obras e serviços de engenharia, a 20% (vinte por cento) do valor de que trata a alínea "b" do inciso I do **caput** do art. 23;

Com redação dada pela recente Lei nº 13.243, de 11.01.2016 – diploma já denominado como o Marco Legal da Ciência, Tecnologia e Inovação, pois dispõe sobre medidas para o incentivo à pesquisa, inovação e desenvolvimento científico e tecnológico no ambiente produtivo, com vistas à capacitação tecnológica, o alcance da autonomia tecnológica e o desenvolvimento do sistema produtivo nacional e regional do País, de acordo com o estabelecido nos arts. 23, 24, 167, 200, 213, 218, 219 e 219-A da CF –, o inciso estabelece a possibilidade de dispensa licitatória quando da aquisição ou contratação de produto para pesquisa e desenvolvimento.[369]

[369] Assente-se que texto aprovado pelo Congresso Nacional previa mais uma hipótese de dispensa de licitação: a contratação de microempresas e de empresas de pequeno e médio porte destinada à prestação de serviços ou fornecimento de bens elaborados com aplicação sistemática de conhecimentos científicos e tecnológicos. Tal dispositivo foi, no entanto, vetado

Consigne-se que, para deixar clara a regra de dispensa, a citada Lei nº 13.243/2016 inseriu na Lei nº 8.666/1993 o conceito de produtos para pesquisa e desenvolvimento (PPD), dispondo, no inc. XX do art. 6º, que tais produtos envolvem os bens, insumos, serviços e obras necessários para atividade de pesquisa científica e tecnológica, desenvolvimento de tecnologia ou inovação tecnológica, discriminados em projeto de pesquisa aprovado pela instituição contratante.

Vide que, segundo o preceptivo, se devidamente especificados pela Administração, além de bens e insumos, também serviços e obras poderão ser qualificados como produtos para pesquisa e desenvolvimento.

Quando, todavia, o objeto pretendido pela Administração envolver obras e serviços de engenharia, o dispositivo limita o uso a 20% do valor de que trata a alínea "b" do inciso I do *caput* do art. 23 (valor definido para a modalidade tomada de preços), ou seja, R$ 300.000,00. Tal adoção, consoante o especificado no §3º, deverá seguir procedimentos especiais instituídos em regulamentação específica a ser concebida.[370]

Na atualidade, a política de incentivo à pesquisa tecnológica representa parte preponderante da agenda econômica nos países desenvolvidos e nos países emergentes. Dados levantados pelo Banco Interamericano de Desenvolvimento (BID) mostram que o Brasil foi responsável, em 2007, por 60% dos investimentos em pesquisa e desenvolvimento, entre os países da América Latina e do Caribe, sendo o único país da região que destina acima de 1% do Produto Interno Bruto (PIB) para a inovação.

A CF possui artigo específico dedicado ao tema, determinando o incentivo governamental nessa seara:

> Art. 218. O Estado promoverá e incentivará o desenvolvimento científico, a pesquisa e a capacitação tecnológicas.
>
> §1º – A pesquisa científica básica receberá tratamento prioritário do Estado, tendo em vista o bem público e o progresso das ciências.

pela Presidência da República, sob o argumento de que os elementos para a caracterização da excepcionalidade da contratação direta ficaram demasiadamente amplos, o que permitiria a utilização da dispensa em hipóteses que justificariam o procedimento licitatório.

[370] Lei nº 8.666/93 – Art. 23 (...) §3º A hipótese de dispensa prevista no inciso XXI do caput, quando aplicada a obras e serviços de engenharia, seguirá procedimentos especiais instituídos em regulamentação específica.

§2º – A pesquisa tecnológica voltar-se-á preponderantemente para a solução dos problemas brasileiros e para o desenvolvimento do sistema produtivo nacional e regional.

§3º – O Estado apoiará a formação de recursos humanos nas áreas de ciência, pesquisa e tecnologia, e concederá aos que delas se ocupem meios e condições especiais de trabalho.

§4º – A lei apoiará e estimulará as empresas que invistam em pesquisa, criação de tecnologia adequada ao País, formação e aperfeiçoamento de seus recursos humanos e que pratiquem sistemas de remuneração que assegurem ao empregado, desvinculada do salário, participação nos ganhos econômicos resultantes da produtividade de seu trabalho.

§5º – É facultado aos Estados e ao Distrito Federal vincular parcela de sua receita orçamentária a entidades públicas de fomento ao ensino e à pesquisa científica e tecnológica.

Por conseguinte, a dispensabilidade licitatória se justifica em face das peculiaridades do objeto pretendido, fitando a utilização na aquisição ou contratação de produto para pesquisa e desenvolvimento, em função da necessidade de agilidade na contratação, uma vez que trabalhos dessa natureza de grande significância poderiam sofrer prejuízos se a aquisição de bens neles utilizados tivesse que se conformar aos lentos ritos do procedimento licitatório. Logo, só deverá ocorrer em situações cuja peculiaridade seja suficiente para comprovar que a obrigatoriedade da adoção de licitação pública imporia prejuízos à pesquisa.

Sobre a matéria, anote-se que o § 4º, do mesmo art. 24, também inserido pela Lei nº 13.243/2016, prevê, quando da adoção desta dispensa licitatória, a não aplicação da vedação prevista no inciso I do *caput* do art. 9º, ou seja, autoriza a participação direta ou indireta do autor do projeto, básico ou executivo, pessoa física ou jurídica, na execução da obra ou serviço e mesmo do fornecimento de bens a eles necessários.[371]

E mais, ainda por obra da Lei nº 13.243/2016, o art. 32 da Lei nº 8.666/1993 passou a conter um §7º que informa que a documentação de que tratam os arts. 28 a 31 poderá ser dispensada, nos termos de regulamentação posterior, no todo ou em parte, para a contratação de PPD, desde que para

[371] Art. 24 (...) § 4º Não se aplica a vedação prevista no inciso I do caput do art. 9o à hipótese prevista no inciso XXI do caput.

pronta entrega ou até o valor previsto na alínea "a" do inciso II do *caput* do art. 23 (R$ 80.000,00).[372]

Essa regra peca mais uma vez, como já ocorrera com o texto original da Lei nº 8.666/1993, ao mencionar a possibilidade de dispensar "no todo" a documentação a ser apresentada para a habilitação licitatória, haja vista a inconstitucionalidade flagrante dessa hipótese, em razão do disposto do §3º do art. 195 CF, que preceitua que a pessoa jurídica em débito com o sistema da seguridade social, como estabelecido em lei, não poderá contratar com o Poder Público nem dele receber benefícios ou incentivos fiscais ou creditícios. *Vide*, inclusive, que o TCU reiteradamente se pronuncia sobre a matéria, condenando a possibilidade.[373]

Por fim, é de se registrar que, consoante o previsto no inc. IV do art. 26, nos procedimentos de contratação direta alicerçados no inciso em comento, há a necessidade de junção do documento de aprovação dos projetos de pesquisa aos quais os bens serão alocados.[374]

6.1.21. Fornecimento de energia elétrica e gás por concessionário (inc. XXII do art. 24)

O inc. XXII aponta o uso da dispensa licitatória nas contratações de fornecimento ou suprimento de energia elétrica e gás natural com concessionário, permissionário ou autorizado.

[372] Art. 32 (...) § 7º A documentação de que tratam os arts. 28 a 31 e este artigo poderá ser dispensada, nos termos de regulamento, no todo ou em parte, para a contratação de produto para pesquisa e desenvolvimento, desde que para pronta entrega ou até o valor previsto na alínea "a" do inciso II do caput do art. 23.

[373] Acórdão 2575/2009 – Plenário: Deve ser exigido comprovante de regularidade com o INSS e o FGTS de todos aqueles que contratam com o poder público, inclusive nas contratações realizadas mediante convite, dispensa ou inexigibilidade de licitação, mesmo quando se tratar de compras para pronta entrega (art. 195, § 3º, Constituição da República).
Acórdão 98/2013 – Plenário: É obrigatória a comprovação, em licitações na modalidade convite, da regularidade das licitantes perante a seguridade social e o FGTS, uma vez que o comando contido no art. 195, § 3º, da Constituição Federal se sobrepõe ao disposto no art. 32, § 1º, da Lei 8.666/93.

[374] Art. 26 (...) Parágrafo único. O processo de dispensa, de inexigibilidade ou de retardamento, previsto neste artigo, será instruído, no que couber, com os seguintes elementos: (...) IV – documento de aprovação dos projetos de pesquisa aos quais os bens serão alocados.

Art. 24. É **dispensável** a licitação:

(...)

XXII – na contratação de fornecimento ou suprimento de energia elétrica e gás natural com concessionário, permissionário ou autorizado, segundo as normas da legislação específica;

O dispositivo prevê que a contratação para fornecimento ou suprimento de energia elétrica e gás natural, realizada com concessionário ou permissionário do serviço público ou, ainda, com autorizado, far-se-á diretamente, afastando-se o procedimento licitatório.

Segundo o preceptivo, para o enquadramento da dispensa, são necessários que: (a) objeto pretendido seja fornecimento ou suprimento de energia elétrica ou de gás natural; e (b) o contratado seja concessionário, permissionário ou autorizatário de energia elétrica.

6.1.21.1. Fornecimento de energia elétrica

A hipótese configuraria mais um caso de inexigibilidade licitatória, por apresentar situação de inviabilidade de instauração de certame competitivo, uma vez que o provimento da energia elétrica, na prática, se dá por meio de fornecedor único.

Ivan Barbosa Rigolin, avaliando dessa maneira, é veemente na crítica:

> A contratação da prestação do serviço de energia elétrica era e é o caso mais bem acabado de licitação inexigível, porque um só fornecedor existe. Mas o colocaram como dispensa. Então, antes de a lei prever essa dispensa imagina-se que era também proibido dispensar licitação para contratar energia (...). Precisava-se licitar, pelo visto (...). Para energia é inexigível à licitação, até um bebê de ano e meio, daqueles não muito espertos, sabe disso. Tem-se a hipótese do art. 25, cabeça, sem se descer a inciso algum (...). Durma-se com um barulho desses.[375]

Justifica-se o dispositivo, todavia, se se considerar a legislação reguladora da matéria, que determinou um novo tratamento ao tema (Lei

[375] Palestra proferida em 14 de junho de 2004 no Tribunal de Contas do Município de São Paulo, por ocasião do 2º Seminário de Direito Administrativo TCMSP. Licitação e Contrato: direito aplicado.

nº 8.987/1995, que dispõe sobre o regime de concessão e permissão da prestação de serviços públicos, e Lei nº 9.074/1995, que estabelece normas para outorga e prorrogações das concessões e permissões de serviços públicos). Como anota Benedicto de Tolosa, a introdução do inciso no diploma buscou adequar a contratação à realidade provocada pelas concessões e permissões de serviços públicos.[376] Em idêntica trilha, Marcos Juruena conclui que, na hipótese, essa realidade ditada pelo mercado supera o formalismo do procedimento licitatório, porquanto, como em outras causas de inviabilidade, a flexibilidade inerente às negociações pode conferir maiores vantagens, até porque nem sempre é possível definir previamente os critérios de competição. [377]

Diante disso, enquadrando-se a situação em dispensa licitatória, a atividade de fornecimento de energia elétrica estaria teoricamente aberta à competição e, nesse viés, com pluralidade de fornecedores.

Na prática, porém, é notório que a energia comercializada por produtores independentes é muito pouco representante, sendo certo que, no dia a dia, o processo competitivo nessa seara ainda está muito longe de existir de fato. Destarte, sendo hipótese de único fornecedor – como é contumaz –, normalmente concessionário de serviço público, verificar-se-á situação de inexigibilidade por exclusividade (art. 25, I).

Exatamente nesse diapasão, o TCU, por intermédio do Acórdão nº 263/2006 – 2ª Câmara, determinou que a Universidade Federal de Juiz de Fora contratasse a Companhia Energética de Minas Gerais (CEMIG) com dispensa de licitação, com fundamento no art. 24, inciso XXII, em face da previsão legal específica, e, para as demais concessionárias que se caracterizassem como fornecedoras exclusivas, como a Companhia de Saneamento Municipal (CESAMA) e o Departamento Municipal de Limpeza Urbana (DEMLURB), fizesse o enquadramento em inexigibilidade (art. 25, I).

6.1.21.2. Fornecimento de gás natural

A Lei nº 10.438/2002 alterou este inciso, estendendo a dispensa licitatória aos casos de fornecimento ou suprimento de gás natural. A doutrina

[376] Tolosa Filho, Benedicto de. Contratando sem licitação: comentários teóricos e práticos. 3. ed., p. 151.

[377] Souto, Marcos Juruena Villela. Direito Administrativo Contratual, 3 ed, Rio de Janeiro: Lumen Juris, 2004, p. 119.

majoritária tem entendido que a situação é idêntica a que envolve a energia elétrica, tratando-se apenas de uma extensão natural. É o que sustenta, por exemplo, Jessé Torres, ao obtemperar que trata apenas de ampliar o objeto de hipótese prevista.

Cremos que não é bem assim. Como a distribuição local de gás canalizado consigna serviço de titularidade estatal (serviço público), conforme preceitua o art. 25 § 2º CF, não é cabível qualquer disputa para esse fornecimento para a Administração, pelo que a contratação consignar-se-á necessariamente por inexigibilidade de licitação, tendo em vista a inviabilidade de competição.

Logo, o dispositivo ora em análise é merecedor de cuidado especial na aplicação, pois se justifica tão somente na contratação de gás natural quando o fornecimento ou o suprimento ocorrerem de outras formas. É o que observou Atila da Rold Roesler, ao ressaltar a imposição de questão diversa (da referente aos contratos de energia elétrica) na contratação do fornecimento de gás natural, pois "o que ocorre é que o regime jurídico do fornecimento de gás natural não é idêntico ao do de energia elétrica".[378]

A cadeia econômica do gás natural envolve as operações de produção, comercialização, transporte e distribuição. A produção é realizada por concessionários de exploração e produção petrolíferas, titulares de concessão federal; o transporte, através de gasodutos, por titulares de autorização federal; o atendimento dos consumidores, por fim, é efetuado pela empresa de distribuição local de gás natural, que atua sob concessão ou permissão de serviço público.

Considerando que a contratação de gás canalizado ocorre por meio de inexigibilidade de licitação, é certo que a dispensa licitatória tratada no dispositivo tem a ver com a contratação das outorgadas (concessionárias ou permissionárias) quando a comercialização do gás não se der dessa forma.

6.1.22. Contratação de subsidiárias ou controladas (inc. XXIII do art. 24)

O inc. XXIII autoriza a dispensa licitatória nas contratações realizadas por empresa pública ou sociedade de economia mista com suas subsidiárias

[378] Roesler, Átila da Rold. Dispensa e inexigibilidade de licitação: uma visão geral. Disponível em http://www.ambito-juridico.com.br/site/index.php?n_link=revista_artigos_leitura&artigo_id=5339

e controladas, para a aquisição ou alienação de bens, prestação ou obtenção de serviços.

> Art. 24. É **dispensável** a licitação:
> (...)
> XXIII – na contratação realizada por empresa pública ou sociedade de economia mista com suas subsidiárias e controladas, para a aquisição ou alienação de bens, prestação ou obtenção de serviços, desde que o preço contratado seja compatível com o praticado no mercado.

A regra trata da contratação direta de subsidiárias e controladas de duas entidades da Administração Pública indireta (empresa pública e a sociedade de economia mista). E é de fácil entendimento, uma vez que seria impensável que um ente dessa categoria criasse uma subsidiária e depois não pudesse contratá-la diretamente, submetendo-a a licitação.

A Administração Pública indireta consigna pessoas administrativas que, vinculadas à Administração Pública direta, objetivam desempenhar descentralizadamente certas atividades administrativas que, por diversos motivos, a Administração não tem interesse em executar por intermédio de seus próprios órgãos.

Como antes esposado, quando essa transferência é realizada por contrato ou ato administrativo, surgem os concessionários e permissionários de serviços públicos.

Todavia, quando é a lei que os criam, surgem as entidades, que, na verdade, denotam o próprio Estado executando algumas de suas funções de forma descentralizada.

De acordo com o art. 4º, II, do Decreto-lei nº 200/1967, a Administração indireta compreende as seguintes categorias de entidades, dotadas de personalidade jurídica própria: autarquias, empresas públicas; sociedades de economia mista e fundações públicas.

Dessas, as empresas públicas e as sociedades de economia mista – que muito se parecem – se destacam por serem dotadas de personalidades de direito privado, delas valendo-se o Estado, como esposado, para a execução de atividades que necessitem de maior flexibilidade.

A empresa pública – terminologia criticável, devido à sua imprecisão, porquanto poderia denotar que se trata de pessoa de direito público – é constituída por capital exclusivamente público que pode ser constituída em qualquer uma das modalidades empresariais.

Consoante o inc. II do art. 5º do Decreto-lei nº 200/1967, com redação dada pelo Decreto-lei nº 900/1969, empresa pública é a entidade dotada de personalidade jurídica de direito privado, com patrimônio próprio e capital exclusivo da União, criada por lei para a exploração de atividade econômica que o Governo seja levado a exercer por força de contingência ou de conveniência administrativa, podendo revestir-se de qualquer das formas admitidas em direito.

As sociedades de economia mista são sociedades por ações adequadas às atividades empresariais. Conforme indica a própria denominação, são pessoas jurídicas de direito privado constituídas por capital público e privado, sendo a parte do capital público sempre maior.

Conforme o inc. III do art. 5º do Decreto-lei nº 200/1967, com redação dada pelo Decreto-lei nº 900/1969, a sociedade de economia mista é entidade dotada de personalidade jurídica de direito privado, criada por lei para a exploração de atividade econômica, sob a forma de sociedade anônima, cujas ações com direito a voto pertençam em sua maioria à União ou a entidade da Administração indireta.

O conceito de "subsidiária" não é previsto na legislação pátria,[379] mas se tem em senso comum que se trata de uma espécie de subdivisão de uma empresa encarregada de tarefas específicas em seu ramo de atividade, sendo adotada por alguns como sinônimo de "controlada".

Contudo, ao tratar da Administração indireta, a CF menciona o instituto, estabelecendo a dependência de autorização legislativa para sua a criação.

[379] A legislação societária brasileira faz menção a "subsidiária integral", empresa sob o controle acionário exclusivo de uma companhia brasileira.
Lei nº 6.404/76 (lei das Sociedades por Ações):
Art. 251. A companhia pode ser constituída, mediante escritura pública, tendo como único acionista sociedade brasileira.
§ 1º A sociedade que subscrever em bens o capital de subsidiária integral deverá aprovar o laudo de avaliação de que trata o artigo 8º, respondendo nos termos do § 6º do artigo 8º e do artigo 10 e seu parágrafo único.
§ 2º A companhia pode ser convertida em subsidiária integral mediante aquisição, por sociedade brasileira, de todas as suas ações, ou nos termos do artigo 252.

> Art. 37 A administração pública direta e indireta de qualquer dos Poderes da União, dos Estados, do Distrito Federal e dos Municípios obedecerá aos princípios de legalidade, impessoalidade, moralidade, publicidade e eficiência e, também, ao seguinte:
>
> (...)
>
> XIX – somente por lei específica poderá ser criada autarquia e autorizada a instituição de empresa pública, de sociedade de economia mista e de fundação, cabendo à lei complementar, neste último caso, definir as áreas de sua atuação;
>
> XX – depende de autorização legislativa, em cada caso, a criação de subsidiárias das entidades mencionadas no inciso anterior, assim como a participação de qualquer delas em empresa privada.

Sobre essa dispensa licitatória, é importante destacar que, se sobrepondo à regra ora comentada, a recente Lei nº 13.303/2016 (Lei de Responsabilidade das Estatais), voltada especificamente para as empresas públicas e sociedades de economia mista, dispôs, em seu art. 29 XI, que haverá dispensa de certame nas contratações entre si (empresas públicas e sociedades de economia mista) e com suas respectivas subsidiárias, nas aquisições ou alienações de bens e prestações ou obtenções de serviços, desde que os preços sejam compatíveis com os praticados no mercado e que o objeto do contrato tenha relação com a atividade da contratada prevista em seu estatuto social. Nota-se, por conseguinte, que o preceptivo apenas aperfeiçoou o que já estava posto na Lei nº 8.666/1993, acrescendo apenas as contratações entre elas próprias e que o objeto pretendido tenha conexão com suas atividades.

> Art. 29. É dispensável a realização de licitação por empresas públicas e sociedades de economia mista:
>
> (...)
>
> XI – nas contratações entre empresas públicas ou sociedades de economia mista e suas respectivas subsidiárias, para aquisição ou alienação de bens e prestação ou obtenção de serviços, desde que os preços sejam compatíveis com os praticados no mercado e que o objeto do contrato tenha relação com a atividade da contratada prevista em seu estatuto social.

A exemplo da dispensa de licitação para contratação com entidades da Administração Pública (inc. VIII), a contratação entre empresas do mesmo grupo constitui praxe normal, pois, como avençado, as subsidiárias e controladas são criadas para dar especialização a atividades desenvolvidas, sendo, no âmbito do Direito Administrativo, mera aplicação do princípio da descentralização.

Apesar da semelhança com o previsto no inc. VIII, a interpretação do dispositivo em comento não pode ser a mesma oferecida àquele. O preceptivo anterior refere-se a contratações de entes que integrem a Administração por pessoas jurídicas de direito público interno, enquanto que o inciso em análise versa sobre contratações de subsidiárias procedidas por entidades administrativas dotadas de personalidade de direito privado.

Como é cediço, diversamente das pessoas jurídicas de direito público, que objetivam o interesse público direto, as de direito privado são criadas pelo Estado para possibilitar a execução de alguma atividade de seu interesse com maior flexibilidade, sem travas burocráticas. Tal situação não permite, sob a justificativa de beneficiar suas subsidiárias ou controladas, que efetuem contratações por valores diversos dos de mercado.

O TCU, inclusive, sumulou sobre a matéria:

> SÚMULA 265 – Contratação direta, Dispensabilidade de licitação, Contratação de subsidiárias (XXIII) – A contratação de subsidiárias e controladas com fulcro no art. 24, inciso XXIII, da Lei nº 8.666/1993 somente é admitida nas hipóteses em que houver, simultaneamente, compatibilidade com os preços de mercado e pertinência entre o serviço a ser prestado ou os bens a serem alienados ou adquiridos e o objeto social das mencionadas entidades.

6.1.23. Contratação de Organizações Sociais – OS (inc. XXIV do art. 24)

O inc. XXIV prevê a dispensabilidade de licitação na celebração de contratos de prestação de serviços com as organizações sociais para atividades contempladas no contrato de gestão.

> Art. 24. É **dispensável** a licitação:
>
> (...)
>
> XXIV – para a celebração de contratos de prestação de serviços com as organizações sociais, qualificadas no âmbito das respectivas esferas de governo, para atividades contempladas no contrato de gestão.

Dentro do projeto de reforma administrativa do Estado, foram criadas as Organizações Sociais (OS), que, regidas pela Lei nº 9.637/1998, são pessoas jurídicas de direito privado, sem fins lucrativos, constituídas como fundações ou associações, que recebem do Poder Executivo essa qualificação especial, que as tornam aptas a celebrar um "contrato de gestão" com o Estado objetivando o desenvolvimento de atividades de interesse público voltadas para ensino, pesquisa científica, desenvolvimento tecnológico, proteção e preservação do meio ambiente, cultura e saúde.

A Organização Social é uma espécie de rotulação que a legislação nacional empresta a pessoas jurídicas de direito privado sem fins lucrativos que tenham por objeto social os escopos elencados.

Segundo o inciso, dispensar-se-á a feitura de licitação nos contratos de serviços celebrados com essas OS, desde que voltados para as atividades contempladas nos Contratos de Gestão firmados com o Poder Público.

Registre-se, sobre a matéria, a sanção da Lei nº 13.019, em 31.07.2014, considerada como o novo Marco Regulatório do Terceiro Setor, que, em linhas gerais, deu novo tratamento ao uso de acordos formalizadores de parcerias entre as entidades privadas sem fins lucrativos e a Administração Pública, dispondo que, a partir de sua entrada em vigor (a ocorrer após decorrerem 540 dias de sua publicação oficial, que se deu em 01.08.2014), os acordos celebrados entre o Estado e as organizações do Terceiro Setor serão os Termos de Colaboração e de Fomento, sendo o primeiro aplicável nos casos em que a própria Administração define o objeto da parceria, e o segundo nas ações propostas pelas organizações da sociedade civil.

Insta esclarecer, todavia, que o diploma não impõe que tais instrumentos sejam os únicos aplicáveis nas parcerias, uma vez que menciona expressamente que os Contratos de Gestão (celebrados com OS) e os Termos de Parcerias (celebrados com Organizações da Sociedade Civil de Interesse Público – OSCIP, que se verificará mais à frente) continuarão a existir.

> Art. 2º Para os fins desta Lei, considera-se:
>
> I – organização da sociedade civil: pessoa jurídica de direito privado sem fins lucrativos que não distribui, entre os seus sócios ou associados, conselheiros, diretores, empregados ou doadores, eventuais resultados, sobras, excedentes operacionais, brutos ou líquidos, dividendos, bonificações, participações ou parcelas do seu patrimônio, auferidos mediante o exercício de suas atividades, e que os aplica integralmente na consecução do respectivo

objeto social, de forma imediata ou por meio da constituição de fundo patrimonial ou fundo de reserva;

II – administração pública: União, Estados, Distrito Federal, Municípios e respectivas autarquias, fundações, empresas públicas e sociedades de economia mista prestadoras de serviço público, e suas subsidiárias;

III – parceria: qualquer modalidade de parceria prevista nesta Lei, que envolva ou não transferências voluntárias de recursos financeiros, entre administração pública e organizações da sociedade civil para ações de interesse recíproco em regime de mútua cooperação;

(...)

VII – **termo de colaboração:** instrumento pelo qual são formalizadas as parcerias estabelecidas pela administração pública com organizações da sociedade civil, selecionadas por meio de chamamento público, para a consecução de finalidades de interesse público propostas pela administração pública, **sem prejuízo das definições atinentes ao contrato de gestão e ao termo de parceria**, respectivamente, conforme as Leis nºs 9.637, de 15 de maio de 1998, e 9.790, de 23 de março de 1999;

VIII – **termo de fomento**: instrumento pelo qual são formalizadas as parcerias estabelecidas pela administração pública com organizações da sociedade civil, selecionadas por meio de chamamento público, para a consecução de finalidades de interesse público propostas pelas organizações da sociedade civil**, sem prejuízo das definições atinentes ao contrato de gestão e ao termo de parceria,** respectivamente, conforme as Leis nºs 9.637, de 15 de maio de 1998, e 9.790, de 23 de março de 1999;

Art. 3º **Não se aplicam as exigências desta Lei:**

(...)

III – **aos contratos de gestão celebrados com organizações sociais**, na forma estabelecida pela Lei nº 9.637, de 15 de maio de 1998.

Art. 4º **Aplicam-se as disposições desta Lei, no que couber, às relações da administração pública com entidades qualificadas como organizações da sociedade civil de interesse público,** de que trata a Lei nº 9.790, de 23 de março de 1999, regidas por **termos de parceria.**

Um ponto importante a ressaltar é que a criação das OS vem recebendo ao longo dos anos pesadas críticas da doutrina administrativa, tendo em vista o hibridismo que as envolve, as quais, devido à forma de concepção e atuação, colocam em sérios riscos o patrimônio público e os direitos do cidadão. Zanella di Pietro chega a classificar como imoral o conteúdo da lei que as disciplinou, diante da nítida intenção de instituição de mecanismo de fuga ao regime jurídico de direito público a que se submete a Administração Pública.

Realmente, o fato de a OS absorver atividade exercida por ente estatal e utilizar patrimônio público e servidores públicos antes a serviço desse mesmo ente, que resulta extinto, não deixa a menor dúvida de que, sob a roupagem de entidade privada, o objetivo é encobrir uma situação que estaria sujeita ao direito público.

> É a mesma atividade que vai ser exercida pelos mesmos servidores públicos e com utilização do mesmo patrimônio. Por outras palavras, a ideia é de que os próprios servidores da entidade a ser extinta constituam uma pessoa jurídica de direito privado, sem fins lucrativos, e se habilitem como organizações sociais, para exercer a mesma atividade que antes exerciam e utilizem o mesmo patrimônio, porém sem a submissão àquilo que se costuma chamar de "amarras" da Administração Pública.
>
> Trata-se de entidades constituídas *ad hoc*, ou seja, com o objetivo único de se habilitarem como organizações sociais e continuarem a fazer o que faziam antes, porém com nova roupagem. São entidades fantasmas, porque não possuem patrimônio próprio, sede própria, vida própria. Elas viverão exclusivamente por conta do contrato de gestão com o poder público.[380]

Na prática, o uso das OS na gestão da saúde pública tem se mostrado eficiente em alguns lugares e ineficaz em outros. Exemplos de bons resultados são colhidos no estado de São Paulo. Pioneiro na adoção do modelo, o estado começou, em 1998, com cinco hospitais repassados a Organizações Sociais. Hoje, já conta com um total de 107 unidades: além de 40 hospitais, as OS cuidam de ambulatórios de especialidades, centros de reabilitação e centros de análises clínicas e de diagnóstico por imagem.

Diversamente, em outros estados, como Bahia, Paraná, Mato Grosso e Rio de Janeiro, o modelo tem sido motivo de preocupação.

Vide o que ocorre com o Rio de Janeiro: das dez OS que operam atualmente na rede municipal de saúde, oito estão sob investigação, como

[380] Di Pietro, Maria Sylvia Zanella. Direito Administrativo, 26 ed, São Paulo: Atlas, 2003, p. 571.

informam Antônio Werneck e Elenice Bottari, em matéria de O Globo de 18/01/2016:

> Das dez Organizações Sociais que administram 108 das 248 unidades de saúde da prefeitura do Rio, oito são investigadas em procedimentos no Ministério Público (MP) estadual e em ações no Tribunal de Justiça (TJ) do Rio por suspeitas de irregularidades. Há desde denúncia de não fornecerem condições adequadas aos pacientes até casos de supostos desvios de recursos públicos. A maioria das investigações teve por base 16 auditorias realizadas pelo Tribunal de Contas do Município (TCM). Em alguns casos, os auditores constataram sobrepreços de até 508% na compra de medicamentos. As auditorias do TCM foram feitas em nove OS que tinham contrato com a prefeitura à época da inspeção. Apenas na Fiotec não foram detectados problemas. Mas foram apontadas objeções aos serviços nas demais. (...) Na maior parte, foram identificadas práticas semelhantes às que levaram a Justiça a decretar a prisão de oito pessoas ligadas à Biotech, na operação Ilha Fiscal, sob acusação de desvio de mais de R$ 48 milhões em contratos com a prefeitura. A Biotech, já descredenciada, administrava os hospitais Pedro II (Santa Cruz) e Ronaldo Gazolla (Acari). Diante da gravidade do quadro – e do fato de que essas OS receberão este ano R$ 1,9 bilhão (cerca de 38,8% do orçamento destinado à saúde) – os promotores do MP recomendaram ao município, na semana passada, a suspensão de novas contratações.

Cumpre não confundir a OS, que possui regime jurídico definido em lei (assim como a autorização para ser contratada pela Administração), com as chamadas "fundação de apoio", nem com as entidades sem fins lucrativos que recebem "subvenções sociais" para a prestação de serviços essenciais de assistência social, médica e educacional, que tem seus recursos suplementados por verbas públicas, na forma dos artigos 12, §3º, 16, 17 e 19 da Lei nº 4.320/1964. Estas, em sua maioria, são as "entidades de utilidade pública" que, sem integrarem a Administração, exercem atividades de relevante interesse social e se caracterizam como "entidades de colaboração", tais como albergues, asilos, creches, associações de moradores etc.

Anote-se, por oportuno, que inexistem óbices na transformação das "fundações de apoio" e "entidades de utilidade pública" em OS.

6.1.23.1. Os acordos celebrados com Organizações da Sociedade Civil de Interesse Público – OSCIP

Questão relevante diz respeito às chamadas Organizações das Sociedades de Interesse Público – OSCIP, em face da semelhança com as OS, de vez que também são entidades de direito privado, sem finalidade lucrativa, instituídas para prestar serviços sociais não privativos do Poder Público, mas por ele incentivadas e fiscalizadas.

Consoante dispõe a Lei nº 9.790, de 12.3.99 (a chamada Lei do Terceiro Setor), regulamentada pelo Decreto nº 3.100, de 30.6.99, as OSCIP são pessoas jurídicas de direito privado, sem fins lucrativos, instituídas por iniciativa de particulares, para o desempenho de serviços sociais não exclusivos do Estado, mas com incentivo e fiscalização deste, por intermédio de vínculo jurídico estabelecido através de Termo de Parceria.

As OSCIP fazem parte do grupo de instituições que, atuando paralelamente ao Estado, passaram a compor o denominado Terceiro Setor, coexistindo harmoniosamente com o Primeiro Setor (o Estado) e o Segundo setor (o mercado).[381]

Em função de se caracterizarem, primordialmente, pela execução de atividades de interesse público por iniciativa privada, e por não possuírem fins lucrativos, não raro recebem auxílios financeiros do Estado, o que as obriga a atender a requisitos previamente estabelecidos em lei.

O preenchimento dos requisitos determina que possam ser certificadas como instituições de finalidades filantrópicas, tituladas como de utilidade pública ou qualificadas como organizações sociais.

Enfim, serão consideradas integrantes do Terceiro Setor porque não se enquadram inteiramente como instituições privadas, nem fazem parte da Administração Pública, inserindo-se, por conseguinte, na genérica denominação de Organizações Não Governamentais (ONGs).

[381] Compõem o Terceiro Setor, além das OSCIP, os Serviços Sociais Autônomos (que formam o Sistema S), as Entidades de Apoio (fundações, cooperativas, associações etc.) e as Organizações Sociais (OS). Buscando entender e explicitar o universo do Terceiro Setor, Maria das Graças Bigal e Ana Maria Viegas observam que a ação conjunta dos três setores – Estado, iniciativa privada e instituições do Terceiro Setor – visa amenizar as dificuldades encontradas na aplicação de novos critérios organizacionais em estruturas sociais estabelecidas em áreas mais distantes e menos beneficiadas pelo progresso, assim como em pequenos grupos sociais e étnicos, segregados pelas condições econômicas e culturais (Terceiro setor: gestão das entidades sociais: ONG – OSCIP – OS, Belo Horizonte: Fórum, 2008. p. 16).

Consoante o preconizado no art. 1º da Lei nº 9.790/1999, poderão habilitar-se como OSCIP as pessoas jurídicas de direito privado, sem fins lucrativos, cujos objetivos sociais e normas estatutárias atendam aos requisitos instituídos no diploma legal.

A qualificação como OSCIP é uma certificação emitida pelo Ministério da Justiça que habilita essas instituições a celebrar um ajuste, denominado Termo de Parceria, com ente do Poder Executivo, de qualquer esfera, visando desenvolver projetos ou atividades complementares às que originalmente constituem responsabilidade direta do Estado.

É de curial importância ressaltar que a qualificação é apenas uma habilitação que a instituição passa a deter (ou um título outorgado), que não altera de forma alguma a sua condição legal e suas características como pessoa jurídica. O termo Organização da Sociedade Civil de Interesse Público (OSCIP) não deve ser utilizado, portanto, como substantivo para designar a instituição.

Ressalta-se que a qualificação de uma pessoa jurídica como OSCIP constitui ato vinculado, conforme explicitado na Lei nº 9.790/1999 (§2º do art. 1º e, principalmente, §3º do art. 6º), segundo o qual o pedido só poderá ser indeferido pela Administração caso o requerente desatenda a alguns dos requisitos legais estabelecidos. Logo, caso requeira, a pessoa jurídica que atenda aos requisitos detém o direito a ser qualificada como OSCIP.

Sobre a qualificação, comentou Olney Queiroz de Assis:

> É óbvio que a qualificação como OSCIP concede reputação à associação ou à fundação, em virtude mesmo das exigências estabelecidas na Lei nº 9.790/1999. A qualificação certamente influencia as pessoas na concessão de doações e contribuições para o desenvolvimento dos objetivos da instituição que possui o certificado. Além disso, pode facilitar a celebração de contratos ou parcerias com empresas privadas. O principal objetivo da qualificação como OSCIP, todavia, fundamenta-se na oportunidade de a pessoa jurídica dispor de recursos públicos para o desenvolvimento dos seus objetivos estatutários, que se materializa com o Termo de Parceria.[382]

O art. 9º da Lei nº 9.790/1999 informa que o Termo de Parceria é o instrumento passível de ser firmado entre o Poder Público e as entidades

[382] Assis, Olney Queiroz. Direito societário. São Paulo: Damásio de Jesus, 2004. p. 331.

qualificadas como OSCIP, destinado à formação de vínculo de cooperação para o fomento e a execução das atividades de interesse público previstas no diploma.

Por ser um acordo entre o Poder Público e as OSCIP, o Termo de Parceria deverá conter, em minúcias, os direitos e as responsabilidades dos parceiros, tais como o objeto do termo, as metas a alcançar, o prazo de vigência, os critérios de avaliação de desempenho, a obrigatoriedade de prestação de contas etc.

Sobre a celebração de Termos de Parcerias com OSCIP, manifestou-se a AGU:

> Orientação Normativa/AGU nº 29, de 15.04.2010 – Administração Pública pode firmar termo de parceria ou convênio com as organizações sociais de interesse público (OSCIP). Há necessidade da devida motivação e justificação da escolha efetuada. Após a celebração do instrumento, não é possível alterar o respectivo regime jurídico, vinculando os partícipes.

Em face ao todo exposto, verifica-se que as considerações demonstradas no subitem antecedente sobre a contratação de Organizações Sociais (OS) restam totalmente válidas para as OSCIP, pois o Termo de Parceria estaria para estas assim como o Contrato de Gestão para aquelas. Logo, feita a seleção, as contratações derivadas far-se-iam com dispensa de licitação. Não obstante, o TCU tem se posicionado diversamente, considerando não caber a contratação direta, baseada no inc. XXIV em comento, com entidade que não seja qualificada como OS.

Sobre o tema, confira-se, conforme já esposado, a Lei nº 13.019/2014 (novo Marco Regulatório do Terceiro Setor), que deu novo tratamento aos ajustes que formalizam parcerias entre as entidades privadas sem fins lucrativos e a Administração Pública. Segundo o diploma, a partir de sua entrada em vigor (a ocorrer após 540 dias da publicação oficial, ocorrida em 01.08.2014), tais acordos se denominarão Termos de Colaboração e de Fomento, sendo o primeiro aplicável nos casos em que a própria Administração define o objeto da parceria, e o segundo nas ações propostas pelas organizações da sociedade civil. Todavia, consoante a nova norma, tais instrumentos não serão os únicos aplicáveis nas parcerias, uma vez que menciona expressamente que os Contratos de Termos de Parcerias e Contratos de Gestão (celebrados com OS) continuarão a existir. Especificamente quanto aos Termos de Parceria, o art. 4º informa a aplicação da nova lei, no que for cabível.

> Art. 4º Aplicam-se as disposições desta Lei, no que couber, às relações da administração pública com entidades qualificadas como organizações da sociedade civil de interesse público, de que trata a Lei nº 9.790, de 23 de março de 1999, regidas por termos de parceria.

6.1.24. Transferência de tecnologia (inc. XXV do art. 24)

O inc. XXV prevê a dispensa licitatória na contratação realizada por Instituição Científica e Tecnológica - ICT ou por agência de fomento para a transferência de tecnologia e para o licenciamento de direito de uso ou de exploração de criação protegida.

> Art. 24. É **dispensável** a licitação:
> (...)
> XXV – na contratação realizada por Instituição Científica e Tecnológica – ICT ou por agência de fomento para a transferência de tecnologia e para o licenciamento de direito de uso ou de exploração de criação protegida.

O incentivo ao desenvolvimento científico, à pesquisa e à capacitação tecnológica tem sede constitucional, sendo tratados nos arts. 218 a 219-B.[383]

Inserido pela Lei nº 10.973/2004, o dispositivo surgiu como consequência lógica dos incentivos à pesquisa científica e tecnológica previstos no

[383] CF – CAPÍTULO IV – DA CIÊNCIA, TECNOLOGIA E INOVAÇÃO (Redação dada pela Emenda Constitucional nº 85, de 2015)
Art. 218. O Estado promoverá e incentivará o desenvolvimento científico, a pesquisa, a capacitação científica e tecnológica e a inovação. (Redação dada pela Emenda Constitucional nº 85, de 2015)
§ 1º A pesquisa científica básica e tecnológica receberá tratamento prioritário do Estado, tendo em vista o bem público e o progresso da ciência, tecnologia e inovação. (Redação dada pela Emenda Constitucional nº 85, de 2015)
(Redação dada pela Emenda Constitucional nº 85, de 2015)
§ 4º A lei apoiará e estimulará as empresas que invistam em pesquisa, criação de tecnologia adequada ao País, formação e aperfeiçoamento de seus recursos humanos e que pratiquem sistemas de remuneração que assegurem ao empregado, desvinculada do salário, participação nos ganhos econômicos resultantes da produtividade de seu trabalho.
§ 5º É facultado aos Estados e ao Distrito Federal vincular parcela de sua receita orçamentária a entidades públicas de fomento ao ensino e à pesquisa científica e tecnológica.

diploma, objetivando a ampliação da capacitação e da autonomia tecnológica, com o asseguramento do desenvolvimento da indústria nacional.

Na exposição de motivos da lei, foram apresentados os argumentos que fundaram a nova hipótese de dispensa:

> No contexto de estímulo à participação das entidades públicas de pesquisa no processo de inovação, o Capítulo III traz mecanismo de suma relevância. Trata-se da transferência e o licenciamento de tecnologia de nossas universidades e institutos de pesquisa públicos para o setor produtivo nacional. Evitando tangenciar o problema de aplicação inadequada da Lei nº 8.666/1993, cuja formulação não foi direcionada para matéria tecnológica, o presente Projeto traz modificação ao texto dessa lei, dispensando das modalidades de

§ 6º O Estado, na execução das atividades previstas no caput , estimulará a articulação entre entes, tanto públicos quanto privados, nas diversas esferas de governo. (Incluído pela Emenda Constitucional nº 85, de 2015)
§ 7º O Estado promoverá e incentivará a atuação no exterior das instituições públicas de ciência, tecnologia e inovação, com vistas à execução das atividades previstas no caput. (Incluído pela Emenda Constitucional nº 85, de 2015)
Art. 219. O mercado interno integra o patrimônio nacional e será incentivado de modo a viabilizar o desenvolvimento cultural e sócio-econômico, o bem-estar da população e a autonomia tecnológica do País, nos termos de lei federal.
Parágrafo único. O Estado estimulará a formação e o fortalecimento da inovação nas empresas, bem como nos demais entes, públicos ou privados, a constituição e a manutenção de parques e polos tecnológicos e de demais ambientes promotores da inovação, a atuação dos inventores independentes e a criação, absorção, difusão e transferência de tecnologia. (Incluído pela Emenda Constitucional nº 85, de 2015)
Art. 219-A. A União, os Estados, o Distrito Federal e os Municípios poderão firmar instrumentos de cooperação com órgãos e entidades públicos e com entidades privadas, inclusive para o compartilhamento de recursos humanos especializados e capacidade instalada, para a execução de projetos de pesquisa, de desenvolvimento científico e tecnológico e de inovação, mediante contrapartida financeira ou não financeira assumida pelo ente beneficiário, na forma da lei. (Incluído pela Emenda Constitucional nº 85, de 2015)
Art. 219-B. O Sistema Nacional de Ciência, Tecnologia e Inovação (SNCTI) será organizado em regime de colaboração entre entes, tanto públicos quanto privados, com vistas a promover o desenvolvimento científico e tecnológico e a inovação. (Incluído pela Emenda Constitucional nº 85, de 2015)
§ 1º Lei federal disporá sobre as normas gerais do SNCTI. (Incluído pela Emenda Constitucional nº 85, de 2015)
§ 2º Os Estados, o Distrito Federal e os Municípios legislarão concorrentemente sobre suas peculiaridades. (Incluído pela Emenda Constitucional nº 85, de 2015)

licitação a contratação para transferência e licenciamento de tecnologia pelas instituições científicas e tecnológicas.

O texto apresentado estabelece duas formas de tratamento à questão. Primeiramente, em se tratando de contratação com cláusula de exclusividade para exploração da criação, o Projeto prevê a modalidade de chamada pública, cujo procedimento será oportunamente regulamentado. Em outra hipótese, havendo fundamento para contratar sem exclusividade de exploração, as entidades públicas poderão fazê-lo diretamente, com os interessados do setor produtivo.

Com a disposição acima proposta, findam-se os inúmeros obstáculos que impediam a exploração pela sociedade dos produtos e processos inovadores produzidos dentro das universidades e instituições públicas de pesquisa. É selada, assim, de forma objetiva a relação entre tais entidades públicas e o setor produtivo nacional.

Destarte, com o firme propósito de fomentar ao máximo as atividades de pesquisa, após definir, em seu art. 2º, V, que uma ICT constitui ente da Administração Pública dedicado a trabalhos de pesquisa básica ou aplicada, de caráter científico ou tecnológico, a Lei nº 10.973/2004 aponta para o uso da dispensabilidade de licitação quando estas instituições necessitarem buscar tecnologia com o intuito de prosseguir na sua tarefa-fim.

Além disso, mirando fomentar a pesquisa, faz menção à criação de agências de fomento (com atuação precípua no financiamento dos trabalhos dessa natureza),[384] as quais, nas suas contratações, também se valerão do recurso da dispensabilidade licitatória.

Dessa forma, enquadrando-se a contratante nas condições estipuladas (ICT ou agência de fomento), estará apta a contratar tecnologia ou serviço que tenha conexão com o licenciamento de direito de uso de exploração de criação protegida.[385]

[384] Lei nº 10.973/04 – Art. 2o Para os efeitos desta Lei, considera-se:
I – agência de fomento: órgão ou instituição de natureza pública ou privada que tenha entre os seus objetivos o financiamento de ações que visem a estimular e promover o desenvolvimento da ciência, da tecnologia e da inovação;

[385] Lei nº 10.973/04 – Art. 2o Para os efeitos desta Lei, considera-se:
(...)
II – criação: invenção, modelo de utilidade, desenho industrial, programa de computador, topografia de circuito integrado, nova cultivar ou cultivar essencialmente derivada e qualquer

Alguns intérpretes têm entendido que regra autoriza também a dispensa de licitação para a alienação da produção tecnológica dessas entidades, notadamente das ICT. Não nos parece correta tal avaliação, uma vez que esse assentimento, além de despropositado, já encontra respaldo no art. 17, II, d, que autoriza expressamente a dispensa de licitação para a venda de bens produzidos ou comercializados por órgãos ou entidades da Administração Pública, em função de suas finalidades.

Registrem-se os requisitos para a dispensa:

a) o contratante (ente da Administração Pública) esteja qualificado como Instituição Científica e Tecnológica – ICT ou como agência de fomento, como delineado na Lei nº 10.973/2004;
b) o objeto da contratação seja a transferência de tecnologia ou o licenciamento de direito de uso de criação; e
c) o contratado seja titular da tecnologia a ser transferida ou do direito de uso da criação protegida.

6.1.25. Celebração de contrato de programa (inc. XXVI do art. 24)

O inc. XXVI prevê a dispensa licitatória quando da celebração de contrato de programa com ente da Federação ou com entidade de sua administração indireta, visando à prestação de serviços públicos de forma associada.

> Art. 24. É **dispensável** a licitação:
> (...)
> XXVI – na celebração de contrato de programa com ente da Federação ou com entidade de sua administração indireta, para a prestação de serviços públicos de forma associada nos termos do autorizado em contrato de consórcio público ou em convênio de cooperação.

A Lei nº 11.107/2005 veio à luz para estabelecer regras aplicáveis ao "consórcio público", insculpido no ordenamento jurídico pátrio no art. 241 CF, com redação estabelecida pela Emenda Constitucional nº 19/1998.[386]

outro desenvolvimento tecnológico que acarrete ou possa acarretar o surgimento de novo produto, processo ou aperfeiçoamento incremental, obtida por um ou mais criadores;

[386] Art. 241. A União, os Estados, o Distrito Federal e os Municípios disciplinarão por meio de lei os consórcios públicos e os convênios de cooperação entre os entes federados, autorizando a gestão associada de serviços públicos, bem como a transferência total ou parcial de encargos, serviços, pessoal e bens essenciais à continuidade dos serviços transferidos.

Importa não confundir o instituto "consórcio público" com o consórcio de empresas, tradicionalmente utilizado na hipótese de grandes projetos de engenharia, como a construção de usinas hidrelétricas, redes de transmissão de energia, rodovias, portos, plataformas de petróleo ou nos de Parcerias Público-Privadas, existente, inclusive, na própria Lei nº 8.666/1993 (art. 33)[387], que o menciona visando permitir a participação dessa união de empresas numa competição licitatória, intencionando a execução de certo objeto, que, em função de sua complexidade, não poderia ser realizado por empresas isoladamente, normalmente em face de razões técnicas ou devido a falta de capital. Como anota Celso Bandeira de Melo, esse consórcio é uma associação de empresas que conjugam recursos humanos, técnicos e materiais para a execução do objeto a ser licitado, que tem lugar quando o vulto, complexidade ou custo do empreendimento seja considerável ou dificultoso para as pessoas isoladamente consideradas.[388]

Consoante se extrai da Lei nº 11.107/2005, consórcio público, que também se caracteriza pela conjugação de esforços e recursos, é pessoa jurídica, constituída por entes federativos, que visa o desenvolvimento de trabalho comum à semelhança do tradicional convênio, tendo como elemento diferenciador a criação de estrutura organizacional permanente.

Nessa contextura, o art. 2º, I, do Decreto nº 6.017/2007, regulamentar da matéria, informa que o consórcio público é pessoa jurídica formada exclusivamente por entes da Federação, na forma da Lei nº 11.107/2005, que objetiva estabelecer relações de cooperação federativa, inclusive a realização de objetivos de interesse comum, constituído como associação pública, com personalidade jurídica de direito público e natureza autárquica, ou como pessoa jurídica de direito privado sem fins econômicos.

A inserção do inc. XXVI na Lei nº 8.666/1993 intenciona permitir a aplicação da dispensa de licitação no caso de consórcio público em ocasião excepcional, isto é, quando da assinatura de um contrato de programa.

A previsão legal do contrato de programa é encontrada no art. 13 da mesma Lei nº 11.107/2005, que indica ser ele o instrumento por intermédio do qual se constituem obrigações de entes da Federação entre si ou

[387] Art. 33. Quando permitida na licitação a participação de empresas em consórcio, observar-se-ão as seguintes normas: (...).

[388] Mello, Celso Antônio Bandeira de. Curso de direito administrativo. 11 ed. Malheiros: São Paulo: 1999. p. 423.

para com o consórcio público, no âmbito da gestão associada em que haja a prestação de serviços públicos ou quando ocorrer transferência total ou parcial de encargos, serviços, pessoal ou de bens, necessários à continuidade dos serviços transferidos.

O Decreto nº 6.107/2007 tenta melhor defini-lo, indicando, no art. 2º, XVI, tratar-se de instrumento pelo qual devem ser constituídas e reguladas as obrigações que um ente da Federação, inclusive de sua administração indireta, tenha para com outro ente federativo, ou para com consórcio público, no âmbito da prestação de serviços públicos por meio de cooperação federativa.

Um exemplo clássico de contrato de programa é encontrado na conjugação de esforços de Municípios limítrofes com o intuito de promover algum tipo de saneamento básico (coleta de lixo, por exemplo).

Cabe registrar que, tal como em outras situações de dispensa licitatória listadas na Lei nº 8.666/1993, evidencia-se que o contrato de programa foi inadvertidamente elencado como hipótese de dispensa, porquanto, por suas características, no máximo se encaixaria na condição de inexigibilidade, uma vez que se alicerça na inviabilidade de competição. Todavia, na verdade, diante dos interesses comuns do acordo, que, como já esposado, muito se assemelha aos convênios clássicos de colaboração, jamais poderia ser sequer precedido de qualquer tipo de certame competitivo, pois, em função das peculiaridades de cooperação mútua, não há o que se disputar. Logo, a nosso sentir, a prescrição de dispensa licitatória é de total inutilidade, porquanto preceitua o afastamento da feitura de certame em situação que não cabe instaurá-lo.

Anote-se também que a própria Lei nº 11.107/2005 dispõe, no art. 2º, §1º, que, para o cumprimento de seus objetivos, o consórcio público poderá ser contratado pela Administração direta ou indireta dos entes da Federação consorciados com dispensa de licitação.

6.1.26. Coleta, processamento e comercialização de resíduos sólidos urbanos recicláveis ou reutilizáveis (inc. XXVII do art. 24)[389]

O inc. XXVII prescreve a dispensa licitatória na contratação da coleta, processamento e comercialização de resíduos sólidos urbanos recicláveis

[389] Este inciso, numa manobra única na nossa legislação, foi colocado no lugar do anterior inciso XXVII pela Lei nº 11.445, de 5 de maio de 2007. Com efeito, aquele anterior inc. XXVII

ou reutilizáveis, em áreas com sistema de coleta seletiva de lixo, efetuados por associações ou cooperativas formadas exclusivamente por pessoas físicas de baixa renda reconhecidas pelo Poder Público como catadores de materiais recicláveis.

> Art. 24. É **dispensável** a licitação:
> (...)
> XXVII – na contratação da coleta, processamento e comercialização de resíduos sólidos urbanos recicláveis ou reutilizáveis, em áreas com sistema de coleta seletiva de lixo, efetuados por associações ou cooperativas formadas exclusivamente por pessoas físicas de baixa renda reconhecidas pelo poder público como catadores de materiais recicláveis, com o uso de equipamentos compatíveis com as normas técnicas, ambientais e de saúde pública.

Inserido pela Lei nº 11.445/2007, o dispositivo, de cunho eminentemente social, busca demonstrar a importância da atividade laboral de população de baixa renda.

A destinação dos resíduos sólidos urbanos é uma constante preocupação dos governantes. O serviço de coleta de resíduos sempre foi realizado pelo Município (por meios próprios ou através de empresas terceirizadas) ou por intermédio de concessionárias de serviço público. Entretanto, em função de problemas econômicos da população de baixa renda, essa tarefa tornou-se, nos últimos anos, uma alternativa de trabalho – talvez de sobrevivência – para uma significativa parcela da sociedade, notadamente em face da relevância do valor econômico de alguns desses dejetos.

Posteriormente, a atividade tomou ares de alta magnitude, porquanto, além de atender aqueles que buscavam na tarefa uma forma de auferir recursos, passou a constituir uma verdadeira solução para os problemas de toda a ordem gerados pelo lixo,[390] até mesmo quanto à separação

fora introduzido no art. 24 por força da Lei nº 11.196, de 21 de novembro de 2005, art. 118; um ano e meio depois, a Lei nº 11.445/2007 simplesmente o substituiu por outro (que é o ora em comento), e o antigo inciso passou numa espécie de limbo legislativo até que outro diploma, a Lei nº 11.484, de 31 de maio de 2007, o restaurasse na lei de licitações, passando-o para inc. XXVIII (Ivan Barbosa Rigolin: Os incs. XXVII [coleta de material reciclável] e XXVIII [bens e serviços de alta tecnologia], do art. 24, da lei de licitações).

[390] Expressão, no caso, inapropriada, conforme assevera Rigolin: "... eis que lixo são detritos, dejetos insalubres e sempre perniciosos à saúde e à sanidade públicas e ambiental, constituído

seletiva, evitando-se a poluição com o lançamento sem critério no meio ambiente.

Impende relembrar que a Lei nº 11.445/2007 funda-se no estabelecimento de diretrizes nacionais para o saneamento básico e sua política federal, intentando a contribuição para o desenvolvimento nacional, a redução das desigualdades regionais, a geração de emprego/renda e a inclusão social.

Dessa forma, justifica-se o estímulo à atividade com o estabelecimento da hipótese de dispensa, protegendo-se e incentivando-se a atuação daqueles que atuam nessa tarefa, entendida como de alta significância para a manutenção do meio ambiente e da saúde pública.

O texto legal disciplina que os contratados serão associações ou cooperativas formadas exclusivamente por pessoas físicas de baixa renda reconhecidas pelo Poder Público como catadores de materiais recicláveis, com o uso de equipamentos compatíveis com as normas técnicas, ambientais e de saúde pública. Tal reconhecimento, tanto da associação ou cooperativa como do equipamento, poderá ocorrer para cada caso de contratação, inexistindo necessidade de normatização anterior por ato específico.

O dispositivo alude a formas bem definidas de organizações (associações e cooperativas). O art. 53 do Código Civil dispõe que as associações se constituem pela união de pessoas que se organizem para fins não econômicos, cabendo aos associados ou sócios convencionarem se respondem ou não subsidiariamente pelas obrigações sociais (art. 46, V). O art. 4º da Lei nº 5.764/1971, que define a Política Nacional de Cooperativismo e institui o regime jurídico das sociedades cooperativas, dispõe que as cooperativas são sociedades de pessoas, com forma e natureza jurídica próprias, de natureza civil, não sujeitas a falência, constituídas para prestar serviços aos associados, distinguindo-se das demais sociedades pelas por características que as singularizam. Assim, em função das características bem definidas das organizações-alvo, resta inviabilizada a adoção da dispensa para a contratação de entidades empresariais.

de rejeitos não raro infecciosos, enquanto que material reciclável não se pode categorizar desse modo. Com efeito, não se pode denominar lixo ao vidro, ao papel ou ao papelão, ao plástico reaproveitável, ou a materiais metálicos descartados" [In: artigo "Os incs. XXVII (coleta de material reciclável) e XXVIII (bens e serviços de alta tecnologia), do art. 24, da lei de licitações"].

É de se relembrar da necessidade da demonstração de que os preços dos contratos são compatíveis com os de mercado para contratos similares.

Anotem-se os requisitos para a dispensa licitatória:

a) o objeto pretendido pela Administração deve ser serviço de coleta, processamento e comercialização de resíduos sólidos urbanos recicláveis ou reutilizáveis, nas áreas de coleta seletiva de lixo;
b) o contratado deve ser associação ou cooperativas de catadores de materiais recicláveis;
c) as organizações devem ser formadas exclusivamente por pessoas físicas de baixa renda; e
d) deverão ser utilizados equipamentos compatíveis com as normas técnicas, ambientais e de saúde pública.

6.1.27. Bens ou serviços de alta tecnologia e defesa nacional (inc. XXVIII do art. 24)

O inc. XXVIII registra a dispensa de licitação na contratação de bens e serviços, produzidos ou prestados no Brasil, que envolvam, cumulativamente, alta complexidade tecnológica e defesa nacional.

> Art. 24. É **dispensável** a licitação:
>
> (...)
>
> XXVIII – para o fornecimento de bens e serviços, produzidos ou prestados no País, que envolvam, cumulativamente, alta complexidade tecnológica e defesa nacional, mediante parecer de comissão especialmente designada pela autoridade máxima do órgão.

Incluído pela Lei nº 11.484/2007, o dispositivo – voltado tão somente para a União, por tratar de tema que lhe é exclusivo – tem contornos semelhantes à situação de dispensa prevista no inc. IX, pois ambos circunscrevem regras para dispensa de competição licitatória referentes à soberania nacional.

O inc. IX prevê o afastamento licitatório na possibilidade de *comprometimento da segurança nacional.* Este inciso XXVIII atrela-se a questões de *defesa nacional.*

A nosso ver, no entanto, as expressões possuem acepções diversas, apesar de bem próximas, nada impedindo de serem utilizadas no mesmo sentido ou conotação, quando inexistir preocupação precípua de adoção estrita.

A Lei nº 7.170/1983 define os crimes contra a segurança nacional e a ordem política e social. Seu art. 1º prevê os que lesam (ou expõem a perigo de lesão) a integridade territorial e a soberania nacional, o regime representativo e democrático, a Federação e o Estado de Direito e a pessoa dos chefes dos Poderes da União. Vê-se, portanto, que a preservação da soberania nacional é fator fundamental na ideia de segurança nacional.

Com fins semelhantes, há política de defesa nacional, que objetiva:

a) a garantia da soberania, com a preservação da integridade territorial, do patrimônio e dos interesses nacionais;
b) a garantia do Estado de Direito e das instituições democráticas;
c) a preservação da coesão e da unidade da Nação;
d) a salvaguarda das pessoas, dos bens e dos recursos brasileiros ou sob jurisdição brasileira;
e) a consecução e a manutenção dos interesses brasileiros no exterior;
f) a projeção do Brasil no concerto das nações e sua maior inserção no processo decisório internacional; e
g) a contribuição para a manutenção da paz e da segurança internacionais.

Como assentado anteriormente, para que o enquadramento de dispensa do inc. IX se aperfeiçoe, ouvir-se-á o Conselho de Segurança Nacional. Já o aperfeiçoamento da dispensa deste inc. XXVIII necessita da emissão de parecer elaborado por comissão especial designada pela autoridade máxima do órgão, que deverá pronunciar-se quanto a dois aspectos: (I) se a questão envolve defesa nacional; e (II) se objeto pretendido abrange alta ou complexa tecnologia. Para tal, poderá se munir de pareceres, laudos, atestados ou quaisquer outros documentos demonstrativos.

Em consequência, conclui-se que:

a) "defesa nacional" e "segurança nacional" são termos similares, mas não necessariamente sinônimos, podendo ser adotados visando os mesmos objetivos;
b) na hipótese, não há sentido na adoção das expressões para o mesmo fim, uma vez que regra preexistente já solucionaria a situação (para que criar nova regra de afastamento da licitação se a já existente permite o objetivado?);

c) o Decreto nº 2.295/1997 (que dispõe sobre a dispensa de licitação nos casos que possam comprometer a segurança nacional) regulamenta tão somente o inc. IX, descabendo a sua adoção para a dispensa em análise;
d) tudo leva a crer que o inciso em exame (voltado para a defesa nacional) tem ares de "proteção contra ameaças externas", enquanto que o inc. IX (segurança nacional), com acepção mais genérica, está voltado para os demais atos ou fatos que abrangem a política de preservação da soberania e garantia dos cidadãos.[391]

Atente-se que Conselho de Defesa Nacional não possui nenhuma participação na formatação da dispensa deste dispositivo (lembrando que o enquadramento no inc. IX exige seu opinamento), mesmo que isso cause estranheza para alguns intérpretes. Sobre o assunto, Ivan Rigolin observa que "não deixa de oferecer curioso contraste entre este inc. XXVIII e aquele inc. IX, ambos deste art. 24, um dispositivo a exigir a oitiva do CDN e o outro não, sendo que ambos têm em vista objetivos estratégicos, pois que relativos à defesa nacional".[392]

Feitas essas considerações, registre-se que o preceptivo visa o fomento à pesquisa e produção tecnológica, associando este mercado à defesa nacional.

[391] Conforme se extrai da Política de Defesa Nacional aprovada pelo Decreto nº 5.484, de 30.6.2005:
"Introdução: A Política de Defesa Nacional voltada, preponderantemente, para ameaças externas, é o documento condicionante de mais alto nível do planejamento de defesa e tem por finalidade estabelecer objetivos e diretrizes para o preparo e o emprego da capacitação nacional, com o envolvimento dos setores militar e civil, em todas as esferas do Poder Nacional. O MINISTÉRIO DA DEFESA coordena as ações necessárias à Defesa Nacional. [...]
1.4. Para efeito da Política de Defesa Nacional, são adotados os seguintes conceitos:
I – Segurança é a condição que permite ao País a preservação da soberania e da integridade territorial, a realização dos seus interesses nacionais, livre de pressões e ameaças de qualquer natureza, e a garantia aos cidadãos do exercício dos direitos e deveres constitucionais;
II – Defesa Nacional é o conjunto de medidas e ações do Estado, com ênfase na expressão militar, para a defesa do território, da soberania e dos interesses nacionais contra ameaças preponderantemente externas, potenciais ou manifestas".
[392] Rigolin. Lei nº 11.196/05: modificada a lei de licitações. Fórum de Contratação e Gestão Pública – FCGP, v. 5, n. 52.

Nesse viés, elenca como requisitos para a dispensa de licitação:

a) o objeto envolver compra e/ou serviços;
b) no caso de bem, ser produzido no País;
c) se serviço, ser prestado no território nacional;
d) o fornecimento do bem ou a prestação do serviço envolver alta complexidade tecnológica e estar associado à defesa nacional; e
e) antes da dispensa, uma Comissão específica, constituída pela autoridade máxima do órgão, com a incumbência de emitir parecer sobre a matéria.

Por fim, impende registrar que, consoante o inc. V do art. 57 da Lei nº 8.666/1993, introduzido pela Lei nº 12.349/2010, o prazo do contrato firmado com base nessa hipótese de dispensa poderá ter vigência de 120 (cento e vinte) meses, caso haja interesse da Administração.

6.1.28. Atendimento de militares em operações de paz no exterior (inc. XXIX do art. 24)

O inc. XXIX anota a dispensa licitatória na aquisição de bens e contratação de serviços para atender aos contingentes militares das Forças Singulares brasileiras empregadas em operações de paz no exterior.

> Art. 24. É **dispensável** a licitação:
>
> (...)
>
> XXIX – na aquisição de bens e contratação de serviços para atender aos contingentes militares das Forças Singulares brasileiras empregadas em operações de paz no exterior, necessariamente justificadas quanto ao preço e à escolha do fornecedor ou executante e ratificadas pelo Comandante da Força.

A medida, inserida pela Lei nº 11.783/2008, visa garantir agilidade e condições operacionais adequadas aos militares no exterior, de acordo com os compromissos assumidos pelo Brasil com a Organização das Nações Unidas (ONU).

A dispensa é mais do que justificável, porquanto, como se sabe, nos acordos para envio de tropas em missões de paz, os países assumem a responsabilidade da manutenção operacional dos seus equipamentos. Como o apoio logístico das operações precisa ocorrer rapidamente, seria totalmente inviável atender a procedimentos tradicionais licitatórios. A exigência de que as tropas ou destacamentos remetidos ao exterior, para cumprimento de uma missão de paz, submetessem suas contratações a procedimentos licitatórios realizados no Brasil suscitaria, é claro, problemas de toda ordem.

O deputado Guilherme Campos, relator da matéria quando o projeto de lei tramitava na Câmara dos Deputados (Comissão de Finanças e Tributação), ressaltou, com propriedade, que fatores como o clima, o terreno e a infraestrutura disponível no local demandam a aquisição de materiais e equipamentos não previstos, o que, obviamente, justifica ainda mais a dispensa de licitação, uma vez que não se pode descartar o aumento da violência, que modifica substancialmente as condições iniciais de emprego da tropa e as características do suprimento que será utilizado.

Como, consoante informação do Ministério da Defesa, o tempo exigido pelo processo licitatório vinha comprometendo bastante a participação do Brasil em forças de paz, a Exposição de Motivos no 276/2005, enviada ao Congresso justificando a iniciativa, esclareceu que a providência não só intencionava garantir condições de segurança na permanência de uma força militar no exterior, como assegurar a capacidade operacional no cumprimento das missões.

Segundo o dispositivo, são requisitos para a dispensa de licitação:

a) aquisição de bens e/ou contratação de serviços necessários para atender aos contingentes militares das Forças Singulares brasileiras empregadas em operações de paz no exterior;
b) justificativa quanto ao preço (demonstração de que os preços são compatíveis para com o mercado onde as tropas se encontram) e à escolha do fornecedor ou executante; e
c) ratificação por parte do Comandante da Força.

6.1.29. Prestação de serviços de assistência técnica e extensão rural (inc. XXX do art. 24)

O dispositivo concebe a dispensa licitatória nas contratações de instituições ou organizações para a prestação de serviços de assistência técnica e extensão rural no âmbito do programa nacional de assistência técnica e extensão rural na agricultura familiar e na reforma agrária.

Art. 24. É **dispensável** a licitação:

(...)

XXX – na contratação de instituição ou organização, pública ou privada, com ou sem fins lucrativos, para a prestação de serviços de assistência técnica e extensão rural no âmbito do Programa Nacional de Assistência Técnica e Extensão Rural na Agricultura Familiar e na Reforma Agrária, instituído por lei federal.

A Lei nº 12.188/2010, instituidora da Política Nacional de Assistência Técnica e Extensão Rural para a Agricultura Familiar e Reforma Agrária (PNATER) e o Programa Nacional de Assistência Técnica e Extensão Rural na Agricultura Familiar e na Reforma Agrária (PRONATER), fez surgir mais uma hipótese de licitação dispensável.

Em função da implantação dessa política, com o claro objetivo de elevar a produção nacional para maximizar a produtividade e fomentar o desenvolvimento rural sustentável da agricultura familiar e dos assentamentos da reforma agrária, estabeleceu-se como motivo para dispensa de licitação a contratação de instituição ou organização, pública ou privada, com ou sem fins lucrativos, para a prestação de serviços de assistência técnica e extensão rural.

De acordo com art. 5º do diploma legal, o PRONATER objetiva a organização e a execução dos serviços de Assistência Técnica e Extensão Rural (ATER) ao público beneficiário (assentados da reforma agrária, povos indígenas, remanescentes de quilombos e demais povos e comunidades tradicionais, agricultores familiares ou empreendimentos familiares rurais, silvicultores, aquicultores, extrativistas, pescadores e demais beneficiados de programas de colonização e irrigação enquadrados nos limites da norma).

Segundo seu art. 2º, a Assistência Técnica e Extensão Rural (ATER) é o serviço de educação não formal, de caráter continuado, no meio rural, que promove processos de gestão, produção, beneficiamento e comercialização das atividades e dos serviços agropecuários e não agropecuários, inclusive das atividades agroextrativistas, florestais e artesanais.

Nesse curso, a Lei nº 12.188/2010 fez constar na Lei nº 8.666/1993, com a inserção do inc. XXX, a possibilidade de dispensa de licitação quando das contratações de entidades executoras credenciadas para a prestação dos serviços de ATER, desde que sejam instituições ou organizações, públicas ou privadas, com ou sem fins lucrativos, previamente credenciadas.

Seu art. 15 elenca os requisitos para a obtenção do credenciamento: contemplar em seu objeto social a execução de serviços de assistência técnica e extensão rural; estar legalmente constituída há mais de 5 (cinco) anos; possuir base geográfica de atuação no Estado em que solicitar o credenciamento; contar com corpo técnico multidisciplinar, abrangendo as áreas de especialidade exigidas para a atividade; dispor de profissionais registrados em suas respectivas entidades profissionais competentes, quando for o caso; e atender a outras exigências estipuladas em regulamento.

De acordo com o prescrito na lei, o credenciamento das entidades executoras será realizado pelos Conselhos Estaduais de Desenvolvimento Sustentável e da Agricultura Familiar ou órgãos similares (art. 13).

Consoante seu art. 18, a contratação das entidades executoras deverá ser efetivada Ministério do Desenvolvimento Agrário (MDA) ou pelo INCRA, sempre observando as disposições da Lei nº 8.666/1993.

A contratação de serviços de ATER, ainda que haja a dispensa, deverá ser realizada por meio de chamada pública, com publicidade de no mínimo 30 (trinta) dias, por meio de divulgação na página inicial do órgão contratante na internet e no *DOU*, bem como, quando julgado necessário, por outros meios, e conterá, pelo menos: o objeto a ser contratado, descrito de forma clara, precisa e sucinta; a qualificação e a quantificação do público beneficiário; a área geográfica da prestação dos serviços; o prazo de execução dos serviços; os valores para contratação dos serviços; a qualificação técnica exigida dos profissionais, dentro das áreas de especialidade em que serão prestados os serviços; a exigência de especificação pela entidade que atender à chamada pública do número de profissionais que executarão os serviços, com suas respectivas qualificações técnico-profissionais; e os critérios objetivos para a seleção da Entidade Executora (art. 19 da Lei nº 12.188/2010).

Verifica-se que a exigência de chamada pública determina escolha de procedimento seletivo mais simples que os exigidos pela Lei nº 8.666/1993.

Ademais, ao nomeá-lo de "chamada pública", diferencia-o do "chamamento público" indicado pelo artigo 4º do Decreto nº 6.170/2007, com redação dada pelo Decreto nº 7.568/2011,[393] como o procedimento

[393] Art. 4o A celebração de convênio ou contrato de repasse com entidades privadas sem fins lucrativos será precedida de chamamento público a ser realizado pelo órgão ou entidade concedente, visando à seleção de projetos ou entidades que tornem mais eficaz o objeto do ajuste.

prévio para a escolha de entidades parceiras em convênios. Há, fora de dúvida, flagrante desconformidade entre os dois procedimentos: o "chamamento público" é adotado para celebração de convênios ou contratos de repasse, visando unicamente o repasse de recursos financeiros da União para órgãos ou entidades da Administração Pública estadual, distrital ou municipal, direta ou indireta, ou para entidades privadas sem fins lucrativos, enquanto que a "chamada pública" serve à seleção de uma contratação, admitindo sua celebração também com instituições ou organizações privadas com fins lucrativos.

Em função desse aspecto, Ronny Charles faz importantes indagações:

a) qual seria a natureza das contratações indicadas pelo artigo 18 da Lei nº 12.188/2010, de contrato em sentido estrito ou de convênio?
b) seria legítima a hipótese de dispensa para tal contratação, notadamente em relação às entidades privadas com fins lucrativos, ou o legislador, nesse caso, cometeu uma excessiva ampliação das hipóteses de contratação direta?

Como bem observa o jurista, tudo leva a crer que o mais adequado seria tratar diferenciadamente as relações jurídicas formalizadas com as entidades públicas e privadas sem fins lucrativos (de natureza convenial), daquelas estabelecidas com organizações que visam ao lucro (com natureza de contrato em sentido estrito). Para as relações conveniais, a hipótese de dispensa tornar-se-ia desnecessária, uma vez que o artigo 116 da Lei nº 8.666/1993 já permite tratamento diferenciado a tais tipos de contrato (em sentido amplo). Para as contratações com empresas (entidades ou organizações com finalidade lucrativa), embora seja admissível a utilização da hipótese de dispensa, seria imprescindível o estabelecimento de condições que restringissem abusos na compreensão dessa hipótese de contratação direta, prejudicando a legitimidade da aplicação da disposição.[394]

6.1.30. Contratações visando o cumprimento do disposto nos arts. 3º, 4º, 5º e 20 da Lei nº 10.973/2004 (inc. XXXI do art. 24)

O inc. XXXI autoriza a dispensa de licitação nas contratações que visem cumprir as disposições dos arts. 3º, 4º, 5º e 20 da Lei nº 10.973, de 2 de dezembro de 2004.

[394] Charles. Leis de Licitações Públicas comentadas. 4. ed., p. 170.

Art. 24. É **dispensável** a licitação:

(...)

XXXI – nas contratações visando ao cumprimento do disposto nos arts. 3º, 4º, 5º e 20 da Lei nº 10.973, de 2 de dezembro de 2004, observados os princípios gerais de contratação dela constantes.

A Lei nº 10.973/2004 (regulamentada pelo Decreto nº 5.563/2005), recentemente alterada pela Lei nº 13.243/2016 (denominada como o Marco Legal da Ciência, Tecnologia e Inovação), dispõe sobre incentivo à inovação e à pesquisa científica e tecnológica no ambiente produtivo, com vistas à capacitação tecnológica, ao alcance da autonomia tecnológica e ao desenvolvimento do sistema produtivo nacional e regional do País, nos termos dos arts. 23, 24, 167, 200, 213, 218, 219 e 219-A da CF.

O diploma, nos arts. 3º a 5º, permite que o Poder Público, por intermédio de instrumentos diversos e alianças estratégicas, desenvolva projetos de cooperação que objetivem a geração de produtos e processos inovadores envolvendo empresas nacionais, Instituições Científicas e Tecnológicas – ICTs[395] e entidades privadas sem fins lucrativos que estejam voltadas para atividades de pesquisa e desenvolvimento, objetivando a geração de produtos, processos e serviços inovadores, além da transferência e difusão de tecnologia.

Por sua vez, o art. 20, também com redação alterada pela Lei nº 13.243/2016, prescreve que os órgãos e entidades da Administração poderão contratar diretamente ICT, entidades de direito privado sem fins lucrativos ou empresas, isoladamente ou em consórcios, voltadas para as atividades de pesquisa e de reconhecida capacitação tecnológica no setor, quando tratar-se de matéria de interesse público, intentando à realização de atividades de pesquisa, desenvolvimento e inovação que envolvam risco tecnológico, para solução de problema técnico específico ou obtenção de produto, serviço ou processo inovador.

Art. 3º A União, os Estados, o Distrito Federal, os Municípios e as respectivas agências de fomento poderão estimular e apoiar a constituição de alian-

[395] ICT – Instituição Científica e Tecnológica: órgão ou entidade da administração pública que tenha por missão institucional, dentre outras, executar atividades de pesquisa básica ou aplicada de caráter científico ou tecnológico (Lei nº 10.973/2004).

ças estratégicas e o desenvolvimento de projetos de cooperação envolvendo empresas, ICTs e entidades privadas sem fins lucrativos voltados para atividades de pesquisa e desenvolvimento, que objetivem a geração de produtos, processos e serviços inovadores e a transferência e a difusão de tecnologia. (Redação dada pela Lei nº 13.243/16)

Parágrafo único. O apoio previsto no **caput** poderá contemplar as redes e os projetos internacionais de pesquisa tecnológica, as ações de empreendedorismo tecnológico e de criação de ambientes de inovação, inclusive incubadoras e parques tecnológicos, e a formação e a capacitação de recursos humanos qualificados. (Redação dada pela Lei nº 13.243/16)

Art. 3º-A. A Financiadora de Estudos e Projetos – FINEP, como secretaria executiva do Fundo Nacional de Desenvolvimento Científico e Tecnológico – FNDCT, o Conselho Nacional de Desenvolvimento Científico e Tecnológico – CNPq e as Agências Financeiras Oficiais de Fomento poderão celebrar convênios e contratos, nos termos do inciso XIII do art. 24 da Lei nº 8.666, de 21 de junho de 1993, por prazo determinado, com as fundações de apoio, com a finalidade de dar apoio às IFES e demais ICTs, inclusive na gestão administrativa e financeira dos projetos mencionados no caput do art. 1º da Lei nº 8.958, de 20 de dezembro de 1994, com a anuência expressa das instituições apoiadas. (Redação dada pela Lei nº 12.349/10)

Art. 3º-B. A União, os Estados, o Distrito Federal, os Municípios, as respectivas agências de fomento e as ICTs poderão apoiar a criação, a implantação e a consolidação de ambientes promotores da inovação, incluídos parques e polos tecnológicos e incubadoras de empresas, como forma de incentivar o desenvolvimento tecnológico, o aumento da competitividade e a interação entre as empresas e as ICTs. § 1º As incubadoras de empresas, os parques e polos tecnológicos e os demais ambientes promotores da inovação estabelecerão suas regras para fomento, concepção e desenvolvimento de projetos em parceria e para seleção de empresas para ingresso nesses ambientes. (Incluído pela Lei nº 13.243/16)

§ 2º Para os fins previstos no **caput**, a União, os Estados, o Distrito Federal, os Municípios, as respectivas agências de fomento e as ICTs públicas poderão: (Incluído pela Lei nº 13.243/16)

I – ceder o uso de imóveis para a instalação e a consolidação de ambientes promotores da inovação, diretamente às empresas e às ICTs interessadas ou por meio de entidade com ou sem fins lucrativos que tenha por missão institucional a gestão de parques e polos tecnológicos e de incubadora de empresas, mediante contrapartida obrigatória, financeira ou não financeira, na forma de regulamento; (Incluído pela Lei nº 13.243/16)

II – participar da criação e da governança das entidades gestoras de parques tecnológicos ou de incubadoras de empresas, desde que adotem mecanismos que assegurem a segregação das funções de financiamento e de execução. (Incluído pela Lei nº 13.243/16)

Art. 3º-C. A União, os Estados, o Distrito Federal e os Municípios estimularão a atração de centros de pesquisa e desenvolvimento de empresas estrangeiras, promovendo sua interação com ICTs e empresas brasileiras e oferecendo-lhes o acesso aos instrumentos de fomento, visando ao adensamento do processo de inovação no País. (Incluído pela Lei nº 13.243/16)

Art. 3º-D. A União, os Estados, o Distrito Federal, os Municípios e as respectivas agências de fomento manterão programas específicos para as microempresas e para as empresas de pequeno porte, observando-se o disposto na Lei Complementar nº 123, de 14 de dezembro de 2006. (Incluído pela Lei nº 13.243/16)

Art. 4º A ICT pública poderá, mediante contrapartida financeira ou não financeira e por prazo determinado, nos termos de contrato ou convênio: (Redação dada pela Lei nº 13.243/16)

I – compartilhar seus laboratórios, equipamentos, instrumentos, materiais e demais instalações com ICT ou empresas em ações voltadas à inovação tecnológica para consecução das atividades de incubação, sem prejuízo de sua atividade finalística; (Redação dada pela Lei nº 13.243/16)

II – permitir a utilização de seus laboratórios, equipamentos, instrumentos, materiais e demais instalações existentes em suas próprias dependências por ICT, empresas ou pessoas físicas voltadas a atividades de pesquisa, desenvolvimento e inovação, desde que tal permissão não interfira diretamente em sua atividade-fim nem com ela conflite; (Redação dada pela Lei nº 13.243/16)

III – permitir o uso de seu capital intelectual em projetos de pesquisa, desenvolvimento e inovação. (Redação dada pela Lei nº 13.243/16)

Parágrafo único. O compartilhamento e a permissão de que tratam os incisos I e II do **caput** obedecerão às prioridades, aos critérios e aos requisitos aprovados e divulgados pela ICT pública, observadas as respectivas disponibilidades e assegurada a igualdade de oportunidades a empresas e demais organizações interessadas. (Redação dada pela Lei nº 13.243/16)

Art. 5º São a União e os demais entes federativos e suas entidades autorizados, nos termos de regulamento, a participar minoritariamente do capital social de empresas, com o propósito de desenvolver produtos ou processos inovadores que estejam de acordo com as diretrizes e prioridades definidas nas políticas de ciência, tecnologia, inovação e de desenvolvimento industrial de cada esfera de governo. (Redação dada pela Lei nº 13.243/16)

§ 1º A propriedade intelectual sobre os resultados obtidos pertencerá à empresa, na forma da legislação vigente e de seus atos constitutivos. (Incluído pela Lei nº 13.243/16)

§ 2º O poder público poderá condicionar a participação societária via aporte de capital à previsão de licenciamento da propriedade intelectual para atender ao interesse público. (Incluído pela Lei nº 13.243/16)

§ 3º A alienação dos ativos da participação societária referida no **caput** dispensa realização de licitação, conforme legislação vigente. (Incluído pela Lei nº 13.243/16)

§ 4º Os recursos recebidos em decorrência da alienação da participação societária referida no **caput** deverão ser aplicados em pesquisa e desenvolvimento ou em novas participações societárias. (Incluído pela Lei nº 13.243/16)

§ 5º Nas empresas a que se refere o **caput**, o estatuto ou contrato social poderá conferir às ações ou quotas detidas pela União ou por suas entidades poderes especiais, inclusive de veto às deliberações dos demais sócios nas matérias que especificar. (Incluído pela Lei nº 13.243/16)

§ 6º A participação minoritária de que trata o **caput** dar-se-á por meio de contribuição financeira ou não financeira, desde que economicamente mensurável, e poderá ser aceita como forma de remuneração pela transferência de tecnologia e pelo licenciamento para outorga de direito de uso ou de exploração de criação de titularidade da União e de suas entidades. (Incluído pela Lei nº 13.243/16)

Art. 20. Os órgãos e entidades da administração pública, em matéria de interesse público, **poderão contratar diretamente** ICT, entidades de direito privado sem fins lucrativos ou empresas, isoladamente ou em consórcios, voltadas para atividades de pesquisa e de reconhecida capacitação tecnológica no setor, visando à realização de atividades de pesquisa, desenvolvimento e inovação que envolvam risco tecnológico, para solução de problema técnico específico ou obtenção de produto, serviço ou processo inovador. (Redação dada pela Lei nº 13.243/16)

§ 1º Considerar-se-á desenvolvida na vigência do contrato a que se refere o caput deste artigo a criação intelectual pertinente ao seu objeto cuja proteção seja requerida pela empresa contratada até 2 (dois) anos após o seu término.

§ 2º Findo o contrato sem alcance integral ou com alcance parcial do resultado almejado, o órgão ou entidade contratante, a seu exclusivo critério, poderá, mediante auditoria técnica e financeira, prorrogar seu prazo de duração ou elaborar relatório final dando-o por encerrado.

§ 3º O pagamento decorrente da contratação prevista no **caput** será efetuado proporcionalmente aos trabalhos executados no projeto, consoante o cronograma físico-financeiro aprovado, com a possibilidade de adoção de remunerações adicionais associadas ao alcance de metas de desempenho no projeto. (Redação dada pela Lei nº 13.243/16)

§ 4º O fornecimento, em escala ou não, do produto ou processo inovador resultante das atividades de pesquisa, desenvolvimento e inovação encomendadas na forma do **caput** poderá ser contratado mediante **dispensa** de licitação, inclusive com o próprio desenvolvedor da encomenda, observado o disposto em regulamento específico. (Incluído pela Lei nº 13.243/16)

§ 5º Para os fins do **caput** e do § 4º, a administração pública poderá, mediante justificativa expressa, contratar concomitantemente mais de uma ICT, entidade de direito privado sem fins lucrativos ou empresa com o objetivo de: (Incluído pela Lei nº 13.243/16)

I – desenvolver alternativas para solução de problema técnico específico ou obtenção de produto ou processo inovador; ou (Incluído pela Lei nº 13.243/16)

II – executar partes de um mesmo objeto. (Incluído pela Lei nº 13.243/16)

Art. 20-A. (VETADO):

I – (Vetado);

II – (Vetado).

§ 1º (Vetado).

2º Aplicam-se ao procedimento de contratação as regras próprias do ente ou entidade da administração pública contratante. (Incluído pela Lei nº 13.243/16)

§ 3º Outras hipóteses de contratação de prestação de serviços ou fornecimento de bens elaborados com aplicação sistemática de conhecimentos científicos e tecnológicos poderão ser previstas em regulamento. (Incluído pela Lei nº 13.243/16)

§ 4º Nas contratações de que trata este artigo, deverá ser observado o disposto no inciso IV do art. 27. (Incluído pela Lei nº 13.243/16)

Em síntese, verifica-se que o inciso determina a dispensa de licitação para praticamente todas as situações que envolvam pesquisa e inovação tecnológica.

Consigne-se que tal regra de afastamento licitatório não foi bem aceita por alguns analistas. Joel Niebhur chega a classificá-la como absurda, observando que se trata de "normativo abertamente inconstitucional, clientelista, antirrepublicano, que atira ao limbo o princípio da isonomia e a parte inicial do inciso XXI do art. 37 da Constituição Federal", posicionando-se no sentido de que "não há qualquer rastro de justificativa plausível para afastar de maneira tão abrangente da obrigatoriedade de licitação pública contratos da área de tecnologia".

Impende assentar que, consoante o inc. V do art. 57 da Lei nº 8.666/1993, introduzido pela Lei nº 12.349/2010, o prazo do contrato firmado com base nessa hipótese de dispensa poderá ter vigência de 120 (cento e vinte) meses, caso haja interesse da Administração.

6.1.31. Contratação em que houver transferência de tecnologia de produtos estratégicos para o Sistema Único de Saúde – SUS (inc. XXXII do art. 24)

O inc. XXXII autoriza a dispensa de licitação nas contratações em que houver transferência de tecnologia de produtos estratégicos para o Sistema Único de Saúde – SUS.

> Art. 24. É **dispensável** a licitação:
>
> (...)
>
> XXXII – na contratação em que houver transferência de tecnologia de produtos estratégicos para o Sistema Único de Saúde – SUS, no âmbito da Lei nº 8.080, de 19 de setembro de 1990, conforme elencados em ato da direção nacional do SUS, inclusive por ocasião da aquisição destes produtos durante as etapas de absorção tecnológica.

Incluída pela Lei nº 12.715/2012, a dispensa de licitação volta-se para as contratações que permitam a transferência de tecnologia de produtos estratégicos para o Sistema Único de Saúde (SUS) no âmbito da Lei nº 8.080/1990, que dispõe sobre as condições para a promoção, proteção e recuperação da saúde, organização e funcionamento dos serviços correspondentes.

O art. 46 desse diploma prevê que o SUS deverá estabelecer mecanismos de incentivos à participação do setor privado no investimento em ciência e tecnologia e estímulo à transferência de tecnologia das universidades e institutos de pesquisa aos serviços de saúde nos Estados, Distrito Federal e Municípios, e às empresas nacionais.

A regra de dispensabilidade licitatória determina que a direção nacional do SUS emita ato elencando os produtos na categoria exigida, inclusive por ocasião da aquisição durante as etapas de absorção tecnológica, o que, a nosso ver, fere o princípio da isonomia entre os licitantes.

Nessa linha, também a opinião de Ronny Charles:

> Novamente, o legislador outorga ao Poder Executivo Federal a possibilidade de estabelecer quebra de isonomia entre licitantes (como fez ao regrar a possibilidade de margens de preferência), já que as contratações objeto da hipótese de dispensa serão determinadas por ato da direção nacional do SUS.[396]

Consoante o já exposto (na apreciação do inc. XXV), as dispensas para contratações com transferência de tecnologia alicerçam-se no fomento à pesquisa científica e tecnológica, tendo com resultado a ampliação da capacitação e da autonomia tecnológica, com o asseguramento do desenvolvimento da indústria nacional.

Regulamentando o dispositivo, o Decreto nº 7.807/2012 dispôs sobre a definição dos produtos estratégicos para o SUS, estabelecendo que a realização ocorra conforme as recomendações do Grupo Executivo de Complexo Industrial da Saúde (GECIS), do Ministério da Saúde, criado por Decreto s/nº de 12 de maio de 2008.

Comentando o preceptivo, o Senador Aloysio Alves considerou a regra "perigosa":

> Nem é preciso que se efetive a absorção tecnológica. Basta se ter um contrato visando à absorção tecnológica para a fabricação de determinado produto, que isso por si só já habilita o empresário a vender os seus produtos para o Ministério da Saúde com dispensa de licitação. Por isso é que o PSDB, em boa hora, apresentou um destaque para tirar do texto esse artigo perigoso. É perigoso, porque ele contradiz, ele afronta os princípios de impessoalidade

[396] Charles, Ronny. Leis de licitações públicas comentadas, 7ª ed., Salvador: Juspodivm, 2015, p. 287.

> que informam o capítulo Da Administração Pública da Constituição brasileira. É perigoso isso [...] pode ser uma porta aberta para a fraude, para o favoritismo, que vai atingir aquilo que é mais precioso na vida do brasileiro, que é a saúde.

Registre-se, por fim, inserção legislativa sobre o tema, igualmente realizada pela Lei nº 12.715/2012, com um novo parágrafo aditado ao art. 24, conforme a seguir:

> § 2º O limite temporal de criação do órgão ou entidade que integre a administração pública estabelecido no inciso VIII do caput deste artigo não se aplica aos órgãos ou entidades que produzem produtos estratégicos para o SUS, no âmbito da Lei nº 8.080, de 19 de setembro de 1990, conforme elencados em ato da direção nacional do SUS.

Como oportunamente comentado, o inc. VIII prevê a dispensa licitatória para a aquisição, por pessoa jurídica de direito público interno, de bens produzidos ou serviços prestados por entes que integrem a Administração Pública, desde que tenham eles sido criados para esse fim específico em data anterior à vigência da Lei nº 8.666/1993. Pois bem, esse § 2º prevê que esse limite temporal de criação não é aplicável aos entes fabricantes de produtos estratégicos para o SUS, no âmbito da Lei nº 8.080/1990, conforme elencados em ato da direção nacional do SUS.

Com críticas não só à dispensa como à inserção do parágrafo, Ronny Charles, coberto de razão, observa:

> Convém frisar que a nova hipótese de dispensa criada, assim como a exceção estabelecida pelo novo §2º, repete a tendência do Congresso Nacional, influenciado pelo poder executivo federal, de desprezar a competência constitucionalmente estabelecida, fixando uma regra geral (hipótese de dispensa licitatória) para "benefício" de órgãos federais específicos.[397]

6.1.32. Contratação para implantação de cisternas, acesso à água e produção de alimentos (inc. XXXIII do art. 24)

O inc. XXXIII versa sobre a dispensa de licitação na contratação de entidades privadas sem fins lucrativos objetivando a implementação de cister-

[397] Charles, Ronny. Leis de licitações públicas comentadas, 7ª ed., Salvador: Juspodivm, 2015, p. 288.

nas ou outras tecnologias sociais de acesso à água para consumo humano e produção de alimentos, para beneficiar as famílias rurais de baixa renda atingidas pela seca ou falta regular de água.

> Art. 24. É **dispensável** a licitação:
> (...)
> XXXIII – na contratação de entidades privadas sem fins lucrativos, para a implementação de cisternas ou outras tecnologias sociais de acesso à água para consumo humano e produção de alimentos, para beneficiar as famílias rurais de baixa renda atingidas pela seca ou falta regular de água.

O dispositivo, inserido pela Lei nº 12.873/2013, preceitua a contratação direta de entidades privadas sem fins lucrativos para a implantação de cisternas ou qualquer outra forma de acesso à água (que a lei denomina de "tecnologias sociais")[398] para consumo humano, além da produção de alimentos, beneficiando famílias rurais de baixa renda atingidas pela seca ou pela constante falta d'água, situação que cada vez mais aflige, de norte a sul, o País.

Apesar dos nobres contornos, que fazem com que muitos aplaudam a medida devido à pretensa desburocratização do fornecimento de serviço público básico e obrigatório, em conformidade com o princípio da dignidade da pessoa humana,[399] a nosso ver, a dispensa licitatória é despicienda, uma vez que estabelece privilégio bastante questionável.

Avaliando a matéria, o Deputado Rubens Bueno criticou o dispositivo com veemência, por entender ser desleal com as empresas que executam

[398] Segundo o Decreto nº 8.038/13 – que regulamenta o Programa Nacional de Apoio à Captação de Água de Chuva e Outras Tecnologias Sociais de Acesso à Água (Programa Cisternas) – tecnologia social de acesso à água seria o conjunto de técnicas e métodos aplicados para captação, uso e gestão da água, desenvolvidos a partir da interação entre conhecimento local e técnico, apropriados e implementados com a participação da comunidade.

[399] Marco Praxedes, por exemplo, elogia a dispensa licitatória: "Com o agravamento da estiagem no semiárido brasileiro em função da seca que castiga a região há décadas, essa medida se justifica pela importância de atender, em menor tempo, um maior número de famílias de baixa renda sem acesso à água que sofrem com a situação de escassez crônica. Além disso, é também esperado que o programa alcance resultados indiretos, através da geração de trabalho e renda local, contribuindo para o alívio dos efeitos da estiagem prolongada." (Dispensa de licitação no Programa Cisterna, Jornal O Estado, 09.12.2013).

serviços nessa seara, que serão alijadas de prestá-los, além do fato da possibilidade concreta de utilização do mecanismo para desvio de dinheiro público, sem qualquer controle pelo Poder Executivo Federal, Estadual ou Municipal.

Da mesma forma, a avaliação de Ronny Charles, que conclui que a permissão de contratação direta de tais entidades, na forma aberta, pode gerar grandes abusos:

> Embora as parcerias com o Terceiro Setor mereçam o pertinente fomento estatal, é de conhecimento comum a existência de algumas entidades privadas forjadas para fins ilegítimos e distantes da natureza filantrópica natural a estas entidades. Nesta feita, a hipótese de contratação direta sem qualquer critério que impeça a "contratação" de entidades ilegítimas pode dar azo a esquemas de corrupção que o aparato de controle estatal não possui ferramentas eficientes para combater.[400]

Tais abusos, todavia, como bem observou o jurista, foram, de certa forma, minimizados pelo obrigatório procedimento de credenciamento previsto no art. 13 da Lei nº 12.873/2013, que objetiva filtrar as entidades a serem contratadas, as quais se darão mediante chamadas públicas. E mais ressalta com propriedade: com a leitura do Decreto federal nº 8.038/2013, cristaliza-se a intenção de restringir o alcance da hipótese de dispensa. O Regulamento estabelece que o referido credenciamento será realizado mediante solicitação da entidade interessada à Secretaria Nacional de Segurança Alimentar e Nutricional do Ministério do Desenvolvimento Social e Combate à Fome, dispondo sobre a tramitação, o prazo de análise, a publicação do resultado, o descredenciamento e as sanções cabíveis, prevendo que vigorará por 5 anos.

A se registrar, por fim, que o supracitado ato regulamentar dispõe, no art. 9º, que "as contratações decorrentes do art. 24, caput, XXXIII, da Lei nº 8.666, de 21 de junho de 1993, deverão observar as normas estabelecidas neste Decreto".

[400] Charles, Ronny. Leis de licitações públicas comentadas, 7ª ed., Salvador: Juspodivm, 2015, p. 296.

6.1.33. Contratação para a aquisição de insumos estratégicos para a saúde produzidos ou distribuídos por fundação (inc. XXXIV do art. 24)

O inc. XXXIV versa sobre a dispensa de licitação nas aquisições, realizadas por pessoa jurídica de direito público interno, de insumos estratégicos para a saúde produzidos ou distribuídos por fundação que, regimental ou estatutariamente, tenha por finalidade apoiar órgão da administração pública direta, sua autarquia ou fundação em projetos de ensino, pesquisa, extensão, desenvolvimento institucional, científico e tecnológico e estímulo à inovação, inclusive na gestão administrativa e financeira necessária à execução desses projetos, ou em parcerias que envolvam transferência de tecnologia de produtos estratégicos para o Sistema Único de Saúde – SUS, nos termos do inciso XXXII deste artigo, e que tenha sido criada para esse fim específico em data anterior à vigência desta Lei, desde que o preço contratado seja compatível com o praticado no mercado.

> Art. 24. É **dispensável** a licitação:
>
> (...)
>
> XXIV – para a aquisição por pessoa jurídica de direito público interno de insumos estratégicos para a saúde produzidos ou distribuídos por fundação que, regimental ou estatutariamente, tenha por finalidade apoiar órgão da administração pública direta, sua autarquia ou fundação em projetos de ensino, pesquisa, extensão, desenvolvimento institucional, científico e tecnológico e estímulo à inovação, inclusive na gestão administrativa e financeira necessária à execução desses projetos, ou em parcerias que envolvam transferência de tecnologia de produtos estratégicos para o Sistema Único de Saúde – SUS, nos termos do inciso XXXII deste artigo, e que tenha sido criada para esse fim específico em data anterior à vigência desta Lei, desde que o preço contratado seja compatível com o praticado no mercado.

Conforme já registrado, a Lei nº 10.973/2004 (regulamentada pelo Decreto nº 5.563/2005), recentemente alterada pela Lei nº 13.243/2016 (denominada como o Marco Legal da Ciência, Tecnologia e Inovação), dispõe sobre incentivos à inovação e à pesquisa científica e tecnológica no ambiente produtivo, com vistas à capacitação e ao alcance da autonomia tecnológica, bem como ao desenvolvimento industrial do País, nos termos nos termos dos arts. 23, 24, 167, 200, 213, 218, 219 e 219-A CF.

O inc. IV do art. 2º oferece definição para a fundação de apoio, informando tratar-se de fundação criada com a finalidade de dar apoio a projetos de pesquisa, ensino e extensão, projetos de desenvolvimento institucional, científico, tecnológico e projetos de estímulo à inovação de interesse de Instituição Científica, Tecnológica e de Inovação (ICT)[401], registrada e credenciada no Ministério da Educação e no Ministério da Ciência, Tecnologia e Inovação, nos termos da Lei nº 8.958/1994, e das demais legislações pertinentes nas esferas estadual, distrital e municipal.

Pois bem, como ferramenta de incentivo à inovação e à pesquisa científica e tecnológica, a Lei nº 13.204/2015 trouxe à tona mais uma forma dispensa de licitação: a aquisição efetuada por pessoa jurídica de direito público interno de insumos estratégicos para a saúde produzidos ou distribuídos por essas fundações de apoio.

Jorge Ulisses Jacoby recebeu o novo dispositivo de dispensa licitatória com entusiasmo:

> Não se pode olvidar que insumos de saúde são imprescindíveis à sociedade, tornando compreensível e notável a alteração da lei de licitações.
>
> Certamente, a implementação do novo inciso trará resultados quanto à agilidade nas contratações, mantendo-se ainda a transparência e as condições para fiscalização efetiva dos órgãos de controle e da sociedade.
>
> A expectativa com aplicação do referido inciso, principalmente nesses sistemas básicos e fundamentais do país, é que o Brasil cresça e evolua internamente, de forma a tornar mais eficientes os serviços e as contratações tão indispensáveis à população.[402]

Observe-se que a regra legal prevê várias condições para a dispensa:

a) somente poderão adotá-la pessoas jurídicas de direito público interno, ou seja, apenas órgãos da Administração Pública direta

[401] Órgão ou entidade da Administração Pública direta ou indireta ou pessoa jurídica de direito privado sem fins lucrativos legalmente constituída sob as leis brasileiras, com sede e foro no País, que inclua em sua missão institucional ou em seu objetivo social ou estatutário a pesquisa básica ou aplicada de caráter científico ou tecnológico ou o desenvolvimento de novos produtos, serviços ou processos.

[402] Disponível em http://www.canalabertobrasil.com.br/colunas/licitacoes-comentadas/dispensa-de-licitacao-insumos-estrategicos-para-a-saude/

(União, Estados, Distrito Federal, Municípios), autarquias (inclusive as associações públicas, como registra o art. 41, IV, CC, em face de alteração estabelecida pela Lei nº 11.107/2005), fundações públicas e demais entidades de caráter público criadas por lei poderão contratar sob esse fundamento;[403]

b) o objeto deve circunscrever a aquisição de insumos estratégicos para a saúde;
c) tais insumos deverão ser produzidos ou distribuídos por fundação de apoio que tenha como finalidade, estatutária ou regimental, apoiar órgão da Administração Pública direta, sua autarquia ou fundação em:
   (I) projetos de ensino, pesquisa, extensão, desenvolvimento institucional, científico e tecnológico e estímulo à inovação, inclusive na gestão administrativa e financeira necessária à execução desses projetos; ou
   (II) parcerias que envolvam transferência de tecnologia de produtos estratégicos para o Sistema Único de Saúde – SUS, nos termos do inciso XXXII, isto é, aquelas ocorridas no âmbito da Lei nº 8.080/1990, conforme elencados em ato da direção nacional do SUS;
d) a fundação de apoio deve ter sido criada para esse fim específico em data anterior à vigência da Lei nº 8.666/1993; e
e) o preço a ser contratado deve ser compatível com o praticado no mercado.

6.2. Outras hipóteses de dispensa de licitação, além das previstas na Lei nº 8.666/1993

Além das hipóteses de dispensas licitatórias prescritas na Lei nº 8.666/1993, outras foram instituídas por leis específicas (atitude que Benedicto Tolosa

[403] Código Civil – Lei nº 10.406/2002 – Art. 41. São pessoas jurídicas de direito público interno:
I – a União;
II – os Estados, o Distrito Federal e os Territórios;
III – os Municípios;
IV – as autarquias, inclusive as associações públicas; (Redação dada pela Lei nº 11.107/05)
V – as demais entidades de caráter público criadas por lei.

reprova, sublinhando, com desassossego, que o legislador brasileiro é, infelizmente, adepto a "uma técnica legislativa dispersa").

6.2.1. Aquisição de gêneros alimentícios com recursos do Programa Nacional de Alimentação Escolar – PNAE

A Lei nº 11.947/2009, que dispõe sobre o atendimento da alimentação escolar e do Programa "Dinheiro Direto na Escola" aos alunos da educação básica, prescreve a dispensa de licitação para as aquisições de gêneros alimentícios destinados à merenda escolar diretamente da agricultura familiar e do empreendedor familiar rural ou de suas organizações, com prioridade para os assentamentos da reforma agrária, as comunidades tradicionais indígenas e comunidades quilombolas.

> Art. 13. A aquisição dos gêneros alimentícios, no âmbito do PNAE, deverá obedecer ao cardápio planejado pelo nutricionista e será realizada, sempre que possível, no mesmo ente federativo em que se localizam as escolas, observando-se as diretrizes de que trata o art. 2º desta Lei.
>
> Art. 14. Do total dos recursos financeiros repassados pelo FNDE, no âmbito do PNAE, no mínimo 30% (trinta por cento) deverão ser utilizados na aquisição de gêneros alimentícios diretamente da agricultura familiar e do empreendedor familiar rural ou de suas organizações, priorizando-se os assentamentos da reforma agrária, as comunidades tradicionais indígenas e comunidades quilombolas.
>
> § 1º A aquisição de que trata este artigo poderá ser realizada dispensando-se o procedimento licitatório, desde que os preços sejam compatíveis com os vigentes no mercado local, observando-se os princípios inscritos no art. 37 da Constituição Federal, e os alimentos atendam às exigências do controle de qualidade estabelecidas pelas normas que regulamentam a matéria.
>
> § 2º A observância do percentual previsto no caput será disciplinada pelo FNDE e poderá ser dispensada quando presente uma das seguintes circunstâncias:
>
> I – impossibilidade de emissão do documento fiscal correspondente;
>
> II – inviabilidade de fornecimento regular e constante dos gêneros alimentícios;
>
> III – condições higiênico-sanitárias inadequadas.

A dispensa somente deverá ser adotada no caso de verbas repassadas aos entes da federação pela União, quando envolverem recursos do FNDE

– Fundo Nacional de Desenvolvimento da Educação no âmbito do PNAE (Programa Nacional de Alimentação Escolar).

Como registra o art. 14, do total dos recursos financeiros repassados pelo FNDE, no âmbito do PNAE, no mínimo 30% deverão ser utilizados para contratações com dispensa de licitação diretamente da agricultura familiar e do empreendedor familiar rural ou de suas organizações, priorizando-se os assentamentos da reforma agrária, as comunidades tradicionais indígenas e as comunidades quilombolas, devendo os preços sejam compatíveis com os vigentes no mercado local.

Anote-se que a Lei nº 11.947/2009 foi regulamentada pela Resolução do Conselho Deliberativo do Fundo Nacional de Desenvolvimento da Educação, através da Resolução CD/FNDE/ nº 38, de 16 de julho de 2009, estando os procedimentos de dispensa licitatória elencados nos arts. 18 a 24.

6.2.2. Contratação instituição financeira pública federal pela CONAB e pelo Ministério da Saúde

A Lei nº 12.873/2013 prevê duas dispensas licitatórias, autorizando que:

a) a Companhia Nacional de Abastecimento – CONAB contrate, com dispensa de licitação, instituição financeira pública federal para atuar na gestão e na fiscalização de engenharia relacionados à modernização, construção, ampliação ou reforma de armazéns destinados às atividades de guarda e conservação de produtos agropecuários.

> Art. 2º A Companhia Nacional de Abastecimento – CONAB, por conveniência administrativa, poderá contratar instituição financeira pública federal, dispensada a licitação, para atuar nas ações previstas no art. 1º desta Lei, tais como contratação e fiscalização de obras, serviços de consultoria, inclusive outros de natureza técnica, e aquisição de bens e equipamentos e também gerir recursos financeiros direcionados pela União para reforma, modernização, ampliação e construção de Unidades Armazenadoras Próprias.
>
> § 1º A instituição financeira pública federal contratada fica autorizada a utilizar o Regime Diferenciado de Contratações Públicas – RDC, instituído pela Lei nº 12.462, de 4 de agosto de 2011, para a contratação de todas as ações previstas no caput deste artigo.

§ 2º Fica a Companhia Nacional de Abastecimento – CONAB autorizada a promover transferência de recursos financeiros e orçamentários à instituição financeira pública federal contratada, nos limites necessários para as ações previstas no caput deste artigo.

§ 3º A remuneração da instituição financeira pública federal contratada fica limitada a 7% (sete por cento) sobre o montante dos custos incorridos por essa, os quais deverão ser compatíveis com as ações previstas nocaput deste artigo.

§ 4º A instituição financeira pública federal, na condição de contratada, poderá praticar, em nome da Companhia Nacional de Abastecimento – CONAB, todos os atos necessários à execução dos serviços descritos no art. 1º desta Lei, contemplados no instrumento contratual a ser assinado pelas partes.

b) o Ministério da Saúde contrate, com dispensa de licitação, instituição financeira oficial federal para realizar atividades relacionadas à avaliação dos planos de recuperação econômica e financeira apresentados pelas entidades de saúde para adesão ao Programa de Fortalecimento das Entidades Privadas Filantrópicas e das Entidades sem Fins Lucrativos que Atuam na Área da Saúde e que Participam de Forma Complementar do Sistema Único de Saúde – PROSUS.

Art. 42. Fica o Ministério da Saúde autorizado a contratar, mediante dispensa de licitação, instituição financeira oficial federal para realizar atividades relacionadas à avaliação dos planos de recuperação econômica e financeira apresentados pelas entidades de saúde para adesão ao Prosus.

6.2.3. Contratação do Banco do Brasil pela Secretaria de Políticas para a Mulher

A Lei nº 12.865/2013, voltada para atender a Secretaria de Políticas para a Mulher (SPM), dispensa a licitação para que esta Secretaria contrate o Banco do Brasil ou suas subsidiárias para atuar na gestão de recursos, obras e serviços de engenharia relacionados ao desenvolvimento de projetos, modernização, ampliação, construção ou reforma da rede integrada e especializada para atendimento da mulher em situação de violência.

Art. 18. É a União, por intermédio da Secretaria de Políticas para as Mulheres da Presidência da República (SPM/PR), autorizada a contratar o Banco do Brasil S.A. ou suas subsidiárias para atuar na gestão de recursos, obras e serviços de engenharia relacionados ao desenvolvimento de projetos, modernização, ampliação, construção ou reforma da rede integrada e especializada para atendimento da mulher em situação de violência.

§ 1º É dispensada a licitação para a contratação prevista no caput.

§ 2º Os recursos destinados à realização das atividades previstas no caput serão depositados, aplicados e movimentados no Banco do Brasil S.A. ou por instituição integrante do conglomerado financeiro por ele liderado.

§ 3º Para a consecução dos objetivos previstos no caput, o Banco do Brasil S.A., ou suas subsidiárias, realizará procedimentos licitatórios, em nome próprio ou de terceiros, para adquirir bens e contratar obras, serviços de engenharia e quaisquer outros serviços técnicos especializados, ressalvados os casos previstos em lei.

§ 4º Para os fins previstos no § 3º, o Banco do Brasil S.A. ou suas subsidiárias poderão utilizar o Regime Diferenciado de Contratações Públicas (RDC), instituído pela Lei nº 12.462, de 4 de agosto de 2011.

§ 5º Para a contratação prevista no caput, o Banco do Brasil S.A. ou suas subsidiárias seguirão as diretrizes e os critérios de remuneração e de gestão de recursos definidos em ato da Secretaria de Políticas para as Mulheres da Presidência da República (SPM/PR).

6.2.4. Outros casos de dispensa de licitação

a) para permissão de uso, pelas organizações sociais, de bens públicos necessários ao cumprimento do contrato de gestão.

Lei nº 9.637/1998: Art. 12. Às organizações sociais poderão ser destinados recursos orçamentários e bens públicos necessários ao cumprimento do contrato de gestão.

(...)

3º Os bens de que trata este artigo serão destinados às organizações sociais, dispensada licitação, mediante permissão de uso, consoante cláusula expressa do contrato de gestão.

b) para a celebração dos ajustes com vistas na formação da Rede Nacional de Comunicação Pública.

Lei nº 11.652/2008: Art. 8º Compete à EBC (Empresa Brasil de Comunicação):

(...)

III – estabelecer cooperação e colaboração com entidades públicas ou privadas que explorem serviços de comunicação ou radiodifusão pública, mediante convênios ou outros ajustes, com vistas na formação da Rede Nacional de Comunicação Pública;

(...)

§ 2º É dispensada a licitação para a:

I – celebração dos ajustes com vistas na formação da Rede Nacional de Comunicação Pública mencionados no inciso III do caput deste artigo, que poderão ser firmados, em igualdade de condições, com entidades públicas ou privadas que explorem serviços de comunicação ou radiodifusão, por até 10 (dez) anos, renováveis por iguais períodos;

II – contratação da EBC por órgãos e entidades da administração pública, com vistas na realização de atividades relacionadas ao seu objeto, desde que o preço contratado seja compatível com o de mercado.

c) para a venda ao Banco do Brasil e a Caixa Econômica Federal de participação acionária em instituições financeiras públicas ou privadas.

Lei nº 11.908/2009: Art. 5º Fica dispensada de procedimento licitatório a venda para o Banco do Brasil S.A. e Caixa Econômica Federal de participação acionária em instituições financeiras públicas.

d) para a contratação da Empresa Brasileira de Administração de Petróleo e Gás Natural S/A – Pré-Sal Petróleo S/A (PPSA) para realizar atividades concernentes ao seu objeto.

Lei nº 12.304/2010: Art. 5º É dispensada a licitação para a contratação da PPSA pela Administração Pública para realizar atividades relacionadas ao seu objeto.

e) para a contratação da Empresa de Planejamento e Logística S.A. – EPL com vistas à realização de atividades concernentes ao seu objeto.

Lei nº 12.404/2011 – Art. 7º É dispensada de licitação a contratação da EPL por órgãos ou entidades da administração pública com vistas à realização de atividades pertinentes ao seu objeto. (Redação dada pela Lei nº 12.743/2012)

f) para aquisição de alimentos no âmbito do Programa de Aquisição de Alimentos – PAA, de que trata o art. 19 da Lei nº 10.696/2003:[404]

Lei nº 12.512/2011: Art. 16. Podem fornecer produtos ao Programa de Aquisição de Alimentos – PAA, de que trata o art. 19 da Lei nº 10.696, de 2 de julho de 2003, os agricultores familiares e os demais beneficiários que se enquadrem nas disposições da Lei nº 11.326, de 24 de julho de 2006.

§ 1º As aquisições dos produtos para o PAA poderão ser efetuadas diretamente dos beneficiários de que trata o caput ou, indiretamente, por meio de suas cooperativas e demais organizações formais.

Art. 17. Fica o Poder Executivo federal, estadual, municipal e do Distrito Federal autorizado a adquirir alimentos produzidos pelos beneficiários descritos no art. 16, dispensando-se o procedimento licitatório, obedecidas, cumulativamente, as seguintes exigências:

I – os preços sejam compatíveis com os vigentes no mercado, em âmbito local ou regional, aferidos e definidos segundo metodologia instituída pelo Grupo Gestor do PAA; e

II – seja respeitado o valor máximo anual ou semestral para aquisições de alimentos, por unidade familiar, cooperativa ou por demais organizações formais da agricultura familiar, conforme definido em regulamento.

Parágrafo único. Produtos agroecológicos ou orgânicos poderão ter um acréscimo de até 30% (trinta por cento) em relação aos preços estabelecidos para produtos convencionais, observadas as condições definidas pelo Grupo Gestor do PAA.

[404] Vide Decreto nº 7.775/2012.

g) para que os Ministérios da Saúde e da Educação contratem instituição financeira oficial federal para realizar atividades relacionadas aos pagamentos das bolsas de que trata a Lei nº 12.871/2013, que institui o "Programa Mais Médicos".

Lei nº 12.871/2013: Art. 25. São os Ministérios da Saúde e da Educação autorizados a contratar, mediante dispensa de licitação, instituição financeira oficial federal para realizar atividades relacionadas aos pagamentos das bolsas de que trata esta Lei.

A Licitação Inexigível

Art. 25 da Lei nº 8.666/1993

Como preconiza a Carta Magna, a licitação pública é a ferramenta obrigatoriamente adotada pela Administração para oferecer oportunidades iguais a todos que com ela queiram contratar, sempre cotejando propostas com o intuito de escolher a mais vantajosa ao interesse público. Nessa qualidade, a licitação pressupõe viabilidade de competição.

Logo, havendo comprovada inviabilidade dessa disputa, a licitação perde a sua razão de ser, advindo, como resultado lógico, as situações em que a competição não é exigida.

Nessa contextura, a inexigibilidade de licitação sempre decorrerá da inviabilidade de competição. Essa, inclusive, é a expressa indicação do *caput* do art. 25 da Lei nº 8.666/1993: "é inexigível a licitação quando houver inviabilidade de competição". Clarificando a questão, Carlos Pinto Coelho Motta assenta que, nesse caso, a lei concebe a tese da licitação materialmente impossível.[405]

Destarte, nas situações enquadráveis em inexigibilidade, o dever de licitar será, dada a impossibilidade fática de confronto, totalmente afastado.

[405] Motta, Carlos Pinto Coelho. Eficácia nas licitações & contratos. 10 ed. Belo Horizonte: Dei Rey, 2005, p. 231.

Como bem expõe Julieta Vareschini, a inviabilidade de competição aflora em função da ausência de pressupostos que autorizariam a instauração do certame, tendo em vista a falta de pluralidade de sujeitos em condições de contratar ou da impossibilidade de se compararem bens heterogêneos, uma vez que, nesse caso, não haveria como estabelecer critérios objetivos de julgamento.[406] No mesmo passo, Marcos Juruena, ao ressaltar que, como um bem singular não pode ser oferecido por mais de uma pessoa, não haveria como viabilizar qualquer confronto.[407]

Já expendemos sobre o tema:

> Essa inviabilidade de disputa advém da impossibilidade de confronto. Tal se dá porque o objeto é único ou singular, ou, ainda, em função da impossibilidade jurídica de competição.[408]

A impossibilidade de abertura de certame licitatório diferencia a inexigibilidade da dispensa, que, como já esposado, consigna uma faculdade para o administrador público. Como explicita a professora Zanella Di Pietro, a diferença básica entre as duas hipóteses está no fato de que, na dispensa, há possibilidade de competição que justifique a licitação; de modo que a lei faculta a dispensa, que fica inserida na competência discricionária da Administração. Nos casos de inexigibilidade, não há possibilidade de competição, porque só existe um objeto ou uma pessoa que atenda às necessidades da Administração; a licitação é, portanto, inviável.[409]

Do exposto, verifica-se que a inviabilidade de competição se aplica também aos casos em que se caracterize uma disputa inútil ou prejudicial ao interesse público.

É o que assevera Celso Antonio Bandeira de Mello:

> Em suma: sempre que se possa detectar uma induvidosa e objetiva contradição entre o atendimento a uma finalidade jurídica que incuba à Administração perseguir para bom cumprimento de seus misteres e a realização de

[406] Vareschini, Julieta Mendes Lopes. Contratação Direta, Vol. 2, Curitiba: JML, 2014, p. 164.
[407] Souto, Marcos Juruena Villela. Direito Administrativo Contratual, 3 ed, Rio de Janeiro: Lumen Juris, 2004, p. 128.
[408] Bittencourt, Sidney. Licitações públicas para concursos, 2 ed. São Paulo: Alumnus, 2015.
[409] Di Pietro, Maria Sylvia Zanella. Direito administrativo. 14. ed. São Paulo: Atlas, 2002.

certame licitatório, porque este frustraria o correto alcance do bem jurídico posto sob sua cura, ter-se-á de concluir que está ausente o pressuposto jurídico da licitação e, se esta não for dispensável com base em um dos incisos do art. 24, deverá ser havida como excluída com supedâneo no art. 25, *caput*.[410]

No mesmo diapasão, o opinamento de Ronny Charles:

> A inviabilidade tem como referência não apenas a competição, enquanto procedimento formal, mas enquanto instrumento de atendimento do interesse público, motivo pelo qual é inexigível uma licitação cuja obrigatoriedade o contrarie. [...] Nessa feita, competição inviável, para fins de aplicação da hipótese de inexigibilidade licitatória, não ocorreria apenas nas situações em que é impossível haver disputa, mas também naquelas em que a disputa é inútil ou prejudicial ao atendimento da pretensão contratual, pelo confronto e contradição com aquilo que a justifica (o interesse público).[411]

Assim, a inviabilidade de competição pode derivar de inúmeras causas, todas em face da ausência de elementos necessários à licitação.

Nesse diapasão, duas são as espécies do gênero "inviabilidade licitatória": (a) as que tem origem nas características do objeto pretendido; e (b) as que derivam das circunstâncias que envolvem o sujeito a ser contratado. Na primeira, muitos estariam aptos a atender o objeto pretendido, mas a inviabilidade se daria quanto à peculiaridade que envolve o sujeito ou atividade. Na segunda, haveria impossibilidade de confronto em função da existência de apenas um sujeito apto a executar o objeto.

7.1. A questão do credenciamento

Situação inusitada ocorre quando o objeto pretendido pela Administração pode, de certa forma, ser atendido por "todos" do mercado que o executem.

Destarte, se, fixando o valor que pretende pagar pelo objeto pretendido, a Administração convocar profissionais de determinado setor e se dispor a contratar os que tiverem interesse e que satisfaçam os requisitos estabelecidos, não haveria competição, dado que a todos assegurar-se-ia a contratação.

[410] Bandeira De Mello. Curso de direito administrativo. 19. ed., p. 514.

[411] Charles. Leis de Licitações Públicas comentadas. 4. ed., p. 175.

Em tal hipótese, far-se-á necessária a adoção do instituto do *credenciamento*, que se legitima nos casos em que, para o alcance do interesse público, faz-se necessário que um grande universo de fornecedores ou prestadores de serviço esteja disponível, descaracterizando-se, dessa forma, qualquer tipo de disputa.

Sônia Tanaka enfoca a matéria com acuidade:

> [...] se a Administração convida a todos os interessados que possuam os requisitos definidos no edital, dispondo-se, em princípio, a contratar todos os que tiverem interesse e que satisfaçam as exigências estabelecidas, esses licitantes não competirão, vez que a todos será assegurada a contratação que se fizer necessária, hipótese em que os próprios Tribunais de Contas têm recomendado o uso do sistema de credenciamento.[412]

Também o pronunciamento de Alice Maria Gonzalez Borges:

> A denominação adotada é dúbia, e já tem gerado equívocos. Pois o credenciamento é o nome que se vem dando, em nosso direito, ao procedimento administrativo pelo qual a Administração convoca interessados para, segundo condições previamente previstas e divulgadas, credenciarem-se como prestadores de serviços ou beneficiários de um negócio futuro a ser ofertado, quando a pluralidade de serviços prestados for condição indispensável à adequada satisfação do interesse público, ou, ainda, quando a quantidade de potenciais interessados for superior à do objeto a ser ofertado, e por razões de interesse público a licitação não for recomendada. [...] A finalidade do credenciamento é justamente possibilitar à Administração a obtenção do maior número possível de contratados, nas situações em que tal condição seja imprescindível à perfeita consecução do interesse público tutelado pela Administração. Assim, o credenciamento tem por finalidade atender duas situações ou solucionar dois problemas: a) quando o interesse público enseja o oferecimento do objeto pretendido pela Administração a uma pluralidade de prestadores; b) quando a pluralidade de prestadores impõe a necessidade de tratamento isonômico em razão da limitação quantitativa do objeto.[413]

[412] Tanaka. Sistema de credenciamento: hipótese de inexigibilidade de licitação: requisitos necessários: considerações. BLC – Boletim de Licitações e Contratos, p. 334.

[413] Borges. O credenciamento de inspeções de segurança veicular na legislação de trânsito: aspectos peculiares. Repertório de Estudos Doutrinários e Jurisprudenciais.

Nesse viés, o credenciamento tem sido entendido e aceito como situação de inexigibilidade de licitação, nos termos do art. 25, *caput*, da Lei nº 8.666/1993.[414]

Sobre o credenciamento, respondendo à consulta formulada, dispôs o TCU:

> O credenciamento de serviços de assistência médico-hospitalar pode ser incluído entre os que atendem as condições gerais ensejadoras da exceção à regra de observância prévia do procedimento licitatório, considerando-se, ainda, as particularidades de que se reveste o procedimento, como a contratação irrestrita de todos os prestadores de serviços médicos, pessoas físicas ou jurídicas, que preencham as condições exigidas, a fixação, de forma antecipada, do preço dos serviços, e a escolha, pelos próprios beneficiários, entre os credenciados, de profissional ou instituição de sua preferência. (...) Desde que cercado de todas as cautelas que garantam a observância dos princípios de legalidade, impessoalidade, moralidade, publicidade, igualdade, economicidade e probidade administrativa, nada impede que o mesmo seja adotado pelos órgãos/entidades integrantes dos Poderes Executivo, Legislativo e Judiciário" (Sessão de 6.12.1995).

De outra feita, em decisão plenária, posicionou-se o TCU nos seguintes termos:

> Especificamente sobre a questão da inexigibilidade de licitação, concluiu-se, com base nos posicionamentos doutrinários a respeito desse tema, que o credenciamento de serviços de assistência médico-hospitalar pode ser incluído entre os que atendem às condições legais ensejadoras da exceção à

[414] Devido às características sui generis da matéria, Carlos Pinto Motta sustenta a ocorrência de hibridismo: "A nosso ver, o processo de credenciamento seria uma hipótese híbrida, um instrumento auxiliar da licitação, pois não se traduz na inexigibilidade, propriamente dita, regida sob seu aspecto procedimental pelo art. 26. Isto porque se desenvolve de forma similar à licitação, mediante instauração do processo, em atendimento às formalidades inerentes à fase interna (PB e outras providências), além da fixação de fase externa com previsão das respectivas regras procedimentais em instrumento convocatório – edital – de que constem os pressupostos limítrofes à habilitação ao credenciamento, com observância dos princípios que informam a atividade licitatória comum". (Delimitação conceitual e finalidade do instituto do credenciamento. Revista da Procuradoria-Geral do Município de Belo Horizonte – RPGMBH).

regra de observância prévia do procedimento licitatório, considerando-se, ainda, as particularidades de que se reveste o procedimento, como a contratação irrestrita de todos os prestadores de serviços médicos, pessoas físicas ou jurídicas, que preencham as condições exigidas; a fixação, de forma antecipada, do preço dos serviços; e a escolha, pelos próprios beneficiários, entre os credenciados, de profissional ou instituição de sua preferência (Decisão 656/1995 – Plenário).

No mesmo ano, outra decisão plenária:

> Finalizando, constatamos ter ficado devidamente esclarecido no processo TC 008.797/93-5 que o sistema de credenciamento, quando realizado com a devida cautela, assegurando tratamento isonômico aos interessados na prestação dos serviços e negociando-se as condições de atendimento, obtém-se uma melhor qualidade dos serviços além do menor preço, podendo ser adotado sem licitação amparado no art. 25 da Lei nº 8.666/1993 (Decisão nº 104/1995 – Plenário).

Anote-se, entrementes, que, conforme assentado no Informativo de Jurisprudência sobre Licitações e Contratos nº 95 do TCU, mesmo considerando a possibilidade do uso do credenciamento, a Corte de Contas federal considerou ilegal o estabelecimento de critérios de classificação para a escolha de escritórios de advocacia por entidade da Administração em credenciamento, por considerar que o mecanismo para a contratação de serviços advocatícios seria justificável apenas quando se tratasse de serviços comuns, que podem ser realizados de modo satisfatório pela maior parte dos advogados:

> Representação formulada por pessoa física apontou indícios de irregularidades no Edital de Credenciamento 10/2011, lançado pelo IRB – Brasil Resseguros S/A, com a finalidade de promover o cadastramento de dois escritórios de advocacia para prestação de serviços de patrocínio de causas judiciais e administrativas em questões trabalhista e previdenciária e de quatro para a área de seguros e resseguros. O citado certame foi suspenso por medida cautelar do relator, que foi homologada pelo Plenário. Foi também promovida oitiva do IRB e de interessados. O relator, ao examinar os esclarecimentos trazidos, reiterou ensinamento contido no Voto condutor do Acórdão nº 351/2010 –

Plenário, no sentido de que, "embora não esteja previsto nos incisos do art. 25 da Lei nº 8.666/1993, o credenciamento tem sido admitido pela doutrina e pela jurisprudência como hipótese de inexigibilidade inserida no *caput* do referido dispositivo legal"; a inviabilidade de competição "configura-se pelo fato de a Administração dispor-se a contratar todos os que tiverem interesse e que satisfaçam as condições por ela estabelecidas". Deixou assente o relator que não há concorrência entre os interessados; preenchidos os critérios mínimos estabelecidos no edital, a empresa será credenciada, podendo ser contratada em igualdade de condições com todas as demais que forem credenciadas. "Inexiste, portanto, a possibilidade de escolha de empresas que mais se destaquem dentre os parâmetros fixados pela entidade". Acrescentou que, consoante orientação contida na Decisão nº 624/1994-Plenário, o credenciamento para contratação de serviços advocatícios seria justificável "quando se tratasse de serviços comuns, que podem ser realizados de modo satisfatório pela maior parte dos advogados". O estabelecimento de critério de pontuação diferenciada, que beneficia empresas que tenham patrocinado ações com valor superior a R$3 milhões afigura-se, portanto, ilegal. E mais: "O credenciamento implica, necessariamente, a pulverização da distribuição dos processos", o que destoa da intenção declarada do IRB. Considerou, ainda, que aquele Instituto lançou mão de um tipo de licitação para o qual não há previsão legal, com afronta ao que estabelece o art. 45, §5º da Lei nº 8.666/1993. E que os elementos de convicção indicariam, como solução adequada, a realização de licitação do tipo melhor técnica ou, ainda, técnica e preço. O Tribunal, então, ao acolher proposta do relator, decidiu: a) fixar prazo de 15 dias para que o IRB – Brasil Resseguros S/A adote as "providências necessárias ao exato cumprimento da lei, procedendo à anulação do Edital de Credenciamento nº 010/2011"; b) informar ao IRB que, se decidir iniciar novo procedimento de credenciamento, deverá promover ajustes, com o intuito de afastar a adoção de critérios de classificação e de garantir que todos credenciados estarão aptos a serem contratados; c) caso entenda mais adequado, realize procedimento licitatório, nos termos da lei. Acórdão nº 408/2012 – TCU – Plenário, TC- 034.565/2011-6, rel. Min. Valmir Campelo, 29.2.2012.[415]

[415] Disponível em: <http: www.tcu.gov.br/Consultas/Juris/Docs/INFOJURIS/INFO_TCU_LC_2012_95.doc>.

A propósito, a título de informação, a lei de licitações do estado da Bahia (Lei nº 9.433/2005) estabelece, no art. 63, pertinentes requisitos para a realização do credenciamento, que poderão ser adotados, com as adaptações julgadas necessárias, por quaisquer entes federativos: "I – ampla divulgação, mediante aviso publicado no Diário Oficial do Estado, em jornal de grande circulação local e, sempre que possível, por meio eletrônico, podendo também a Administração utilizar-se de chamamento a interessados do ramo, que gozem de boa reputação profissional, para ampliar o universo dos credenciados; II – fixação de critérios e exigências mínimas para que os interessados possam se credenciar; III – possibilidade de credenciamento, a qualquer tempo, de interessado, pessoa física ou jurídica, que preencha as condições mínimas fixadas; IV – fixação de tabela de preços dos diversos serviços a serem prestados, dos critérios de reajustamento e das condições e prazos para o pagamento dos serviços; V – rotatividade entre todos os credenciados, sempre excluída a vontade da Administração na determinação da demanda por credenciado; VI – vedação expressa de pagamento de qualquer sobretaxa em relação à tabela adotada; VII – estabelecimento das hipóteses de descredenciamento, assegurados o contraditório e a ampla defesa; VIII – possibilidade de rescisão do ajuste, a qualquer tempo, pelo credenciado, mediante notificação à Administração, com a antecedência fixada no termo; IX – previsão de os usuários denunciarem irregularidade na prestação dos serviços e/ou no faturamento; e X – Fixação das regras a serem observadas pelos credenciados na prestação do serviço".

7.2. As situações exemplificativas de inexigibilidade de licitação

Ao tratar da inexigibilidade licitatória no art. 25 da Lei nº 8.666/1993, o legislador, após ressaltar o principal aspecto que a envolve (a inviabilidade de certame competitivo), fez constar, a título elucidativo, os mais tradicionais exemplos de situações com essas características, sem a mínima preocupação de exauri-las. Tanto é que, ao traçar o texto do *caput* do dispositivo, registrou a expressão "em especial", incutindo a não taxatividade das hipóteses elencadas.[416]

[416] "As hipóteses de inexigibilidade relacionadas na Lei n. 8.666/1993 não são exaustivas, sendo possível a contratação com base no caput do art. 25 sempre que houver comprovada inviabilidade de competição." (TCU – Acórdão nº 2.41812006 – Plenário).

> Art. 25. É inexigível a licitação quando houver inviabilidade de competição, em especial: (...)

Deflui-se, por conseguinte, que o *caput* do art. 25 tem função normativa independente, podendo uma contratação direta fundar-se exclusivamente nele sem a necessidade de enquadramento em qualquer um dos incisos que, como explicitado, apenas exemplificam alguns casos passíveis de enquadramento.

Mas não se diga, todavia, que os incisos exemplificativos não possuem importância, pois, como assevera Marçal Justen, detêm função restritiva, estabelecendo requisitos e pressupostos de admissibilidade da contratação direta nos casos previstos.[417]

7.2.1. Fornecedor exclusivo (Inc. I do art. 25)

A primeira situação exemplificativa de inexigibilidade licitatória é a que envolve a exclusividade no fornecimento para a Administração. O inciso a circunscreve nas aquisições de materiais, equipamentos ou gêneros que só possam ser fornecidos por produtor, empresa ou representante comercial exclusivo, vedada a preferência de marca.

Anote-se, portanto, que a contratação direta está restrita às compras, não podendo abranger serviços ou obras.[418]

> Art. 25. É **inexigível** a licitação quando houver inviabilidade de competição, em especial:
>
> I – para aquisição de materiais, equipamentos, ou gêneros que só possam ser fornecidos por produtor, empresa ou representante comercial exclusivo, vedada a preferência de marca, devendo a comprovação de exclusividade ser feita através de atestado fornecido pelo órgão de registro do comércio do local em que se realizaria a licitação ou a obra ou o serviço, pelo Sindicato, Federação ou Confederação Patronal, ou, ainda, pelas entidades equivalentes;

[417] Justen Filho, Marçal. Comentários à Lei de Licitações e Contratos Administrativos, São Paulo: Dialética, 12 ed, p. 343.

[418] Da mesma forma, a diretriz da AGU:
Orientação Normativa nº 15/2009 – a contratação direta com fundamento na inexigibilidade prevista no art. 25, inc. I, da lei nº 8.666, de 1993, é restrita aos casos de compras, não podendo abranger serviços.

Segundo o dispositivo, a comprovação da exclusividade se satisfará mediante atestado fornecido pelo órgão de registro do comércio do local onde se realizaria a licitação ou a obra/serviço; bem como por sindicato, federação, confederação patronal ou entidades equivalentes.

No mercado, são tidos como fornecedores tanto o produtor, o fabricante, o montador[419] como o comerciante.[420] Caso a exclusividade do bem esteja jungida ao produtor, fabricante ou montador, ter-se-á, incontestavelmente, a inviabilidade de competição absoluta. Se referir-se ao comerciante, a inviabilidade deverá decorrer da exclusividade na comercialização, comprovada por intermédio de contrato de exclusividade de distribuição, representação etc. (sobre o assunto, *vide* o subitem 7.2.1.3).

Contudo, essa situação vem se modificando ao longo dos anos, tendo em vista a existência, cada vez maior, de produtos similares supridores das necessidades da Administração. Atualmente, a simples existência de fornecedor exclusivo de determinado bem passou a não caracterizar respaldo suficiente para a contratação direta por inexigibilidade, devendo ficar demonstrado que apenas aquele objeto atende ao fim pretendido. Nesse diapasão, Jessé Torres argumenta que a exclusividade não pode se limitar à pessoa do fornecedor, uma vez que, para bem se configurar a hipótese de inexigência de certame licitatório, o próprio objeto deverá ser aquele que, com exclusão de qualquer outro, seja capaz de atender às necessidades da Administração.[421]

O TCU tem decidido nesse sentido:

> (...) o enquadramento em situação de inexigibilidade de licitação prevista no Estatuto de Licitações e Contrato – Lei nº 8.666/93, art. 25, caput – exige inviabilidade de competição, sendo que o caso especial previsto no inciso I do mesmo artigo só se configura se comprovado não apenas que determi-

[419] Nos dias de hoje, com implementação da terceirização nas organizações, as fábricas dos produtos finais foram substituídas por montadoras.

[420] O conceito de fornecedor traçado no Código de Defesa do Consumidor (Lei nº 8.070/1990) segue essa linha: Art. 3º Fornecedor é toda pessoa física ou jurídica, pública ou privada, nacional ou estrangeira, bem como os entes despersonalizados, que desenvolvem atividade de produção, montagem, criação, construção, transformação, importação, exportação, distribuição ou comercialização de produtos ou prestação de serviços.

[421] Pereira Junior, Jessé Torres. Comentários à Lei de licitações e contratações da Administração Pública, 7 ed., Rio de Janeiro: Renovar, 2007, p. 344.

nado material equipamento ou gênero só possam ser fornecidos por produtor, empresa ou representante comercial exclusivo – vedada a preferência de marca –, mas também que inexistam produtos similares capazes de atender às necessidades do serviço, devendo ambas as assertivas estarem devidamente comprovadas nos autos (Decisão TCU nº 523/93).

Observe-se, como exemplo mais específico, decisão da Corte de Contas federal que determinou que a Administração não adquirisse sem licitação (adotando a inexigibilidade por exclusividade) itens necessários para a operação de fotocopiadoras (bobina, papel, cartuchos, toners etc.), a pretexto de serem fornecidos por produtor exclusivo desses equipamentos, considerando que a existência de vários fornecedores do material, além dos fabricantes dos equipamentos, é fator preponderante para a realização de certame competitivo ou a inclusão desses itens em cotação apartada (Processo nº 013.304/94-1, Rel. Min. Carlos Átila, DOU de 01.03.1995).[422]

Em síntese, a inviabilidade de disputa somente se justificará se existir de fato total ausência de pluralidade, isso abarcando, inclusive, hipóteses de unicidade de produção tecnológica, nas quais, não raro, há o privilégio monopolista (direito de propriedade intelectual ou industrial, direito autoral etc.).

Vide jurisprudência sobre a questão:

> (...) 4. Assim, o que torna inexigível a licitação, segundo a dicção do inciso I do artigo 25 em referência, não é o simples fato de o fornecedor deter a patente de seu produto, mas o fato desse produto deter certas características peculiares, não encontradas nos produtos que lhe são concorrentes, e, ainda, que tais características sejam decisivas para contemplar o interesse público. (Superior Tribunal de Justiça – STJ – 2ª Turma, RMS 37688/MG – 26/06/2012).

[422] Anote-se, por oportuno, que, no que se refere à similaridade, há decisões judiciais divergentes: (...) 3. Deflui do inciso I do referido dispositivo a necessidade de implementação das seguintes condições para que o fornecimento de equipamento ou produtos prescinda de licitação: (i) o produto estar tutelado por exclusividade, atestada por órgão ou entidades competentes para tanto, o que impede que o Estado adquira produto similar. (Superior Tribunal de Justiça – STJ – 2ª Turma, RMS 37688/MG – 26/06/2012).

É de se ressaltar, contudo, que, caso o produto, ainda que atrelado a qualquer forma de exclusividade, esteja sendo comercializado em diversos locais (ou produzido, a partir de uma patente exclusiva, por exemplo, por múltiplos fabricantes), restará desnaturada a caracterização de inviabilidade de competição, sendo obrigatória, por conseguinte, a elaboração de licitação.

7.2.1.1. Contratação restrita às compras

Preliminarmente, avista-se que o inciso restringe a sua adoção às compras (materiais, equipamentos ou gêneros), não se prestando, por conseguinte, para contratações de obras ou serviços.

Nesse sentido, inclusive, a orientação da Advocacia-Geral da União:

> AGU – Orientação Normativa nº 15, de 01 de abril de 2009 – A contratação direta com fundamento na inexigibilidade prevista no art. 25, inc. I, da Lei nº 8.666, de 1993, é restrita aos casos de compras, não podendo abranger serviços.

Todavia, impende frisar que a contratação direta por exclusividade de serviços ou obras não restou excluída. Como a inexigibilidade tem como sustentáculo qualquer situação que envolva a inviabilidade de competição, a contratação poderá alicerçar-se tão somente no *caput* do art. 25, caso a empresa a ser contratada detenha a exclusividade do serviço ou obra. É o que também sustenta Ronny Charles, ao considerar tecnicamente inadequada a indicação do inciso como fundamento legal para a contratação direta, por inexigibilidade, de serviço contratado junto a fornecedor exclusivo:

> Inexistindo outros eventuais prestadores, restaria configurada uma hipótese de inexigibilidade, embora não expressamente prevista no inciso I. Nesse caso, tratando-se, por exemplo, de serviços relacionados a fornecedor exclusivo, a inviabilidade de competição (decorrente da exclusividade), permitirá a contratação direta por inexigibilidade, tendo por fundamento, contudo, o caput do artigo 25 (e não seu inciso I).[423]

[423] Charles, Ronny. Leis de licitações públicas comentadas, 5ª ed., Salvador: Juspodivm, 2015, p. 312.

No mesmo teor, a decisão do TCU:

> TCU – Acórdão 1096/2007 – Plenário – Abstenha-se de realizar a contratação de serviços com fundamento no inciso I do art. 25 da Lei no 8.666/1993, já que este dispositivo e especifico para a aquisição de materiais, equipamentos ou gêneros fornecidos por produtor, empresa ou representante comercial exclusivo. Contrate serviços diretamente, por inexigibilidade de licitação, somente quando restar comprovada a inviabilidade de competição, em consonância com o disposto nos arts. 25 e 26 da Lei nº 8.666/1993.

7.2.1.2. Impossibilidade de indicação de marca

Não raro, dirigentes da Administração concluem, após processos de avaliação técnica, que a ela só interessa certo produto. Algumas vezes, essa conclusão desemboca numa única marca. Noutro trabalho, em comentários ao §5º do art. 7º[424] e ao inc. I do §7º do art. 15[425] da Lei nº 8.666/1993 (que tratam de vedações quanto à indicação de marcas em licitações), pontuamos que essa proibição não consigna uma regra absoluta. Fundamo-nos, para tal afirmativa, na concepção de que cabe ao intérprete analisar o Direito como um todo e não através de textos isolados. Em suma, nota-se, em tais dispositivos, que o diploma sinaliza, no caso de aquisições, para que a Administração atenda ao princípio da padronização.

Apesar de não existir conexão direta com o inciso ora em análise, evidencia-se que, em certas situações, a padronização determinará a fixação de marca num procedimento licitatório. Além disso, descortina-se, no inc. I do §1º do art. 3º, que, ao proibir a inclusão nos atos convocatórios de cláusulas ou condições que restrinjam, comprometam ou frustrem o caráter competitivo e estabeleçam preferências ou distinções, a lei autoriza a indicação de marca, desde que plenamente demonstrada a inexistência de comprometimento, restrição ou frustração da competição.

[424] Art. 7º (...) § 5o É vedada a realização de licitação cujo objeto inclua bens e serviços sem similaridade ou de marcas, características e especificações exclusivas, salvo nos casos em que for tecnicamente justificável, ou ainda quando o fornecimento de tais materiais e serviços for feito sob o regime de administração contratada, previsto e discriminado no ato convocatório.

[425] Art. 15 (...) § 7o Nas compras deverão ser observadas, ainda:
I – a especificação completa do bem a ser adquirido sem indicação de marca;

Em síntese, havendo uma forte motivação, com justificativa sólida, concreta e insofismável, baseada em parecer técnico fundamentado, a indicação de marca no instrumento convocatório é plausível.

Nesse contexto, o TCU só considerou irregular a especificação de certo produto pela sua marca, em desacordo com o inciso I do art. 25 da Lei nº 8.666/1993, em função da não comprovação de compatibilidade, padronização e portabilidade que justificariam a contratação direta:

> Acórdão 723/2005-Plenário – Considerou-se irregularidade a especificação do produto pela sua marca, em desacordo com o inciso I do art. 25 da Lei no 8.666/1993, sem que restassem comprovadas, [...] a compatibilidade, a padronização e a portabilidade que justificariam a contratação direta.

Ademais, sumulou sobre a questão:

> Súmula 270 – em licitações referentes a compras, inclusive de softwares, é possível a indicação de marca, desde que seja estritamente necessária para atender a exigências de padronização e que haja prévia justificação.

Nessa contextura, conclui-se que, também nas situações de inexigibilidade de licitação por exclusividade, a vedação à indicação de marca deve ser encarada com bastante cautela, não devendo ser entendida com absoluta, visto que, por vezes, as condições indispensáveis à contratação poderão exigir que tal ocorra.

Com o mesmo entendimento, João Ribeiro Duarte e Márcio dos Santos Barros:

> A vedação contida na lei não pode ser entendida como inflexível, impedindo a escolha de marca em qualquer hipótese. Quando a lei proíbe a indicação de marca, ela o faz em sentido genérico, ou seja, em termos, não querendo com isso sacramentar a vedação absoluta para todas as hipóteses, pretendendo chegar ao absurdo de prejudicar o próprio desenvolvimento do serviço público. Existindo razões técnicas que justifiquem a escolha de marca, deve a Administração, após a devida justificativa, formalizar a eleição e proceder à aquisição, evidentemente que observando os parâmetros legais.[426]

[426] Duarte, João Ribeiro Mathias. Desenvolvimento do procedimento licitatório: convite, tomada de preços, concorrência, doutrina, jurisprudência, prática. São Paulo: UNESP, 2004.

> O que a lei não permite é a preferência imotivada de uma marca (...). Pode (...) estar presente por força de padronização ou de opção técnica da Administração (baseada em laudo ou parecer), no resguardo do interesse público.[427]

7.2.1.3. Exclusividade do fornecedor

Curiosamente, o dispositivo determina que a comprovação da exclusividade concretizar-se-á por intermédio de atestado fornecido pelo órgão de registro do comércio local (junta comercial) ou pelo sindicato, federação ou confederação patronal ou, ainda, na falta desses, por entidades equivalentes. O legislador foi bastante infeliz ao dispor dessa forma, pois esse nunca foi o papel das juntas comerciais. Não há, portanto, como a questão ser atendida dessa forma. Da mesma maneira, os organismos sindicais, que não possuem tal incumbência. Logo, a medida legal é infundada.

Na prática, as empresas protocolam a exclusividade nos registros de comércios, os quais emitem atestados que comprovam a apresentação do documento junto a eles e que tais empresas são as únicas registradas que comercializam o objeto registrado. Os atestados em nada asseguram a exclusividade procurada pela Administração.

E mais: o legislador esqueceu-se da real comprovação de exclusividade, qual seja, a que ocorre por intermédio de contrato de exclusividade entre produtor (ou fabricante/montador) e comerciante. Como esse documento reflete a mais genuína comprovação de exclusividade, deverá ser acatado pela Administração.

Anote-se, a respeito, o voto do Ministro-Relator Adylson Motta, no Acórdão TCU nº 1180/2003 – Segunda Câmara:

> (...) Quanto ao registro na junta comercial, este não se presta à comprovação pretendida, pois somente indica que o documento, no caso, a declaração da empresa, está registrado naquele órgão.

Do mesmo modo, o Acórdão 200/2003 – Segunda Câmara:

> (...) 14. É de notar, também, que a referida certidão apenas formalmente foi emitida pela Federação das Associações Comerciais e Industriais do Estado

[427] Barros, Márcio dos Santos. 502 Comentários sobre licitações e contratos administrativos. 2 ed., São Paulo: NDJ, 2011, p. 248.

de Rondônia. Pelos grifos feitos nos excertos da certidão, observa-se que a Federação, tão-somente, reproduziu declaração prestada pela própria Sismetal, fabricante do produto. Logo, o conteúdo da certidão é o de declaração emitida pelo fabricante.

15. Ora, é evidente que a intenção do inciso I do art. 25 da Lei nº 8.666/93 não é a de que as entidades ali referidas – Sindicato, Federação e Confederação Patronal – limitem-se a, passivamente, reproduzir informações prestadas por representantes comerciais ou fabricantes. Fosse assim, a lei teria, no citado inciso I, estabelecido que a comprovação de exclusividade seria realizada por meio de atestado fornecido pelos fabricantes e representantes.

Assim, na verdade, a representação exclusiva dar-se-á quando é atribuído a alguém, por um detentor de direitos, o privilégio da negociação de certo produto em determinada região, como, por exemplo, a representação comercial autônoma, regulada pela Lei nº 4.886/1965.

Como lembrete, destaca-se que, no âmbito das contratações internacionais, além do normal contrato de exclusividade, essa demonstração se constitui por meio de documento declaratório fornecido por consulados e pela Câmara Internacional de Comércio.

Por fim, sublinhe-se a importante necessidade de averiguação quanto à veracidade do atestado de exclusividade apresentado, de modo que não paire qualquer dúvida de que aquele particular é efetivamente o único que pode contratar com a Administração. Em eventual suspeita, deverá a Administração adotar medidas cautelares, empreendendo diligências, conforme autorização constante do art. 43, § 3º, da Lei nº 8.666/1993.

Quanto a essa verificação, AGU e TCU já expediram posicionamentos:

Orientação Normativa AGU nº 16, de 01 de abril de 2009 – compete à Administração averiguar a veracidade do atestado de exclusividade apresentado nos termos do art. 25, inc. I, da Lei nº 8.666, de 1993.

SÚMULA TCU 255 – Contratação direta; inexigibilidade de licitação; Aquisição de fornecedor exclusivo. Nas contratações em que o objeto só possa ser fornecido por produtor, empresa ou representante comercial exclusivo, é dever do agente público responsável pela contratação a adoção das providências necessárias para confirmar a veracidade da documentação comprobatória da condição de exclusividade.

Anote-se jurisprudência sobre a matéria:

> O inciso I do art. 25 da Lei de Licitações, ao exigir que o certificado seja expedido pelo órgão de registro do comércio local em que se realizaria a licitação ou a obra ou o serviço, pelo Sindicato, Federação ou Confederação Patronal, ou, ainda, pelas entidades equivalentes, não veda que carta seja fornecida por órgão de registro de comércio com abrangência a nível nacional, ao revés, induz que esses órgãos é que são competentes para tanto. (Apn nº 214/SP, Corte Especial, rel. Min. Luiz Fux, 07.05.2008).

7.2.1.4. A questão do limite territorial

Outra questão a ser avaliada diz respeito ao limite territorial a ser levado em consideração para caracterização da exclusividade, uma vez que a falta de alternativas para a compra da Administração envolve, quase sempre, um território. Como já esposado, a exclusividade pode ser absoluta ou relativa. Já traçamos a linha mestra quanto à exclusividade absoluta. A exclusividade é relativa quando no país há mais de um fornecedor, empresa ou representante comercial, mas, na praça considerada, há apenas um. Diogenes Gasparini trata da matéria versando sobre as concessionárias automotivas, dando como exemplo que a exclusividade relativa de representante comercial se tem com os concessionários Fiat. Embora existam vários representantes comerciais de veículos Fiat no País, na praça considerada existe apenas um. Tal constatação, contudo, não legitima de pronto a contratação direta. A exclusividade absoluta torna de pronto inexigível a licitação. O mesmo não ocorre com a relativa. Nesta a licitação será exigível ou inexigível conforme exista ou não, na praça considerada, fornecedor, empresa ou representante comercial exclusivo, e seja considerado o valor estimado do contrato a ser celebrado. De fato, lá não se tem como estabelecer qualquer confronto entre ofertantes de propostas. Nesses casos, a contratação independe de licitação, e tal circunstância, uma vez comprovada, é suficiente para legitimar a contratação direta. Aqui esse confronto pode acontecer entre o fornecedor exclusivo na praça considerada e outro com sede em praça não cogitada. A contratação, nesse caso, dependerá, pelo menos em princípio, de licitação.

A praça comercial determinável pela grandeza do valor do contrato que se pretende celebrar. Assim, se o montante do ajuste determinar o convite, a exclusividade do produtor, empresa ou representante comercial é na praça em que se realiza a licitação. Se o vulto do contrato indicar a concorrência, a exclusividade é no país.[428]

Sem dúvida, é com base nessa ideia que o agente público deve analisar a questão da exclusividade.

É o que também sustenta Marçal Justen, que, após concluir que se o valor do objeto pretendido pela a Administração for referente ao de convite afigurar-se-ia admissível a contratação direta (sempre respeitados os pressupostos de valor econômico compatível etc.), chama a atenção para as situações diversas que se põem quando se trata de tomada de preços e concorrência, onde deverá haver publicação pela imprensa e qualquer interessado poderá vir participar do certame (ainda que a tomada de preços apresente regime especial do preenchimento dos requisitos de cadastramento até três dias antes da data prevista para a apresentação dos envelopes):

> Em tais casos, é impossível à Administração determinar se um sujeito não estabelecido no local virá ou não participar do certame. Mais especificamente, somente após instaurada a licitação é que se determinará o número de possíveis interessados, os quais poderão ingressar na disputa independentemente da vontade da Administração. Logo, se o valor da contratação comportar tomada de preços ou concorrência, a Administração não pode reputar inviável a competição em virtude da existência de um único fornecedor no Município (desde que não haja impedimento jurídico a que fornecedores estabelecidos em outros locais contratem o objeto de que necessita a Administração).[429]

Conclui-se que, em regra, a exclusividade não pode ser aferida apenas sob o ponto de vista local, mas através de uma base territorial mais ampla, a não ser que a localização do fornecedor não seja essencial para a correta satisfação do interesse público.[430]

[428] Gasparini, Diogenes. Direito Administrativo. 11ª edição. São Paulo: Saraiva, 2006. p. 443.

[429] Justen Filho, Marçal. Comentários à Lei de Licitações e Contratos Administrativos, São Paulo: Dialética, 12 ed, p. 346.

[430] Com o mesmo entendimento, Julieta Mendes Lopes Vareschini (Contratação Direta, Vol. 2, Curitiba: JML, 2014, p. 182).

7.2.1.5. Requisitos para o enquadramento da inexigibilidade licitatória por exclusividade

Traçadas as linhas para o entendimento das peculiaridades dessa forma de inexigibilidade de licitação, conclui-se que são requisitos para a contratação direta por exclusividade insculpida no inc. I:

a) cingimento às compras (não sendo permitida a adoção para serviços ou obras);
b) impossibilidade de indicação de marca (salvo as exceções demonstradas em 7.2.1.2);
c) circunscrever fornecedor exclusivo (considerando as peculiaridades expostas em 7.2.1.3); e
d) comprovação da exclusividade (também levando em conta o especificado em 7.2.1.3).

7.2.2. Notória especialização (Inc. II do art. 25)

Outra situação exemplificativa de inexigibilidade de licitação é a contratação de serviços técnicos enumerados no art. 13 da Lei nº 8.666/1993, de natureza singular, com profissionais ou empresas de notória especialização.

> Art. 25. É **inexigível** a licitação quando houver inviabilidade de competição, em especial:
>
> (...)
>
> II – para a contratação de serviços técnicos enumerados no art. 13 desta Lei, de natureza singular, com profissionais ou empresas de notória especialização, vedada a inexigibilidade para serviços de publicidade e divulgação.

Ao estabelecer as condições justificadoras de contratação direta por notória especialização, o inciso impõe uma obrigatória avaliação conjunta do previsto no *caput* do artigo; do disposto no próprio inciso; do preconizado no §1º, que define o perfil do profissional notório; e do registrado no art. 13, que lista os serviços que o diploma legal considera técnico-profissionais.

Trocando em miúdos, são requisitos para o enquadramento da dispensa licitatória:

a) o serviço técnico-profissional pretendido constar no elenco de serviços enumerados no art. 13: estudos técnicos, planejamentos e projetos básicos ou executivos; pareceres, perícias e avaliações em geral; assessorias ou consultorias técnicas e auditorias financeiras ou tributárias; fiscalização, supervisão ou gerenciamento de obras ou serviços; patrocínio ou defesa de causas judiciais ou administrativas; treinamento e aperfeiçoamento de pessoal; ou restauração de obras de arte e bens de valor histórico;

b) o serviço ser de natureza singular; e

c) a sua prestação ser realizada por profissional ou empresa de notória especialização (com o amoldamento do profissional ou da empresa nas formas de notória especialização estabelecidas no §1º, qual seja, deterem conceito, no campo de sua especialidade, que permita a Administração inferir que o trabalho a ser produzido é essencial e indiscutivelmente o mais adequado à plena satisfação do objeto a ser contratado).

Nesse contexto, a Súmula nº 252/2010 do TCU:

> A inviabilidade de competição para a contratação de serviços técnicos, a que alude o inciso II do art. 25 da Lei nº 8.666/1993, decorre da presença simultânea de três requisitos: serviço técnico especializado, entre os mencionados no art. 13 da referida lei, natureza singular do serviço e notória especialização do contratado.

7.2.2.1. A natureza singular dos serviços

Na eventualidade de a Administração necessitar de um serviço técnico-profissional, o primeiro ato do agente público responsável será verificar se o mesmo se encontra entre os listados no art. 13.

Ultrapassada essa avaliação, seguir-se-á a averiguação mais intrincada do enquadramento da dispensa licitatória: a obrigatória natureza singular que deve dotar o serviço.

De plano, anote-se a diversidade entre unicidade e singularidade. O objeto único dispensa comentários, de vez que a impossibilidade do estabelecimento de competição emerge de elementos concretos, fáticos e lógicos, sendo de natureza absoluta. A singularidade, todavia, alicerça a contratação direta por impossibilitar juridicamente o confronto.[431]

[431] Britan. Parecer sobre "Hipótese incidente de dispensa de licitação", emitido em 12 jan. 1995.

Segundo o Dicionário Houaiss da Língua Portuguesa, ser singular significa distinto, ímpar, especial, fora do comum, inusitado, que vale por si só. Logo, no caso da regra legal, a singularidade distinguiria um serviço de características individualizadas, distintas, com atributos incomuns, diferenciadores.

Destarte, verifica-se que o ponto-chave da questão reside, incontestavelmente, na individualização. Descortina-se, nesse aspecto, que o objeto pretendido pela Administração se destacará em função da qualidade singular, ou seja, individualizante, insuscetível de confronto, justificando a contratação (de profissional ou empresa de notória especialização).

Impende anotar, portanto, que o serviço almejado pela Administração que deve ser singular. Como observa Marçal Justen,[432] a natureza singular busca evitar a generalização da contratação direta para todos os casos enquadráveis no art. 13, sendo imperioso verificar se a atividade necessária à satisfação do interesse público é complexa ou simples, se pode ser reputada como atuação padrão e comum ou não. A natureza singular envolve os casos que demandam mais do que a simples especialização, pois apresentam complexidades que impedem obtenção de solução satisfatória a partir da contratação de qualquer profissional, ainda que especializado.

Assenta Renato Geraldo Mendes[433] que serviço singular é aquele que, para ser produzido, exige que o prestador reúna muito mais do que apenas conhecimento técnico. É necessário, portanto, deter um conjunto de recursos técnicos especiais, tais como: conhecimento teórico e prático; experiência com situações de idêntico grau de complexidade; capacidade de compreender e dimensionar o problema a ser resolvido; potencial para idealizar e construir a solução para o problema; aptidão para excepcionar situações não compreendidas na solução a ser proposta ou apresentada; capacidade didática para comunicar a solução idealizada; raciocínio sistêmico; facilidade de manipular valores diversos e por vezes contraditórios; aptidão para articular ideias e estratégias numa concatenação lógica; capacidade de produzir convencimento e estimar riscos envolvidos; bem como

[432] Justen Filho, Marçal. Comentários à Lei de licitações e contratos administrativos, 9. ed., São Paulo: Dialética, 2002, p. 277-278

[433] Mendes, Renato Geraldo. A inexigibilidade de licitação na visão do TCU. Revista Zênite de Licitações e Contratos – ILC nº 209, Julho/2011.

criatividade e talento para contornar problemas difíceis e para produzir uma solução plenamente satisfatória.

Evidentemente, como destaca o jurista, todos esses atributos não podem ser mensurados objetivamente, o que torna impossível a realização da licitação para a seleção de profissional ou empresa para executar serviço considerado singular, justamente porque a licitação pressupõe critério objetivo de julgamento.

E mais: o fato dos serviços serem singulares não significa que sejam únicos, nem que não possam ser executados por mais de um executante. É o que também assevera Toshio Mukai, ao discorrer que não há necessidade de que o serviço seja único, inédito, extraordinário, raro, bastando que detenha características que o aproxime em certo grau das características singulares.[434]

7.2.2.2. A identificação da notória especialização

Após a caracterização da singularidade, sobrevém a necessidade de identificação da notória especialização propriamente dita. A lei já se encarrega, no §1º, de conceituá-la. Pautando-se em contribuição conceitual de Sérgio Ferraz e Lúcia Figueiredo,[435] o diploma considera de "notória especialização" o profissional ou a empresa cujo conceito, no campo de sua atuação, em função de desempenho anterior, estudos, experiências, publicações, aparelhamento, organização, equipe técnica ou outros requisitos relacionados com sua especialidade, permita inferir que o seu trabalho é o mais adequado à plena satisfação do objeto pretendido.

Advém do conceito legal uma dúvida inicial: para a perfeita caracterização da notoriedade, haveria necessidade do profissional ou empresa agrupar todos os requisitos listados no dispositivo? Evidentemente não, considerando o número elevado de requisitos – que dificilmente poderiam ser reunidos por um único profissional –, bem como pela inteligente previsão do texto legal, que registra a possível existência de outros requisitos demonstradores da notória especialização. Nesse ponto, a lei permite que o administrador público afira, discricionariamente, outros elementos não arrolados, mas suficientes para validarem a notoriedade do profissio-

[434] Mukai, Toshio. A empresa privada nas licitações públicas: manual teórico e prático. São Paulo: Atlas, 2000. p.23

[435] Figueiredo; Ferraz. Dispensa de licitação.

nal ou empresa. O elenco de predicados é, indubitavelmente, meramente exemplificativo.

É indispensável, entrementes, a comprovação da evidência dessa especialização do escolhido, de modo que o juízo de valor oferecido pelo diploma legal não ultrapasse seu próprio limite – que é tênue e de difícil aferição – e alcance o arbítrio, viciando o ato. A propósito, Jorge Ulisses Jacoby observa a primordialidade de se evidenciarem os motivos da deliberação, pois, como o controle é feito posteriormente à prática dos atos, em muitos casos poderá ocorrer que os elementos de convicção sejam invalidados pela ação do tempo.

A partir da resposta à indagação inicial, é forçoso trazer à colação uma segunda pergunta: a notoriedade abrange que espectro? (ou seja, o notório especialista é assim reconhecido por quem e em que âmbito?). Entendemos que a notoriedade deva ser reconhecida no âmbito de atuação do profissional (ou empresa), isto é, no círculo que atua. Como também sustentam Marçal Justen e Clovis Boechat, não se deve exigir o reconhecimento da capacitação perante toda a coletividade, exigindo-se apenas que se trate de profissional destacado e respeitado no seio da comunidade de especialistas em que atua.

7.2.2.3. A necessidade de "confiança" no profissional

Por fim, como fator preponderante para a perfeita caracterização, indissociável de toda a configuração, tem-se o que podemos denominar como a "confiança" do administrador público no profissional ou empresa, de modo que, alcançando o auge da discricionariedade, possa inferir que o trabalho do profissional ou empresa "é essencial e indiscutivelmente o mais adequado à plena satisfação do objeto do contrato", o que equivale a dizer que a norma atribui ao agente público a capacidade, baseado em fatos aferíveis subjetivamente, de concluir pela escolha de certo profissional (ou empresa), o que não seria possível se tivesse estabelecido o certame licitatório, uma vez que tal conduta poderia culminar na escolha de um profissional (ou empresa) impróprio, isto é, diferente daquele no qual a Administração deposita o maior grau de confiabilidade. É dessa forma, como destaca Justen, que se comprova o "vínculo de casualidade" entre a capacitação pessoal do futuro contrato e o atendimento à necessidade pública.[436]

[436] Justen Filho, Marçal. Comentários à Lei de Licitações e Contratos Administrativos. 5. ed.

Conforme observa Eros Grau, no contexto legal, essa confiança significa convicção, subjetivamente manifestada, de que determinado profissional (ou empresa) está plenamente habilitado – em função de sua capacidade, cuidados no desenvolvimento habitual de sua atividade, honestidade e outros fatores que o qualificam – a prestar o serviço técnico-profissional pretendido pela Administração. Tal confiança, como assinalado, não advém da Administração, mas sim do agente público que a integra. Configura, portanto, escolha discricionária do administrador público, porquanto, inexistindo palavras inúteis nos textos legais, é dever do intérprete atender ao mandamento legal que estabelece a necessidade de inferir que o trabalho é o mais adequado, indiscutivelmente, além da sua essencialidade para os fins colimados.

> A opção pelo prestador de serviço técnico-profissional especializado que executará – note-se bem, neste passo, o tempo futuro *(executará)*, o que reclama um prognóstico não objetivamente demonstrável; não importa o tempo verbal *'é'*, no texto do preceito normativo, visto não excluir o prognóstico – que executará, dizia, o trabalho essencial e indiscutivelmente mais adequado à plena satisfação do objeto do contrato está atribuída à Administração, na pessoa do agente público competente para contratar a prestação do serviço, incumbindo-lhe optar, entre os profissionais ou empresas dotados de notória especialização (por isso mesmo, todos virtualmente merecedores de *confiança)*, por aquele ou aquela no qual o maior grau de *confiança* deposite, por consequência, esteja a trazer a melhor oferta à Administração.[437]

Nesse mesmo curso, Renato Geraldo Mendes:

> Assim, é inevitável que (...) a escolha do contratado seja realizada por critério subjetivo baseado no grau de confiança que a notória especialização propicia. Portanto, concluiu-se (...) ser inviável contratar serviço singular por meio de licitação, pela impossibilidade de definir e mensurar critérios objetivos para a seleção da melhor proposta.[438]

[437] Grau, Eros Roberto. Licitação e Contrato Administrativo, São Paulo: Malheiros, 1995, p. 66.

[438] Mendes, Renato Geraldo. A inexigibilidade de licitação na visão do TCU. Revista Zênite de Licitações e Contratos – ILC, nº 209, Julho/2011.

Avaliando a questão, entendeu o Supremo Tribunal Federal (STF) que o requisito da "confiança" é um dos elementos justificadores da contratação direta de serviços especializados:

> 2. Serviços técnicos profissionais especializados são serviços que a Administração deve contratar sem licitação, escolhendo o contratado de acordo, em última instância, com o grau de confiança que ela própria, Administração, deposite na especialização desse contratado. Nesses casos, o requisito da confiança da Administração em quem deseje contratar é subjetivo. Daí que a realização de procedimento licitatório para a contratação de tais serviços – procedimento regido, entre outros, pelo princípio do julgamento objetivo – é incompatível com a atribuição de exercício de subjetividade que o direito positivo confere à Administração para a escolha do "trabalho essencial e indiscutivelmente mais adequado à plena satisfação do objeto do contrato" (cf. o § 1º do art. 25 da Lei 8.666/93). O que a norma extraída do texto legal exige é a notória especialização, associada ao elemento subjetivo confiança. Há, no caso concreto, requisitos suficientes para o seu enquadramento em situação na qual não incide o dever de licitar, ou seja, de inexigibilidade de licitação: os profissionais contratados possuem notória especialização, comprovada nos autos, além de desfrutarem da confiança da Administração. *(AP 348, Relator(a): Min. EROS GRAU, Tribunal Pleno, julgado em 15/12/2006, DJe-072 DIVULG 02-08-2007 PUBLIC 03-08-2007 DJ 03-08-2007 PP-00030 EMENT VOL-02283-01 PP-00058 LEXSTF v. 29, n. 344, 2007, p. 305-322)*

Anote-se, ainda, que o TCU já sumulou sobre o assunto:

> Súmula nº 264/2011 – A inexigibilidade de licitação para a contratação de serviços técnicos com pessoas físicas ou jurídicas de notória especialização somente é cabível quando se tratar de serviço de natureza singular, capaz de exigir, na seleção do executor de confiança, grau de subjetividade insuscetível de ser medido pelos critérios objetivos de qualificação inerentes ao processo de licitação, nos termos do art. 25, inciso II, da Lei nº 8.666/1993.

7.2.2.4. A questão do rol taxativo do art. 13 da Lei nº 8.666/1993

Como exposto, um dos requisitos para o enquadramento na dispensa por notória especialização é que o serviço técnico esteja relacionado entre os mencionados no art. 13 da Lei nº 8.666/1993. Todavia, é óbvio que os serviços técnico-especializados existentes no mercado – e passíveis de serem contratados pela Administração – não são apenas os arrolados textualmente no dispositivo. Logo, outros poderão ser contratados por inexigibilidade, ainda que não indicados expressamente no referido artigo. Nesse caso, no lugar da contratação ocorrer com fulcro no inc. II do art. 25, deverá tão somente consignar-se com base no *caput* do mesmo artigo, levando em consideração a inviabilidade de competição, que deverá ser devidamente justificada nos autos. No mesmo passo, Renato Geraldo Mendes, que adverte que a existência de hipótese especial (a do inc. II) não afasta a eventual possibilidade de invocar a inviabilidade genérica que decorre do *caput* do art. 25.[439] Aliás, ao vedar a possibilidade de enquadramento em inexigibilidade os serviços de publicidade e divulgação, o próprio inciso pressupõe a possibilidade de que outros serviços sejam açambarcados, pois estes não fazem parte do elenco perfilado no art. 13.

7.2.2.5. A questão da inscrição de servidores em cursos de treinamento

Uma situação que sempre suscitou dúvidas é a que se refere à inscrição de servidores em cursos de treinamento e/ou aperfeiçoamento oferecidos por organizações privadas. Por diversas vezes nos manifestamos que, nesse caso, em função da singularidade, notoriedade e objeto, a inexigibilidade de licitação por notória especialização restaria caracterizada, tanto para cursos abertos como fechados.

Ora, o treinamento e/ou aperfeiçoamento de pessoal é serviço técnico-profissional previsto no art. 13, VI, da Lei nº 8.666/1993, e, em princípio, de natureza singular, em face da condução por pessoas detentoras de incomum domínio do assunto, ou seja, notórios especialistas dos temas tratados.

Como já exposto, a lei considera profissional ou empresa de notória especialização aqueles que, no campo de sua especialidade, decorrente de desempenho anterior, estudos, experiências, publicações, organização, aparelhamento, ou outros requisitos, detenham um conceito que permita ao agente público inferir que o seu trabalho é essencial e indiscutivelmente o mais adequado à plena satisfação do objeto do contrato. Logo, se um ou outro fosse o único no mercado, jamais se poderia dizer

[439] Mendes, Renato Geraldo. A inexigibilidade de licitação na visão do TCU. Revista Zênite de Licitações e Contratos – ILC, nº 209, Julho/2011.

que seriam os mais adequados para atender a demanda pretendida. Como observa Cintra do Amaral, se a lei se refere ao mais adequado, o pressuposto é de que há pelo menos dois, dentre os quais a Administração Pública escolhe um. Assim, exercendo seu poder discricionário, a Administração possui liberdade para determinar qual, no seu entendimento, é o mais adequado.

> A Administração não pode realizar licitação para treinamento, porque os profissionais ou empresas são incomparáveis. Não há, portanto, viabilidade de competição. A adoção do tipo de licitação de "menor preço" conduz, na maioria dos casos, à obtenção de qualidade inadequada. A de "melhor técnica" e a de "técnica e preço" são inviáveis, porque não se pode cogitar, no caso, de apresentação de proposta técnica. A proposta técnica seria, a rigor, o programa e a metodologia, de pouca ou nenhuma diferenciação. O êxito do treinamento depende, basicamente, dos instrutores ou docentes. Que são incomparáveis, singulares, o que torna inviável a competição.[440]

Ratificando este entendimento, deliberou o TCU:

> [...] considerar enquadrada na hipótese de inexigibilidade de licitação prevista no inciso II do art. 25, combinado com o inciso VI do art. 13, da Lei nº 8.666/93, a contratação de professores, conferencistas ou instrutores, para ministrar aulas em cursos de treinamento, de formação ou de complementação de conhecimentos especializados de servidores, bem como para sua inscrição em cursos abertos a terceiros, destinados ao ensino de matérias especializadas, sempre que não se trate de treinamento baseado em técnicas e métodos padronizados de ensino. (Processo TC-018.730/96-5 – DOU de 10 nov. 1997, p. 25760).
>
> Considere que as contratações de professores, conferencistas ou instrutores para ministrar cursos de treinamento ou aperfeiçoamento de pessoal, bem assim a inscrição de servidores para participação de cursos abertos a terceiros, enquadram-se na hipótese de inexigibilidade de licitação prevista no inciso II do art. 25, combinado com o inciso VI do art. 13 da Lei nº 8.666/1993 (Decisão 439/1998-Plenário).

[440] Amaral, Antônio Carlos Cintra do. Contratação de profissional ou empresa de notória especialização para realização de treinamento e aperfeiçoamento de pessoal

Sobre a matéria, orienta a AGU:

> Orientação Normativa nº 18, de 1º de abril de 2009 – Contrata-se por inexigibilidade de licitação com fundamento no art. 25, inc. II, da Lei nº 8.666/1993, conferencistas para ministrar cursos para treinamento e aperfeiçoamento de pessoal, ou a inscrição em cursos abertos, desde que caracterizada a singularidade do objeto e verificado tratar-se de notório especialista.

7.2.2.6. A questão da contratação de serviços advocatícios

Uma das questões que mais tem suscitado discussões é a contratação de serviços advocatícios pela Administração Pública. O assunto é tão polêmico que, além de diversas manifestações doutrinárias, tem provocado decisões em vários âmbitos, seja na área das Cortes de Contas, seja na esfera do Poder Judiciário. Obviamente, também a Ordem dos Advogados do Brasil – OAB tem se pronunciado sobre a matéria.

Entre os serviços técnicos profissionais especializados listados no art. 13 consta, no inc. V, o patrocínio ou defesa de causas judiciais ou administrativas. Como a lei informa que os serviços elencados no dispositivo são passíveis de contratação direta por notória especialização, é de se entender que, atendidas todas as condições já esposadas para o amoldamento em notória especialização, a conduta seria correta.

Mas, no caso, não é bem assim, porquanto, como é cediço, praticamente toda a Administração Pública, em qualquer esfera, mantêm quadro próprio de advogados, egressos de concursos públicos, desempenhando contínuo trabalho. E mais: a terceirização do serviço de advocacia é com certeza bastante temerária, com enormes riscos para a Administração, haja vista que a atuação do profissional de advocacia exige, além do domínio do conhecimento técnico-jurídico, grande familiaridade com as práticas administrativas. Como bem obtempera Justen, é extremamente problemático obter atuação satisfatória de um advogado que desconheça o passado do ente público e a origem dos problemas enfrentados.

Entretanto, como adverte Adir Bandeira, especialmente nos pequenos municípios, a situação mais comum é a ausência de estruturação legal de procuradorias municipais, o que, indubitavelmente, autoriza a contratação de profissionais do Direito para a prestação de serviços de advocacia (consultiva ou contenciosa).

> O que normalmente ocorre no interior deste país é que as advocacias públicas municipais não estão legalmente organizadas. Nessa hipótese, ao lado da violação da Constituição por parte do gestor está a necessidade de não deixar a municipalidade desguarnecida de um serviço essencial, ordinário e contínuo. Enfim, em caráter excepcional é possível a contratação de advogado pelo município.[441]

Ademais, é certo que a questão competitiva na contratação de advogados por intermédio de licitação poderá gerar embaraços, já que a disciplina profissional dos advogados (Lei nº 8.906/94 e Código de Ética e Disciplina da OAB) veda expressamente qualquer atividade que caracterize a mercantilização da advocacia.

Assim, a nosso ver, havendo corpo jurídico próprio, somente será lícito contratar terceiros para a prestação desses serviços em situações excepcionais, bem diversas do temas tratados habitualmente, pressupondo-se, dessa forma, a inaptidão dos membros daquele corpo para o correto deslinde das questões.

Essa particularidade traz a lume um fundamental requisito para o enquadramento em notória especialização: a singularidade do objeto a ser contratado.

Como também testifica Joel Nieburh, essa é contratação que deve ocorrer como regra, uma vez que as entidades administrativas possuem corpo jurídico próprio para tratar de suas questões ordinárias, como, por exemplo, cobrança de dívida ativa, defesa trabalhista, proposição de demanda tributária etc. Outras demandas diferenciadas poderão ser efetivadas com especialistas.

> Os profissionais a serem contratados (...) devem ser singulares, detentores de notória especialização, tanto que só os assim qualificados reúnem os atributos para cuidarem devidamente de casos complexos, o que leva à subjetividade dos critérios de comparação entre eles, enfim, redundando em inexigibilidade de licitação pública.[442]

[441] Bandeira, Adir Machado. Advogado para Licitações. Disponível em http://jus.com.br/artigos/20326/contratacao-de-servicos-advocaticios-pela-administracao-publica.

[442] Niebuhr, Joel de Menezes. Dispensa e Inexigibilidade de Licitação Pública, Belo Horizonte: Fórum, 2008, p. 319.

No mesmo diapasão, Zanella Di Pietro:

> É evidente que, dispondo o Município de corpo de Procuradores com competência específica para a cobrança da dívida ativa, a contratação de terceiros tem que ser devidamente justificada e analisada em cada caso. Os serviços rotineiros, como a cobrança da dívida ativa, não podem ser objeto de contrato de locação de serviços, já que correspondem à função permanente do Município, que dispõe de um quadro também permanente de advogados para desempenhá-la. Excepcionalmente, a Administração Pública pode defrontar-se com ação de especial complexidade, envolvendo tese jurídica inovadora, ou de considerável relevância para os cofres públicos; nesses casos, em se tratando de serviço de natureza singular, pode preferir contratar advogado de sua confiança e notoriamente especializado, valendo-se da inexigibilidade de licitação, com base no art. 25, II, da Lei nº 8.666/1993.[443]

O TCU tem decidido nessa trilha:

> Mantém-se o entendimento pela irregularidade da contratação direta de serviços advocatícios, se não demonstrada a singularidade do objeto ou outra circunstância justificadora da inexigibilidade de licitação. (Acórdão nº 190/2006, Plenário, rel. Min. Marcos Vinicios Vilaça).
>
> As contratações de advogado, sem licitação, por empresa estatal que possui quadro próprio de advogados não são necessariamente ilegais, desde que para serviços específicos, de natureza não continuada, com características singulares e complexas, que evidenciem a impossibilidade de serem prestados por profissionais do próprio quadro da entidade, havendo a necessidade de pré-qualificação de profissionais com notória especialização. (Decisão sigilosa 494/1994 TCU Plenário, Ata 36/1994, TC019.893/930, rel. Min. Carlos Átila Álvares Da Silva)

Da mesma forma, ao encarar a questão, o Poder Judiciário tem confirmado que natureza intelectual e singular dos serviços de assessoria jurídica e a relação de confiança entre contratante e contratado legitimam a inexigibilidade de licitação para a contratação de profissionais de direito.

De acordo com a decisão da Primeira Turma do Superior Tribunal de Justiça – STJ, o administrador público pode, desde que movido pelo inte-

[443] Di Pietro, Maria Sylvia Zanella. Parcerias na Administração Pública. São Paulo: Atlas. p. 293.

resse público, fazer uso da discricionariedade que lhe foi conferida pela lei para escolher o melhor profissional.

A questão foi enfrentada na apreciação de recurso especial de advogado contratado sem licitação pelo município gaúcho de Chuí. A dispensa de licitação para a contratação dos serviços foi questionada pelo Ministério Publico estadual. Para o ministro Napoleão Nunes Maia Filho, relator do processo, a experiência profissional e os conhecimentos individuais do recorrente estavam claros nos autos. Segundo ele, é "impossível aferir, mediante processo licitatório, o trabalho intelectual do advogado, pois se trata de prestação de serviços de natureza personalíssima e singular, mostrando-se patente a inviabilidade de competição" (Processo: REsp 1192332T).

No mesmo plano, a posição do Supremo Tribunal Federal – STF:

> Habeas corpus: (...) III. Habeas corpus: crimes previstos nos artigos 89 e 92 da L. 8.666/93: falta de justa causa para a ação penal, dada a inexigibilidade, no caso, de licitação para a contratação de serviços de advocacia. 1. A presença dos requisitos de notória especialização e confiança, ao lado do relevo do trabalho e ser contratado, que encontram respaldo da inequívoca prova documental trazida, permite concluir, no caso, pela inexigibilidade da licitação para a contratação dos serviços de advocacia. 2. Extrema dificuldade, de outro lado, da licitação de serviços de advocacia, dada a incompatibilidade com as limitações éticas e legais que da profissão (L. 8.906/94, art. 34, IV; e Código de Ética e Disciplina da OAB/1995, art. 7). (HC 86198/PR, Rel. Min. Sepúlveda Pertence, 1ª Turma, j. 17/04/2007, DJE 29/06/2007)

7.2.3. Profissional de qualquer setor artístico (Inc. III do art. 25)

O último exemplo de situação inexigibilidade de licitação do art. 25 aponta para a contratação de profissional de qualquer setor artístico, desde que consagrado pela crítica especializada ou pela opinião pública.

> Art. 25. É **inexigível** a licitação quando houver inviabilidade de competição, em especial:
>
> (...)
>
> III – para contratação de profissional de qualquer setor artístico, diretamente ou através de empresário exclusivo, desde que consagrado pela crítica especializada ou pela opinião pública.

Preliminarmente, anote-se que, se a intenção da Administração for a de incentivar o setor artístico, a providência adequada não seria a contratação direta, mas a efetivação de concurso, premiando-se os melhores concorrentes. *Vide*, inclusive, que o § 4º do art. 22 da Lei nº 8.666/1993 define que a modalidade licitatória concurso é a aquela promovida entre quaisquer interessados para escolha de trabalho técnico, científico ou artístico, mediante a instituição de prêmios ou remuneração aos vencedores, conforme critérios constantes de edital publicado na imprensa oficial.

No mais, é inconteste que, de regra, não é competência de a Administração contratar profissionais do setor artístico – atividade afeta à iniciativa privada. Entretanto, não resta dúvida que há episódios específicos nos quais deverá assumir a promoção de eventos, como em festas de réveillon, aniversários de cidades, etc., quando se impõe a contratação de profissionais do setor artístico.

Certo é que, nesses casos, da mesma forma que não há como se comparar profissionais singulares, na contratação de artistas consagrados tal também é impossível, dado que seus trabalhos exprimem características bastante pessoais.

Como condição para a contratação (com o próprio contratado ou por intermédio de empresário exclusivo), a legislação impôs apenas a consagração do futuro contratado pela crítica especializada ou pela opinião pública, o que pressupõe que o agente público responsável detém poder discricionário na escolha.

Nesse diapasão, Paulo Sérgio Reis:

> É uma escolha discricionária, sem qualquer sombra de dúvida, que precisa ser justificada nos autos do processo respectivo. Veja-se que estamos tratando de uma situação em que, de forma inequívoca, não existe um único que pode ser contratado, mas, inversamente, existem muitos, dentre os quais vai a Administração escolher um, sem licitação. Porque não existe um critério factível que possa ser utilizado para colocar profissionais de qualquer setor artístico em competição, aferindo-se qual a melhor proposta.[444]

Ao impingir a contratação com o próprio artista ou por meio de empresário exclusivo, a norma intentou evitar que intermediários tornem a con-

[444] Reis. A contratação direta dos serviços técnicos especializados. ILC – Informativo de Licitações e Contratos.

tratação mais onerosa aos cofres públicos, impedindo que terceiros aufiram ganhos desproporcionais à custa dos artistas.

Essa exclusividade empresarial não deve ser confundida, contudo, com uma simples autorização, uma vez que tal ato não preencheria o requisito legal, configurando tão somente um artifício adotado para burlar a exigência de licitação, pois, caso admitido, o artista poderia firmar quantas autorizações quisesse, com quantas pessoas desejasse (fazendo surgir vários "empresários" ou representantes), o que demonstraria a viabilidade de competição, desautorizando a inexigibilidade para a contratação.[445]

Nesse sentido, decisão do TCU:

> Acórdão nº 621/2012 – 1ª Câmara
>
> (...) 9.5.1. quando da contratação de artistas consagrados, enquadrados na hipótese de inexigibilidade prevista no inciso III do art. 25 da Lei nº 8.666/1992, por meio de intermediários ou representantes:
>
> 9.5.1.1. deve ser apresentada cópia do contrato de exclusividade dos artistas com o empresário contratado, registrado em cartório. Deve ser ressaltado que o contrato de exclusividade difere da autorização que confere exclusividade apenas para os dias correspondentes à apresentação dos artistas e que é restrita à localidade do evento.

No mesmo curso, a manifestação do TCE-MG:

> "(...) pela irregularidade da contratação direta dos shows, mediante inexigibilidade de licitação, pelas razões a seguir expostas: (...) a empresa (...) detinha a exclusividade de venda das referidas bandas apenas nas datas dos referidos shows, o que comprova que esta foi apenas uma intermediária na contratação dos grupos. A dita exclusividade seria apenas uma garantia de que naquele dia a empresa (...) levaria o referido grupo para o show de seu interesse, ou seja, a contratada não é empresária exclusiva das bandas em questão, o que contraria o art. 25, III da Lei de Licitações. (...) a figura do empresário não se confunde

[445] Barbabela, Leonardo Duque. Possibilidade de contratação de profissional do setor artístico para a realização de "shows" por inexigibilidade de licitação. Disponível em http://www.adpmnet.com.br/index.php?option=com_content&view=article&id=200:possibilidade-de-contratacao-de-profissional-do-setor-artistico-para-a-realizacao-de-shows-por-inexigibilidade-de-licitacao&catid=12&Itemid=329

com a do intermediário. Aquele é o profissional que gerencia os negócios do artista de forma permanente, duradoura, enquanto que o intermediário, hipótese tratada nos autos, agencia eventos em datas aprazadas, específicas, eventuais. (...)". (Denúncia n.º 749058. Sessão do dia 09/10/2008).

Uma questão importante é a "consagração do artista". A lei impõe que o futuro contratado seja consagrado pela crítica especializada ou pela opinião pública. A nosso ver, a situação é análoga a referente ao profissional de notória especialização: o reconhecimento deve ocorrer perante certo público, certa localidade. Há vários exemplos de artistas consagrados em certas regiões, mas não conhecidos em outras.

Com o mesmo raciocínio, José dos Santos Carvalho Filho:

> Entendemos que consagração é fator de extrema relatividade e varia no tempo e no espaço. Pode um artista ser reconhecido, por exemplo, apenas em certos locais, ou por determinado público ou críticos especializados. Nem por isso deverá ele ser alijado de eventual contratação. A nosso sentir, quis o legislador prestigiar a figura do artista e de seu talento pessoal, e, sendo assim, a arte a que se dedica acaba por ter prevalência sobre a consagração.[446]

Da mesma forma, Eduardo Azeredo Rodrigues:

> No que concerne à consagração, vale realçar que, por vezes, o artista é condecorado pela opinião pública local ou regional, sendo o seu trabalho reconhecido e admirado, por exemplo, apenas no contexto de determinado município. Noutro giro, também é razoável observar que não se pode privar a Administração Pública, em qualquer de suas expressões federativas, de fomentar a cultura, estimulando-se o acesso a outros estilos e manifestações culturais, independentemente de costumes e tradições regionais. Decerto, a consagração é circunstância extremamente dinâmica no tempo e no espaço. É imprescindível, contudo, seja reconhecida, ao menos no âmbito municipal, a consagração pela crítica especializada ou se faça notória a aceitação pública do artista em dado momento.[447]

[446] Carvalho Filho, José dos Santos. Manual de Direito Administrativo. 17 ed. Rio de Janeiro: Lumen Juris, 2007, p. 236.

[447] Rodrigues, Eduardo Azeredo. Inexigibilidade e Atuação de Empresas de Produção de Eventos na Contratação de Artistas. Disponível em http://www.tjrj.jus.br/c/document_library/get_file?uuid=82f97047-fc55-4657-84fe-d33527009907&groupId=10136

Impende ressaltar que a consagração do artista tanto pode decorrer da avaliação da crítica especializada como por parte da opinião pública. Logo, como observa José Maria Madeira, é viável a contratação com inexigibilidade licitatória de determinado artista que, não obstante aclamado pelo público, tenha sido circunstancialmente reprovado pela crítica especializada, ou vice-versa.[448]

Por fim, convém atenção ao valor a ser pago. Apesar das ações dos órgãos de controle nesse terreno serem muito difíceis, diante das peculiaridades intrínsecas, o preço a ser pago deverá ser devidamente fundamentado, consoante determina o art. 26, que informa que as situações de inexigibilidade deverão ser justificadas, sendo o processo instruído com a justificativa do preço (inc. III, parágrafo único).

Essa necessidade traz à lembrança um fato ocorrido em 1996, nas festas comemorativas de final de ano, na cidade do Rio de Janeiro, relacionado à diferença de valores pagos a renomados artistas contratados. Consta, conforme noticiado em vários veículos de divulgação, que o famoso cantor e compositor Paulinho da Viola teria recebido valor inferior aos demais que se apresentaram, tão consagrados quanto ele pela crítica especializada e pela opinião pública,[449] o que gerou um enorme mal-estar.[450]

Certo é que a situação é bastante complexa e de intrincado enfrentamento prático. Em nossa ótica, a justificativa de preço nesses casos deve basear-se na remuneração (o chamado *cachê*) normalmente cobrada pelo artista, com base em histórico de suas apresentações, levando-se em consideração fatores como local, público, etc. Essa, inclusive, é a linha de ação adotada pela AGU, que, por meio da Orientação Normativa nº 17/2009,[451]

[448] Madeira, José Maria Pinheiro. Administração Pública. 10ª ed. Rio de Janeiro: Elsevier, 2008, p. 349. No mesmo sentido: Informativo Licitações e Contratos - ILC, Zênite. Orientação Objetiva - 648/53/JUL/98.

[449] Os artistas foram: Gilberto Gil, Chico Buarque, Gal Costa, Caetano Veloso e Milton Nascimento.

[450] Em 2015, nova polêmica se instalou, pois, de novo no Rio de Janeiro, cachês diferenciados foram pagos a conhecidos artistas. O jornal Extra noticiou: "A água mineral dos refrões de Carlinhos Brown não desceu redondo pela garganta dos sambistas nesse réveillon. Jurados do 'The Voice', o baiano e Lulu Santos tiveram os cachês inflacionados: receberam R$ 550 mil cada um para se apresentar no palco principal de Copacabana. Já Beth Carvalho ganhou R$ 160 mil e Nando Reis, R$ 180 mil. A disparidade chocou o mundo do samba".

[451] Orientação Normativa nº 17/09 (Alterada pela Portaria AGU nº 572, de 13.12.2011, publicada no DOU de 14.12.2011) - A razoabilidade do valor das contratações decorrentes de inexigibi-

determinou que a obrigatória justificativa de preço na inexigibilidade de licitação deverá ocorrer mediante a comparação da proposta apresentada com preços praticados pela futura contratada junto a outros órgãos públicos ou pessoas privadas.

7.3. Responsabilização solidária por dano causado à Fazenda Pública (§ 2º do art. 25)

Consoante o § 2º do art. 25, ocorrendo comprovação de superfaturamento nas inexigibilidades ou dispensas licitatórias, o contratado e o agente público responsável responderão solidariamente pelo dano causado à Fazenda Pública, sem prejuízo de outras sanções legais cabíveis.

> Art. 25 (....) § 2º Na hipótese deste artigo e em qualquer dos casos de dispensa, se comprovado superfaturamento, respondem solidariamente pelo dano causado à Fazenda Pública o fornecedor ou o prestador de serviços e o agente público responsável, sem prejuízo de outras sanções legais cabíveis.

No que concerne ao procedimento da autoridade responsável, os afastamentos licitatórios devem seguir os mesmos passos das licitações, uma vez que o fato da contratação ser direta (sem certame licitatório) não exime o administrador público de, diligenciando de todas as formas, buscar a proposta mais vantajosa para a Administração.

Em consequência, quando da justificativa de preço (exigida pelo art. 26, parágrafo único, III) nas contratações diretas (seja por dispensa ou inexigibilidade), deverá o agente público demonstrar que o preço oferecido é compatível com os praticados no mercado.

Nesse curso, o §2º em comento estabelece regra que fixa a solidariedade entre os agentes públicos responsáveis pela contratação e o contratado, na ocorrência comprovada de superfaturamento nas contratações diretas (danos causados à Fazenda Pública[452]).

lidade de licitação poderá ser aferida por meio da comparação da proposta apresentada com os preços praticados pela futura contratada junto a outros entes públicos e/ou privados, ou outros meios igualmente idôneos.

[452] Na definição de Carlos Ayres Britto, Fazenda Pública é o conjunto de bens e valores que integram o patrimônio de entes estatais, e que são geridos pelos agentes públicos. Na verdade, a expressão é adotada em larga escala pela doutrina e jurisprudência, sempre com a mesma acepção, designando o Estado, o Poder Público etc.

A propósito, é interessante notar que o art. 96-I da lei tipifica como crime a elevação arbitrária de preços em licitações.[453] A questão fez com que Carlos Ari Sundfeld indagasse se a circunstância de o preceito só se referir aos contratos decorrentes de licitação excluiria o crime nos celebrados sem ela.[454] Infelizmente, a nosso ver, a resposta seria afirmativa, considerando que taxatividade das hipóteses do dispositivo (que são cinco), impossibilita, por força de interpretação, a ampliação. O Principio da Taxatividade, corolário lógico do princípio da legalidade, expressa a exigência de que as leis penais, especialmente as de natureza incriminadora, sejam claras, precisas e bem definidas.

É o que também sustenta Diogenes Gasparini:

> Escapam, assim, à incriminação desse preceptivo a licitação e o contrato que têm por objeto uma obra ou um serviço, ainda que, como adverte Vicente Greco Filho, "o mesmo tipo de conduta e de prejuízo pode ocorrer relativamente a contratos de prestação de serviços e, com maior frequência, em contratos de obras". Também foge dessa hipótese penal a fraude em prejuízo da Administração Pública, em razão de contrato não decorrente de licitação instaurada, como são os celebrados nos casos de dispensa ou inexigibilidade.[455]

Esse, entretanto, não é o entendimento do TCU, que é partidário de que a menção específica no dispositivo aos casos de dispensa e inexigibilidade não afasta o alcance solidário quando da existência de superfaturamento em licitações:

> Acórdão 15-2002-Plenário – [...] 6. Embora o dispositivo mencionado somente faça alusão às hipóteses de dispensa e inexigibilidade de licitação, insustentável se afigura defender tese em que se apregoe a responsabilidade exclusiva da Administração quanto à detecção de preços superfaturados em convites, tomadas de preços e concorrências, e se pretenda partilhar tal res-

[453] Seção III – Dos Crimes e das Penas (...) Art. 96. Fraudar, em prejuízo da Fazenda Pública, licitação instaurada para aquisição ou venda de bens ou mercadorias, ou contrato dela decorrente: I – elevando arbitrariamente os preços; (...) Pena – detenção, de 3 (três) a 6 (seis) anos, e multa.

[454] Sundfeld, Carlos Ari. Licitação e contrato administrativo. São Paulo: Malheiros, 1994, p. 63.

[455] Gasparini, Diogenes. Crimes na Licitação. 4 ed, revista e atualizada por Jair Eduardo Santana, São Paulo: NDJ, 2011, p. 108.

ponsabilidade também com os fornecedores nas situações em que a licitação não ocorre. Se o dever de zelar pelos preços justos fosse exclusivo da Administração, assim o seria em todas as situações. A respeito, permito-me transcrever excerto de parecer de lavra do Subprocurador-Geral Dr. Jatir Batista da Cunha, lavrado nos autos do TC-675.295/94-7, acolhido pelo Relator (Acórdão nº 189/2001-Plenário): "...em que pese não haver, no Estatuto das Licitações, dispositivo expresso acerca de imputação de responsabilidade solidária do contratado e do agente público, em virtude de superfaturamento nos contratos decorrentes de procedimentos licitatórios, uma interpretação sistemática da Lei nº 8.666/1993 permite concluir que a possibilidade de responsabilização é extensiva a todos os contratos administrativos, mesmo não se tratando de contratação direta.

Registre-se que o exame dessa conduta irregular pode ocorrer nos seguintes planos:

a) na esfera do próprio ente, em processo administrativo;[456]
b) no âmbito das Cortes de Contas, em processo de tomada de contas especial (procedimento administrativo, instituído para apurar responsabilidades que, em função da conduta de agentes públicos, tenha gerado prejuízo ao erário);[457]
c) no âmbito judicial, em ação civil pública ou ação popular.

Insta ressaltar que possíveis ressarcimentos poderão se dar administrativamente, por iniciativa do próprio interessado, diretamente no ente

[456] Na esfera federal, os servidores vinculados ao regime jurídico único, instituído pela Lei nº 8.112/1990, responderão a processo administrativo disciplinar, com garantia de ampla defesa, nos termos do art. 143, do precitado diploma legal; a apuração de responsabilidade constitui um dever para os superiores hierárquicos, nos termos desse mesmo dispositivo.

[457] É interessante notar que o art. 8º da Lei Orgânica do Tribunal de Contas da União (Lei nº 8.443/1992), pouco conhecido dos que não têm contato direto com os Tribunais de Contas, estabelece que, diante da ocorrência de qualquer ato ilegal, ilegítimo, ou antieconômico de que resulte prejuízo ao erário, sob pena de responsabilidade solidária, a autoridade administrativa competente deverá adotar providências com vistas à instauração de tomada de contas especial. Esse processo, cuja tramitação é semelhante ao processo administrativo comum, do qual é uma espécie, tem a característica peculiar, entre outras, de ser instaurado pela Administração e julgado, privativamente, pelo Tribunal de Contas. Ao ensejo, é dever salientar que vários Tribunais de Contas estaduais repetiram esse dispositivo em suas Leis Orgânicas.

público apurador da irregularidade; no momento da citação em processo de tomada de contas especial, no âmbito das Cortes de Contas; ou ainda quando da condenação. Também poderão ocorrer no âmbito de processo cível de execução de dívida, em razão do acórdão condenatório do Tribunal de Contas, que, inclusive, tem força de título executivo (art. 71, §3º, c/c o art. 75 da CF/1988).

7.4. A inexigibilidade de licitação na nova Lei de Responsabilidade das Estatais (Lei nº 13.303/2016)

Assente-se, por fim, que a Lei de Responsabilidade das Estatais (Lei nº 13.303/2016) dispôs de forma mais simplificada a questão da inexigibilidade licitatória para as empresas públicas e sociedades de economia mista, mas manteve a essência da Lei nº 8.666/1993:

> Art. 30. A contratação direta será feita quando houver inviabilidade de competição, em especial na hipótese de:
>
> I – aquisição de materiais, equipamentos ou gêneros que só possam ser fornecidos por produtor, empresa ou representante comercial exclusivo;
>
> II – contratação dos seguintes serviços técnicos especializados, com profissionais ou empresas de notória especialização, vedada a inexigibilidade para serviços de publicidade e divulgação:
>
> a) estudos técnicos, planejamentos e projetos básicos ou executivos;
>
> b) pareceres, perícias e avaliações em geral;
>
> c) assessorias ou consultorias técnicas e auditorias financeiras ou tributárias;
>
> d) fiscalização, supervisão ou gerenciamento de obras ou serviços;
>
> e) patrocínio ou defesa de causas judiciais ou administrativas;
>
> f) treinamento e aperfeiçoamento de pessoal;
>
> g) restauração de obras de arte e bens de valor histórico.
>
> § 1º Considera-se de notória especialização o profissional ou a empresa cujo conceito no campo de sua especialidade, decorrente de desempenho anterior, estudos, experiência, publicações, organização, aparelhamento, equipe técnica ou outros requisitos relacionados com suas atividades, permita inferir que o seu trabalho é essencial e indiscutivelmente o mais adequado à plena satisfação do objeto do contrato.
>
> § 2º Na hipótese do caput e em qualquer dos casos de dispensa, se comprovado, pelo órgão de controle externo, sobrepreço ou superfaturamento,

respondem solidariamente pelo dano causado quem houver decidido pela contratação direta e o fornecedor ou o prestador de serviços.

§ 3º O processo de contratação direta será instruído, no que couber, com os seguintes elementos:

I – caracterização da situação emergencial ou calamitosa que justifique a dispensa, quando for o caso;

II – razão da escolha do fornecedor ou do executante;

III – justificativa do preço.

Procedimentos na Contratação Direta

Art. 26 da Lei nº 8.666/1993

Ainda que não haja obrigatoriedade de observação dos fastidiosos procedimentos relativos às modalidades licitatórias, impõe-se à Administração, na contratação direta sem licitação, o atendimento aos princípios do Direito Administrativo. Nessa contextura, a Lei nº 8.666/1993 submete-a, no art. 26, não só a condições de eficácia, como a elementos de instrução do processo de afastamento da licitação, indispensáveis para o controle das contratações públicas.

> Art. 26. As **dispensas** previstas nos §§ 2º e 4º do art. 17 e no inciso III e seguintes do art. 24, as **situações de inexigibilidade** referidas no art. 25, necessariamente justificadas, e o retardamento previsto no final do parágrafo único do art. 8º desta Lei deverão ser comunicados, dentro de 3 (três) dias, à autoridade superior, para ratificação e publicação na imprensa oficial, no prazo de 5 (cinco) dias, como condição para a eficácia dos atos.
>
> Parágrafo único. O **processo de dispensa, de inexigibilidade** ou de retardamento, previsto neste artigo, será instruído, no que couber, com os seguintes elementos:
>
> I – caracterização da situação emergencial ou calamitosa que justifique a dispensa, quando for o caso;
>
> II – razão da escolha do fornecedor ou executante;

III – justificativa do preço.

IV – documento de aprovação dos projetos de pesquisa aos quais os bens serão alocados.

8.1. Condições para a eficácia das contratações diretas por dispensa ou inexigibilidade licitatória

Como já anotado, a Administração Pública tem o dever de não apenas respeitar o princípio da publicidade, insculpido no art. 37 da CF, como o de ser transparente. O preceito inicial é que todo ato administrativo deve ser público, porque pública é a Administração que o realiza.

Destarte, não só a publicidade dos atos licitatórios, mas, principalmente, a dos atos em que a competição licitatória inexiste, asseguram efeitos externos e propiciam o conhecimento e o amplo controle por parte dos interessados diretos e por toda a sociedade.

Assim, visando à transparência, a lei, no art. 26, impõe que a Administração explicite, com detalhes, os motivos que a levaram a não licitar, dispensando ou inexigindo a competição, admitindo a desnecessidade dessa justificação nas hipóteses de dispensa licitatória em função do reduzido valor do objeto (art. 24, I e II).

8.1.1. A dupla avaliação no controle das contratações diretas

Com texto alterado pela Lei nº 11.107/2005, o preceptivo dispõe sobre a necessidade de dupla avaliação de determinadas hipóteses de licitação dispensada (expostas nos §§ 2º e 4º do art. 17), de licitação dispensável (listadas no inc. III e seguintes do art. 24) e de inexigibilidades licitatórias (art. 25), além do retardamento da execução de obra ou serviço por insuficiência financeira ou por motivo comprovado de ordem técnica.

A determinação retrata típica atividade de controle, dado que, após a primeira avaliação de hipótese incidente de inviabilidade de competição realizada pelo ordenador de despesas, caberá à autoridade superior o juízo final, para então ser providenciada a publicação em diário oficial ou seu substitutivo.

8.1.1.2. A ratificação da autoridade superior

O procedimento para a contratação direta, sob a responsabilidade da "autoridade competente" da Administração (o ordenador de despesa), apesar de mais ágil que o de uma licitação, possui passos importantes que deverão ser galgados (*vide* roteiro mais à frente). Concluído o procedimento, o processo originado deverá ser encaminhado à "autoridade hierarquicamente superior", no prazo máximo de três dias, que se pronunciará no prazo de cinco dias, a contar do recebimento. Se ratificá-lo, seguirá para a publicação na imprensa oficial, de modo que possa fruir efeitos jurídicos.[458]

Sobre a "autoridade competente", ressalta-se que a expressão tem suscitado dúvidas entre os aplicadores da lei, posto que é mencionada em muitos dispositivos, designando, algumas vezes, dirigentes diferentes. Não é difícil perceber, no entanto, que essa autoridade é aquela que, dentro da organização interna da entidade administrativa, possui, regimental ou estatutariamente, competências específicas. Como a matéria tem conexão direta com uma despesa futura, não resta dúvida que se trata do ordenador de despesa do ente público, uma vez que, sobre ele, como preconiza a Lei nº 4.320/1964, recai as responsabilidades sobre os gastos do dinheiro público.[459]

[458] Sobre a publicação das contratações diretas na imprensa oficial dos casos de inexigibilidade e dispensa de licitação constantes nos incisos III e seguintes do art. 24, cujos valores não ultrapassem aqueles fixados nos incisos I e II do mesmo art. 24, a AGU expediu correta orientação dispensando a divulgação na imprensa oficial, em face dos princípios da economicidade e eficiência:

Orientação Normativa nº 34, de 13 de dezembro de 2011 – As hipóteses de inexigibilidade (art. 25) e dispensa de licitação (incisos III e seguintes do art. 24) da Lei nº 8.666, de 1993, cujos valores não ultrapassem aqueles fixados nos incisos I e II do art. 24 da mesma lei, dispensam a publicação na imprensa oficial do ato que autoriza a contratação direta, em virtude dos princípios da economicidade e eficiência, sem prejuízo da utilização de meios eletrônicos de publicidade dos atos e da observância dos demais requisitos do art. 26 e de seu parágrafo único, respeitando-se o fundamento jurídico que amparou a dispensa e a inexigibilidade.

Da mesma forma, a recomendação do TCU:

Acórdão nº 1336/2006-Plenário – [...] 9.2. determinar à Secretaria de Controle Interno do TCU que reformule o "SECOI Comunica nº 06/2005", dando-lhe a seguinte redação: "a eficácia dos atos de dispensa e inexigibilidade de licitação a que se refere o art. 26 da Lei nº 8.666/93 (art. 24, incisos III a XXIV, e art. 25 da Lei nº 8.666/93), está condicionada a sua publicação na imprensa oficial, salvo se, em observância ao princípio da economicidade, os valores contratados estiverem dentro dos limites fixados nos arts. 24, I e II, da Lei nº 8.666/93".

[459] O art. 58 da Lei nº 4.320/64 preconiza que "o empenho de despesa é o ato emanado de autoridade competente que cria para o Estado obrigação de pagamento pendente ou não de implemento de condição". Logo, o empenho de despesa deve emanar de autoridade competente (o autorizador da despesa), qual seja, os Chefes dos Poderes da República, notadamente

A norma também não indica quem seria a "autoridade superior" a ser comunicada. A definição depende, por conseguinte, de disposições internas de cada organização. Nesse sentido, na Administração federal, o Parecer nº GQ - 191/1999 (Processo nº 21000.000957/97-96), da lavra do Consultor da União Luiz Alberto da Silva, aprovado pelo Presidente da República, que concluiu que o "conceito da expressão autoridade superior, a que se refere o art. 26 da Lei nº 8.666/1993, está vinculado à estrutura hierárquico-organizacional do órgão ou entidade, e não à competência". Obviamente, trata-se de autoridade hierarquicamente superior ao ordenador de despesas, uma vez que a 'autoridade superior' não pode ser o próprio ordenador de despesas, já que não parece lógico que ele se apresente como autoridade superior a si próprio, ainda que tenha delegado funções a preposto, o qual, no caso, atua em seu nome.[460]

Consigne-se, por fim, que, quando a lei faz menção à ratificação, está estabelecendo ato de controle. Logo, após avaliar o processo, a "autoridade superior" poderá não ratificá-lo, caso verifique o não preenchimento dos requisitos de validade necessários, devendo anulá-lo, na constatação de vícios, ou devolvê-lo para retificação, se entender que há como reparar as impropriedades.

8.1.2. Instrução do processo de afastamento licitatório

Com texto incluído pela Lei nº 9.648/1998, o parágrafo único do art. 26 impõe que os processos de contratações diretas sejam instruídos, no que couber, com diversos elementos (caracterização da situação emergencial ou calamitosa que justifique uma dispensa licitatória; razão da escolha do fornecedor ou executante; justificativa de preço; e documento de aprovação dos projetos de pesquisa aos quais os bens serão alocados). Sobreleva assentar que, evidentemente, o elenco de elementos não é exaustivo, uma vez que a produção de outros documentos é perfeitamente possível - e muitas vezes até indispensável - em função das peculiaridades de cada caso.

os Chefes do Executivo. Por delegação de competência, normalmente, há a outorga para Diretores, Chefes de Departamentos, Vice-Diretores, ou outro funcionário credenciado que, como de praxe, assumem a função de ordenadores de despesas.

[460] Charles, Ronny. Leis de licitações públicas comentadas, 7ª ed., Salvador: Juspodivm, 2015, p. 324.

Essa determinação é salutar, apesar de ressaltar o óbvio, pois se evidencia, na ocorrência do afastamento do certame licitatório, ser imprescindível que todas as determinações obrigatórias para uma licitação, quando cabíveis, se façam também presentes.

Ressalta-se que a expressão "no que couber" não se enquadra nas discricionariedades ínsitas do administrador público, porquanto, no caso, obrigar-se-á o agente público a demonstrar todos os elementos, deixando de lado tão somente aqueles que, em função da situação ou do objeto pretendido, se mostrem impossíveis de serem concretizados.

8.1.2.1. Razão da escolha do fornecedor ou executante (inc. II)

Toda contratação realizada com dinheiro público deve ser motivada e justificada. Essa é uma regra inafastável. Como assevera Carlos Pinto Coelho Motta, tais contratações devem revestir-se de motivos sérios, exatos e lícitos, sem os quais ruirão pela base. É nesse contexto, inclusive, que a Lei nº 9.784/1999, que dispõe sobre os processos administrativos, exige a motivação dos atos que dispensem ou declarem a inexigibilidade de processo licitatório, com a indicação de todos os fatos e fundamentos jurídicos que os alicercem (art. 50, IV).

Logo, além do dever de configurar a contratação direta, a Administração estará obrigada a informar, minuciosamente – com dados objetivos concernentes de forma direta à execução do objeto pretendido –, as razões da escolha do fornecedor ou executante, notadamente nas hipóteses em que exista pluralidade de pretendentes, sendo que essas razões deverão passar pela demonstração de condições habilitatórias do contratado, conveniência dos prazos de entrega ou de execução, qualidade do objeto etc.

8.1.2.2. A demonstração de compatibilidade do preço com o praticado no mercado (inc. III)

O mínimo que se pode esperar da Administração, em qualquer contratação pública, é a demonstração de que o preço ajustado é compatível com os praticados no mercado, sendo concretizados por intermédio de comprovações fidedignas, tais como publicações antecedentes em jornais e revistas, orçamentos prévios, precedentes divulgações em panfletos, documentos fiscais anteriores etc.

Como alertado pelo Tribunal Regional Federal – TRF – 4ª Reg., "é importante ter em mente que, sempre que se gere dispêndio público, os princípios da economicidade, legalidade e moralidade devem nortear qualquer contratação pública, mais notadamente acentuados no caso de inexigibilidade de licitação, em que a liberdade da fixação dos preços não pode ficar ao alvedrio do contratado, sem qualquer parâmetro e cotejo entre as obrigações e seu custo, em claro desrespeito aos princípios supra-declinados". [461]

Em atenção ao previsto inc. III em comento e no inc. V do art. 15, que prevê que as compras, sempre que possível, balizar-se-ão pelos preços praticados no âmbito dos órgãos e entidades da Administração, o TCU tem exigido pesquisa prévia de preços também nas contratações diretas. Para tal, impõe a consulta de preços no mercado ou aos fixados por órgão oficial ou, ainda, aos registrados no sistema de registro de preços, além de determinar a obtenção de, no mínimo, três orçamentos de fornecedores distintos, que deverão ser anexados ao processo (Acórdão nº 3.026/2010 – Plenário; Acórdão nº 1.945/2006 – Plenário; Acórdão nº 1.705/2003 – Plenário, entre outros).

> A justificativa do preço em contratações diretas (art. 26, parágrafo único, inciso III, da Lei 8.666/1993) deve ser realizada, preferencialmente, mediante: (i) no caso de dispensa, apresentação de, no mínimo, três cotações válidas de empresas do ramo, ou justificativa circunstanciada se não for possível obter essa quantidade mínima; (ii) no caso de inexigibilidade, comparação com os preços praticados pelo fornecedor junto a outras instituições públicas ou privadas (Acórdão 1565/2015 – Plenário, TC 031.478/2011-5, relator Ministro Vital do Rêgo, 24.6.2015).

É de se anotar que a obtenção de orçamentos de fornecedores, apesar da aparente lógica, não tem demonstrado ser uma maneira eficiente de estimativa, normalmente em grandes cidades, pois não são capazes de retratar o mercado. Como os possíveis futuros fornecedores não possuem interesse na antecipação de seus preços ou estratégias de vendas, os valores orçados quase sempre estão distantes da realidade.

[461] Apelação/Reexame Necessário nº 5005586-75.2010.404.7002/PR; Rel. Des. Carlos Eduardo Thompson Flores Lenz, DJe 11.9.2013.

Na busca de solução para a questão, a Corte de Contas federal tem orientado que o orçamento prévio seja detalhado em planilhas, o que permitirá a expressão da composição de todos os custos unitários a serem contratados e suas quantidades (Acórdão nº 1.945/2006 – Plenário).

Sobre a matéria, a AGU expediu orientação normativa indicando que tal comprovação far-se-ia por intermédio de comparação com preços praticados por outros entes públicos ou empresas:

> Orientação Normativa nº 17, de 01 de abril de 2009 – A razoabilidade do valor das contratações decorrentes de inexigibilidade de licitação poderá ser aferida por meio da comparação da proposta apresentada com os preços praticados pela futura contratada junto a outros entes públicos e/ou privados, ou outros meios igualmente idôneos.

Objetivando dar um norte ao tema, a Secretária de Logística e Tecnologia da Informação do Ministério do Planejamento (SLTI) editou a Instrução Normativa nº 5, de 27 de junho de 2014, que dispõe sobre os procedimentos administrativos básicos para a realização de pesquisa de preços para a aquisição de bens e contratação de serviços no âmbito dos órgãos e entidades integrantes do Sistema de Serviços Gerais (SISG), na qual amplia as fontes de consultas e estabelece parâmetros de conduta (*vide* subitem 6.1.6.1).

8.1.2.3. Demonstração da emergência e da documentação de aprovação dos projetos de pesquisa (incs. I e IV)

As duas outras hipóteses (situação emergencial[462] ou documentos de aprovação de projetos de pesquisa) só ocorrerão quando cabíveis, ou seja, quando o objeto possuir características que envolvam uma ou outra situação.

[462] TCU – Acórdão 819/2005 – Plenário – Faça constar dos processos de dispensa de licitação, especialmente nas hipóteses de contratação emergencial, a justificativa de preços a que se refere o inciso III do art. 26 da Lei nº 8.666/1993, mesmo nas hipóteses em que somente um fornecedor possa prestar os serviços necessários à Administração, mediante a verificação da conformidade do orçamento com os preços correntes no mercado ou fixados por órgão oficial competente ou, ainda, com os constantes do sistema de registro de preços, os quais devem ser registrados nos autos, conforme Decisão TCU 627/1999 – Plenário.

Quanto à situação emergencial, além das formalidades previstas no art. 26 e parágrafo único, são requisitos necessários à caracterização, como, inclusive, já dispôs o TCU:[463]

a) que a situação adversa, dada como de emergência, não se tenha originado, total ou parcialmente, da falta de planejamento, da desídia administrativa ou da má gestão dos recursos disponíveis, ou seja, que ela não possa, em alguma medida, ser atribuída à culpa ou dolo do agente público que tinha o dever de agir para prevenir a ocorrência de tal situação;
b) a existência de urgência concreta e efetiva do atendimento à situação decorrente do estado emergencial, visando afastar risco de danos a bens ou à saúde ou à vida de pessoas;
c) que o risco, além de concreto e efetivamente provável, se mostre iminente e especialmente gravoso; e
d) que a imediata efetivação, por meio de contratação com terceiro, de determinadas obras, serviços ou compras, segundo as especificações e quantitativos tecnicamente apurados, seja o meio adequado, efetivo e eficiente para afastar o risco iminente detectado.

No que se refere à exigência da apresentação de documentos relativos à aprovação dos projetos de pesquisa, quando se tratar de bem cuja aquisição tenha como destinação o uso em projetos dessa natureza, a intenção é evitar a realização de contratação direta de bens para a execução da pesquisa quando o projeto em questão ainda não tiver recebido a devida aprovação.

Urge registrar, por derradeiro, que o procedimento de afastamento licitatório, quando amparado em aspecto técnico, sempre deverá alicerçar-se em pareceres emitidos por profissionais da área envolvida.

8.1.2.4. Roteiros práticos para contratações diretas

Como explicitado, dois são os procedimentos nas contratações diretas: um, mais complexo, para as dispensas licitatórias com base no inc. III e seguintes do art. 24, bem como para as inexigibilidades de licitação do art. 25, e outro, um pouco mais simples, para as dispensas de licitação ocorridas em função do baixo valor do objeto pretendido.

[463] Decisão nº 347/1994 – Plenário.

8.1.2.4.1. Dispensas licitatórias com base no inc. III e seguintes do art. 24, e inexigibilidades de licitação do art. 25

1. Solicitação do material ou serviço, com descrição clara do objeto;

2. Justificativa da necessidade do objeto;

3. Se for o caso, caracterização da situação emergencial ou calamitosa que justifique a dispensa;

4. Elaboração da especificação do objeto e, quando de aquisição de bens, indicação das quantidades a serem adquiridas;

5. Elaboração de projetos (básico e/ou executivo) para obras e serviços;

6. Indicação dos recursos para a cobertura da despesa;

7. Razões da escolha do fornecedor do bem, do executante da obra ou do prestador dos serviços;

8. Anexação aos autos de: original da proposta; original ou cópia autenticada ou conferida com o original dos documentos de habilitação exigidos; documentos de habilitação, podendo ser os disponibilizados em sistema informatizado, desde que o registro tenha sido feito em obediência ao disposto na Lei nº 8.666/1993 (nesse caso, deverá ser juntada cópia do certificado de registro cadastral);

9. Declaração de exclusividade quanto à inexigibilidade de licitação, se for o caso, fornecida pelo registro do comércio do local onde será realizado o objeto, ou pelo Sindicato, Federação ou Confederação Patronal, ou, ainda, por entidades equivalentes;

10. Justificativa das situações de dispensa ou de inexigibilidade, acompanhadas dos elementos necessários que as caracterizem;

11. Justificativa do preço;

12. Pareceres técnicos e/ou jurídicos;

13. Se for o caso, documento de aprovação dos projetos de pesquisa para os quais os bens serão alocados;

14. Inclusão de quaisquer outros documentos necessários à caracterização da contratação direta;

15. Autorização do ordenador de despesa;

16. Comunicação à autoridade superior, no prazo de três dias, da dispensa ou da situação de inexigibilidade de licitação;

18. Ratificação e publicação da dispensa ou da inexigibilidade na imprensa oficial, no prazo de cinco dias, a contar do recebimento do processo pela autoridade superior;

19. Emissão da nota de empenho respectiva; e

20. Assinatura do contrato ou, quando for o caso, retirada da carta-contrato, nota de empenho, autorização de compra ou ordem de execução do serviço.

8.1.2.4.2. Dispensas licitatórias em função do baixo valor do objeto pretendido (incs. I e II do art. 24)

1. Solicitação do material ou serviço, com descrição clara do objeto;
2. Justificativa da necessidade do objeto;
3. Elaboração da especificação do objeto e, nas hipóteses de aquisição de material, das quantidades a serem adquiridas;
4. Elaboração de projetos (básico e executivo) para obras e serviços;
5. Indicação dos recursos para a cobertura da despesa;
6. Justificativa de preço.

Normalmente, faz-se uma pesquisa de preços em pelo menos três fornecedores do ramo do objeto licitado

Na Administração feral, as unidades integrantes do Sistema de Serviços Gerais adotam preferencialmente o sistema de cotação eletrônica (*vide* 6.1.1.6);

7. Anexação aos autos dos originais ou cópias autenticadas ou conferidas com o original dos documentos de habilitação ou de cópia do certificado de registro cadastral, que poderá substituir os documentos de habilitação quanto às informações disponibilizadas em sistema informatizado, desde que o registro tenha sido feito em obediência ao disposto na Lei nº 8.666/1993;
8. Autorização do ordenador de despesa;
9. Emissão da nota de empenho; e
10. Assinatura do contrato ou, se for o caso, retirada da carta-contrato, nota de empenho, autorização de compra ou ordem de execução do serviço.

8.2. A publicação do contrato oriundo de contratação direta

Ao dispor sobre a obrigatória publicação resumida do instrumento de contrato ou de seus aditamentos na imprensa oficial, informando tratar-se de condição indispensável para eficácia contratual, o parágrafo único do art. 61 da Lei nº 8.666/1993 ressalva o art. 26 em comento.

> Art. 61. Todo contrato deve mencionar os nomes das partes e os de seus representantes, a finalidade, o ato que autorizou a sua lavratura, o número do

processo da licitação, da dispensa ou da inexigibilidade, a sujeição dos contratantes às normas desta Lei e às cláusulas contratuais.

Parágrafo único. A publicação resumida do instrumento de contrato ou de seus aditamentos na imprensa oficial, que é condição indispensável para sua eficácia, será providenciada pela Administração até o quinto dia útil do mês seguinte ao de sua assinatura, para ocorrer no prazo de vinte dias daquela data, qualquer que seja o seu valor, ainda que sem ônus, **ressalvado o disposto no art. 26 desta Lei.**

A aplicação conjugada dos preceptivos tem provocado dúvidas.

Como é cediço, nos casos de contratação direta, com exclusão das situações especificadas no próprio art. 26, os atos de afastamentos licitatórios só produzem efeitos após a publicação na imprensa oficial. Assim, na prática, haveria a publicação do ato de afastamento e, posteriormente, a do contrato, como indica o parágrafo único do art. 61. A realização de duas publicações, no entanto, não só fere a lógica como determina um gasto desnecessário de recursos públicos.

A situação impõe a interpretação de que a publicação realizada em face do art. 26 exclui a prevista no art. 61, pois a providência já atende plenamente aos princípios da economicidade, razoabilidade e publicidade.

Logo, não há necessidade de, após a celebração do contrato com dispensa de licitação, promover-se nova publicação.

A propósito, a AGU manifestou-se no mesmo sentido:

Orientação Normativa nº 33, de 13 de dezembro de 2011 – O ato administrativo que autoriza a contratação direta (art. 17, §§2º e 4º, art. 24, inc. III e seguintes, e art. 25 da lei nº 8.666, de 1993) deve ser publicado na imprensa oficial, sendo desnecessária a publicação do extrato contratual.

REFERÊNCIAS

Almeida, Carlos Wellington Leite de. Licitação: aquisição de material militar no Brasil. Disponível em http://portal3.tcu.gov.br/portal/pls/portal/docs/2657586.PDF

Amaral, Antônio Carlos Cintra do. Dispensa de licitação por emergência. Salvador, Instituto Brasileiro de Direito Público, nº 13, janeiro/fevereiro/março, 2008. Disponível em http://www.direitodoestado.com.br/rede.asp.

Amaral, Antônio Carlos Cintra do. Licitação nas empresas estatais. São Paulo: McGraw-Hill, 1979.

Amaral, Antônio Carlos Cintra do. O Princípio da Eficiência no Direito Administrativo. Disponível em http://www.celc.com.br/comentarios/198.html

Amaral, Antônio Carlos Cintra do. Contratação de profissional ou empresa de notória especialização para realização de treinamento e aperfeiçoamento de pessoal. Disponível em <http://celc.com.br/comentarios/>

Amaral, Antônio Carlos Cintra do. Licitação e Contrato Administrativo. Estudos Pareceres e Comentários, 2ª ed, Belo Horizonte: Fórum, , 2009.

Amaral, Antônio Carlos Cintra do. O princípio da publicidade no direito administrativo. Disponível em <http://www.direitodoestado.com/revista/REDE-23-JULHO-2010-ANTONIO-CARLOS-CINTRA.pdf>

ASSIS, Olney Queiroz. Direito societário. São Paulo: Damásio de Jesus, 2004.

Bandeira, Adir Machado. Advogado para Licitações. Disponível em http://jus.com.br/artigos/20326/contratacao-de-servicos-advocaticios-pela-administracao-publica.

Barbabela, Leonardo Duque. Possibilidade de contratação de profissional do setor artístico para a realização de "shows" por inexigibilidade de licitação. Disponível em http://www.adpmnet.com.br/index.php?option=com_content&view=article&id=200:possibilidade-de-contratacao-de-profissional-do-

-setor-artistico-para-a-realizacao--de-shows-por-inexigibilidade-de--licitacao&catid=12&Itemid=329

Barbosa, Ruy. Oração aos moços. São Paulo: Edipro.

Barreira, Maurício Balesdent. Licitações e Contratações Municipais, Vol. 1 – Doutrina, Rotinas e Modelos. Rio de Janeiro: IBAM, 1996.

Barros, Márcio dos Santos. 502 Comentários sobre licitações e contratos administrativos. 2 ed., São Paulo: NDJ, 2011.

Bastos, Nilma Claudia de Souza. O princípio da eficiência na organização da administração pública, in A Reconstrução do Direito – Estudos em Homenagem a Sergio Cavalieri Filho, Coordenação de Cleyson de Moraes Mello e Guilherme Sandoval Góes, Juiz de Fora: Editar, 2011.

Bazilli, Roberto Ribeiro; Miranda, Sandra Julien. Licitação à luz do direito positivo, São Paulo: Malheiros. 1999.

Betiol, Luciana. Licitações sustentáveis: o poder de compra do governo em prol da sustentabilidade. Revista Construção.

Bicalho, Alécia Paolucci Nogueira; Motta, Carlos Pinto Coelho. RDC – Comentários ao Regime Diferenciado de Contratações, 2 ed, Belo Horizonte: Fórum, 2014.

Bittencourt, Sidney. Contratos da Administração Pública, Leme: JHMizuno, 2015.

Bittencourt, Sidney. Licitação através do Regime Diferenciado de Contratações Públicas – RDC, 2 ed, Belo Horizonte: Fórum, 2015.

Bittencourt, Sidney. Licitação Passo a Passo, 7 ed, Belo Horizonte: Fórum, 2014.

Bittencourt, Sidney. Licitações Sustentáveis – O Uso do Poder de Compra do Estado Fomentando o Desenvolvimento Nacional Sustentável, Belo Horizonte: Del Rey, 2014.

Bittencourt, Sidney. A questão da duração do contrato administrativo. Revista Diálogo Jurídico, Ano I – Nº 9 – dezembro de 2001 – Salvador – BA – Brasil. http://www.direitopublico.com.br/pdf_9/DIALOGO-JURIDICO-09-DEZEMBRO-2001-SIDNEY-BITTENCOURT.pdf

Bittencourt, Sidney. Comentários à Lei Anticorrupção, 2 ed, Ed. Revista dos Tribunais, 2015.

Bittencourt, Sidney. Contratos Administrativos para provas, concursos e agentes públicos, Rio de Janeiro: Freitas Bastos, 2011.

Bittencourt, Sidney. Licitação de Registro de Preços, 4ª ed, Belo Horizonte:. Fórum, 2015.

Bittencourt, Sidney. Licitações internacionais. 3. ed. Belo Horizonte: Fórum, 2012.

Bittencourt, Sidney. Licitações para contratação de serviços continuados ou não – A terceirização na Administração Pública. São Paulo: Matrix, 2015.

Bittencourt, Sidney. Licitações públicas para concursos, 2 ed. São Paulo: Alumnus, 2015.

Borges, Alice Maria Gonzalez. Normas gerais no estatuto de licitações e contratos administrativos, São Paulo, Revista dos Tribunais, 1994.

BOTELHO, Davi Ferreira. Doação de bens imóveis e bens móveis pela Administração Pública. Disponível em <http://conaci.org.br/wp-content/uploads/2014/02/Davi-Ferreira-Botelho.pdf>

BRAGA, Maíra Esteves. Regularização Fundiária na Amazônia Legal: alguns aspectos relevantes. Disponível em < http://www.incra.gov.br/procuradoria/artigos-e-doutrinas/file/1102-regularizacao-fundiaria-na-amazonia-legal-alguns-aspectos-relevantes-por-maira-esteves-braga>

BRITAN, Gladys Jouffroy. Parecer sobre "Hipótese incidente de dispensa de licitação", emitido em 12 jan. 1995.

BRITTO, Alzemeri Martins Ribeiro de; VALADÃO, Perpétua Leal Ivo. Sanções penais e administrativas em sede de convênios com entidades privadas. Disponível em <http://direito-e-justica.blogspot.com.br/2009/06/sancoes-penais-e-administrativas-em.html>

CARVALHO FILHO, José dos Santos. Manual de direito administrativo. Rio de Janeiro: Lumen Juris, 2001.

CARVALHO FILHO, José dos Santos. Manual de Direito Administrativo. 17 ed. Rio de Janeiro: Lumen Juris, 2007.

CARVALHO FILHO, José dos Santos. Manual de Direito Administrativo. 15 ed. Rio de Janeiro: Lumen Juris. 2006.

CARVALHO FILHO, José dos Santos. Manual de Direito Administrativo. 26ª edição. Atlas: São Paulo, 2013.

CARVALHO, Paulo César Silva de. O governo compra mal porque compra pelo menor preço?. O Pregoeiro, ano 5, Curitiba: Negócios Públicos. p. 12.

CHARLES, Ronny. Leis de licitações públicas comentadas, 6ª ed., Salvador: Juspodivm, 2014.

CHARLES, Ronny. Leis de licitações públicas comentadas, 7ª ed., Salvador: Juspodivm, 2015.

CHARLES, Ronny. Leis de Licitações Públicas comentadas. 2. ed., Salvador: Juspodivm., 2010.

CHIARADIA, Benedito Dantas. As licitações e os contratos administrativos, Rio de Janeiro: GZ, 2013.

CHIESORIN JUNIOR, Laerzio. Aquisição de produtos derivados do petróleo: impossibilidade de dispensa de licitação. Revista Zênite de Licitações e Contratos – ILC, n. 71

CITADINI, Antonio Roque. Comentários e Jurisprudência sobre a Lei de Licitações Públicas, São Paulo: Max Limonad, 1996.

COELHO, Fábio Ulhoa. *Curso de Direito Civil.* Vol. 3. São Paulo: Saraiva, 2005.

COSTA, Frederico Carlos de Sá. Sobre o conceito de "segurança nacional". Disponível me <http://www.tensoes-mundiais.net/index.php/tm/article/viewFile/101/142>

COUTINHO, Alessandro Dantas. Manual de Licitações e Contratos Administrativos, 2 ed., Rio de Janeiro: Ferreira, 2007.

CRETELLA JÚNIOR, José. Das Licitações Públicas, Rio de Janeiro: Forense, 1993.

DALLARI, Adilson Abreu. Aspectos jurídicos da licitação. 6 ed. São Paulo: Saraiva, 2003.

DALLARI, Adilson Abreu. Aspectos Jurídicos da Licitação. 7 ed., São Paulo: Saraiva. 2007.

DI PIETRO, Maria Sylvia Zanella. Direito Administrativo, 26 ed. São Paulo: Atlas, 2013.

DI PIETRO, Maria Sylvia Zanella. Direito administrativo. 14. ed. São Paulo: Atlas, 2002.

DI PIETRO, Maria Sylvia Zanella. Parcerias na Administração Pública. São Paulo: Atlas. 2009.

DI PIETRO, Maria Sylvia Zanella. Responsabilidade dos procuradores e assessores jurídicos da Administração Pública. Boletim de Direito Administrativo – BDA.

DI PIETRO, Maria Sylvia Zanella. Direito Administrativo, 15 ed, São Paulo: Atlas, 2003.

DINIZ, Maria Helena. Curso de direito Civil Brasileiro. São Paulo: Saraiva, v.II, 22 ed. 2007.

DOTTI, Marinês Restelatto. Contratação emergencial e desídia administrativa. Boletim Fórum de Contratação e Gestão Pública – FCGP, Belo Horizonte, ano 6, n. 64, abr. 2007.

DUARTE, João Ribeiro Mathias. Desenvolvimento do procedimento licitatório. São Paulo: UNESP, 2004.

ESCOBAR, João Carlos Mariense. Licitação: Teoria e Prática, 2 ed., Porto Alegre: Livraria do Advogado, 1994.

FAGUNDES, Felipe Mendonça. A investidura como elemento de regularização imobiliária de espaços urbanos. Disponível em <http://jus.com.br/artigos/34369/a-investidura-como-elemento-de-regularizacao-imobiliaria-de-espacos-urbanos>

FARIA, Fernanda Cury de; RIBEIRO, Marcia Weber Lotto. A dispensa de licitação fundamentada no art. 24, XIII da Lei Federal nº 8.666/93. Disponível em semanaacademica.org.br/system/files/artigos/artigo-dispensadelicitacaofundamentadanoart24xiii.pdf

FERNANDES, Jorge Ulisses Jacoby. Alienação de bens imóveis municipais para programa habitacional. Disponível em http://www.webartigos.com/artigos/jacoby-advogados-alienacao-de-bens-imoveis-municipais-para-programa-habitacional/121011/

FERNANDES, Jorge Ulisses Jacoby. Contratação Direta sem Licitação, 7 ed., Belo Horizonte: Fórum, 2008.

FERNANDES. Jorge Ulisses Jacoby. Licitação deserta/fracassada que não pode ser repetida. Fórum de Contratação e Gestão Pública – FCGP, ano 4, n. 48.

FERRAZ JR., Tercio Sampaio; Congelamento de preços – Tabelamentos oficiais. Revista de Direito Público, n.º 91, RT, São Paulo: 1989.

FERRAZ, Luciano. Licitações: estudos e práticas, 2 ed, Rio de Janeiro: Esplanada, 2002.

FERRAZ, Sérgio; DALLARI, Adilson. Processo administrativo. São Paulo: Malheiros, 2001.

FERRAZ, Sérgio; FIGUEIREDO, Lúcia Valle. Dispensa e Inexigibilidade de Licitação. 3. Ed. São Paulo: Malheiros, 1994.

FERREIRA, Wolgran Junqueira. Licitações e contratos na Administração

Pública: federal, estadual, municipal. São Paulo: Edipro, 1994.

FERREIRA, Aurélio Buarque de Holanda. Novo dicionário da língua portuguesa. Curitiba: Positivo.

FIGUEIREDO, Marcelo. Probidade administrativa. 4. ed. São Paulo: Malheiros, 2000.

FRANÇA, Maria Adelaide de Campos. Comentários à Lei de Licitações e Contratos da Administração Pública, 5 ed., São Paulo: Saraiva, 2008.

FURTADO, Lucas Rocha. Curso de Licitações e Contratos Administrativos, 5 ed., Belo Horizonte: Fórum, 2013.

GAGLIANO, Pablo Stolze. O contrato de doação, 4 ed, São Paulo: Saraiva, 2014.

GARCIA, Flávio Amaral. Licitações & Contratos Administrativos, 3 ed., Rio de Janeiro: Lumen Juris, 2010.

GASPARINI, Diogenes. Alienação de bens públicos: procedimento. Informativo de Licitações e Contratos – ILC, Curitiba: Zênite, nº 308, abril/2004.

GASPARINI, Diogenes. Crimes na Licitação. 4 ed, revista e atualizada por Jair Eduardo Santana, São Paulo: NDJ, 2011.

GASPARINI, Diógenes. Direito Administrativo. 11ª edição. Editora Saraiva. São Paulo, 2006.

GASPARINI, Diogenes. Direito administrativo. 7. ed. São Paulo: Saraiva, 2002.

GASPARINI, Diogenes. Direito Administrativo. 10. ed. São Paulo: Saraiva. 2005.

GASPARINI, Princípios e normas gerais. In: SEMINÁRIO DE DIREITO ADMINISTRATIVO.

GRAU, Eros Roberto. A ordem econômica na Constituição de 1988: interpretação e crítica. São Paulo: Revista dos Tribunais, 1990.

GRAU, Eros Roberto. Licitação e contrato administrativo (Estudos sobre a interpretação da lei). São Paulo: Malheiros, 1995.

JUSTEN FILHO, Marçal. Comentários à Lei de licitações e contratos administrativos, 9. ed., São Paulo: Dialética, 2002.

JUSTEN FILHO. Comentários à Lei de Licitações e Contratos Administrativos. 11. ed., São Paulo: Dialética, 2006.

JUSTEN FILHO. Comentários à Lei de Licitações e Contratos Administrativos. 15. ed., São Paulo: Dialética, 2013.

JUSTEN, Marçal. Comentários à Lei de Licitações e Contratos Administrativos. 12. ed. São Paulo:Dialética, 2008.

LERNER, Jaime. Usar menos o carro e separar o lixo caseiro. O Globo, Rio de Janeiro, 06 jun. 2012.

MADEIRA, José Maria Pinheiro. Administração Pública. 10 ed. Rio de Janeiro: Elsevier, 2008.

MADEIRA, José Maria Pinheiro. Administração Pública. 11. ed. Rio de Janeiro: Elsevier; Campus Jurídico, 2010.

MARQUES NETO, Floriano P. Azevedo. Contratação direta por emergência: situação calamitosa – irrelevância dos fatores causadores da situação emergencial. RTDP n. 21, 1998.

MARTINS, Fernando Rodrigues. Controle do Patrimônio Público. 5 ed. São Paulo: Revista dos Tribunais, 2013.

Medauar, Odete. Direito Administrativo Moderno, 15 ed., São Paulo: Revista dos Tribunais, 2011.

Meirelles, Hely Lopes. Direito Administrativo Brasileiro, 29 ed, São Paulo: Malheiros, 2004.

Meirelles, Hely Lopes. Licitação e Contrato Administrativo, 11 ed., São Paulo: Malheiros, 1996.

Mello, Celso Antonio Bandeira de. Curso de direito administrativo. São Paulo: Malheiros, 1996.

Mello, Celso Antônio Bandeira de. Curso de direito administrativo. 11 ed. Malheiros: São Paulo, 1999.

Mello, Celso Antônio Bandeira de. Curso de direito administrativo. 12. ed. Malheiros: São Paulo, 2000.

Mello, Oswaldo Aranha Bandeira de. Da licitação. São Paulo: José Bushatsky, 1978.

Mendes, Raul Armando. Comentários ao Estatuto das Licitações e Contratos Administrativos: com apontamentos sobre a Lei paulista nº 6.544/89. São Paulo: Saraiva 2. ed. 1994.

Mendes, Renato Geraldo. A contratação de obras e serviços de engenharia por dispensa com fundamento no inc. I do art. 24 da Lei nº 8.666/93. Revista Zênite – Informativo de Licitações e Contratos (ILC), Curitiba: Zênite, n. 243, p. 433-446, maio/2014.

Mendes, Renato Geraldo. A inexigibilidade de licitação na visão do TCU. Revista Zênite de Licitações e Contratos – ILC nº 209, Julho/2011.

Mendes, Renato Geraldo. Lei de Licitação e Contratos Anotada. 4. ed., Curitiba: Zênite, 2002.

Mendes, Renato Geraldo. *O que muda nas licitações e contratos com a edição da lei nº 9.648, de 27 de maio de 1998. Boletim Informativo de Licitações e Contratos – ILC, nº 553, Curitiba: Zênite, 1998.*

Moreira Neto, Diogo de Figueiredo. Curso de Direito Administrativo: parte introdutória, parte geral e parte especial; 14 ed., Rio de Janeiro: Forense, 2006.

Motta, Carlos Pinto Coelho. Eficácia nas licitações & contratos. 10 ed. Belo Horizonte: Dei Rey, 2005.

Motta, Carlos Pinto Coelho. Eficácia nas Licitações e Contratos. 7. ed., Belo Horizonte: Del Rey, 1998.

Motta, Carlos Pinto Coelho. O princípio da moralidade e a dispensa de licitação por emergência, Boletim de Licitações e Contratos nº 581, Zênite, Jul/2005.

Mukai, Toshio. A empresa privada nas licitações públicas: manual teórico e prático. São Paulo: Atlas, 2000.

Mukai, Toshio. Licitações e contratos públicos. 8. ed. São Paulo: Saraiva, 2008.

Niebuhr, Joel de Menezes. Dispensa e Inexigibilidade de Licitação Pública, Belo Horizonte: Fórum, 2008.

Niebuhr, Joel de Menezes. Pregão Presencial e Eletrônico. 4 ed. Curitiba: Zênite, 2004.

Niebuhr, Joel de Menezes. Parecer s/nº, de 21.02.2007. Disponível em <http://www.fecam.org.br/consultoria/pareceres.php?cod_parecer=285>

Oliveira, Ivo Ferreira de. Licitação: formalismo ou competição?. Rio de Janeiro: Temas & Idéias, 2002.

PELEGRINO, Antonio Pedro. Pingos nos is, O Globo, 30.7.2015.

PEREIRA JÚNIOR, Jessé Torres. Comentários à Lei das Licitações e Contratações da Administração Pública: Lei nº 8.666/93, com a redação da Lei nº 8.883/94. 3. ed., 2004.

PEREIRA JUNIOR, Jessé Torres. Comentários à Lei de licitações e contratações da Administração Pública, 7 ed., Rio de Janeiro: Renovar, 2007.

PEREIRA JUNIOR, Jessé Torres; DOTTI, Marinês. O devido processo legal da contratação direta: das normas gerais às regras da cotação eletrônica e do cartão corporativo (2ª e última parte). Biblioteca Digital Fórum de Contratação e Gestão Pública – FCGP, Belo Horizonte, ano 7, n. 82, out. 2008. Disponível em: <http://www.editoraforum.com.br/bid/bidConteudoShow.aspx?idConteudo=55271>.

PEREIRA, Andre Gonçalves. Erro e Ilegalidade no Acto Administrativo. Lisboa: Ática, 1962.

RAMOS, Marcus Vinicius Fernandes. Dispensa de licitação nas hipóteses de comprometimento da segurança nacional. Revista Negócios Públicos, n. 4.

RIGOLIN, Ivan Barbosa. Dispensa e inexigibilidade de licitação. Fórum de Contratação e Gestão Pública – FCGP, ano 11.

RIGOLIN, Ivan Barbosa. Lei das licitações é novamente alterada: a MP nº 495, de 19.07.10. Fórum de Contratação e Gestão Pública – FCGP, ano 9, n. 104.

RIGOLIN, Ivan Barbosa. RDC: Regime Diferenciado de Contratações Públicas. Fórum de Contratação e Gestão Pública – FCGP, ano 10, n. 117.

RIGOLIN, Ivan Barbosa. Serviços contínuos: 1) é legal e regular ultrapassar-se na execução, o limite da modalidade licitatória utilizada; 2) a mobilização do contratado pode ter natureza permanentemente onerosa. Boletim de Licitações e Contratos – BLC – N. 5/Maio/2003, São Paulo: NDJ.

RIGOLIN, Ivan Barbosa; BOTTINO, Marco Tullio, Manual Prático das Licitações, 5 ed, São Paulo: Saraiva, 2005.

RIGOLIN, Ivan Barbosa. Lei nº 11.196/05: modificada a lei de licitações. Fórum de Contratação e Gestão Pública – FCGP, v. 5, n. 52.

RODRIGUES, Eduardo Azeredo. Inexigibilidade e Atuação de Empresas de Produção de Eventos na Contratação de Artistas. Disponível em http://www.tjrj.jus.br/c/document_library/get_file?uuid=82f97047-fc55-4657-84fe-d33527009907&groupId=10136

ROESLER, Átila da Rold. Dispensa e inexigibilidade de licitação: uma visão geral. Disponível em http://www.ambito-juridico.com.br/site/index.php?n_link=revista_artigos_leitura&artigo_id=5339

SANTOS, Maria Celeste Cordeiro Leite Santos. Poder jurídico e violência simbólica, apud Wikipedia, disponível em http://pt.wikipedia.org/wiki/Legitimidade.

SARAIVA, Wellington Cabral. Licitação dispensada e licitação dispensável, Boletim de Licitações e Contrato – BLC – Novembro/97.

Servídio, Américo. Dispensa de Licitação Pública, São Paulo: Revista dos Tribunais. 1979.

Silva, Antônio Marcelo. Contratações Administrativas. São Paulo: Revista dos Tribunais, 1971.

Silva, De Plácido e. Vocabulário Jurídico, 3 ed, Vol. I, Rio de Janeiro: Forense, 1991.

Silva, De Plácido e. Vocabulário Jurídico, Rio de Janeiro: Forense, 1987, vols. III e IV.

Silva, Gustavo Pamplona. Instituições de assistência ao deficiente: a função social dos contratos públicos. ILC – Informativo de Licitações e Contratos, n. 185.

Silva, Maria das Graças Bigal Barboza da; Silva, Ana Maria Viegas da. Terceiro setor: gestão das entidades sociais: (ONG – Oscip – OS). Belo Horizonte: Fórum, 2008.

Smith, Luis Gustavo Alves. Contratação direta de instituição brasileira voltada à pesquisa, ensino ou desenvolvimento institucional ou dedicada à recuperação social do preso: limitações ao poder discricionário. Informativo de Licitações e Contratos – ILC, Curitiba, n. 123, maio 2004.

Souto, Marcos Juruena Villela. Desestatização: privatização, concessões e terceirizações. 4. ed., Rio de Janeiro: Lumen Juris, 2001.

Souto, Marcos Juruena Villela. Direito Administrativo Contratual, 3 ed, Rio de Janeiro: Lumen Juris, 2004.

Souto, Marcos Juruena Villela. Direito Administrativo da Economia, 3 ed, Rio de Janeiro: Lumen Juris, 2003.

Souto, Marcos Juruena Villela. Licitações & Contratos Administrativos – Comentários, 2 ed., Rio de Janeiro: Esplanada, 1994.

SUNDFELD, Carlos Ari. Licitação e contrato administrativo, São Paulo: Malheiros, 1994.

Szklarowsky, Leon Frejda. Duração do contrato administrativo. http://www.ambito-juridico.com.br/site/index.php?n_link=revista_artigos_leitura&artigo_id=2150

Tavarnaro, Giovana Harue Jojima Princípios do processo administrativo. Disponível em <http://www.buscalegis.ufsc.br/revistas/files/anexos/19470-19471-1-PB.htm>

Tolosa Filho, Benedicto de. Comentários à nova Lei de Responsabilidade Fiscal: Lei Complementar nº 101, de 04.05.2000: comentada e anotada. 2 ed., Rio de Janeiro: Temas & Ideias, 2004.

Tolosa Filho, Benedicto de. Contratando sem licitação: comentários teóricos e práticos. 3. ed., Rio de Janeiro: GZ, 2010.

Tolosa Filho, Benedicto de. Capacitação de Pregoeiro, Edição do Autor, 2015.

Vareschini, Julieta Mendes Lopes. Contratação Direta, Vol. 2, Curitiba: JML, 2014.

Venosa, Sílvio de Salvo Venosa, *Direito Civil – Contratos em espécie. 5 ed. Vol. 3. São Paulo: Atlas, 2005.*

Venosa, Sílvio de Salvo. Direito Civil: contratos em espécie e responsabilidade civil. São Paulo: Atlas. 2011.

VIANNA, Flavia Daniel. Ferramenta contra o fracionamento ilegal de despesa. São Paulo: Scortecci, 2009.

VIANNA, Flavia Daniel. Manual do Sistema de Registro de Preços. Rio de Janeiro: Synergia, 2015.

VIEIRA, Agostinho. O embrulho é verde, mas a nota é vermelha: economia verde. O Globo.

ZAGO, Lívia Maria Armentano K. Princípios, aplicabilidade, modalidade. In: MEDAUAR, Odete (Org.). Licitações e contratos administrativos: coletânea de estudos. São Paulo: NDJ, 1998.

ZYMLER, Benjamin. A visão dos Tribunais de Contas sobre tópicos de licitações públicas. Boletim Fórum Contratação e Gestão Pública – FCGP, Belo Horizonte, ano 5, n. 59, nov. 2006.

ÍNDICE